FAZHI JIANSHE LILUN YU SHIJIAN YANJIU

法治建设
理论与实践研究

（2023）

主　编　邹易材

副主编　陈　明　伍　欣　廖常俊　艾达琴
陈雄飞　依胜贵　李兴星　唐瑞秸

中国检察出版社

图书在版编目（CIP）数据
法治建设理论与实践研究 . 2023 / 邹易材主编 ; 陈明等副主编 . -- 北京 : 中国检察出版社 , 2024.
ISBN 978-7-5102-3092-9
Ⅰ . D927.73
中国国家版本馆 CIP 数据核字第 2024Z61B95 号

法治建设理论与实践研究（2023）
主　编：邹易材
副主编：陈　明　伍　欣　廖常俊　艾达琴
　　　　陈雄飞　侬胜贵　李兴星　唐瑞秸

责任编辑：王伟雪
技术编辑：王英英
封面设计：徐嘉武

出版发行：中国检察出版社
社　　址：北京市石景山区香山南路 109 号（100144）
网　　址：中国检察出版社（www.zgjccbs.com）
编辑电话：（010）86423797
发行电话：（010）86423726　86423727　86423728
　　　　　（010）86423730　86423732
经　　销：新华书店
印　　刷：唐山玺诚印务有限公司
开　　本：710 mm × 960 mm　16 开
印　　张：30.25
字　　数：447 千字
版　　次：2024 年 6 月第一版　　2024 年 6 月第一次印刷
书　　号：ISBN 978-7-5102-3092-9
定　　价：96.00 元

目　录

贵州省推进法治社会建设问题调查研究*

邹易材**

摘　要：法治社会是构筑法治国家的基础。法治社会建设的要求是"信仰法治""公平正义""保障权利""守法诚信""充满活力""和谐有序"。长期以来，贵州省委、省政府高度重视法治社会建设，其中最为核心的举措是结合贵州省实际，十分重视顶层设计，同时采取系列实践举措推进法治社会建设，已取得了不少成效，但还有法治建设与经济社会发展的关系需要进一步厘清等瓶颈问题亟待解决。深入推进法治社会建设，需要实践的法治而不是纸面上的法治；需要有地方特色的法治而不是千篇一律的法治；需要破解现实问题的法治而不是供人"欣赏"的法治。推进贵州法治社会建设应该重在实施落实方面下功夫，建议坚持问题导向，精准梳理推进法治社会建设问题清单；坚持目标导向，务实推进法治社会建设举措施行；坚持效果导向，优化考核督察机制保障推进法治社会建设责任落地落实；狠抓法治帮扶，纾解推进法治社会建设现实困难；坚持法治与科技融合，推进法治社会建设。

关键词：贵州省　法治社会　调查研究

党的十八届四中全会对全面依法治国进行了深入研究和部署，为我国迈向更高水平的现代化法治国家提供了指导。党的十九大进一步勾勒了中

---

*　本文系贵州省司法厅2023年度法治理论与实践研究课题"贵州省推进法治社会建设调查研究"（课题编号：fzkt202301）结项转化成果。课题主持人：邹易材，主要课题组成员：周梅、钱婧、唐娟、凌俊雕。

**　邹易材，贵州省法治研究服务保障中心负责人，副研究员，法学博士；研究方向：法治理论与实践。

国法治建设的宏伟蓝图，明确要求到2035年基本建成法治国家、法治政府、法治社会，各方面制度更加完善，国家治理体系和治理能力现代化基本实现。党的二十大报告中指出："加快建设法治社会。法治社会是构筑法治国家的基础。"这一重要论述深刻阐释了坚持法治国家、法治政府、法治社会一体建设的内在逻辑，强调了法治社会建设在社会主义法治国家建设中的重要地位。贵州省系我国西部少数民族地区，地处云贵高原，交通不便，经济相对落后，曾一度面临贫困人口最多、贫困程度最深、贫困面最广等问题。习近平总书记指出，"法治"和"经济"是相辅相成、相互促进的。法治为新时代推动经济高质量发展提供了重要保障。要使市场经济良性运行，必须以健全的法律法规为基础。党的十八大以来，习近平总书记两次深入贵州进行考察调研，为贵州坚持以高质量发展引领全局、在新时代新征程中迈出坚实步伐提供了明确指引。贵州连续十年经济增速居全国前列，创造了迎头赶超的"黄金十年"。全省紧紧围绕深入学习贯彻习近平法治思想，全面贯彻习近平总书记视察贵州重要讲话精神，为加快推进贵州法治社会建设，制定了《贵州省法治社会建设实施方案》，明确了总体目标、任务和具体措施。正是在这一背景下，贵州省在法治建设和经济发展两方面取得了一系列显著成就。然而，贵州省城乡经济发展不是很平衡，区域间法治观念普及程度存在差异，基层法治社会建设仍面临困难问题。因此，本文拟将贵州推进法治社会建设作为研究对象，全面梳理贵州在法治社会建设中存在的问题，寻找其中蕴含的规律，为贵州高质量推进法治社会建设提供参考建议。同时，总结贵州在推进法治社会建设方面的宝贵经验，为全国其他地区推动法治社会建设提供参考样本。

一、贵州省推进法治社会建设现状梳理

（一）推进法治社会建设的宏观制度设计

长期以来，贵州省委、省政府高度重视法治社会建设，其中最为核心的举措是结合贵州省实际，重视顶层设计，坚持制度科学设计优先。明确

规划贵州法治社会建设的目标任务、时间节点、具体举措等内容，既是路线图又是施工图。在调研中发现，贵州法治社会建设的制度设计主要包括如下三类：

1. 省、市（州）、县（市、区）法治社会建设实施方案

调研发现，贵州省9个市（州）、88个县（市、区）均根据上一级的法治社会建设实施方案所规定的内容及本行政区域的实际情况制定了相应的实施方案。实施方案的体例省、市、县三级基本一致。

首先，省级层面的情况。在省级层面，2021年4月，中共贵州省委印发了《贵州省法治社会建设实施方案（2021—2025年）》，其文稿结构体例与中共中央《法治社会建设实施纲要（2020—2025年）》（以下简称《实施纲要》）基本保持一致，主要分成三大部分：（1）总体要求。其中包括指导思想、主要原则、总体目标。这些方面与《实施纲要》相应的内容几乎一致。（2）主要任务与具体落实举措。这部分中的内容主要是对《实施纲要》中“二至六”部分所规定内容的进一步细化。其中把《实施纲要》中一级标题与二级标题之间的过渡段内容作为“主要任务”来定位，把《实施纲要》中“二级标题”所规定的内容结合贵州实际进一步细化作为具体落实举措。主要内容包括“推动全社会增强法治观念”“健全社会领域制度规范”“加强权利保护”“推进社会治理法治化”“依法治理网络空间”五个方面。其中，“推动全社会增强法治观念”包括“组织全社会广泛深入学习宣传贯彻习近平法治思想”等5个方面25项具体举措；“健全社会领域制度规范”包括“完善社会重要领域立法”等4个方面9项具体举措；“加强权利保护”包括“健全公众参与重大公共决策机制”等5个方面20项具体举措；“推进社会治理法治化”包括“完善社会治理体制机制”等5个方面21项具体举措；“依法治理网络空间”中包括“完善网络法规制度”等3个方面9项具体举措。可见，贵州法治社会建设的主要任务与具体落实举措分为5个“一级指标”、22个“二级指标”、84个“三级指标”。（3）加强组织保障。这些方面与《实施纲要》相应的内容几乎一致，主要包括“强化组织领导”“加强统筹协调”“健全责任落实和考核评价机制”“加强理论研究和舆论引导”四个方面。其中，“强化组织领导”具体

包括 3 项举措，“加强统筹协调”具体包括 2 项举措，“健全责任落实和考核评价机制”具体包括 3 项举措，“加强理论研究和舆论引导”具体包括 2 项举措。调研发现，《贵州省法治社会建设实施方案（2021—2025 年）》第二部分、第三部分各项具体举措均明确规定了牵头单位和参加单位。例如，“加强社会热点案（事）件的法治解读评论，传播法治正能量”这项举措的牵头单位是“省委政法委、省司法厅、省委宣传部”、参加单位是“省法院、省检察院、省公安厅、省委网信办、省广电局、省有关单位、省级新闻单位”。

其次，市、县层面的情况。如上所述，贵州省 9 个市（州）、88 个县（市、区）制定了在区域内实施的法治社会建设实施方案。调研发现，结构体例方面主要分为两类：一是与《实施纲要》的结构体例一致，即文本内容主要包括 7 部分：“总体要求”“增强全社会法治观念”“健全社会领域制度规范”“加强权利保护”“推进社会治理法治化”“依法治理网络空间”“加强组织保障”。其中总体要求部分具体包括指导思想、主要原则、总体目标；其他部分明确规定了主要任务及具体举措，部分内容结合本区域实际作了适当调整。同时，明确规定了牵头单位与参与单位，这与《贵州省法治社会建设实施方案（2021—2025 年）》的规定一一对应。如中共黔南州委印发的《黔南州法治社会建设实施方案（2022—2025 年）》就是采取的这类结构体例。二是与《贵州省法治社会建设实施方案（2021—2025 年）》的结构体例一致，主要分成三大部分。第一部分：总体要求，其中包括指导思想、主要原则、总体目标；第二部分：主要任务与具体落实举措；第三部分：加强组织保障。只是不同的市（州）、县（市、区）结合本行政区域的实际情况作一定的变通，甚至不少地方仅是文字表述方面的变化，并没有实质性的不同。例如，中共铜仁市委印发的《铜仁市法治社会建设实施方案（2022—2025 年）》就是采取的这类结构体例。

2. 法治社会建设相关工作微观体制机制建设

贵州省、市、县三级开展法治社会建设实施方案上的纸面具体举措到实践具体落实之间还需要制定系列规范性文件。贵州省、市、县法治社会建设实施方案根据《实施纲要》所明确规定的内容，明确了 2021—2025

年法治社会建设各自的建设任务及结合实际的若干共性与个性具体举措。在实践推进过程中，聚焦经济社会发展存在的问题，重点突出、主次分明、时间有先后。调研发现，近年来，贵州法治建设重点放在法治宣传教育、公共法律服务及社会矛盾纠纷多元化解等方面。

首先，法治宣传教育体制机制建设情况。《实施纲要》首要任务是“推动全社会增强法治观念”，提高法治观念主要的举措之一是开展法治宣传教育。调研发现，长期以来，贵州各级党委政府非常重视法治宣传教育工作，并制定了“1+1+N”系列规范性文件。第 1 个“1”系省、市、县及系统内部根据国家“八五”普法规划精神及内容，结合区域及部门系统实际情况制定的“八五”普法规划。其中，贵州省“八五”普法规划具体规定了“以习近平法治思想引领全民普法工作”“明确普法重点内容”“持续提升公民法治素养”“加强社会主义法治文化建设”“推进普法与依法治理有机融合”“着力提高普法针对性实效性”及“加强组织实施”等七部分内容。第 2 个“1”系《青少年法治教育大纲》。调研发现，贵州未制定专门《青少年法治教育大纲》，但在工作中严格执行 2016 年教育部、司法部、全国普法办颁布的《青少年法治教育大纲》，其中主要规定了“青少年法治教育的重要性和紧迫性”“青少年法治教育的指导思想和工作要求”“青少年法治教育的目标”“青少年法治教育的内容”“青少年法治教育的实施途径”等内容。“N”系贵州开展法治宣传教育系列配套专项规范性文件。调研发现，贵州省各地各部门结合实际制定了不少贯彻落实“八五”普法规划规范性文件，健全了不少专项制度。例如，以省法宣办的名义转发了司法部《关于印发〈司法行政系统落实“谁执法谁普法普法责任制的意见”〉》，省司法厅联合省法宣办、省法院出台了《关于建立国家工作人员旁听案件庭审学法用法机制的意见》；省法宣办联合中共贵州省委组织部等 4 部门出台了《贵州省国家工作人员学法用法实施意见》等。再如，铜仁市法宣办联合铜仁市司法局、铜仁市乡村振兴局制定了《乡村“法律明白人”培养工作规范（试行）实施细则》、市法宣办《关于报送 2023 年度“谁执法谁普法”责任制“两张清单”》等。

其次，公共法律服务体制机制建设情况。贵州省在公共法律服务建设中，结合贵州实际制定了系列规章制度，确保法治社会建设中的“加强权利保护”目标任务及举措落地落实。截至目前，贵州省级层面主要出台了如下规范性文件：（1）《关于推进公共法律服务体系建设的实施意见》。该实施意见明确规定了推进公共法律服务体系建设的总体要求、主要任务及工作要求。（2）《关于贵州法律服务网（12348 贵州法网）正式上线运行的通知》。该通知的内容主要包括全省公共法律服务网络平台贵州法律服务网（12348 贵州法网）建设工作的工作目标、工作任务及要求和工作保障等内容。（3）《关于开展刑事案件律师辩护全覆盖试点工作的实施办法》。该实施办法共 32 条，主要内容是保护刑事诉讼中被告人的辩护权。（4）《省司法厅关于成立贵州省公共法律服务平台建设工作领导小组的通知》。该通知的主要内容是要求各市（州）、县（市、区）比照省厅成立公共法律服务平台建设工作领导小组，保障全省公共法律服务平台建设落地落实。（5）贵州省司法厅《关于普遍建立“领导干部直接面对 群众 直接听取批评意见”有关制度的通知》。该通知的主要内容是瞄靶定向、雷厉风行，迅速建立三项机制制度，即普遍建立“领导干部直接面对群众、直接听取批评意见”“领导干部公共法律服务接待日”“群众批评意见分析报告”制度，通过建立这几项制度，全面提升新时代公共法律服务的能力和水平。（6）《关于加强和完善易地扶贫搬迁安置点公共法律服务工作的意见》。该意见明确规定了做好易地扶贫搬迁安置点公共法律服务工作的目标、任务及保障措施。

最后，社会矛盾纠纷多元化解体制机制情况。贵州省在法治社会建设中始终把矛盾纠纷化解作为突破口，根据国家层面的相关文件规定出台了系列规范性文件。主要如下：（1）《关于加强人民调解员队伍建设的实施意见》。该实施意见由省委政法委、省高级人民法院、省民政厅、省司法厅、省财政厅、省人力资源和社会保障厅共同印发，主要规定了加强人民调解员队伍建设的指导思想、基本原则、主要任务措施和组织领导，首先破解化解矛盾纠纷人的问题。（2）贵州省高级人民法院、贵州省司法厅《关于加强司法调解与人民调解衔接工作的指导意见》。该指导意见是为了进一步加强贵州省人民调解与诉讼工作相衔接，规范和完善人民调解与人民法院的调解工作，及时有效地化解纠纷，止争息诉，促进社会和谐。（3）《贵州省人民调解委员会人民调解员行为规范》。该行为规范共19条，主要目的是规范人民调解员的行为，树立人民调解员良好的社会形象，保障人民调解的公正性。（4）《贵州省医疗纠纷人民调解委员会医疗责任保险专项补助经费管理办法（试行）》。该管理办法共14条，宗旨是规范省医疗纠纷人民调解委员会医疗责任保险专项补助经费管理，提高经费使用效益，保障医疗纠纷人民调解工作的顺利开展，逐步建立、完善医疗纠纷人民调解工作经费保障运行机制。（5）《贵州省专利纠纷行政调解工作办法》。该办法共28条，主要目的是充分发挥省、市、县三级知识产权机关的职能作用，及时依法妥善调解专利纠纷，化解社会矛盾，维护社会和谐稳定。（6）《贵州省专利纠纷调处暂行规定》。该规定分总则、分则、附则，共8章48条，制定初衷是为了公正、及时调解专利纠纷和处理专利侵权纠纷，保护当事人合法权益。

3. 法治社会建设领域的相关地方性法规、政府规章及行政规范性文件

调研发现，截至目前，贵州法治社会建设中，结合本省实际制定了系列地方性法规。根据《贵州省法治社会建设实施方案（2021—2025年）》第二部分对法治社会建设的目标任务的划分，贵州省法治社会建设过程中颁布的主要地方性法规、政府规章及行政规范性文件可分为5类，据不完全统计共269件，其中法规171件、规章54件、行政规范性文件44件，省级73件、市（州）196件。数据显示，与“推动全社会增强法治观念”相关的共7件，其中法规3件、规章2件、行政规范性文件2件，省级5件、市（州）2件；与“健全社会领域制度规范”相关的共120件，其中法规88件、规章18件、行政规范性文件14件，省级11件、市（州）109件；与“加强权利保护”相关的共23件，其中法规13件、规章6件、行政规范性文件4件，省级14件、市（州）9件；与“社会治理法治化”相关的共114件，其中法规66件、规章28件、行政规范性文件20件，省级41件、市（州）73件；“与依法治理网络空间”相关的共5件，其中法规1件、行政规范性文件4件，省级2件、市（州）3件。

（二）推进法治社会建设的实践举措

1. 聚焦增强群众法治观念，深化法治宣传教育

一是强化统筹部署，狠抓“八五”普法规划落地落实。首先，认真绘制规划蓝图。调研发现，贵州省委、省政府高度重视法治宣传教育工作，省委、省政府印发《贵州省法治宣传教育第八个五年规划（2021—2025年）》，各地各部门结合实际制定印发了本地本部门的普法规划。省市县三级将法治宣传教育工作纳入“十四五”规划总体布局，推动普法工作与经济社会发展同频共振。2020年12月，颁布了《贵州省法治宣传教育条例》，省委依法治省办、省法宣办及时印发《关于学习宣传贯彻执行〈贵州省法治宣传教育条例〉的通知》，指导各地各部门认真宣传贯彻。其次，强化组织领导保障。建立“双小组”运行机制，省委政法委书记任省法治宣传教育工作领导小组组长，省委常委、省委宣传部部长任省委依法治省委守法普法协调小组组长，市县两级相继参照建立法治宣传教育工作机构。最后，周密部署协调推动，以制定年度《贵州省普法依法治理工作要点》为抓手，将规划明确的工作任务和进度要求逐年逐项细化分解，明确责任分工，建立工作台账，进行清单化管理。突出重点项目化推进，先后联合省有关部门制定推进民法典实施“万人大培训”“法律明白人”培养工程等专项工作方案。

二是突出重点内容，大力弘扬社会主义法治精神。首先，将学习宣传习近平法治思想作为首要任务。从省级层面广泛运用新时代学习大讲堂、政法大讲堂、法治大讲台等多种形式开展宣讲辅导。印发《关于认真组织学习〈习近平法治思想学习纲要〉的通知》，持续开展学习贯彻习近平法治思想大学习大培训大研讨。联合省委政法委、省委组织部举办“全省政法领导干部深入学习贯彻党的二十大精神和习近平法治思想 加强政治建设专题研讨班”。深入开展习近平法治思想进农村、进社区、进机关、进企业、进军营、进网络活动，促进习近平法治思想学习贯彻深入基层。把习近平法治思想作为各地各部门党委（党组）学习、高校法治教育重要内容，各地区各部门召开党委常委会会议、党组（党委）会议以及委员会会

议学习贯彻习近平法治思想，全省高校将习近平法治思想纳入高校法治理论教学体系，开设了“习近平法治思想概论”等专门课程，全面推进习近平法治思想进教材、进课堂、进头脑。指导各地各部门依托普法讲师团、普法志愿队、基层“法律明白人”、楼宇物联网法治宣传屏、法治公园长廊等队伍和载体，开展宣讲活动。省教育厅牵头组建“三支队伍”开展习近平法治思想进校园专题宣讲活动，组织法学专家队伍深入高校巡回宣讲，组织教育行政部门和高校主要负责人带头为本地本校宣讲，指导“法治副校长”为中小学生宣讲。其次，深入学习宣传宪法、民法典。邀请全国知名法学专家学者举办宪法、民法典讲座，通过电视电话会议对省市县三级领导干部开展培训。指导各地各部门把宪法、民法典作为国家机关普法工作的共性任务，采取“线上”“线下”相结合的方式，科学统筹内部学习和社会面宣传，在每年5月和12月第一周开展“民法典宣传月”“宪法宣传周”系列活动，学习宣传逐渐常态化、制度化。“宪法宣传周”活动丰富、氛围浓厚，例如，2022年“宪法宣传周”期间，省司法厅、省直机关工委、省法宣办联合举办“弘扬宪法精神 我为宪法点赞”线上互动活动，超过120万国家工作人员参与。“民法典宣传月”主题突出、带动实践。最后，聚焦中心工作开展主题法治宣传。统筹省法治宣传教育工作领导小组成员单位力量，开展“4·15”全民国家安全教育日、未成年人保护、社会治安重点工作专项行动等主题法治宣传活动。

三是突出重点人群，持续提升公民法治素养。首先，抓实领导干部这个“关键少数”。把法治教育纳入党员干部教育体系，在每年省委党校主体班次、省委组织部统筹举办的专业化能力培训班次、贵州省党员干部网络学院中开设习近平法治思想等法治课程内容，带动各地各部门各单位分级分类组织抓好习近平法治思想学习教育培训。以开展领导干部年终述法为切入点，围绕落实“谁执法谁普法”责任制、单位学法用法工作情况等方面，指导各地各部门制定党政主要负责人履行推进法治建设第一责任人职责清单，将有关落实情况纳入负面扣分清单，并作为年度综合考核、省管领导班子和领导干部年度考核的重要参考和依据。其次，抓实国家工作人员这个“托底基数”。把习近平法治思想和民法典、公务员法、保密法等纳入新录用公务员初任培训内容，教育引导公务员依法履职。建好建强全国首个全省统一、资源共享的“双随机、一公开”行政执法信息化平台，推动在落实行政执法公示制度、执法全过程记录制度、重大执法决定法制审核制度中，加强普法宣传。利用“法宣在线”平台组织全省国家工作人员统一在线学法，每年梳理通报上一年度全省国家工作人员统一在线学法情况。为77个行业（系统）建立个性化“订单式”学法机制，有效解决以往行业（系统）的学法考试重点不够突出、内容一锅煮等问题，提升了学法的针对性。自2021年起取消满1000积分才能参加年度考试的前置条件，调整为“季度学法＋年度考试”综合评估方式，增强了日常学法工作的实效性。最后，抓实青少年这个“重要多数”。发挥课堂教育主渠道作用，全面落实《青少年法治教育大纲》《中小学法治副校长聘任与管理办法》，出台《贵州省中小学法治副校长工作指引》。目前全省法院、检察院、公安机关和司法行政机关共派出法治副校长13072人，实现了全省8658所普通中小学、中等职业学校、特殊教育学校、专门学校至少配备1名法治副校长。此外，开展公民法治素养提升行动试点工作，省司法厅、省法宣办印发《关于开展公民法治素养提升行动试点工作的通知》，结合全国试点地区先进经验，指导贵阳市、安顺市、毕节市、黔西南州研究制定试点工作方案和测评指标，开展为期2年的试点工作。

四是加强指导督促，普法责任制进一步落地落实。首先，健全普法责任清单制度。每年年初印发通知指导各地各部门结合相关法律法规颁布、修订、实施情况和职能工作实际，按照“谁执法谁普法，谁主管谁普法，谁服务谁普法”的普法责任制原则，制定公布年度普法责任清单，通过“贵州省智慧普法依法治理云平台——普法管理”平台建立动态监测台账，纳入综合绩效考核督促工作落实。其次，将落实普法责任制纳入法治贵州建设考核内容。将落实普法责任制情况纳入年度法治贵州建设专项绩效考核、党委（党组）党建成效目标考核内容，面向各市（州）和省直部门开展考核。

五是注重全维用力，法治文化建设处处开花。第一，大力加强法治文化阵地建设。各地各部门利用新时代文明实践中心（所、站）、爱国主义教育基地、公园景区等场所，因地制宜加强法治宣传阵地建设，实现了每个村（社区）至少有 1 个法治文化阵地。第二，打造“黔微普法”贵州普法新媒体品牌。“黔微普法”作为全省普法宣传主阵地，以“宣传 + 服务”的模式，实现将传统的被动接受“灌输”教育变为主动参与思想交流，打造了指尖上的法律顾问。第三，团队服务技术支撑。开通微信的同时，组建了“新媒体普法律师服务团”，线上解答群众法律咨询。联通贵州 12348 公共法律服务热线平台，为群众提供全天候的法律服务。第四，线上线下活动互动。在重要时间节点，联合省主流新媒体，组织开展形式多样新颖的线上线下相结合的普法宣传活动。制作优质法治宣传作品。坚持内容为王，运用新媒体技术策划制作图文、海报、短视频、直播、电子读物等多种优质原创作品，让普法宣传更接地气，入脑入心。第五，做好媒体公益普法。充分发挥传统媒体和新媒体普法主阵地作用，整合资源打造全媒体普法矩阵，利用我省最具影响力的三大传媒平台—贵州日报、贵州电视台、多彩贵州网开设法治专栏专版，深入开展法治宣传工作。此外，激励法治文化作品创作推广。各地充分结合本地法治文化特点，推出了一大批趣味性浓、可读性强、接地气的法治宣传产品。如黔东南州依托“黔东南普法”“苗侗普法”新媒体品牌，录制民法典苗、侗双语普法宣传 MV，运用“报、网、端、微、屏”等媒体渠道播放民法典公益广告。

六是建强骨干队伍，充实全民普法工作人才力量。其一，加强专职骨干培养。省市县三级司法行政机关均设置有专门的普法与依法治理机构，每年举办全省普法骨干培训班，切实提升普法骨干业务能力。其二，组建“八五”普法讲师团专家团队。省市县三级围绕“习近平法治思想、宪法和宪法相关法、民法典、中国特色社会主义法律体系、党内法规、法治实践类以及党中央、国务院和省委、省政府关于法治建设重大战略部署”七大宣讲主题，相继组建了“八五”普法讲师团队伍，共有讲师团成员 8000 余名。其三，组建民法典宣讲团专业队伍。从全省各大高等院校、律师事务所中选取了一批法律基础扎实、授课经验丰富、政治素质可靠且热心普法事业的专家教授和资深律师，组建了省级百名法学专家学者资深律师民法典宣讲团，深入各地各部门开展宣讲授课。市县两级参照省级标准全部组建了民法典百人宣讲团，基本形成了覆盖全省各行业各部门各领域“横向到边、纵向到底”的民法典万人宣讲团队伍，有力地推动了民法典在贵州的实施。其四，培养来自群众、服务群众的“法律明白人”队伍。以村（社区）“两委”成员、人民调解员、网格员、村民小组长等“法律明白人”为对象，组织实施村（社区）“法律明白人”培养工程。省委依法治省办、省委宣传部、省司法厅、省民政厅、省人社厅、省农业农村厅、省乡村振兴局联合印发《贵州省“法律明白人”培养工作实施办法（试行）》，健全工作机制、扩大对象范围、加大保障力度、强化动员激励，形成了制度化、规范化、常态化的培养工作格局。其五，培育壮大普法志愿者队伍。充分发挥群团组织和社会组织在普法中的作用，畅通和规范市场主体、新社会阶层、社会工作者和志愿者参与普法的途径，组织支持退休法官、检察官等法律工作者、“五老人员”等开展普法志愿服务，推动普法志愿服务常态化、制度化。如省委宣传部在全省持续统筹开展法治宣传志愿服务，将法治宣传作为“多彩贵州·志愿黔行”活动的重要内容，通过实施“美好生活·志愿黔行”“服务老、养育小、让中青年发展好”等志愿服务专项行动，统筹各地各相关单位组织律师、司法人员等法律志愿者深入群众开展宪法学习宣传教育、“八五”普法以及法律援助志愿服务活动，推动社会主义法治精神走近群众身边、融入日常生活。

2. 聚焦社会治理法治化，深入推进法治示范创建工作

贵州省已全面部署“三创六率六防止”工作，将以此为重要举措，深入推进法治社会建设。省委依法治省办统筹本省正在开展和将要部署的法治类创建项目，出台了《关于开展三创六率六防止工作加快推进法治社会建设的意见》，印发了《贵州省法治社会建设“三创”示范创建活动实施方案》，以创建守法普法示范县（市、区）、法治文化建设示范单位（企业、学校）、民主法治示范村（社区）“三创”为抓手，努力提升普法工作覆盖率、群众对普法工作满意率、群众对法律常识知晓率、群众遇事找法首选率、法律服务可及率、群众对法治环境满意率“六率”，切实防止因决策不当、执法不当、风险治理不力、矛盾纠纷化解不力、司法不公、网络舆情引发重大不稳定问题。

（1）深入推进民主法治示范村（社区）创建。2003年6月26日，司法部、民政部联合下发《关于开展"民主法治示范村"创建活动的通知》，正式开启全国民主法治示范村创建工作，贵州省同步启动了国家级民主法治示范村的创建工作。2012年，贵州省开始创建省级"民主法治示范村（社区）"，同时各地州也开启了市级、县级"民主法治示范村（社区）"创建，初步形成"四级联创"的格局。截至目前，全省共创建、命名国家级"民主法治示范村（社区）"154个、省级1127个、市州级3725个、县级3425个[①]，其中获得市级以上"民主法治示范村（社区）"命名的村（社区）数量为4968个，超过全省17925个村（社区）的20%。[②] 2022年，贵州省结合法治贵州建设和乡村振兴工作实际，参照司法部和民政部制定的国家级"民主法治示范村（社区）"创建指导标准，对省级"民主法治示范村（社区）"创建指导标准和命名管理办法进行了修订完善，以省委依法治省委员会办公室的名义印发了《贵州省"民主法治示范村（社区）"命名管理办法（修订）》和《贵州省"民主法治示范村（社区）"创建指导标准（修订）》。贵州省通过深入创建民主法治示范村助推乡村振兴：

一是创建民主法治示范村：优化乡村投资创业营商环境，助推产业振兴。一般而言，营商环境主要包括市场环境、政务环境、法律政策环境和人文环境等四个方面，其中人文环境好与差，主要取决于政府和人民群众信用水平、守法层次及文明程度的高低。乡村的营商环境，取决于村组干部及村（居）民的信用水平、守法层次及文明程度等。创建民主法治示范村是改善乡村人文环境的主要抓手。《贵州省民主法治示范村（社区）创建指导标准》（以下简称《指导标准》）把提高村组干部及人民群众的诚信水平、守法层次和言行举止作为创建指导标准的重要内容。

二是创建民主法治示范村：培育人民群众主人翁意识，助推人才振

---

① 目前，贵阳市、安顺市和黔西南州尚未开始县级"民主法治示范村（社区）"的创建工作。

② 如果将县级"民主法治示范村（社区）"纳入统计，并以县（区）为单位，目前创建率（获得命名的村或社区数量占全县或区村、社区总数的比例）超过50%的县（区）数量为19个，绥阳、正安、道真、赤水、凤冈、务川等县甚至达到了100%。

兴。广大人民群众是实施乡村振兴的主体，其主人翁意识及综合素养的提高是全面推进乡村振兴关键中的“关键”。人民群众的主人翁意识如何培育？综合素养如何提高？深入推进自治和开展以乡村法治宣传教育为主的农村思想政治教育就是解开这把“锁”的金钥匙。《指导标准》一级指标“基层民主规范有序”下设7项二级指标，从某种程度而言，这7个方面的指导标准几乎均是围绕培育广大人民群众主人翁意识而设计的，只要在实践中不折不扣落实下去，基层民主精神就能够得到彰显。

三是创建民主法治示范村：提振人民群众“精气神”，助推文化振兴。习近平总书记强调“乡村振兴不能只盯着经济发展，还必须强化农村基层党组织建设，重视农民思想道德教育，重视法治建设，健全乡村治理体系，深化村民自治实践，有效发挥村规民约、家教家风作用，培育文明乡风、良好家风、淳朴民风”。[①]《指导标准》第15项二级指标明确规定了振兴乡村文化的要求和内容，涉及“社会主义核心价值观教育”“优秀传统道德文化宣传”“良好家风家训传承”“地方特色和时代精神乡贤文化培育”“遏制陈规陋习”等。

四是创建民主法治示范村：树立人民群众生态环保理念，助推生态振兴。习近平总书记明确指出：“生态兴则文明兴，生态衰则文明衰。生态环境是人类生存和发展的根基，生态环境变化直接影响文明兴衰演替。”[②]习近平总书记还指出：“把生态保护好，把生态优势发挥出来，才能实现高质量发展”；“保护生态环境就是保护生产力，改善生态环境就是发展生产力”。[③]当前，乡村生态安全主要面临生态系统破坏、生态环境污染、生态资源趋紧等问题，这些问题的解决，需要企业及个人树立较高的生态环保理念。各村在民主法治示范村创建中，坚持以《指导标准》第18项二级指导指标“村容村貌绿化、美化、净化，人与环境和谐友好，人居环境

① 2022年3月6日，习近平总书记在参加全国政协十三届五次会议的农业界、社会福利和社会保障界委员联组会时的讲话。

② 中共中央文献研究室：《习近平关于社会主义生态文明建设论述摘编》，中央文献出版社，2017年版。

③ 习近平：《推动我国生态文明建设迈上新台阶》，载《奋斗》2019年第3期。

明显改善”为指引，狠抓人居环境整治，强化企业及个人树立生态环保理念。

五是创建民主法治示范村：提高乡村基层组织凝聚力战斗力，助推组织振兴。组织振兴是乡村振兴中其他四个方面振兴的保障，具有“压舱石”“定盘星”的作用。组织振兴的着力点是选好配强村支两委班子，切实提高村支两委干部的综合素质，其中最关键点是选配德才兼备的农村党组织书记。习近平总书记明确指出“要推动乡村组织振兴，打造千千万万个坚强的农村基层党组织，培养千千万万名优秀的农村基层党组织书记”。[①]农村党组织书记有“德行”，才能使班子成员之间团结，才能使干群关系和谐；农村党组织书记有“智慧”，才能科学决策，才能带领人民群众谋发展。《指导标准》一级指标“村级组织健全完善”“法治建设扎实推进”下的8个二级指标都是聚焦提高农业农村工作干部尤其是村支两委干部的综合素养。

（2）开展贵州省“法治文化示范企业”创建。贵州省司法厅联合省国资委、省工信厅、省市场监督管理局、省工商联、省总工会等部门组织开展“法治文化建设示范企业”创建活动，将企业法律顾问配备、法律事务处理、员工权益保障措施、规章制度建立、合同签订和重要决策的法律审核等重要内容纳入创建标准，历时一年，经多轮审核验收，贵州省机场集团有限公司等77家企业获得命名。省直相关部门将对被命名的企业从企业品牌宣传推广、税费缴纳、融资服务、公司律师优先选聘、知识产权优势企业遴选等方面给予倾斜性支持。

3. 聚焦公民权利保障，深化公共法律服务体系建设

习近平总书记指出，“治国有常，利民为本。我们追求的发展是造福人民的发展，我们追求的富裕是全体人民共同富裕”。长期以来，贵州省各级党委政府高度重视公共法律服务工作，扎实推进基层公共法律服务体系建设，搭建起了以“12348法网”、公共法律服务热线、公共法律服务

① 2018年3月8日，习近平在参加十三届全国人大一次会议山东代表团审议时的讲话。

工作站（室）为支撑的三大法律服务平台，推动实现全省村（居）法律顾问配备全覆盖，为农村群众提供及时高效便捷的法律服务，切实打通服务群众“最后一公里”。长期聚焦存在财政经费保障不充分、服务人员素质有待提高、资源地域分布不均衡、实体平台服务能力不足等棘手问题。主要采取如下举措:（1）强化公共法律服务资金保障，健全政府购买公共法律服务常态工作机制。细化公共法律服务政府购买目录，建立公共法律服务经费动态增长制度，强化经费的监督管理，建立科学评测机制，根据经济发展水平匹配中央和地方财政资金支持力度，拓宽公共法律服务保障资金来源。（2）强化公共法律服务人才队伍建设。首先，“筑巢引凤”，这是逐步解决基层和欠发达地区法律服务资源不足和高端人才匮乏问题的根本措施。其次，“巧借外力”，这是逐步解决基层和欠发达地区法律服务资源不足和高端人才匮乏问题的重要途径。最后，“聚才引智”，这是逐步解决基层和欠发达地区法律服务资源不足和高端人才匮乏问题的关键所在。（3）全面提升公共法律服务平台的服务能力。进一步加强公共法律服务实体平台规范化标准化建设，提升公共法律服务体系化程度，探索提供精准化公共法律服务模式。（4）健全公共法律服务体系建设考核监督机制。将公共法律服务体系建设纳入对党委政府的考核指标，健全对法律服务人才的考核评价激励机制，建立公共法律服务监督员队伍等。

4. 聚焦和谐有序，深入推进源头治理，有效化解纷争

深入推进源头治理，也是贵州省推进法治建设的生动实践之一，因为源头治理提供了安全稳定和谐的发展环境，使人与自然关系和谐、人与人之间的关系和谐。主要采取如下举措:（1）构建“党委领导、政府主导、多方参与、司法推动、法治保障”的源头治理工作格局。严格压实党委政府主要负责人责任，把源头治理工作作为各级党政“一把手”工程，将其与经济社会发展同安排、同部署、同考核；把源头治理成效纳入平安建设、法治建设考核的范畴等。（2）以村（居）为治理阵地。各地在推进源头治理过程中，以村（居）为治理阵地，各个击破，把“人财物”下沉到村（居），前期深入村（居）调研，根据具体情况由县级党委政府合理调配治理资源。（3）坚持标本兼治，预防矛盾纠纷发生。矛盾纠纷是经济

社会发展出现某种问题的“临床表现”，为此，从某种程度而言，源头治理就等于在给社会发展治“病”，就应该遵循病理学原理，即“标本兼治、治本为上”。各地在推进源头治理过程中，不能本末倒置，不仅要采取有效举措化解矛盾纠纷治标，更要积极探索建立健全长效体制机制预防矛盾纠纷发生。（4）坚持问题与效果导向，精准建立健全体制机制。深入机关、企业、学校、社区、农村等地调研，摸清平安建设、法治建设底数，精准梳理存在问题。全面梳理矛盾纠纷的现状，深入剖析矛盾纠纷产生的根源。分别在矛盾纠纷预防、排查及化解中探索体制机制建设，各个部门供给的体制机制要在部门之间协调统一形成闭循环，在矛盾纠纷预防、排查及化解之间形成闭循环。

二、贵州省推进法治社会建设存在的问题

贵州法治社会建设已经取得了不少成效，尤其是在脱贫攻坚过程中，通过开展法治扶贫工作，不仅保障各地按时脱贫摘帽，同时也迅速提高了法治社会建设水平，但还有不少瓶颈问题亟待解决。

（一）运用法治服务经济社会发展的理念有待进一步提高

法治建设与经济社会发展的关系本来是一个没有争议的话题。我国“四个战略”布局中，全面依法治国处于保障地位界定得非常清楚。同时，习近平总书记在多个公开场合都提到法治对经济社会发展具有固根本、稳预期和利长远的作用。此外，课题组进行现场问卷调查时，当问到抓法治建设是否可以促进经济社会的发展时，有 110 名受访者回答“是”，占比 96.49%。在现实工作中，仍然存在运用法治思维、法治方式解决具体问题的不足。比如，在盘州市调研时，某镇党委书记就感叹法治建设与地方经济社会发展的矛盾问题。又如，部分基层干部认为，法治建设不产生直接经济价值，所以不愿意主动投入更多的“人”“财”“物”。事实上，部分乡镇、村（居）没有把法治建设经费纳入年度财政预算，没有足够的专项经费做保障。

（二）公职人员、人民群众的守法水平有待进一步提高

守法的水平分为三个层次：一是感性式的消极守法；二是理性式的积极守法；三是超验式的自觉守法。调研发现，贵州省的部分基层公职人员、人民群众第三个层次守法水平较弱。首先，公职人员守法水平有待提高。比如，2022 年贵州省违法违纪人员数量有所增加，全省纪检监察机关立案 15481 件，同比增长 6.9%；党纪政务处分 14541 人，同比增长 4.2%；移送检察机关 521 人，同比增长 9.2%。① 其次，人民群众履行法定义务的自觉性需要亟待提高。我国现行宪法明确规定，公民既要依法行使权利又要依法履行义务。就公民个人而言，权利与义务是辩证统一的，两者之间成正比，当“权利”和“义务”比例失调时，就产生了社会矛盾纠纷。“权利”（权力）与“义务”（责任）运行原理是国家与“公民”之间（公法领域）：国家依法行使职权，公民就应该服从；国家履行职责，公民权利就能够得到保障。“公民”与“公民”之间（私法领域）：甲公民行使权利，需要乙公民履行义务；反之，甲公民履行义务，乙公民才能有效行使权利。现实社会中，为何有那么多矛盾纠纷？从本质上而言，就是公职人员履责效果不佳、公民个人守法意识不强，仍然还存在一定数量的矛盾纠纷。例如，贵州晴隆县东观街道，2023 年上半年以来，共调解矛盾纠纷 158 件。

（三）人民群众参与法治社会建设的主动性不强

走群众路线是党各项工作取得成功的法宝之一，法治社会建设若要取得圆满成功，必须坚持走群众路线，引导广大人民群众积极主动参与其中发挥主观能动性。法治社会建设中，各级党委政府是主导，而广大人民群众处于主体地位。调研发现，乡村有不少人民群众自身发展动力不足，主动解决问题的能力还不够。比如，课题主持人在担任驻村第一书记期间就

---

① 该数据源自李元平：《深入学习贯彻党的二十大精神 坚定不移走好全面从严治党新的长征路 为谱写多彩贵州现代化建设新篇章提供坚强保障——在中国共产党贵州省第十三届纪律检查委员会第二次全体会议上的工作报告》，2023 年 1 月 18 日。

遇到过一个自然村寨（5 个村民小组，300 余户 1400 余人）整体群众等靠要的情形。[①] 2017 年 4 月 23 日，该村下特大暴雨，通村公路被公路上方塌方泥土阻断了，车辆无法正常通行，该村寨群众不是集体出力把泥土运走通车，而是多次集体到村委会如实反映情况，要求村委向镇政府申请费用请工人把公路上的泥土运走，这事最终也是镇里面出钱请工人把泥土铲走才解决的，该公路被阻断近 15 天才恢复通车。值得思考的是，如果在这件事中，人民群众能被很好地调动，只要该村寨有 10 位村民耗费 1 个小时左右功夫就可以恢复交通。为此，在法治社会建设中，首先要破解的难题就是如何调动人民群众的积极主动参与度，切忌让群众产生法治社会建设是党和政府的事，与自己无关的想法。

（四）乡村老年化、空心化制约法治社会建设步伐

法治社会建设的关键在人。法治社会建设最主要的目标之一就是提高广大人民群众的法治素养。具体而言是增强维权意识、维权能力、规则意识、守法水平、诚信水平；培育民主意识、监督意识与提高监督能力等。当前，贵州省乡村有劳动能力的外出转移就业（务工、个体经营）人员较多，留在村庄的绝大多数是留守老人、留守儿童，乡村老年化、空心化严重。例如，2022 年罗甸县全县共有劳动力 21.5 万人，实现转移性就业 147288 人，占比高达 68.50%。贵州省有一些村（居）出现只要具有一定劳动能力的无论男女、老少都外出务工、个体工商户或进城陪孩子读书，只剩下几乎丧失劳动能力的“老”“弱”“病”“残”者和留守儿童。例如纳雍县玉龙坝镇果儿盖居委会，2022 年总人口 2886 人，外出人口 1200 人（成年人中有劳动能力的人），外出人口占总人口数的 41.58%。乡村出现了严重的老年化、空心化，法治乡村建设的主体主力军（中青年人）却不在乡村参与法治建设，党委政府提供再好的法治建设公共服务项目却没有人接受，投入与产生的成效并不成正比。同时，调研中发现，散居在外的外出流动人口，并没有参与到流入地的法治建设之中，这导致乡村建设

---

① 本课题主持人 2017 年 2 月至 2019 年 5 月在某县担任驻村第一书记。

的中流砥柱人群成为法治建设的“真空地带”或“盲区”，他们的法治素养得不到提高，从而又影响到对孩子的家庭教育质量，当他们的孩子长大成人后，踏入社会又加入了外出流动人口群体，演变成外出流动人口“二代”“三代”，这样一代接着一代享受不了法治建设的成果，形成一种恶性循环，法治素养无法提高，从而制约法治社会建成目标实现。

（五）法治社会建设人才队伍比较薄弱

前文所述，各级党委政府处于主导地位角色，广大人民群众处于主体地位角色。乡镇党委政府是我国最基层的政权组织，是直接与人民群众接触的党委政府。村支委会是农村基层党组织，村委会是产生于人民群众的基层自治组织，俗话说“上面千条线，下面一根针”，上级的所有方针政策都要依托村支两委才能到千家万户之中，村支两委又俗称“最后 1 公里”。所以乡镇党委政府、村支两委在法治社会建设中处于最关键主导地位。法治社会建设是一个复杂的系统工程，涉及立法、执法、司法、守法普法、社会矛盾纠纷化解、公共法律服务、权力监督等方面，需要具有一定法治素养与法治实践能力的乡镇、村干部和其他法治工作人员才能完成法治社会建设目标任务。调研发现，贵州省法治社会建设人才队伍尤其是基层法治建设人才队伍薄弱，主要表现在两方面：首先，从数量上看，乡镇干部尤其是具体负责法治工作（公安、司法、综治）的人手不够，具有行政执法主体资格的人员也严重不足。例如，乡镇司法所承担辖区内所有司法行政工作：人民调解、社区矫正、安置帮教、基层法律服务、法治宣传教育、依法治理、提供法律意见建议、社会矛盾纠纷化解。截至 2023 年 8 月，贵州全省共有基层司法所 1499 个，其中“1 人所”3 个、“2 人所”987 个，“1 人所”“2 人所”占比达 66.05%。对于“1 人所”“2 人所”而言，仅把社区矫正这一项工作圆满完成好都有点“吃力”，全省列管社区矫正对象 1.6 万余人，平均每个司法所需监管 10 余名社区矫正对象，一些社区矫正对象较多的司法所月监管人数在 70 人以上。其次，从质量上看，法治社会建设人才队伍法治素养有待提高。一般而言，法治素养具体包括法治认知、法治思维、法治意识和法治信仰四个层面。[①]一个人的法治素养不是天生的，而是后天在日常生活中通过学习和训练提高的。就目前而言，贵州省法治社会建设人才队伍中尤其是村组干部、网格员、联户长文化程度不高，法学专业毕业的“科班”生非常少。比如，纳雍县羊场乡共有干部职工 97 人，其中法学专业毕业的仅 1 人，占比 1.03%。再如，盘州市共有支（党）委成员 1953 人，初中及以下学历 683 人，占比 34.97%；高中（中专）学历 636 人，占比 32.56%；大学学历 632 人，占比 32.35%（主要在城镇）。共有村（居）委干部 3180 人，初中及以下学历 1169 人，占比 36.76%；高中（中专）学历 960 人，占比 30.18%；大学学历 1051 人，占比 33.04%（主要在城镇）。可见，盘州市基层组织组成人员中，绝大部分都是初中及以下学历。

（六）法治社会建设体制机制需要进一步完善

法治社会建设目标的实现，不仅需要各级党委政府的大力支持与主动作为、广大人民群众的积极参与、有一支专业素养较强的建设队伍，更需要健全的体制机制做保障。只有健全的体制机制，明确责任主体、经费保障、目标任务、法律责任等内容，法治社会建设才能落地落实。调研发现，贵州省省、市、县三级均根据区域的实际情况制定了法治社会建设实施方案，但几乎没有单独制定年度工作要点及工作计划进行专项调度，也没有专项考核指标体系，全省都是把法治社会建设的工作混合在依法治省、市、县和法治政府建设之中的。同时，关于法治建设法律法规、省级以上规范性文件等几乎都是把县委县政府作为最低层级的责任主体，对镇、村两级尤其是村支两委没有明确的刚性要求，而是一些倡导性或没有具体可操作性的原则性规定，靠各个镇、村的自觉性推动工作，对法治重视的镇、村法治工作就抓得比较好，不十分重视的镇、村就相对滞后。例如，中共中央办公厅、国务院办公厅印发的《党政主要负责人履行推进法

---

① 李昌祖、赵玉林：《公民法治素养概念、评估指标体系及特点分析》，载《浙江工业大学学报（社会科学版）》2015 年第 3 期。

治建设第一责任人职责规定》，是中央层面下发的关于法治建设规范性文件中，对地方党委政府抓法治建设最具有刚性约束力的规范性文件，其第2条明确规定，本规定适用于县级以上地方党委和政府主要负责人，乡镇党委政府并没有包括其中。再如，《贵州省法治宣传教育条例》以及《贵州省人民调解条例》第9条、第10条明确规定了县级以上人民政府应当将法治宣传教育经费、人民调解工作经费纳入本级预算，县级以上人民政府应当将法治宣传教育、人民调解服务事项列入政府购买服务指导性目录，责任主体也是县级以上人民政府，不包含乡镇级政府，更没有明确规定村委会的责任。在中共中央全面依法治国委员会下发的《关于加强法治乡村建设的意见》和中共贵州省委全面依法治省委员会下发的《贵州省法治乡村建设实施意见》中明确规定，各级党委政府要把法治乡村建设作为全面依法治省和乡村振兴的基础工作来抓，落实县乡党政主要负责人第一责任人职责，这两个虽然是专门针对法治乡村建设的规范性文件，但仅是“意见”，更多的是一种倡导，强制性不高，对地方党委政府的威慑力不足。

（七）亟待建立健全基层权力运行监督机制

党的十八届四中全会在《中共中央关于全面推进依法治国若干重大问题的决定》中明确指出，严密的法治监督体系是建设中国特色社会主义法治体系这个全面推进依法治国总目标的重要组成部分。建立健全监督制度约束乡村等基层小微权力有效运行是法治社会建设的题中之义。在乡村振兴战略实施过程中，国家和社会将会有大量的产业项目资金、民生惠民项目资金融入广大农村，这些资金的分配、发放最终是由乡镇、村支两委具体负责落实，为此，镇、村干部是所谓的“官小权大”的典型。正如有的学者所言“权力导致腐败，绝对的权力导致绝对腐败”。[①] 镇、村干部的权力，若没有完善的监督机制加以约束，就会导致腐败。调研发现，贵州省

① ［英］约翰·爱默里克·爱德华·达尔伯格-阿克顿：《自由与权力》，侯建、范亚峰译，译林出版社2014年版，第58页。

关于基层镇村干部权力的运行监督体制机制不完善，监督较为软弱。正如有的学者所言，主要存在人民群众民主监督力量薄弱、涉农相关职能部门监督主体责任意识不强、乡村自身监督力量较低等不足。①比如，课题组在罗甸县边阳镇油海村调研与群众座谈时，当问到“您对村干部的行为不满时怎么办”这个问题时，在现场的40余名群众中，绝大部分回答是自己私下发下“牢骚”②，不会选择举报，也不知道去哪个部门反映。

三、贵州省推进法治社会建设的对策建议

法律的生命在于实施，贵州推进法治社会建设已经制定的一系列举措，需要不折不扣地执行下去才能够产生实效。深入推进法治社会建设，需要实践的法治而不是纸面上的法治；需要有地方特色的法治而不是千篇一律的法治；需要破解现实问题的法治而不是供人“欣赏”的法治。笔者认为，省、市、县完备的实施方案、实施意见等顶层设计应该重在实施落实方面下功夫。主要建议如下：

（一）坚持问题导向，精准梳理推进法治社会建设问题清单

坚持问题导向，是马克思主义世界观和方法论的重要体现。纵观人类发展历史，一切发展进步无不是在破解时代问题中实现的。习近平总书记指出：“只有立足于时代去解决特定的时代问题，才能推动这个时代的社会进步；只有立足于时代去倾听这些特定的时代声音，才能吹响促进社会和谐的时代号角。”③推进法治社会建设，要善于发现问题、敢于直面问题，科学分析问题和正确解决问题，运用好以问题为导向的工作方法，是推进法治社会建设取得成效的重要法宝，贯穿于各个方面、各个环节。总体而言：首先，各地要厘清法治社会建设与经济社会发展的关系，切忌陷入为了抓法治而抓法治的误区；其次，不仅要正视法治社会建设本身存在的问

① 沈熙政：《乡村振兴战略下小微权力监督的创新实践》，载《农业经济》2021年第7期。

② 系当地方言，当面严厉批评。

③ 习近平：《问题就是时代的口号》，载《浙江日报》2006年11月24日。

题，更要立足于本地区经济社会发展存在的问题；最后，坚持问题导向，学习贯彻习近平法治思想，立足于破解问题，精准供给法治内容和法治方式是深化法治社会建设的逻辑起点。具体如下：

一是加强组织保障，成立推进法治社会建设问题清单梳理专班。由省、市、县各级党委法治社会建设议事协调机构牵头成立推进法治社会建设问题清单梳理专班，明确专人负责。省直各部门、市直各部门、县直各部门比照成立推进法治社会建设问题清单梳理专班。

二是制定问题清单，建立问题台账。采取条块结合的方式，各级各部门专班制定推进法治社会建设问题清单梳理方案，明确目标任务、问题判断标准、遵循原则、收集路径及时间进度表，全面梳理各地各部门法治社会建设需要破解的问题，并制定问题清单，建立问题台账。梳理的问题主要包括两方面：一方面是经济社会发展中本身需要法治社会建设破解的问题，如生态环境破坏、社会秩序混乱等；另一方面是法治社会建设本身存在的问题，如法治人才、普法经费保障、公共法律服务等。

三是建立健全法治社会建设普查机制。法治社会建设是一项复杂的系统性、基础性工程，需要久久为功。法治社会建设是一项功在现在，利在千秋的伟业，需要长期投入大量的人财物做保障。既然是一项系统性工程，在决策部署过程中，就需要系统性思考，这就需要决策部署之前对相关底数非常清楚。如何摸清底数？我们建议建立法治社会建设普查机制，3 年或 5 年，逐户开展一次全方位的普查，摸清底数。

四是按年度委托国家统计局贵州省调查队和各县（市、区）国家统计局调查队区域内的法治社会建设情况。国家统计局各级调查队既是政府统计调查机构，也是统计执法机构，依法独立行使统计调查、统计监督的职权，调查的数据权威性、真实性较高。建立健全委托机制，把各地的法治社会建设情况委托给国家统计局贵州各级调查队开展年度调查，其调查数据作为来年研究部署法治社会建设工作，尤其是年度工作要点的重要参考依据，确保决策部署的精准性。

（二）坚持目标导向，务实推进法治社会建设举措施行

前文所述方式梳理的问题清单，是推进法治社会建设的逻辑起点、现实基础及实然状态；现行推进法治社会建设方案中的目标任务及举措系应然或理想状态。建设的过程是实然走向应然的过程，是应然与实然逐步统一的过程，其间离不开务实有效地推进。

一是修订完善现行实施方案，科学建立贯彻落实体制机制。推进法治社会建设实施方案、实施意见等系列规范性文件是推进法治社会建设的行动指南。这些规范性文件的科学性程度关系到建设成效的大小，两者之间成正比关系。为此，我们认为，推进法治社会建设，首要的问题是修订现行实施方案、实施意见等规范性文件，确保其具有科学性与指导性。如何修改？首先，深入研读党中央印发的关于全面依法治国的“一规划两纲要”和贵州省印发的《贵州法治社会建设实施方案》等系列关于贵州法治社会建设的规范性文件及其精神，掌握目标任务、具体要求及具体举措。其次，深入研读习近平总书记视察贵州时作出的重要指示批示精神和《贵州省“十四五”规划和二〇三五年远景目标建议》等纲领性文献中关于贵州的战略定位、新发展主题等，精准梳理对法治社会建设的供给需求。再次，深入研读现行有关推进法治社会建设的系列规范性文件，梳理存在的冲突或阙如或不切实际的内容，审视已设计的推进法治社会建设的系列机制，看是否具有科学性、可操作性等。最后，综合考虑前三个方面的梳理情况，修改或重新制定相关实施方案或建设机制。

二是科学、务实制定年度法治社会建设工作要点及工作计划，并抓好落实。前文所述，法治社会建设是一项长期的系统工程，需要循序渐进，逐步推进，不能也不可能一蹴而就。应该在一定时间内有近期目标、中期目标、远期目标，并分年度逐步实现相应目标。我们建议，分年度设置目标，并以此制定年度法治社会建设工作要点，按版块内容，实行清单管理，建立完成台账，逐步销号。

三是建立法治社会建设亮点经验培育、推广制度。坚持示范引领，充分发挥先进典型亮点的示范效应，以点带面全面“开花”，通过推广典型

经验，节约探索时间成本与“人财物”投入成本，达到事半功倍的效果。调研中发现，贵州省法治社会建设中，不少县（市、区）及职能部门探索了不少可复制、可推广的法治社会建设经验，然而并没有全面推广。我们建议，建立典型经验培育、推广制度。首先，通过试点，培育亮点典型，探索经验。遴选一些地方或部门在法治社会建设某方面基础条件较好的培育试点，探索典型经验，建议每个县（市、区）至少开展一个试点。其次，总结提炼推广典型经验。通过专家论证确定为可复制、可推广的经验后制定方案，采取系列举措在全省或全系统推广。

（三）坚持效果导向，优化考核督察机制保障推进法治社会建设责任落地落实

实践证明，一个地区的高质量发展，需要科学的考核制度与法治评价机制相结合，形成贯彻落实的强大推力。通过在事后发展阶段的评估，关注对人的法治思维和对完成任务法治路径的综合评价，使考核评价“不仅只停留在纸面上”，而是“切切实实地助推工作”，让法治社会建设的宏伟蓝图落实落地。我们认为，可以围绕以下五方面持续发力：

一是将法治思维融入考核评价体系工作中。科学的考核评价机制，应始终围绕解决问题、推动工作、提高质效、减少内耗、降低风险、形成闭环的核心发力，而这些也是实现良法善治所追求的共同目标。法治思维始终坚持“安全高效地解决问题，实现相对公平正义”，是有效避免陷入“为了考核而考核，为了评价而工作”的窠臼，实现化繁为简、精准发力、推动实质发展的重要法宝。要将法治思维带入考核评价制定、调整、贯彻落实的全过程，以客观公平的法治评价标准，有效赋予创新领军人才更大的人、财、物支配权和技术路线决策权，实行以增加知识价值为导向的分配政策，以此推动健全人才评价体系，促进形成公平公正的氛围。

二是抓住领导干部这一“关键少数”。习近平总书记强调，依法治国一定要抓住领导干部这个“关键少数”，使领导干部敬畏、尊崇法律，在日常工作中带头依法办事。在法治考核中，之所以应当把领导干部考核当作重中之重，归根结底是为了使权力在法治的轨道上行使。目前，我国的

领导干部考评制度对于领导干部学法用法能力的重视程度仍然不够，尚有必要将宪法教育、宪法宣誓、宪法遵守、宪法适用的情况纳入考评的范围。通过考评制度的约束功能和激励功能来引导领导干部增强宪法意识，将宪法的基本精神和制度要求贯彻到日常工作中去。在此基础上，还需要增强考核结果的应用，即把熟悉宪法、善于在工作中运用宪法的领导干部提拔到关键的岗位中去，以优化宪法实施的力度和水平。

三是发挥权力机关在考核中的积极作用。在法治社会建设评估活动中，内部考核是一种占据主导地位的考评方式。在内部考核中，各级司法行政部门承担着主要的法治绩效考核工作。近年来，第三方评估是法治社会建设评估的重要手段。但是，面对内部考核和委托评估中存在的问题，有必要把法治评估中的“行政主导”转化为“法治主导”，在法律制度内部挖掘合理开展法治评估活动的潜能。从法律的角度出发，各级人大及其常委会作为宪法、地方各级人民代表大会和地方各级人民政府组织法设置的权力机关，应承担对本级政府及其职能部门的考评职责，推进落实法治绩效考核的具体工作：首先，积极探索人大主导法治考核机制。明确各级人大及其常委会作为法治评估的发起者、组织者地位，并由各级人大牵头组织专家学者、第三方机构参与法治评估，实现法治评估全过程的规范化。其次，各级人大也有必要着力改善法治考核的公众参与机制。改变公众参与仅限于各种“满意度”的现状，发挥人大代表联系群众制度的作用，保证群众能够诚实、完整地表述各自的观点，并且将公众意见梳理、呈现于评估报告当中，确保公民监督权在法治考核中得到落实；发挥包括高校专家、专业公司、社会代表在内的多元主体的作用。

四是科学制定考核指标体系、考核办法。考核指标体系及考核办法是各地、各单位抓法治社会建设的“指挥棒”，务必要科学、公平、合理、管用。考核指标体系如何设计？总体而言，首先，考核聚焦与贵州省国民经济和社会发展第十四个五年规划和二〇三五年远景目标密切相关的法治社会建设内容；其次，指标体系设计遵从循序渐进的原则，由易到难，逐步提高，年度之间既有差异又要连贯。具体而言，首先，要合理分配指标任务。指标内容需要与本地高质量发展主题深入结合，确保各项指标能够促进发展、推动工作、客观检验。可以通过向被考核方征求意见的方式，由被考核方根据自身实际合理调整、确定年度任务，避免出现“为了考核而增加无效工作”等情形。其次，要落实目标要求。为了防止目标确定阶段即“打折扣”“大缩水”的情况，建议考核方在被考核方反馈基础上查缺补漏，找到可能存在争议的“缺项”“漏项”指标，合理确定目标落实的程度和力度。最后，要合理分解争议指标。对于“无人认领的指标”，要充分研判其存在的合理性和必要性，对确有必要保留或经调整后予以保留的指标，通过“考核方、被考核方、被考核方上一级主管部门”三方协商的方式确定内容。对于现有水平暂时无法完成的指标，要遵从循序渐进的原则，由易到难，逐步提高，根据高质量发展的进度不断向目标靠近。

五是建立健全法治督察机制。首先，全面落实“双责任主体制度”。在推进法治社会建设中，实行双责任主体制度，各县（市、区）和省级督导单位为双责任主体，县（市、区）未开展相关工作或未按预定时间完成建设任务的，在年度综合考核中，依据有关指标要求，县（市、区）和省级督导单位均予以扣分。其次，严格执行法治督察与纪检监察监督协作配合机制。结合工作实际研究制定贵州省贯彻落实文件，做好法治督察后半篇文章，提升法治督察刚性约束，推动全面依法治省各项决策部署和任务安排落地落实。

（四）狠抓法治帮扶：纾解推进法治社会建设现实困难

党的十八届四中全会明确指出，“全面推进依法治国，基础在基层，工作重点在基层”。[①] 长期以来，由于贵州省法治基础差、工作力量薄弱、资源配置不平衡等因素，导致法治水平总体较低。但贵州省正视该问题，在法治社会建设过程中，借鉴脱贫攻坚的工作思路，探索法治帮扶，取得了显著成效。我们认为，在推进法治社会建设征程中，继续探索法治帮扶制度，立足于“人、财、物”保障实际，主动作为、开拓创新，汇聚各方

---

① 《中共中央关于全面推进依法治国若干重大问题的决定》，载《人民日报》2014年10月29日，第1版。

力量纾解现实困难。

1. 自上而下：建立健全法治帮扶体制机制

一是省市对县（区）、乡镇进行结对法治帮扶。在法治建设实践中，已经探索建立了结对法治帮扶制度。我们建议，推进法治社会建设阶段，结对法治帮扶举措在全省施行。由省委依法治省办、市（州）委依法治市（州）办分别牵头，结合相关县（市、区）法治社会建设实际情况，进一步明确相关省直部门、市直部门对口支持各县（市、区），在结对帮扶过程中，依然遵循"人、财、物"三大原则，积极帮助解决实际困难，确保法治建设工作有序推进。

二是在乡村振兴工作中融入法治帮扶。贵州省在脱贫攻坚过程中，把法治乡村建设纳入帮扶的重要内容，把帮扶单位部门干部职工、驻村第一书记、驻村工作队、建档立卡贫困户帮扶干部等纳入法治乡村建设人才队伍范畴，在日常工作中，参与法治宣传教育、排查调处矛盾纠纷、参与法治文化建设、法律咨询服务等。比如，毕节市检察机关选派了99名精通法律的检察官担任贫困地区公益法律顾问。再如，2019年省司法厅、原省扶贫办联合实施法律援助精准扶贫项目，省司法厅指派20家律师事务所帮扶全省20个乡镇，开展普法宣传、矛盾纠纷化解、法治体检等活动。在乡村振兴工作中融入法治帮扶，我们建议：首先，成立法治帮扶领导小组。法治帮扶领导小组的组织架构及成员单位与前文建议成立的各级法治社会建设工作领导小组保持一致，具体工作由各级党委法治社会建设议事协调机构统一协调、调度。明确具体帮扶目标任务、具体举措，年初有计划、中期有调度、年终有总结，建立"人、财、物"帮扶台账，把各部门各单位开展法治帮扶的情况纳入年度法治社会建设考核范围。其次，乡村振兴工作中增加法治帮扶职责。从理论上而言，在做好乡村振兴工作中，法治帮扶应该包含其中，但实践中，由于没有硬性明确要求，所以就是帮扶中的选择项目，而不是必选项，这导致有些单位帮扶中没有开展法治帮扶项目或开展一些却没有连续性。我们建议，各级党委法治社会建设议事协调机构、组织部门、乡村振兴局联合发文，把法治帮扶作为基本职责之一，从选派驻村第一书记、驻村工作队到帮扶慰问都要统筹考虑法治帮扶。最后，深化法治乡村人才队伍建设。建立健全法治乡村人才队伍建设体制机制，把各部门各单位选派的驻村第一书记、驻村工作队还有建档立卡已脱贫户帮扶干部都纳入当地的法治人才队伍建设中，分别赋予一定的身份，如人民调解员、法治宣传讲师团成员、网格员、村（居）法律顾问等，定期组织开展法治工作的业务能力培训。

2. 东西部协作：建立广州法治帮扶毕节长效机制

2021 年，中央重新调整新一轮东西部结对帮扶关系，中央办公厅印发《关于坚持和完善东西部协作机制的意见》，决定东部 9 个省（直辖市）结对帮扶西部 14 个省（自治区、直辖市），东部 13 个城市结对帮扶西部 20 个市（州）。其中，广州市继续帮扶毕节市。2021 年 4 月 14 日至 15 日，广东省党政代表团来贵州考察并在遵义出席粤黔协作联席会议，签署《"十四五"时期粤黔东西部协作协议》。双方将围绕实现巩固拓展脱贫攻坚成果同乡村振兴有效衔接，扎实推进产业协作、劳务协作、消费协作、民生社会事业协作、人才交流协作等，努力实现互利共赢、共同发展。该协作协议签订之前，广州市司法行政系统、毕节市司法行政系统主动作为、开拓创新，就已经积极探索帮扶举措并取得一定成效。如 2021 年 7 月，广东埔惠律师事务所通过广州市法律援助基金会，向毕节市司法局驻村联系点尖山村定点捐赠 5 万元，用于打造法治文化阵地建设。在"十三五"时期，广州市司法行政系统就采取诸多举措对毕节试验区开展了法治扶贫。如 2019 年，在广州市法律援助处和广州市法律援助基金会沟通协调下，推动唯品会公益基金和毕节市妇联、司法局等五家单位达成合作意向，签署"唯爱妈妈"公益法律援助项目合作协议，开通专注于单亲妈妈的免费心理咨询与法律服务热线（400-038-8888），由经验丰富的法律援助律师与心理专家，以 7×24 小时全年无休，为单亲妈妈免费提供心理法律咨询和法援服务。

我们建议，推进法治社会建设过程中，面临"人、财、物"保障不足问题，可以探索建立广东法治帮扶贵州长效机制，助推法治社会建设走深走实。一是加强组织保障。成立法治帮扶协调领导小组，领导小组办公室设在省委依法治省办，具体负责统筹、协调对接日常工作。各市（州）、县（市、区）比照成立相应的法治帮扶协调领导小组，具体负责统筹、协调对接本辖区内的日常工作。二是建立长效帮扶机制。由法治帮扶协调领导小组牵头深入调研，精准梳理需要帮扶诉求清单，积极主动与广东省委依法治省办协调沟通，结合双方实际情况，探索建立长效法治帮扶机制。其后，各市、县（市、区）法治帮扶协调领导小组与广东对应的党委法治社会建设议事协调机构对接，构建相应的法治帮扶机制。

3. 校地融合：深化高校与各级党委政府法治社会建设战略合作

在调研中发现，贵州各级党委政府与省内外高校战略合作力度不大，合作项目不深入。我们认为，要加强高等院校学生社会实践能力培养，学生不仅要坐在教室里、图书馆，更要深入基层调查研究、走在田间地头，帮助基层人民群众解决实际困难，提高发现问题、分析问题和解决实际问题的能力。其中加强高等院校与地方党委政府深度合作就是很好的解决路径，基层高素质人才紧缺的问题可以得到一定程度缓解，法治社会建设中的人才匮乏问题也会得到解决。我们建议，高等院校与全省各级党委政府签订长期战略合作协议，由各级党委政府给高校师生开出拟解决问题清单，高校师生利用假期、周末或课余时间线上提供智力支持。在法治社会建设实践中，高校师生可以在乡村开展法治宣传教育、化解社会矛盾纠纷、提供公共法律服务、培育农村法律明白人等方面的工作，一定程度上能够有效缓解各乡镇法治人才紧缺问题。

（五）法治科技融合：探索智慧法治是推进法治社会建设的未来走向

20 世纪 90 年代以来，互联网、人工智能、大数据、云计算等新兴科技，以前所未有的速度融入经济社会发展的方方面面，改变了传统社会结构、运行机制和政府管理模式。当现代信息科学技术与法治社会建设深度融合，“智慧法治”应运而生。智慧法治是指“运用人类智慧解决法治理论和实践问题的一种高级法治形态”。[①] 智慧法治使立法、执法、司法和法

① 罗洪洋、陈雷:《智慧法治的概念证成及形态定位》，载《政法论丛》2019 年第 2 期。

律服务等法治具体形态更加具有科学性、智能性，使法治治理与服务更有质效性。《法治中国建设规划（2020—2025年）》中明确提出“充分运用大数据、云计算、人工智能等现代科技手段，全面建设‘智慧法治’”。可见，智慧法治是全面依法治国的重要任务，也是未来趋势。智慧法治如何建设，这也是推进法治社会建设过程中，需要深入探究的课题。推进法治社会建设助推高质量发展过程中，紧跟时代步伐：首先，要明白法治发展具有历史性、时代性特征，随着经济社会发展、生产生活方式变化、社会利益关系调整而不断完善发展；其次，智慧法治是全面依法治国的重要组成部分，也是未来趋势，各地要解放思想，把握时代脉搏，积极推进智慧法治社会建设。我们建议：

1. 智慧法治：法治社会建设护航互联网经济不能缺位

近年来，随着科学技术不断发展和群众消费观念不断改变，互联网经济已经成为我国经济的重要增长点。法治是经济发展的“守护神”，法治如何守护互联网经济？是法治社会建设需要破解的课题。首先，将数字技术广泛应用于政府管理服务。通过对政府治理流程进行数字化改造，让政府治理活动与互联网行为互联互通，将互联网置于政府有效管理之下，让执法、司法部门及时依法查处网络违法犯罪。其次，加强法治领域互联网基础设施建设。理论研究表明，当地区人均GDP达到62317.652元时，互联网发展对地区法治化进程具有显著促进作用。[①] 目前，我国西部地区部分地区人均GDP已超过6.3万元，可见西部地区法治社会建设已经步入互联网投资拉动时代。因此，应加大互联网法治领域基础设施建设投入力度，积极出台相应政策引导、支持社会资本投向互联网发展的核心环节和关键领域。

2. 智慧法治：信息技术与法治社会建设深度融合

近年来互联网技术飞速发展，给法治社会建设带来了新的机遇和挑战。一方面，互联网为立法、执法、司法、普法、守法提供高效技术平

---

① 李民：《互联网影响了我国法治化进程吗？——基于门槛效应的分析》，载《乐山师范学院学报》2022年第9期。

台，对法治社会建设质效具有推动作用；另一方面，互联网也使违法犯罪行为更为多样化，违法犯罪手段更为隐蔽。为此，需要科技与法治社会建设深度融合，应对互联网技术飞速发展带来的社会问题。首先，积极推进“互联网＋政务服务”改革。将技术应用与治理变革相融合，是实现科技推动法治社会建设进程的重要突破口。党的十九大报告指出，我们当前迫切需要“提高社会治理社会化、法治化、智能化、专业化水平”。《法治中国建设规划（2020—2025）》将“加快推进‘互联网＋政务服务’”作为法治中国建设的关键任务。“互联网＋政务服务”改革，不仅能够化解矛盾，破解监管标准机械化、线上线下办事流程脱节、地区标准不一等问题，同时起着推动政务系统升级换代，加速服务型政府建设等重要作用。其次，加强执法、司法对象数字化改造力度。要实现大数据、人工智能技术在智慧法治社会建设中的运用，数据的获取是前提条件。虽然目前数字技术已经深入社会生活的方方面面，但部分执法、司法对象出于规避监管考量，对信息数字化积极性不高，甚至有抵触情绪，因此导致被管理对象数据信息不足。比如，律师管理，通过人工收集、人工填报方式获取律师律所数据的传统方式显然无法满足大数据应用的需要，只有使律师律所全部业务工作在网上运行才能获取足够的数据，才能实现智能风险预警、社会矛盾分析、大幅提高行业管理效率等智慧法治社会建设目标。这就需要党委政府通过资金扶持和行政强制两方面同时发力，解决数据获取难题。

3. 智慧法治：线上线下法治社会建设相得益彰

信息系统建设本该服务于法治业务工作，但实践中，信息化建设和线下业务工作存在脱节情形，出现了无效建设或重复建设现象，导致部分信息建设投入和收益不成正比。要使业务工作与信息化建设互相促进，线上与线下相得益彰。首先，破解信息建设与业务工作各自为政的难题。建立信息和业务双料专业人才长期培养机制，久久为功，有计划地让培养对象在相关业务部门进行短期任职，以深入掌握相关业务工作的信息化建设需求；将信息技术知识纳入干部职工年度培训计划，依托“学习强国”“法宣在线”等平台资源，不断提高广大干部职工运用信息化手段解决业务工作难题的能力。其次，利用线上工作平台倒逼线下工作质效。要充分利用线上工作平台的溯源及评价等功能，倒逼线下工作质量不断提高。

4. 智慧法治：法治社会建设信息数据互通共享

信息数据壁垒会导致部门之间难以实现智慧化共治。实践中，政府部门各个业务系统客观存在信息孤岛现象，信息系统重复建设问题比较突出，诸多信息往往不能共享，严重阻碍了智慧法治社会建设。智慧法治社会建设，务必要打通信息壁垒。首先，积极争取相关国家部委支持。由于一些数据的管理权限在国家层面，或是一些部委相关政策限制了数据共享工作，因此没有相关部委的支持难以实现数据跨部门共享。其次，建立共享数据提供考核机制。要用好考核指挥棒，将各单位对自身掌握共享数据提供情况作为年度绩效目标考核指标，引入“跨部门共享数据负面清单”，并成立专业机构对清单进行审核。最后，打造“城市大脑”作为信息资源共享使用平台。目前，由于区域整体性信息数据共享平台不完善或未实现有效互联互通，各职能部门缺乏有效的协调联动机制，出于对信息安全、公民隐私和规避责任等考虑，一些职能部门不愿或不敢与其他部门共享数据。即使开放共享，也往往做不到及时更新和实时共用，甚至出现一些滞后数据、错误数据、无用数据等，导致数据共享作用大打折扣。为此，要在整合各类信息系统和数据平台的基础上，充分运用大数据和 AI 技术全面深入分析社会治理各类场景，深入挖掘和聚合人、事、地、物等海量数据，构建数据信息高度融合、深度交互的城市大脑中枢系统。

【参考文献】

1. 曾赟：《法治评估的有效性和准确性——以中国八项法治评估为检验分析对象》，载《法律科学（西北政法大学学报）》2020 年第 2 期。

2. 李瑜青：《“法治社会”概念的历史演绎及文化意蕴》，载《求索》2020 年第 2 期。

3. 梁知博：《“利益”视域下加快法治社会建设路径研究》，载《理论导刊》2023 年第 2 期。

4. 卓泽渊：《2035 年远景目标与法治国家法治政府法治社会建设》，载

《人民论坛·学术前沿》2021 年第 3 期。

5. 屈茂辉、曾明:《法治社会的基本构成与新时代我国法治社会建设的基本路径》，载《湖湘论坛》2019 年第 6 期。

6. 印子:《法治社会建设中村规民约的定位与功用》，载《华中科技大学学报（社会科学版）》2023 年第 1 期。

7. 王清平:《法治社会在中国建设的意义、难点和路径》，载《学术界》2017 年第 8 期。

8. 谭玮、郑方辉:《法治社会指数：评价主体与指标体系》，载《理论探索》2017 年第 5 期。

9. 周勇、周敏凯:《公众参与行政决策的法律机制：成效、困境、改进——基于〈法治社会建设实施纲要（2020—2025 年）〉的思考》，载《中国行政管理》2021 年第 9 期。

10. 李少婷:《构建国家治理现代化的坚固基石——法治国家、法治政府、法治社会一体化建设研究》，载《人民论坛·学术前沿》2017 年第 16 期。

11. 钱弘道、窦海心:《基层民众的法治尊崇状况研究——基于余杭法治指数 12 年的数据》，载《浙江大学学报（人文社会科学版）》2021 年第 2 期。

12. 方世荣、孙思雨:《论公众参与法治社会建设及其引导》，载《行政法学研究》2021 年第 4 期。

13. 方世荣:《论我国法治社会建设的整体布局及战略举措》，载《法商研究》2017 年第 2 期。

14. 黄文艺:《论习近平法治思想中的法治工作队伍建设理论》，载《法学》2021 年第 3 期。

15. 姬艳涛、杨昌军:《社会组织在基层治理法治化中的功能及其实现——基于“枫桥经验”的调查和思考》，载《中国人民公安大学学报（社会科学版）》2018 年第 4 期。

16. 张清:《习近平“法治国家、法治政府、法治社会一体建设”法治思想论要》，载《法学》2022 年第 8 期。

17. 陈柏峰:《习近平法治思想中的法治社会理论研究》，载《法学》2021 年第 4 期。

18. 张鸣起:《再论一体建设法治社会——习近平法治思想关于“一体建设”重要论述原创性贡献之研究》，载《浙江工商大学学报》2022 年第 5 期。

19. 陈柏峰:《中国法治社会的结构及其运行机制》，载《中国社会科学》2019 年第 1 期。

20. 刘培培:《法治社会建设重大理论问题初论》，载《中国司法》2021 年第 7 期。

农村"法律明白人"培育机制研究

廖常俊[*]

摘　要：法治乡村建设是依法治国的重要一环，实施农村"法律明白人"培养工程是加强农村法治宣传教育的有效途径，是积极适应乡村振兴战略对法律人才资源需求的客观需要，是新形势下不断满足农村群众日益增长的民主法治、公平正义等需求的民心工程，是积极探索新时代农村社会治理创新的有效途径。党的二十大擘画了以中国式现代化全面推进中华民族伟大复兴的宏伟蓝图。全面建设社会主义现代化国家，最艰巨最繁重的任务在农村，最深厚最广泛的基础也是在农村，如何在实现法治乡村建设和乡村振兴的过程中，用好的机制来培育"法律明白人"，进一步发挥"法律明白人"在实现基层社会治理体系和治理能力现代化中的作用，为实现依法治国奠定坚实基础，是一个值得研究的问题。本文从农村"法律明白人"培育机制角度，结合贵州省实际讨论如何建立健全农村"法律明白人"培育机制，就贵州省推进农村"法律明白人"培育现状，进一步总结贵州省"法律明白人"培育工作成效，查找出贵州省农村"法律明白人"培育运行机制中存在的问题，提出建立健全农村"法律明白人"的培育机制，形成可复制可推广的经验，为推动乡村振兴与推进基层社会治理体系和治理能力现代化、法治化提出对策建议，为全国"法律明白人"培育工作高质量发展提供贵州样板、贵州经验和贵州智慧，进而为"法律明白人"顶层设计提供制度参考。

关键词：农村　"法律明白人"　培育机制

---

*　廖常俊，贵州省法治研究服务保障中心科长。

党的二十大报告强调："加快建设法治社会，弘扬社会主义法治精神，传承中华优秀传统法律文化，引导全体人民做社会主义法治的忠实崇尚者、自觉遵守者、坚定捍卫者。"全面依法治国最广泛、最深厚的基础是人民，提升人民的法治意识是推进全面依法治国和建设法治国家的思想动力和智力支持。在全民普法和守法工作上，习近平总书记发表了一系列重要讲话，作出了一系列重要指示。习近平总书记强调，坚持把全民普法和守法作为依法治国的长期基础性工作，加强法治宣传教育，引导全社会树立法治意识，使全体人民成为社会主义法治的忠实崇尚者、自觉遵守者、坚定捍卫者。"法律明白人"培育的目标，就是培育具备一定文化程度的村民，在提升自身法治素养的前提下，帮助村民培养法治意识和法治思维能力，引导村民尊法、学法、守法、用法，形成自治法治德治相结合的乡村治理体系，不断提高乡村法治化水平，实现"乡村治、百姓安"。

一、农村"法律明白人"培育机制的研究背景

（一）中央相关政策文件及其规定

《中共中央关于全面深化改革若干重大问题的决定》提出要深化经济体制、政治体制、文化体制、社会体制、生态文明体制和党的建设制度改革，推进国家治理体系和治理能力现代化。2017 年 6 月，《中共中央、国务院关于加强和完善城乡社区治理的意见》印发，《意见》指出 2020 年后再过 5 年到 10 年时间，城乡社区治理体制将更加完善，城乡社区治理能力水平将进一步提高，为实现国家治理体系和治理能力现代化奠定坚实基础。2018 年 1 月，《中共中央、国务院关于实施乡村振兴战略的意见》在国家层面第一次提出"建设法治乡村"的战略部署。2018 年 9 月，《乡村振兴战略规划（2018—2022 年）》明确提出了建设法治乡村有哪些重大任务需要完成。2018 年 12 月，民政部、中央组织部、中央政法委、中央文明办、司法部、农业农村部、全国妇联《关于做好村规民约和居民公约工作的指导意见》，对制定村规民约和居民公约的总体要求进行了明确规定，其目标就是 2020 年全国所有村、社区普遍制定或修订形成务实管用

的村规民约、居民公约，切实引导全体村（居）民在实现自治中有章可循。2019 年 1 月，《中国共产党农村基层组织工作条例》指出党的农村基层组织要健全自治、法治、德治相结合的乡村治理体系，在基层推广新时代“枫桥经验”，推进乡村法治建设，提升乡村德治水平，做到把矛盾化解在基层，建设平安乡村。2019 年 6 月，中共中央办公厅、国务院办公厅印发《关于加强和改进乡村治理的指导意见》，明确乡村要大力开展“民主法治示范村”创建，大力推进“法律进乡村”活动，通过实施农村“法律明白人”培养工程，培育一批以村干部、人民调解员为重点的农村法治带头人。在国家层面再次为“法律明白人”培养工作作出了顶层设计。2019 年 8 月 19 日起施行的《中国共产党农村工作条例》要求党组织领导下乡村治理体系要将自治、法治、德治相结合，从而实现乡村社会更加和谐有序。2019 年 10 月，《中共中央关于坚持和完善中国特色社会主义制度推进国家治理体系和治理能力现代化若干重大问题的决定》对乡村基层治理体系作了进一步细化。2020 年 2 月 5 日，习近平总书记在中央全面依法治国委员会第三次会议上强调法治乡村建设在实施乡村振兴战略和推进全面依法治国中的基础性作用。2020 年 3 月，中央全面依法治国委员会印发的《关于加强法治乡村建设的意见》，到 2022 年的主要目标是“要实现乡村治理法治化水平明显提高”，到 2035 年要基本建成法治乡村。可以说，中央关于加强法治乡村建设的意见，为到 2035 年走出一条符合我国国情，体现新时代中国特色社会主义道路的法治乡村建设之路指明了前进方向。同时，该意见在加强乡村法治宣传教育部分，在内容上除之前中办、国办印发的加强和改进乡村治理指导意见中培育以村干部、人民调解员为重点的“法律明白人”之外，增加网格员、村民小组长等作为培养对象，将村“两委”班子成员、人民调解员、网格员、村民小组长作为乡村“法治带头人”的重点培养人选。意见所附“全国民主法治示范村（社区）”建设指导标准点明，乡村“法治带头人”“法律明白人”工作目标就是要引导群众依法解决矛盾纠纷。2020 年 10 月，党的十九届五中全会通过的国民经济和社会发展第十四个五年规划和二〇三五年远景目标建议中，也明确指出法治固根本、稳预期、利长远的作用要得到有效发挥，确立了法治在国家治理体系中的重要作用。2020 年 12 月，中共中央印发了《法治社会建设实施纲要（2020—2025 年）》，纲要对什么样的社会才是法治社会进行了具体阐述，点明了法治社会在维护社会秩序、解决社会问题、协调利益关系推动社会事业发展等各方面都要依据法律规定，营造社会各方面办事依法、遇事找法、解决问题用法、化解矛盾靠法的法治环境，整个社会充满活力的同时又和谐有序。2021 年 1 月，中共中央印发的《法治中国建设规划（2020—2025 年）》要求深入推进全民守法。全社会对社会主义法治精神认可，自觉主动积极参与全面依法治国，使全体人民真正成为社会主义法治的忠实崇尚者、自觉遵守者、坚定捍卫者。2021 年 2 月，中共中央办公厅、国务院办公厅印发《关于加快推进乡村人才振兴的意见》，指出乡村振兴，关键在人。本文研究的"法律明白人"也属于乡村人才的范围，在乡村振兴的战略目标下，首先实现乡村各类人才的振兴，在法治方面，真正离群众最近、从群众中来的就是"法律明白人"，因此"法律明白人"的培育与实现乡村法治、乡村振兴息息相关。意见将村妇联执委、退役军人纳入"法律明白人"培育对象，进一步扩大了"法律明白人"的培养对象范围。2021 年 4 月通过的《中华人民共和国乡村振兴促进法》要求县级以上人民政府应当建立鼓励各类人才参与乡村建设的激励机制，搭建起乡村建设的志愿服务平台，支持和引导各类人才通过多种方式服务乡村振兴。2021 年 4 月 5 日，中共中央办公厅、国务院办公厅印发的《关于加强社会主义法治文化建设的意见》指出，要切实提高中华民族的法治素养和道德素质，用民族的科学的大众的社会主义法治文化，为全面依法治国提供坚强思想保证、精神动力。2021 年 4 月 28 日，《中共中央国务院关于加强基层治理体系和治理能力现代化建设的意见》指出，实现国家治理体系和治理能力现代化工程的基石是基层治理，基层治理好了，国家治理的基础就扎实了，治理体系和治理能力现代化应运而生。2021 年 4 月 29 日，全国人民代表大会常务委员会会议通过的《中华人民共和国乡村振兴促进法》，在"人才支撑"一章中，指出各级人民政府应当采取措施培育法律服务人才，这也是强化"法律明白人"培育的法律依据。2021 年 6 月，中共中央、国务院转发的《中央宣传部、司法部关于开展法治宣传教育的第八个五年规划（2021—2025 年）》要求深化法治乡村（社区）建设。深化法治乡村（社区）建设，这就需要加大乡村（社区）普法力度，充分发挥好“法律明白人”的宣传引导作用，引导广大群众做到人人尊法、遵法、学法、守法、用法，在法治轨道上规范自身的行为，让法律深入人心。根据中央的规划内容，切实推进乡村“法律明白人”培育工程，把“法律明白人”队伍打造成群众身边的普法依法治理工作队伍，为实施乡村振兴战略、推进法治乡村建设提供基层法治人才保障。2021 年 11 月 8 日，中央宣传部、司法部、民政部、农业农村部、国家乡村振兴局、全国普法办公室联合制定了《乡村“法律明白人”培养工作规范（试行）》，规定了该规范的适用范围，对“法律明白人”的定义、工作原则、培养目标，“法律明白人”的基本条件，“法律明白人”的主要职责，“法律明白人”的遴选、任前培训及上岗，“法律明白人”的使用，“法律明白人”的培训，“法律明白人”的管理，保障实施等作了明确规定。

（二）贵州省制定出台的政策文件及相关规定

根据中央相关文件精神，2021 年 8 月 27 日，中共贵州省委、贵州省人民政府印发的《贵州省法治宣传教育第八个五年规划（2021—2025 年）》第五部分推进普法与依法治理有机融合内容中，特别规定了乡村（社区）“法律明白人”培养工程。2021 年 10 月，贵州省委、省政府印发《贵州省全面推进乡村振兴五年行动方案》《贵州省推进乡风文明建设五年行动方案》《贵州省加强乡村治理五年行动方案》等配套文件，全力启动实施巩固拓展脱贫攻坚成果、发展乡村产业、农村人居环境整治提升、推进乡风文明、加强乡村治理“五大行动”，把推进乡村法治建设、加强乡村人才保障等列为乡村治理重点工作。2022 年 10 月 14 日，贵州省第十三届人民代表大会常务委员会第三十五次会议通过的《贵州省乡村振兴促进条例》，在乡村治理专章，强调建立自治、法治、德治相结合的乡村治理体系，提高乡村治理社会化、法治化、数字化、专业化水平。明确规定：“各级人民政府及其有关部门应当加强乡村振兴法律法规、政策和先进经验的宣传，引导社会各方面广泛参与”“对在乡村振兴促进工作中作出显著成绩的单位和个人，按照国家和省的有关规定给予表彰和奖励”。2022 年 10 月 17 日，贵州省委依法治省办、省委宣传部、省民政厅、省司法厅、省人力资源和社会保障厅、省农业农村厅、省乡村振兴局共同印发《贵州省“法律明白人”培养工作实施办法（试行）》，设有总则、“法律明白人”的遴选、“法律明白人”的使用、“法律明白人”的培训、组织保障等章节，为贵州省“法律明白人”培养工作进行顶层设计。2023 年 3 月 16 日，省法宣办印发《2023 年贵州省普法依法治理工作要点》，指出“提升乡村‘法律明白人’培养质量”。在深入推进多层次多领域依法治理，提升社会治理法治化水平部分，明确贵州省司法厅、贵州省民政厅、贵州省农业农村厅作为责任单位，贵州省有关单位、各市（州）作为责任单位，通过推动建立“法律明白人”实体化培训基地和长效机制，优化完善全省统一的基层“法律明白人”培养工作平台，建立学习培训档案，实行分类台账化管理，推动培养工作精细化，培育一支群众身边的普法队伍。坚持和发展新时代“枫桥经验”，充分发挥“法律明白人”在基层依法治理中的积极作用，推动矛盾纠纷的排查化解。以“法律明白人”培养为基础，发挥宣传践行良好家庭家教家风示范引领等方面重要作用，综合提升乡村“法律明白人”培养质量。贵州省委、省政府高度重视“法律明白人”培养，将其纳入全省乡村振兴重点工作统筹谋划，写入省委一号文件，作为重要民生工程、德政工程，把实施乡村“法律明白人”培养工程纳入法治贵州建设专项目标绩效考核重点内容，为乡村“法律明白人”培养提供坚强保障。由此可知，乡村振兴离不开法治，乡村振兴需要“法律明白人”。要构建稳定和谐乡村社会秩序，就需要不断提升乡村治理的法治化水平，做到人人讲法治、事事讲法治，大力培养农村“法律明白人”，是健全乡村治理体系的重要举措，是提升乡村治理法治化水平的有效路径，也是乡村社会走向良法善治的有效方式。

因此，在推进国家治理体系和治理能力现代化、建设法治乡村、实现乡村振兴的大背景下，农村“法律明白人”培育工作的深入发展和完善有了政策支持，开展农村“法律明白人”培育机制研究正当其时。

二、相关概念的界定

（一）农村

从传统认知来看，农村是在城市（镇）之外的，从事农业生产为主的劳动者聚居的地方。鉴于研究的需要，根据《中华人民共和国乡村振兴促进法》的定义，本文所称的农村，是指城市建成区以外具有自然、社会、经济特征和生产、生活、生态、文化等多重功能的地域综合体，包括乡镇（街道）和村庄等。

（二）“法律明白人”

中宣部等部委联合制定的乡村“法律明白人”培养工作规范，将“法律明白人”定义为“具有较好法治素养和一定法律知识，积极参与法治实践，能发挥示范带头作用的村民”。《贵州省“法律明白人”培养工作实施办法（试行）》所称“法律明白人”，是指具有较好法治素养和一定法律知识，热心公益事业致力志愿服务，受群众信赖，能够主动参与法治实践并能发挥示范带头作用的村（居）民。法治乡村建设和乡村振兴的过程需要一大批专门的法治人才，为乡村振兴和基层治理法治化提供坚实人才保障。结合相关文件精神，本文所称的“法律明白人”是指具有一定的文化基础，具有较好法治素养，具有公益心和奉献精神，积极参与法治宣传、农村（社区）事务等法治实践，模范践行法治理念和社会主义核心价值观，充分发挥人熟、事熟、地熟“三熟”优势，用活乡情、亲情、友情“三情”资源，得到群众信赖，在农村一定范围内能发挥示范引领带头作用，在化解基层矛盾纠纷、促进基层依法治理中能发挥重要作用的村民。

三、农村“法律明白人”培育的重要意义

基层社会治理是国家治理体系的重要组成部分，也是维护国家安全和社会稳定的基础支撑。2019 年 1 月，习近平总书记在中央政法工作会议上提出了“社会治理为了人民”“打造人人有责、人人尽责的社会治理共同

体”的重要论断。[①]农村是立国之本，农业是兴国之本，农民是强国之基。乡村处在全面依法治国的最前沿，法治乡村建设是全面依法治国的基础性工作，是全面推进乡村振兴的重要保障，在推进法治乡村建设过程中，健全完善公共法律服务体系、排查化解矛盾纠纷，不断增强村（社区）自我管理、自我教育、自我约束、自我服务的自治功能。

（一）乡村振兴需要培育“法律明白人”

当前推进乡村振兴已进入关键期，全国必须坚持以习近平新时代中国特色社会主义思想为指导，深化法治乡村建设，树立大抓基层的鲜明导向，注重解决实际问题，推动健全党组织领导的自治、法治、德治相结合的乡村治理体系，为乡村振兴提供有力法治服务和保障。我国乡村人口占总人数的多数，实现乡村振兴，离不开法治保障，乡村法治建设关乎我国社会主义法治建设的成效，是我国社会基层治理质效的“试金石”，法治人才的培养又是推进法治乡村建设的重要条件。加大农村“法律明白人”培养，正是法治乡村建设中的重要一环。农村地区与城镇社区不同，农村在治理方式、生活习惯、文化程度、经济发展、矛盾纠纷调处等方面都与城镇社区存在区别，形成一支具有较好法治素养和一定法律知识，热心公益事业致力志愿服务，受群众信赖，素质高、结构优、用得上的农村“法律明白人”队伍，在推进乡村振兴，实现基层治理体系和治理能力现代化方面发挥良好作用。

（二）高质量发展需要培育“法律明白人”

乡村法治建设的关键在于农村群众法治信仰的培育，“法律明白人”培养工程的重要意义在于通过对乡村居民的法治熏陶，强化农村群众的法治信仰，坚定法治建设的信心决心，培养“法治带头人”，实现村民议事更积极、法律服务更高效、纠纷调解更多元。2021 年 2 月 3 日至 5 日，

① 江必新、戢太雷：《习近平法治社会建设理论研究》，载《法治社会》2022 年第 2 期。

习近平总书记亲临贵州视察作出重要指示，贵州省按照习近平总书记的指示精神，围绕“四新”[①]主攻“四化”[②]，坚持以高质量发展统揽全局。习近平总书记强调要积极推进民法典实施，充分发挥其维护人民权益、化解矛盾纠纷、促进社会和谐稳定的作用。贵州省深入学习贯彻习近平总书记重要讲话精神，以开展“万人大培训”为载体，大力培养乡村“法律明白人”，推进民法典实施，平安贵州、法治贵州建设迈上新台阶，法治乡村建设取得新成效，社会大局和谐稳定。2021 年，贵州省矛盾纠纷调处成功率 95.20%，同比上升 1.63%，“民转刑”案件下降 33.33%，人民群众安全感达 99.44%。不断提升村民法治意识和法治素养，为乡村振兴提供人才支持，积极为建设更高水平的平安贵州、法治贵州，为推动贵州省经济社会高质量发展营造良好的法治环境。

（三）巩固脱贫攻坚成果需要培育“法律明白人”

不容忽视的是，由于农村群众整体文化水平偏低，法治意识不强，法治能力素养较弱，贵州省乡村法治建设工作仍有欠账，在乡村振兴战略中，要把贵州建设成为巩固脱贫攻坚成果样板区，以法治乡村建设助推乡村振兴，针对全省农村经济发展水平不均衡，农村法律服务资源相对匮乏，农民法治意识较为淡薄，村民法治素养普遍薄弱的问题，培育农村“法律明白人”，促进基层干部和群众依法办事的意识和能力显著提高，需深入研究“法律明白人”培育机制，形成有针对性、可操作性、实效性的工作机制，运用这一工作机制，在农村“法律明白人”培育工作中，让更多普通群众符合《乡村“法律明白人”培养工作规范（试行）》要求，助推实现贵州省法治宣传教育第八个五年规划目标，促进贵州省全面推进乡村振兴、推进乡风文明建设、加强乡村治理五年行动方案等落地见效，成为“具有较好法治素养和一定法律知识，积极参与法治实践，能发挥示范带头作用的村民。”

---

① “四新”即在新时代西部大开发上闯新路、在乡村振兴上开新局、在实施数字经济战略上抢新机、在生态文明建设上出新绩。

② “四化”即新型工业化、新型城镇化、农业现代化、旅游产业化。

（四）法治宣传教育需要培育“法律明白人”

贵州省第十三次党代会科学谋划了推动高质量发展的重点任务，其中之一就是践行以人民为中心的发展思想，让人民群众在高质量发展中共享高品质生活。随着乡村振兴战略任务的深入推进，法治乡村建设迎来了新的使命。为深入贯彻落实习近平法治思想和习近平总书记视察贵州重要讲话精神，深入学习贯彻党的二十大精神、中央全面依法治国工作会议精神和省第十三次党代会精神，充分发挥农村“法律明白人”在乡村振兴战略中的示范引领作用，让全省农村群众在法治轨道上、在高质量发展中共享高品质生活，促进农村群众对相关法律法规的知晓度、法治精神的认同度、法治实践的参与度显著提高。

四、贵州省农村“法律明白人”培育基本情况

笔者在调研中了解到，当前农民办事依法、遇事找法、解决问题用法、化解矛盾靠法的自觉还没有广泛形成，相当一部分群众遇到法律问题，还是习惯于找关系、找信访等部门。党的十八大以来，贵州省深入贯彻落实中央全面依法治国委员会印发的《关于加强法治乡村建设的意见》，“法律明白人”培养工作不断深入，形成了系统的工作体系。贵州省深入贯彻落实习近平法治思想，以“民主法治示范村（社区）”创建为抓手，积极推进农村“法律明白人”培育工作，进一步发挥农村“法律明白人”的重要作用，教育引导干部群众办事依法、遇事找法、解决问题用法、化解矛盾靠法。根据贵州省“法律明白人”培养工程学习培训管理平台相关数据显示（因存在兼职、数据相互重复，不累加计数），截至2022年12月31日，贵州省共有“法律明白人”106229人。根据平台相关分类和数据，按在村（居）日常工作中的角色进行划分，全省“法律明白人”中，村（社区）“两委”成员有69255人，占比为65.19%；基层人民调解员9205人，占比为8.6%；网格员17395人，占比为16.38%；驻村工作队员8551人，占比为8%；农村合作社管理者1331人，占比为1.25%；民营企业管理者882人，占比为0.8%；乡镇干部4917人，占比

为4.6%；妇联执委、儿童主任1245人，占比为1.2%；驻村辅警847人，占比为0.7%；村（居）民小组长2579人，占比为2.4%；“五老”人员429人，占比为0.4%；其他热心公益事业的村民居民7842人，占比为7.4%；未填报角色分类的有469人，占比为0.4%；培训管理员665人，占比为0.6%（见表1）。按年龄分布划分，未成年人有162人，占比为1.5%；18—35岁有41989人，占比为39.53%；36—59岁有59045人，占比为55.58%；60岁以上有1795人，占比为1.7%；未填报年龄的有3238人，占比为3%（见表2）。从政治面貌来看，中共党员62427人，占比为58.77%；群众40521人，占比为38.14%；民主党派人士107人，占比为0.1%；未填报3174人，占比为2.9%（见表3）。

贵州省“法律明白人”培养工程学习培训管理平台显示相关数据如下：

表1　在村（居）日常工作中的角色

序号	角色	人数
1	村（社区）“两委”成员	69255
2	基层人民调解员	9205
3	网格员	17395
4	驻村工作队员	8551
5	农村合作社管理者	1331
6	民营企业管理者	882
7	乡镇干部	4917
8	妇联执委、儿童主任	1245
9	驻村辅警	847
10	村（居）民小组长	2579
11	“五老”人员	429
12	其他热心公益事业的村民居民	7842
13	无（未填报）	469
14	培训管理员	665
备注	存在兼职，数据相互重复，不累加计数。人员总数为106229人，村（村）社区两委干部占比64.20%	

表 2 年龄分布

序号	年龄	人数
1	未成年	162
2	18—35 岁	41989
3	36—59 岁	59045
4	60 岁以上	1795
5	未填报	3238
总计	106229 人	
备注	18—35 岁青年占比 39.53%	

表 3 政治面貌构成

序号	政治面貌	人数
1	中共党员	62427
2	群众	40521
3	民主党派人士	107
4	未填报	3174
总计	106229 人	
备注	中共党员占比 53.71%	

按性别占比来进行划分，男性有 67817 人，占比为 64%；女性有 35419 人，占比为 33%；未填报性别的有 2993 人，占比为 3%。按照民族来进行划分，汉族 55239 人，占比为 52%；苗族 13809 人，占比为 13%；布依族 10622 人，占比为 10%；土家族 7440 人，占比为 7%；侗族 6373 人，占比为 6%；彝族 3186 人，占比为 3%；其他民族 9560 人，占比为 9%（见图 1）。

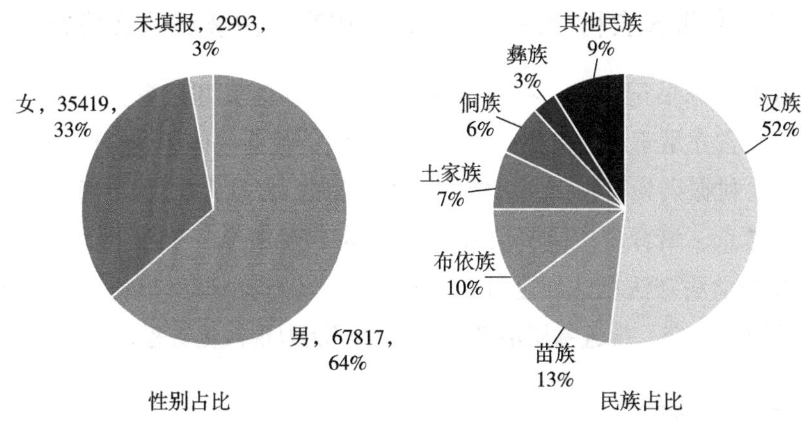

图 1 贵州省“法律明白人”性别与民族占比统计

从贵州省各地培养人数规模来看，毕节市共有“法律明白人”19353人，占比为18.22%，是全省9个市州中人数最多的地方；黔南州16329人，占比为15.37%，位列第二位；铜仁市15771人，占比为14.85%，位列第三位，接下来依次为黔东南州13289人，占比为12.51%；遵义市11802人，占比为11.11%；贵阳市9026人，占比为8.5%；六盘水市7100人，占比为6.68%；黔西南州6864人，占比为6.46%；安顺市6695人，占比为6.3%（见图2）。

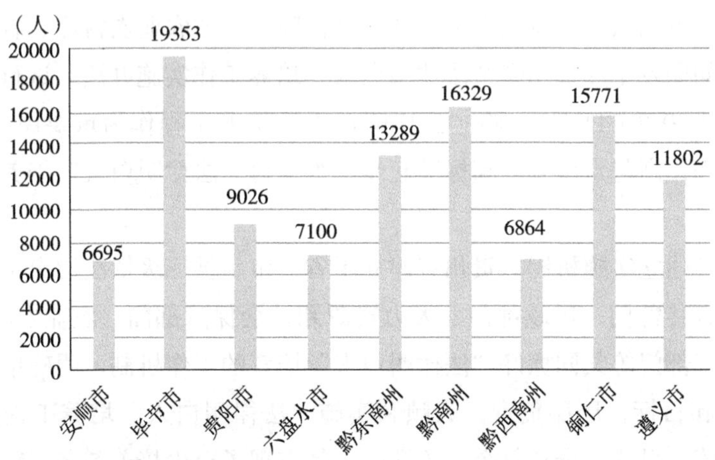

图 2 贵州省各地“法律明白人”培养人数规模情况

五、贵州省农村“法律明白人”培育的主要做法及成效

习近平总书记指出，社会治理的重心必须落实到城乡、社区。近年来，贵州省立足于法治贵州、法治政府、法治社会一体建设，以法治乡村建设和乡村振兴为引领，大力实施“法律明白人”培育工程，通过分层次分步骤遴选、培育“法律明白人”，以干部带动群众、少数带动多数，努力使尊法学法守法用法在全社会蔚然成风，做到小事不出村、大事不出镇、矛盾不上交，推进基层治理体系和治理能力现代化进程。

（一）主要做法

1. 坚持高起点谋划，组织领导坚强有力

一是贵州省委、省政府高度重视“法律明白人”培养工作。以中央宣传部等部委关于乡村“法律明白人”培养工作的规范为指引，以人民群众法治需求为导向，牢固树立抓基层的鲜明导向，更加注重抓前端、治未病。将“法律明白人”培养工作纳入全省乡村振兴重点工作统筹谋划，写入中共贵州省委、贵州省人民政府《关于做好2023年全面推进乡村振兴重点工作的实施意见》文件，以推进“民主法治示范村（社区）”建设，带动实施“法律明白人”培养工程，加强村级公共法律服务建设。

二是出台培养工作实施办法。贵州省委依法治省办、省委宣传部、省民政厅、省司法厅、省人力资源和社会保障厅、省农业农村厅、省乡村振兴局共同印发了《贵州省“法律明白人”培养工作实施办法（试行）》（贵法办发〔2022〕11号），将“法律明白人”培养工程作为重要民生工程、德政工程，高起点谋划、高标准起步，为乡村“法律明白人”培养提供坚强保障。

三是建立实施机制。贵州省建立了省、市、县三级依法治市（州）办公室、宣传部门、民政部门、人力资源和社会保障部门、农业农村部门、乡村振兴部门等共同抓好“法律明白人”培育的工作机制，明确培养的工作原则和目标，层层负责，为顺利实施“法律明白人”培养工程提供了组织保障。目前，全省每个村（社区）都实现了至少培养5名“法律明白

人”的目标。“法律明白人”培养工程实施早、推进好的铜仁市印江土家族苗族自治县，深入贯彻落实习近平法治思想，以普法依法治理为载体，在全省率先探索农村“法律明白人”培养工程，通过建立培养体制、抓实培养举措，有效增强农村群众法治意识，不断提升基层依法治理效能。经过十年来的培育，截至目前，全县共培养农村“法律明白人”5.5万余名，占该县农村户籍人口的14.9%。该县合水镇坪楼村、板溪镇凯塘村、板溪镇上洞村被司法部和民政部评为“全国民主法治示范村”。

四是将培养工程纳入考核指标。贵州省委依法治省办把实施乡村“法律明白人”培养工程纳入法治贵州建设专项目标绩效考核重点内容，强化考核机制，督促任务落实，提升工作成效。黔东南州将“法律明白人培训及覆盖率”作为法治教育普及行动核心指标，进行周调度、月考核，高位推进。同时结合“八五”普法规划的总体要求，将“法律明白人”培训纳入全州普法与依法治理年度工作要点进行部署。

2. 坚持高标准遴选，队伍建设充满活力

一是高标准遴选。全省符合“法律明白人”基本条件的村（居）民，均可通过自荐或由所在村（社区）“两委”推荐的形式，作为“法律明白人”初选对象。村（社区）“两委”确定初选对象并公示10天后，报属地司法所审核，经乡镇（街道）党（工）委、政府（办事处）同意，形成“法律明白人”培养对象名单，报县级人民政府司法行政部门开展任前培训并组织上岗考核。经考核合格的，由县级人民政府司法行政部门确定为“法律明白人”，统一颁发证书和徽章，登记造册、建档立卡，报市级人民政府司法行政部门备案并同步反馈“法律明白人”属地司法所。“法律明白人”所在村（社区）应当在公共场所以显著方式公布“法律明白人”名单及联系方式，并在党群服务中心、公共法律服务站（室）、法治宣传教育基地等基层群众活动阵地放置“法律明白人”名册。

二是有重点地进行培养。实践中，根据相关文件精神，着重把村（社区）两委成员培养成“法律明白人”。重点选拔将有一定文化基础的有为青年、致富能手、村组干部、党员、网格员、人民调解员、驻村干部以及德高望重的退休职工、人民教师、家族代表等纳入培养对象，率先将他们培养成为农村“法律明白人”骨干，再通过骨干辐射带动农村其他群众参加培训，切实做大农村“法律明白人”增量。

三是充分发挥“法律明白人”熟悉人头地头、民情民意优势。加强组织指导，促进“法律明白人”利用血缘、亲缘、地缘“三缘”优势，利用乡情、亲情、友情“三情”资源，当好社情民意的信息员、政策法律的宣传员、矛盾纠纷的化解员、法治实践的引导员，真正在一线有效排查微风险、化解微矛盾、研判新趋势，推动矛盾纠纷化解在基层。截至2022年12月30日，全省14.5万“法律明白人”培养对象参加培训，遴选培育106227人通过考核上岗，颁发了“法律明白人”证书、徽章，服务惠及3000多万基层群众，有效发挥了“法律明白人”在基层依法治理中的作用。

3. 坚持多形式培训，法治素养不断提升

一是学习形式多样。提升“法律明白人”的法治素养是培育“法律明白人”最重要的问题，贵州省司法行政部门从实际出发，在摸排基层法治建设基本情况，调查了解群众法治诉求，矛盾纠纷聚焦点等的基础上，会同有关职能部门对“法律明白人”开展有针对性的集中培训，或者采取轮训的方式进行学习，确保每人每年按工作规范要求完成不少于8课时的学习辅导。同时，依托中国普法网、贵州法律明白人培训系统等智慧平台，开展“法律明白人”线上培训，运用数字电视、手机App、微信群等方式定期推送各类学习产品。进一步创新培养模式，采取集中培训、线上轮训、教学实训等多种方式，让培训方式更有温度。

二是研发学习培训管理平台。贵州省司法厅依托“黔微普法”微信公众平台，研发了贵州省“法律明白人”培养工程学习管理平台，所有的“法律明白人”可以随时随地登录平台进行学习。该平台设置课题中心、学习要点、测试中心、成就中心、实践案例、问卷调查、智能咨询、培训通知共计8个应用模块，学员只需在线输入手机号码进行注册登记后，就可以进行在线学习，平台开设了习近平法治思想学习专题、宪法学习专题等精品课程，设置了法治案例库，同时兼具积分、记录、收藏、证书等功能。学习管理平台一定程度上解决了“法律明白人”培训内容多、培训周期长，培训对象涉及面广、培训人员难集中等实际问题。此外，依托法宣在线及人人律研发了“法律明白人培训平台”微信小程序，实现对“法律明白人”线上管理、发布学习资料、组织知识测试、颁发培训证书和开展问卷调查等功能。为全省“法律明白人”培育打造便捷高效管用好用的学习平台。

三是各类培训成效明显。2021 年 5 月 8 日，贵州省正式启动民法典“万人大培训”活动，择优遴选 6 位资深专家，围绕土地承包、移民搬迁、婚姻家庭、赡养、继承、合同、所有权、乡村振兴、法律援助、山林土地征占赔偿、扫黑除恶、预防电信诈骗等与群众生产生活密切相关的内容，以通俗易懂的方式进行讲解，为全省“法律明白人”打造精品课程。该批课程通过省委组织部“新时代学习大讲堂”视频会议系统在省、市、县、乡、村五级分会场进行授课，有近 18 万人参加线上授课培训，共计学习 12 个学时的培训。线上集中授课后，贵州省司法厅组织由法学理论与实务界专家学者组成宣讲团，在全省 88 个县（市、区）、1509 个乡镇（街道），近 1.8 万个村（社区）开展线下培训 6000 余场次，12.9 万“法律明白人”参加培训，通过线上线下相结合的方式，“法律明白人”培训质效得到明显提升。同时，各市（州）也积极打造线上线下培训平台，通过参观民主法治示范村（社区）、法治文化基地、观看法治文艺演出、观摩人民调解、旁听法庭庭审等形式开展现场教学，不断提升“法律明白人”法治素养。黔南州三都水族自治县建立“法律明白人”工作室，组织党员、居民代表、人民调解员、法律明白人、法律顾问等在工作室坐班“问诊”，为群众答疑解惑。遵义市出台政策，为市级讲师团开展“法律明白人”专题培训提供每场次 500 元资金保障，目前共发放保障资金 38000 元。年初以来，组织市县两级普法讲师团 88 名讲师到各县（市、区）共开展专题培训 209 场次，8000 余名法律明白人参加培训，切实增强乡村法律明白人法治意识和法治素养，为更好地开展工作夯实基础。

4. 坚持高品质保障，培养工程发挥实效

一是打造群众的贴心人。贵州省广大“法律明白人”在工作中宣传法律法规、调解矛盾纠纷、传递社情民意、协助村级事务、弘扬优秀传统文化，成为群众找得到、用得上的“法治带头人”和“生活贴心人”。用足用活农村“法律明白人”在化解社会矛盾纠纷、法治宣传和信访代理中的作用，使之成为推动农村普法和基层社会依法治理中坚力量，做到“小事不出网格、难事不出组、大事不出村、矛盾不上交”。

二是打通“最后一公里”。依托法治书屋、各级农村新时代文明实践中心（所、站）、道德讲堂、农家书屋、法治驿站等推动“法律明白人”工作站一体建设，畅通“法律明白人”与立法民意征集点、法律援助工作站点、公共法律服务室联系渠道，打通为基层群众提供均等公共法律服务“最后一公里”，形成乡村政治、法治、德治、自治、智治“五治融合”新局面。遵义市在全市范围内开展“法治示范乡镇”创建试点的 8 个乡镇建设“法律明白人”法治实践工作站，用一个活动室、一支“法律明白人”队伍、一套管理制度、一台学习电脑和一个法治图书角、一套学习教材和一本学习笔记、一支师资队伍，为“法律明白人”学习、培训、履职、参与基层治理提供必要的支持和保障，切实发挥“法律明白人”服务身边群众的作用。

三是全面助力乡村振兴。全面推进乡村振兴，一时也离不开法治保障，离不开培育的“法律明白人”。“法律明白人”只有充分发挥法律法规“讲解员”、矛盾纠纷“调解员”、社情民意“传递员”、法治活动“组织员”、法治创建“监督员”、法律援助“引导员”等作用，才能真正做到促进法治建设，助力乡村振兴。据统计，2023 年全省参训“法律明白人”参与基层普法宣传活动 5 万余场次，参与调解矛盾纠纷 141030 件。“法律明白人”万人大培训推进民法典实施的创新与实践，得到了省委、省政府主要领导的批示肯定，中央和省级主流媒体专题报道。

（二）具体成效

1. 充分发挥法治宣传员作用

积极动员“法律明白人”利用“3·15”消费者权益保护日、“4·15”国家安全教育日、民法典宣传月、“6·5”世界环境日等重要时间节点，通过院坝会、群众会、党员大会、微信群、法律明白人服务平台等多种方式渠道，组织、开展、参加法治宣传教育活动，深入田间地头积极宣传习近平法治思想、宪法、民法典、法律援助法、未成年人保护法、乡村振兴促进法、扫黑除恶、防范电信网络诈骗和各类惠农利民政策。铜仁市思南县关中坝街道“法律明白人”袁子玖，先后被省委表彰为全省脱贫攻坚优秀党组织书记、被省委宣传部评为“理论宣讲先进个人”、铜仁市首届“十大法治”人物。发挥自身优势，在全村组织成立文艺宣传队，利用身边人、身边事，结合国家的法律法规及政策方针，以花灯、小品、快板为载体，以自编、自演、自导的方式引导群众、教育群众，形成了“农民编、编农民，农民演、演农民，农民看、看农民”的文艺形式，在各乡镇、村（居）巡回演出，形成思南县独具特色的法治宣传模式。赤水市天台镇天苑社区支部书记、“法律明白人”贾如春，当好法治“嗑子匠”和人民调解员，自编自导自演快板节目，让生硬难懂的法律知识变成了通俗易懂的家乡话，老少皆宜的顺口溜一度在社区群众中流传。尽心尽力、公平公正化解民间纠纷，促社区群众和谐相处。群众亲切地调侃“贾支书是真包公”。铜仁市印江土家族苗族自治县板溪镇凯塘村党支部书记、“法律明白人”骨干吴宗昂，带动该村葡萄种植大户周卓昂成为“法律明白人”骨干，该村目前已培养合格“法律明白人”234 名，2021 年吴宗昂被评为铜仁市第二届“十大法治人物”、贵州省第二届“十大法治人物”提名人物。

2. 引导群众用好公共法律服务资源

“法律明白人”始终加强“法律明白人”学习培训管理平台服务终端、手机 App 及微信小程序学习运用，利用日常走访排查及群众会等契机向群众宣传平台功能，让学习培训管理平台成为全省群众办理法律事务、维护自身合法权益必不可少的“掌上通”；依托各村（社区）公共法律服务站，热情接待群众来访和接受法律咨询，引导群众依法表达诉求，广泛收集群众意见建议，及时一一回应，着力解决群众的操心事、烦心事、揪心事，引导村民群众理性表达利益诉求，养成遇事找法、解决问题用法、化解矛盾靠法的良好习惯。黔南州“法律明白人”依托各村（社区）公共法律服务站，热情接待群众来访和接受法律咨询，引导群众依法表达诉求，广泛收集群众意见建议，及时一一回应，做到学用结合、普治并举。黔东南州台江县发挥法律明白人在维护社会和谐稳定中的积极作用，引导基层群众依法表达诉求、解决纠纷、维护权益，实现“三不出、四提高、五下降”的工作目标。即小事不出村，大事不出镇（乡），难事不出县；人民调解成功率提高，民事诉讼案件调解成功率提高，行政诉讼案件调解成功率提高，人民群众对调解工作的满意度提高；群体性事件下降，民转刑案件下降，民事诉讼案件下降，涉法涉诉案件下降，集体赴州、赴省和进京上访数量下降，从而真正达到矛盾化解在当地、化解在基层、化解在萌芽状态。2023 年上半年排查矛盾纠纷 408 件，调解 185 件，调解成功 173 件；2022 年同期排查矛盾纠纷 170 件，调解 170 件，调解成功 124 件。调解成功率上升 20%。贵阳市南明区开展“楼栋长法律明白人”培育机制探索，目前在兰花都街道花园社区开展试点，拟在全市范围内推广；开展“企业法律明白人”培育机制探索，目前已经在南投集团、强怡公司等企业开始试点。

3. 积极参与矛盾纠纷预防排查化解工作

“法律明白人”作为村（社区）矛盾纠纷调解员，积极参与矛盾纠纷预防、排查、疏导、化解工作，利用“法律明白人”熟地熟人熟事的优势，化解各种邻里纠纷、土地纠纷、婚姻家庭纠纷、滥办酒席等矛盾纠纷。比如，遵义仁怀市坪营村支部书记肖波参加“法律明白人”培训后，运用民法典相关规定，成功调处了一起因土地征收补偿金归属问题产生纷争而久调不下的疑难纠纷。遵义市湄潭县金桥村针对农村滥办酒席、薄养厚葬、攀比炫富、铺张浪费等难题，通过“法律明白人”对法律法规和孝道等中国传统文化的积极宣传，全体村民坚决革除陈规陋习、抵制不良风气，在村规民约中规定村民“喜事轻办、丧事简办、余事不办”，办理红白事前缴纳 200 元环境卫生诚信保证金，结束后清理恢复环境卫生的及时退还，未在规定时间内清理的不予退还的具体罚则。对执行规定好的村民纳入红榜公示表扬；对不遵守的村民，村委会将视其情节分别给予批评、警告、黑榜公示。法律明白人有效促进村规民约的遵守和执行，促进了移风易俗，促进了法律在乡村落地生根。铜仁市碧江区灯塔街道矮屯社区，共培养“法律明白人”50余人，从曾经的矛盾纠纷多发、治安案件频发的“问题”社区成为如今的国家级民主法治示范社区。2021年，碧江区司法局被省委宣传部、省委依法治省办、省司法厅、省法宣办通报表扬为2016—2020年贵州省普法工作先进单位。

4. 推进基层自治法治德治融合发展

培养“法律明白人”作为辅助基层社会治理的“服务员”，认真履职尽责，自愿自觉参与村（居）事务决策、管理、监督，维护基层社会稳定。自觉引导群众注重德治与法治，主动当乡风文明建设的“带头人”，带头文明扫墓、破除封建迷信、抵制陈规陋习，进一步推进乡风文明建设和自治、法治、德治“三治”融合。近年来，当地党委政府坚持党建引领，强化党支部建设，配齐配强村“两委”干部，培育“法律明白人”，充分发挥“法律明白人”作用，推进依法治村，全村连续十几年实现零犯罪、零事故、零上访，无黄赌毒等，如今村里55%以上的家庭年收入超过10万元，实现了由乱到治、由治到富、由富到美的转变。榕江县全国“民主法治示范村”定威水族乡定旦村“法律明白人”罗秀光和白锦华，带领村级党员、退役军人、群众21人组建护渔队，充分发挥村民自治作用，建立了护渔台账，8年来一直坚持生态护渔，开展集中巡查1300次、出勤4500人次、发现非法捕捞20起，保护苗山侗水生态取得显著成效。六盘水市水城区有“中国现代民间绘画画乡”“中国民间文化艺术之乡”之称，利用陡箐镇陡箐村“中国农民画之乡”的美誉，进行法治内涵植入与文化再造，将法治理念寓于农民画中，以画说法；在农民画展厅挂牌“六盘水市水城区法治农民画基地”。同时，印制法治农民画宣传物品，让法治农民画上墙、进宣传栏，让“法治”成为老百姓生活场景的一部分，通过文化潜移默化浸润人心的方式开展法治宣传教育效果良好。

六、农村“法律明白人”培育面临的困难和问题

“法律明白人”是一支能够真正扎根乡村、群众身边的基层依法治理队伍，在一定程度上弥补了基层法治人才的不足，成为法治乡村建设新的有力抓手，能够起到“四两拨千斤”的效果，推动整体农村依法治理的进

程。目前，法治乡村建设存在创新力度不足，矛盾纠纷化解难度还比较大等问题，调研组发现在这样的大环境下，农村“法律明白人”培育也同样面临诸多困难和问题。

（一）培育数量明显较少

随着新型城镇化进程的加快，越来越多的年轻人放弃了农村生活，大量农村劳动力转移到城镇就业，这使得农村人口大规模缩减，农村劳动力不断减少，25—40 岁人员基本断档，老龄化程度加深，农村空心化严重，生产经营面临巨大压力，文化素质亦普遍较低。受农村生活环境和农民自身思想观念的影响，农民对成为“法律明白人”的主体意识不强。传统的小农思想依然占据主导地位，农民所处环境相对封闭，信息获取能力差，法律观念淡薄，部分农民认为生活中法律知识运用不多，宁愿花更多时间和精力在农业生产上，而不愿意接受法律知识培训。法律知识储备不足，后备人才少，严重影响农村“法律明白人”的遴选、培养和管理，严重制约了农村法治化进程的推进。大部分农村“法律明白人”都是在村（社区）两委干部、村在册调解员名录中自行指定，指令性培养，自愿参加人员少，基本没有自荐情况。现有的“法律明白人”培训有一定的困难，参加法律明白人培训的人散事多，很难组织到一起进行系统的、长期的、专业化的培训。

（二）培育内容有待完善

根据各地反馈的情况，农村“法律明白人”接受培养渠道单一，往往形式大于内容，任务大于实务，时间安排不合理，理论联系实际不深入，特别是在每年度开展“法律明白人”的线上培训时，很多“法律明白人”只是为了完成课时而挂机学习，缺少主动性积极性，没有达到真正的培训目的，严重影响了农村“法律明白人”的素养提升，制约了队伍运用法治思维和法治方式解决实际问题能力和水平的提高。

（三）培育师资力量薄弱

从调研情况看，县、镇两级虽然组织普法讲师团开展集中培训，但普法讲师团到乡镇开展宣讲、培训的次数有限。县区“法律明白人”培养还是以乡镇为主，而乡镇培训又以司法所干部为主，司法所干部大部分是非法律专业人才，在培训中大多是照本宣科，在系统性、专业性方面还存在很大不足，对法律理解、融会贯通方面还有较大欠缺。

（四）培育缺乏激励机制

“法律明白人”属于义务性、自愿性、公益性工作，大多数“法律明白人”没有固定职业，只是以一种从事公益性工作、为民服务的情怀，志愿参与开展工作，参加培训的“法律明白人”缺少必要的补偿和激励，没有相对应的与绩效挂钩的“法律明白人”补偿奖励兑现机制。工作之外，这部分“法律明白人”还要保证家庭的日常开支、正常运转，在家庭和工作不能兼顾的情况下，导致“法律明白人”参与培育的积极性不高。

（五）培育成效有待提高

守法不是一个独立的过程，而是长期良法善治浸润引导的结果。目前，大部分基层“法律明白人”本身文化素质不高，对现行法律一知半解，法律知识普遍缺乏，法治意识淡薄。有的习惯于执行上级交代的工作任务，不认真学习研究政策、法律法规，不主动思考工作，所以引导群众尊法学法守法用法能力不足，发挥作用不明显。

七、优化农村“法律明白人”培育机制对策建议

鉴于农村“法律明白人”培育工作面临的困难和问题，亟须进一步加强调度指导，完善制度细节，持续深化农村“法律明白人”培育工作，推动“法律明白人”培育工程向村组、向农户领域拓展，实现“法律明白人”培育工程在村（社区）、村组、农户全覆盖，从而为深入推进法治乡村建设，实现法治可信赖、权利有保障、义务必履行、道德得遵守的法治

社会建设生动局面，贡献基层社会法治化治理法治力量。

（一）加强组织领导，提升培育数量

《乡村“法律明白人”培养工作规范（试行）》规定，到2025年，“法律明白人”培养工作普遍开展，每个行政村至少培养3名“法律明白人”。《贵州省“法律明白人”培养工作实施办法（试行）》要求，到2025年，全省每个村（社区）至少培养10名“法律明白人”，逐步实现村（社区）小组全覆盖。针对“法律明白人”数量少的问题：一是争取基层党委政府重视。基层党委政府要充分认识推进“法律明白人”培养工程的重大意义，积极推动落实履行法治建设第一责任人职责，把“法律明白人”培养工程纳入法治社会建设和乡村振兴总体规划，作为乡村人才振兴工作的重要内容，及时研究解决工作中的重大问题，确保各项任务和措施落到实处。二是把村干部作为培育主体。根据工作调研，64.7%的农民遇到矛盾纠纷先找村干部反映情况，比例远高于找村内威望高的人和法律顾问，因此，很有必要把村干部培养成“法律明白人”。农村“法律明白人”培育工作，需优先选择“政治素质强、法律素养高、道德品质好、服务意识强”的“两委”成员、基层人民调解员、网格员、农村党员来担任，切实发挥党员、村干部、特殊人才在基层治理中的先锋模范作用。继续做好在村（社区）公共场所，以显著方式将本村（社区）的“法律明白人”名单、照片和联系方式统一、全部公布工作，进一步增强“法律明白人”的身份意识、责任感和荣誉感。三是充分调动群众争当“法律明白人”的积极性。充分发挥“五老”人员（老干部、老战士、老专家、老教师、老模范）和退休法官、检察官等政法工作人员作用，为他们担任“法律明白人”参与乡村治理、发挥余热提供渠道和保障。充分调动人民群众参与乡村“法律明白人”培养工作的积极性，让“法律明白人”打通服务基层普法的“最后一公里”，成为学法良师、用法参谋、维权代理，引导村民树牢办事依法、遇事找法、解决问题用法、化解矛盾靠法的理念，强化村民对法治的尊崇信仰，促进乡村振兴、法治乡村建设健康发展，成效明显。

（二）丰富培训内容，增强培训效果

一是培训内容注重贴近农村生活实际。贵州省根据人口、经济、文化、地域等因素，将城市社区分为新建社区、老旧院落社区、异地安置社区等，将农村分为经济强村、传统农业村、少数民族村等若干类型，针对每一种类型设置“法律明白人”培训标准，进行分类型、有特色、有成效的培育。在强化对宪法等基本法律常识普及基础上，针对不同年龄层次、职业属性、生产生活的需求，制定不同的法律知识培训课程，因材施教，因需供给，实现由“整齐划一”到“分类指导”的转变，增强培训的吸引力。

二是打造“法律明白人”工作站。依托党员服务中心、新时代文明实践中心（站、所）、基层综治中心、公共法律服务中心（站、室）、人民调解室、农家书屋等资源，推动建立“法律明白人”实践工作站，为“法律明白人”开展学习培训、调解纠纷、研究工作、参与基层治理等提供基本的活动和工作场所。及时为“法律明白人”队伍提供一些更实用更准确的法律知识，充实“法律明白人”知识库。通过线上交流平台不定期推送以案释法案例、法律法规知识，营造“人人可学、处处可学、时时可学”的培训环境。

三是以活动为载体开展培训。以“乡村振兴 法治同行”活动和“民主法治示范村（社区）”创建活动为载体，充分发挥“法律明白人”人熟、地熟、事熟优势，组织其参与收集社情民意、宣传法律政策、调解矛盾纠纷、引导法律服务、参与基层治理，让“法律明白人”成为基层社会治理的“多面手”、乡村振兴的“领跑员”。

四是整合资源形成培训合力。加强民政、农业农村、乡村振兴、司法行政等部门协调联动，形成齐抓共管的工作合力。按照“谁执法谁普法”普法责任制的要求，针对农村多发的交通事故、医患纠纷、房屋与土地征收、林地林权纠纷和森林资源保护、婚姻家庭、环境污染、民间借贷等专业性、行业性法律问题，采取以案释法、案例教学等方式，对农村“法律明白人”及骨干开展现场观摩教学。

（三）强化协调联动，选优配强师资

一是组建培训团队。继续深入推进乡村"法律明白人"师资培养工程，各地因地制宜制定素质培养提升计划，用好各级普法讲师团成员以及法官、检察官、行政执法人员、律师等人才资源，为"法律明白人"配备指导员，提供有针对性的培育指导和跟踪服务，组建一支专兼结合的培训讲师团队，集中开展系统辅导。

二是编写培训教材。整合司法行政公共法律服务资源，为"法律明白人"开展法治实践提供业务指导和帮助。结合实际编写通俗易懂的"培育教材"，将理论融入案例中，编写成教材，发放给各乡村"法律明白人"，作为各乡村"法律明白人"的自学教材。

三是用好新媒体平台。针对不同群体特点，积极建立培养工程网络平台，开展不定期专题远程视频培训，组建工作微信群、QQ 群，不定期推送普法信息等方式，拓展"法律明白人"学习法律知识的途径。让"法律明白人"充分利用有限时间，通过在家法治课堂、在外远程教育等形式，经常化、全覆盖地开展教育培训，使"法律明白人"培育工作"常驻""法律明白人"日常工作生活中，形成全方位、多层次、主体式的培育新格局。

四是创新培训方式。利用"视频授课 + 案例 + 实践考查 + 结业考试"相结合的形式，对"法律明白人"开展常态化培训。整合司法行政公共法律服务资源，为"法律明白人"开展法治实践提供业务指导和帮助，提升工作常态化规范化水平，推动"法律明白人"培养工程取得实效。

（四）建立激励机制，激发参与兴趣

一是落实经费保障。加强与相关部门的对接协调，积极争取将"法律明白人"培养工作相关经费列入政府购买服务指导性目录，鼓励引导社会资金参与支持相关工作。积极争取将农村"法律明白人"参与法治实践纳入"以案定补""以奖代补"的范围，给予一定的物质奖励，工作补贴或误工补贴，为每名"法律明白人"颁发证书、徽章，配备必要的工作

条件。

二是建立考核制度。建立健全“法律明白人”考核激励等机制，将普法宣传、业务培训、调解成功、示范带头作用发挥、履职尽责等情况作为重点考核评价内容，对“法律明白人”工作突出的集体和个人给予表扬和适当奖励，并给予一定奖励，激发法律明白人的积极性、主动性、成就感、荣誉感，从而激励“法律明白人”在化解矛盾纠纷、宣传政策法规中发挥示范引领作用。

三是建立健全“法律明白人”贡献奖励制度。将“法律明白人”参与法治实践纳入“以案定补”“以奖代补”范围，给予必要物质保障。使“法律明白人”工作得到政策、制度、机制保障，在人员配备数量、待遇、经费、装备等方面得到实实在在的支持。

四是强化对“法律明白人”的督促指导。加强对“法律明白人”队伍的管理，鼓励各地探索“法律明白人”参与矛盾纠纷排查化解、强化激励制约机制等方面的特色做法、有效经验，创新开展工作。

五是注重“法律明白人”的使用。使用是发挥“法律明白人”作用、推动基层法治建设事业发展的根本所在。贵州省“法律明白人”总量本身就少，亟须把现有的“法律明白人”用好，只要是“法律明白人”，学历高、能力强的要用，学历低但能力强的也要用；年长的经验丰富的要用，年轻的也要用，而且对其中优秀的要大胆地用、及时地用；本地的要用、外地的也要用，要充分激励“法律明白人”的潜力，开创工作新局面。

（五）加大宣传力度，发挥示范引领

一是扩大影响力。各类新媒体平台应加大“法律明白人”宣传力度，及时报道工作动态和先进事迹，让广大群众知道遇到矛盾纠纷、法律问题可通过“法律明白人”解决。同时，通过宣传栏、法治讲座、发放书籍、村广播等基层群众最普遍接触的宣传方式，扩大“法律明白人”作用发挥的影响力。

二是发挥先进典型示范带动作用。加强典型经验的选树和宣传推广，努力为“法律明白人”充分发挥作用营造良好的法治氛围。加大对“法律

明白人”典型榜样宣传力度，提高群众对“法律明白人”的认可度，努力营造全社会参与“法律明白人”培养工作的良好氛围。

三是做好政治关爱。协调有关部门将工作成绩突出的“法律明白人”优先纳入村（社区）“两委”成员后备力量培养，在发展和培养村干部、考录乡镇公务员、招聘乡镇事业编制人员时予以优先考虑，在涉农贷款、技术帮扶等方面予以支持。积极助推优秀法律明白人脱颖而出。

四是进行动态调整。建立动态管理机制，对发生违法违纪行为、不认真履职的“法律明白人”及时予以清退。每年及时对法律明白人队伍进行充实调整，对发生违法违纪行为、不认真履职的“法律明白人”，及时予以清退、从公示名单中删除。

抓好农村“法律明白人”培育工作，是新时代乡村振兴、法治乡村建设的重要内容。新征程上，以习近平新时代中国特色社会主义思想为指导，深入贯彻落实习近平法治思想，深入实施新时代人才强省战略，不断健全自治、法治、德治相结合的乡村治理体系，努力实现党的领导、人民当家作主和依法治国在农村的有机统一，必须大力深化“法律明白人”培育机制，以激发“法律明白人”创新活力为核心，以优化“法律明白人”发展环境为保障，全方位培育、用好人才，全力推进“法律明白人”大汇聚，坚决破除培养、使用、支持、激励等方面的体制机制障碍，真正用好用活农村“法律明白人”，为落实国家治理体系和治理能力现代化、乡村振兴战略，建设法治乡村，助推全省经济社会高质量发展，开创百姓富、生态美的多彩贵州新未来提供坚强有力的农村“法律明白人”支撑体系。

【参考文献】

1. 习近平:《论坚持全面依法治国》，中央文献出版社 2020 年版。

2.《习近平法治思想概论》编写组:《习近平法治思想概论》，高等教育出版社 2021 年版。

3. 本书编写组:《党的二十大报告学习辅导百问》，党建读物出版社、学习出版社 2022 年版。

4. 王勇等:《社会治理法治化研究》，中国法制出版社 2019 年版。

5. 杨凯:《公共法律服务学导论》，中国社会科学出版社 2020 年版。

6. 王晓光、张胜昔:《法治乡村建设工作调研报告》，载《中国司法》2019 年第 9 期。

7. 王春:《播撒法治火种　助力乡村振兴》，载《法治日报》2023 年 6 月 9 日，第 4 版。

8.《大力实施“法律明白人”培养工程　推动法治乡村建设水平不断提升》，载《中国司法》2022 年第 6 期。

9. 江必新、戢太雷:《习近平法治社会建设理论研究》，载《法治社会》2022 年第 2 期。

10. 段浩:《乡村振兴战略背景下法治乡村建设的理论逻辑及其展开》，载《西南民族大学学报（人文社会科学版）》2022 年第 8 期。

11. 江必新、王红霞:《社会治理的法治依赖及法治的回应》，载《法制与社会发展》2014 年第 4 期。

12. 黄琳、王雪、宋桂兰:《乡村振兴背景下“法律明白人”培养工作面临的问题及对策探讨——以北京市昌平区十三陵镇 A 村为例》，载《农村·农业·农民（B 版）》2023 年第 8 期。

13. 兰岚:《农户对“法律明白人”实施效果满意度及其影响因素研究》，江西农业大学 2022 年硕士学位论文。

14. 万晓道:《乡村振兴背景下乡村治理法治化路径研究》，载《普洱学院学报》2022 年第 5 期。

15. 李明:《新时代“三治结合”乡村治理体系研究》，吉林大学 2022 年博士论文。

16. 高兴敏:《中国法治乡村建设问题研究》，辽宁师范大学 2021 年硕士学位论文。

17. 王辉:《法治现代化视域下乡村矛盾纠纷多元化解机制研究》，扬州大学 2021 年硕士学位论文。

18. 张拴紧:《瓦房店市法治乡村建设调查研究》，大连海洋大学 2023 年硕士学位论文。

19. 陈康帅:《乡村治理中法治与德治契合性问题研究》，河北师范大学2023年博士学位论文。

20. 徐娜:《走向善治之路：新型人才撬动村庄治理的转型与升级》，山东农业大学2023年硕士学位论文。

21. 刘春瑾:《乡村治理中的自治、法治、德治融合机制研究》，河北师范大学2022年硕士学位论文。

22. 戴源:《“三治结合”乡村治理体制中的法治问题研究》，吉首大学2022年硕士学位论文。

贵州省法治化营商环境建设突出问题调查研究*

敖玉芳**

摘　要：法治是最好的营商环境。近年来，贵州省在法治化营商环境建设方面狠下功夫，通过法治化营商环境的立法环境、执法环境、司法环境和守法环境的不断优化，为市场主体创造了更加公正透明、可预期的营商法治环境。但是，营商环境没有最好，只有更好。通过调查研究发现，贵州省在营商制度建设、行政执法、执行合同、知识产权的创造保护和运用、办理破产、公共法律服务体系建设、社会信用体系建设等方面仍然存在突出问题。针对上述问题，要坚持以习近平新时代中国特色社会主义思想为指导，在省委、省政府的坚强领导下，通过贵州省法治化营商环境的顶层设计和配套制度建设，加大营商制度备案审查力度，多措并举提升市场监管质效，进一步提升行政执法的规范性，强化执行合同的效率，加大对知识产权的创造、保护和运用，有效提升办理破产案件质效，加快推进公共法律服务体系建设，加强政务诚信建设引领社会信用体系建设，强化商务信用信息的共享与运用，把贵州省打造成为对标国内国际一流的营商环境，提升市场主体对贵州省营商环境的获得感和满意度。

关键词：营商环境　法治化　市场主体　贵州省

---

*　本文系贵州省司法厅2023年度法治理论与实践研究课题成果。课题主持人、执笔人：敖玉芳（贵州财经大学法学院）；课题组成员：张信梁（贵州省高级人民法院执行局）、胡甲庆（贵州财经大学法学院）、张永杰（黔东南州财政局）、王晓君（贵州师范大学法学院）、薛军（上海中联（贵阳）律师事务所）、蒋怡然（贵州财经大学法学院）、王亚（贵州财经大学法学院）。

**　敖玉芳，贵州财经大学法学院副教授。

党的十八大以来，党中央高度重视营商环境的法治化建设，习近平总书记明确指出法治是最好的营商环境，进一步肯定了法治建设在优化营商环境工作中的重要地位。法治化的营商环境是我国经济高质量发展的助推器[①]，是对新时代中国经济转向高质量发展的主动回应[②]。我国在《法治中国建设规划（2020—2025）》中提出要“持续营造法治化营商环境”，《国民经济和社会发展第十四个五年规划和二〇三五年远景目标纲要》再次强调“构建一流营商环境”。为进一步深入贯彻党中央、国务院关于优化营商环境的部署，贵州省多措并举，积极推进法治化营商环境建设，取得明显成效。贵州财经大学公共管理学院受贵州省投资促进局委托，采用对标世界银行营商环境评价指标及国家发展和改革委员会营商环境评价指标体系，对贵州省 9 个市（州）、88 个县（市、区、特区）的营商环境进行全面评估，并于 2023 年 5 月发布《贵州省 2022 年营商环境评估报告》。本文以该评估报告体现的贵州省营商环境相关指标评估数据为基础，并通过进一步向省级和部分地区人大常委会、贵州省司法厅（以下简称省司法厅）及政府相关部门、贵州省高级人民法院（以下简称省高院）、贵州省律师协会、仲裁委员会等单位进行调研和访谈，结合 2021 年贵州省人大常委会（以下简称省人大常委会）制定的《贵州省优化营商环境条例》、2023 年 3 月贵州省人民政府办公厅（以下简称省政府办公厅）印发《贵州省 2023 年深化“放管服”改革工作要点》《贵州省 2023 年度优化营商环境重点任务清单》等重要规定，梳理出贵州省法治化营商环境建设存在的突出问题，并借鉴其他地区法治化营商环境建设的先进经验，提出打造国内一流法治化营商环境的“贵州方案”，助推贵州省经济社会高质量发展。

---

① 成协中:《优化营商环境的法治保障：现状、问题与展望》，载《经贸法律评论》2020 年第 3 期。

② 谢红星:《法治化营商环境的证成、评价与进路——从理论逻辑到制度展开》，载《学习与实践》2019 年第 11 期。

一、贵州省法治化营商环境建设的现状及突出问题

（一）贵州省法治化营商环境的制度保障

1. 现状

2021 年 11 月 26 日，《贵州省优化营商环境条例》正式颁布。该条例提出以企业为贵、以契约为贵、以效率为贵、以法治为贵的“贵人服务品牌”。从市场主体保护、市场环境、政务环境、监管执法、法治保障等方面，对贵州省营商环境优化进行立法，为贵州省优化营商环境发挥了较强指引性作用。此外，省人大常委会出台的《贵州省政务服务条例》《贵州省反不正当竞争条例》《贵州省招标投标条例》《贵州省社会信用条例》《贵州省中小企业促进条例》《贵州省各级人民代表大会常务委员会规范性文件备案审查条例》《贵州省法律援助条例》《贵州省公证条例》《贵州省人民调解条例》《贵州省行政复议条例》《贵州省司法鉴定条例》等地方性法规，为贵州省营商环境的优化提供了较高位阶的立法保障。此外，省委办公厅、省政府办公厅、省政府及其工作部门制定了一系列与营商环境有关的规范性文件，例如《打造“贵人服务”品牌建设国内一流营商环境三年行动计划（2021—2023 年）》《贵州省 2023 年度优化营商环境重点任务清单》《贵州省 2023 年深化“放管服”改革工作要点》《贵州省培育壮大市场主体行动方案（2022—2025）》《贵州省支持民营企业加快改革发展与转型升级的政策措施》等，一并为贵州省营商环境制度保障搭建了基本框架。营商制度的规范性文件总体上已严格按照国务院《优化营商环境条例》及《贵州省优化营商环境条例》的要求，进行合法性审核和公平竞争审查，并向社会公开征求意见，有效保障规范性文件的合法性和可行性。

贵州省根据《贵州省优化营商环境条例》的要求，建立政府规章以及行政规范性文件的清理工作机制，对与法律法规相抵触、损害营商环境以及同经济社会发展不适应的规范性文件进行了清理，并及时进行修改、废止，为优化营商环境提供了重要的制度保障。2020 年，省政府对 1979—2019 年期间制定的行政规范性文件进行大规模的集中清理活动，涉及优化营商环境行政规范性文件作了专项清理，废止上位依据缺失或被替代、不

符合《优化营商环境条例》、不适应经济社会发展的行政规范性文件121件；宣布已过适用期、调整对象消失、阶段性工作已完成、目标已实现的89件行政规范性文件失效；修改部分不符合《优化营商环境条例》但多数条款内容合法且对行政管理能够继续发挥作用的28件行政规范性文件。2022年，全省审核行政规范性文件1134件，同比增长17.8%，备案审查784件，同比增长63%。其中，省级层面对96件进行合法性审核，对277件进行备案审查。清理妨碍统一大市场和公平竞争政策措施2913件，废止205件，修订19件。废止和修订民法典实施涉及的地方性法规20件、政府规章和行政规范性文件54件。通过上述活动，有效保障了现有制度对于优化贵州省营商环境的推动作用。

2. 突出问题

（1）营商环境保障制度需进一步健全。贵州省在优化营商环境立法方面做了大量工作，并出台《贵州省优化营商环境条例》。但是，贵州省在顶层设计上尚未制定系统科学的营商环境立法规划，优化营商环境制度建设的整体性、系统性、协调性方面还存在不足。营商环境作为市场主体在市场经济活动中涉及的体制机制性因素和条件[①]，是一项系统复杂的工程，涉及开办企业、获得电力、登记财产、获得信贷、保护中小投资者、跨境贸易、纳税、执行合同、办理破产、政府采购、劳动力市场监管、办理建筑许可、获得用水用气、招标投标、政务服务、知识产权创造保护及运用、市场监管、包容普惠创新等方方面面[②]，需要有一部综合性立法统领全局，以及全方位的制度规范体系予以保障，这些制度规范应当是相互协调、相互衔接的，形成一个有机统一的整体，避免各部门利益冲突，为法治化营商环境建设奠定立法基础。[③]贵州省营商环境的相关配套制度还不

① 参见国务院《优化营商环境条例》第2条。

② 其中前十项指标为世界银行营商环境评估指标体系中的一级指标，参见念修主编:《中国营商环境报告》，中国地图出版社2020年版；罗培新:《世界银行营商环境评估 方法·规则·案例》，译林出版社2020年版。

③ 李宏伟:《法治化营商环境的河南实践》，社会科学文献出版社2022年版，第226页。

够完善，诸多领域仍然存在规范不到位的情形。《贵州省公共法律服务条例》《贵州省知识产权保护条例》《贵州省矛盾纠纷多元化解条例》《贵州省数字政府建设条例》《贵州省公共资源交易管理条例》的制定以及《贵州省反不正当竞争条例》《贵州省招标投标条例》《贵州省行政执法监督条例》《贵州省公共数据条例》《贵州省政府数据共享开放条例》的修改，虽已纳入贵州省十四届人大常委会立法规划，但修改并非一蹴而就。因此，贵州省营商环境制度建设任重道远。

（2）营商环境规范性文件备案审查存在一定漏洞。贵州省已基本上完成营商环境规范性文件的备案，但备案机关对于备案文件审查，主要存在以下问题：人大或政府的审查力量不均衡，很多地方人员和审查力量明显不足，且部分工作人员在专业性上存在不足，实践中多为被动审查，主动审查情形较少，难以通过事后审查的方式有效保障规范性文件的合法性。全方位、全覆盖的审查与实践中有限的审查能力之间存在较为突出的矛盾。部分审查者由于无实务操作经验，影响了审查的质效。全面审查几乎难以保障，部分规范性文件在备案以后并未启动审查程序，而是等到当事人提起申诉，在规范性文件的具体适用过程中出现问题，才引起备案审查部门的关注，启动审查程序。并且，备案审查机关对规范性文件的审查多数停留于形式审查，对条文进行字面审查、行政处罚幅度和种类的审查。另外，笔者在调研过程中，发现极少数规范性文件未依法备案，游离于审查范围之外，审查机关无法对其合法性与公平竞争等进行审查，难以保障其符合法律规定和营商环境的客观需要。

（二）行政执法

1. 现状

贵州省深入推进“五个通办”改革①，政务服务效能大幅度提升，连续五年政务服务处于全国前列。截至 2022 年底，全省有 4323 个部门及 1577 个乡镇、226 万个事项纳入政务服务网，政务服务事项网上可办率达

① “五个通办”指一网通办、一窗通办、全省通办、跨省通办、一证通办。

100%、全程网办率 52.87%、移动办查询办理事项 3386 个；基本实现省内事全省办；建立桂川渝贵滇藏六省的跨省通办协作机制，并与 20 个兄弟省、区、市建立线下通办合作关系，对外提供通办事项 4.4 万项；全省 11.4 万多个事项涉及 21.8 万多份材料实现与电子证照关联，“一证通办”事项 10.8 万项。通过继续压缩各种行政审批事项，大力推进“放管服”改革。行政执法进一步规范化，行政执法监督更为有力。率先在全国范围内完成行政复议制度的改革，建成覆盖省、市、县三级的行政服务机构。开展省、市、县、乡四级执法监督试点，打通行政审批、行政监管、行政处罚等执法环节，深入落实行政执法“三项制度”，严格“双随机、一公开”监管。

全省组织近 8 万名执法人员大学习、大练兵、大比武，提升行政执法人员的法律素养和专业水平。全省共配备公职律师 2995 人，县级以上的行政机关全部覆盖法律顾问，有效促进党政机关依法决策、依法办事，提升行政决策的执行力与公信力。推动行政裁量权基准制度和规范管理，开展执法力量下沉试点工作，加强重点领域执法，积极推进证明事项告知承诺制，各级行政机关通过告知承诺制方式办理依申请行政事项 141 万件。

2022 年，全省共受理行政复议案件 4300 余件，复议维持率 42.39%，调解、和解、撤回复议申请的比例共计为 40.27%，驳回复议申请案件比例为 9.11%。其中，1200 余件案件进入行政诉讼。2020 年至 2022 年，共有 26150 件行政案件进入法院诉讼程序。2023 年上半年受理一审行政案件 3469 件，同比下降 9.73%，一审败诉率逐年下降至 18.53%，调撤率逐年上升至 34.67%。从法院审理行政案件（行政赔偿）数据看，2023 年上半年，全省行政机关一审败诉率为 17.86%，同比下降 6.61%；调撤率为 33.5%，同比上升 3.97%。

2. 突出问题

（1）市场监管工作诸多方面有待提升。贵州省“双随机、一公开”联合监管在抽检方案、抽检人员、抽检对象、抽检方式等方面仍有不足。一是抽检时间安排不合理，以 2022 年为例，至 2022 年 7 月，部分地区联合监管抽检任务完成比例为 40%，其余 60% 抽检任务全部在 8 月至 9 月完成，表现出前松后紧的分布状态，平时检查较少，待全省营商环境评估期临近时密集进行检查。二是执法检查成员名录库动态调整工作需完善。执法人员的业务能力与新型监管需求存在差距，执法人员在执法理念、专业知识方面未能跟上时代要求，对新兴产业和联合监管领域的业务还不够熟悉。并且，各地区联席会议成员单位对执法检查人员名录库所做的调整，主要是由于产假、调动、离职等因素调整，按照检查内容、检查人员专业素质及日常表现等因素作出的主动调整情形相对较少，执法检查人员名录库动态调整制度的作用未得以充分发挥。三是关于抽检对象的确定方式还需优化，部分地区使用随机抽查取代全部监管，未将随机监管和专项监管、重点监管、常规监管进行有机结合，存在监管漏洞。四是对于抽检结果的分析运用还不够。随机抽检分析结果要和信用体系对接，成为信用联合奖惩的根据，并为重点监管和跨部门监管提供依据。在市场监管过程中，监管部门对于随机抽查结果的分析利用方面重视程度不够，没有建立抽查结果分析运用机制，未对抽检结果形成规范化的统计分析报告。五是智慧监管水平需作强化。2022 年，全省在推进“双随机、一公开”监管 2.0 系统和企业信用分类分级管理系统时未能在县区级层面投入使用，不同监管部门相互之间在数据互通共享方面还可做进一步完善。

（2）行政执法不够规范。从行政复议机关审理行政复议案件以及法院审理行政诉讼案件看，行政机关败诉率还值得重视，2022 年全省行政诉讼败诉率为 18.82%，行政复议纠错率为 5.33%。主要反映出以下行政执法不规范问题：一是行政执法程序“重实体、轻程序”，如未充分履行告知说明义务，未切实保障行政相对人陈述权、申辩权、听证权、申请回避权等法定权利。部分执法人员违反法定程序简化执法环节，送达不规范等。二是行政机关执法过程中证据意识不强，对于违法行为等取证不充分，认定事实证据不足。三是在行政自由裁量权范围内实施的裁量幅度把握不当，行政裁量权缺乏相应基准，并且存在重处罚轻教育的现象，未有效发挥行政处罚与教育相结合的功能。四是行政机关负责人出庭应诉对于行政执法规范性发挥的作用没有达到预期效果。近年来，全省行政机关按照行政诉讼法相关要求，负责人出庭应诉的比例大幅度上升。行政机关负责人出庭应诉率由65.81%上升至96.33%，部分地区（如六盘水、黔西南、黔南）行政机关负责人出庭率达100%。但是，部分法院反馈，有的行政机关负责人存在消极应诉现象，表现为出庭不发言，无正当事由超过举证期限举证或不举证，不参与诉前调解或不配合诉前调解，不积极采取措施化解行政纠纷的情形。由于行政机关负责人的上述消极行为，使得其出庭效果达不到预期，对于往后行政执法规范性不能起到相应的督促效果。

（三）执行合同

1. 现状

执行合同指标是世界银行、国家发展和改革委员会用于评价营商环境的重要指标，是指企业商事合同纠纷过程中解决商事合同纠纷在审判阶段与执行阶段的耗时、审判质效、执行合同便利度、执行合同企业满意度。

省高院出台《关于进一步优化营商环境的意见》《关于进一步加强民营企业和企业家合法权益司法保护的若干意见》《关于进一步依法服务和保障民营经济健康发展的实施意见》等规范性文件，为市场主体打造良好的法治化营商环境。2018年至2022年，全省法院系统共审理一审民商事案件213.6万件，审结涉民营企业案件92.2万件。第三方评估数据显示，2022年贵州省平均解决商事纠纷的耗时为86.36天[①]（由审判环节54.99天及执行环节31.09天构成），平均审判质效为99.42分。[②]与2021年相比，2022年贵州省执行合同时限和审判质效有较大程度提高。为解决执行难问题，省高院制定《关于优化营商环境执行合同指标“走流程找差距”的工作方案》《关于激励和促进被执行人主动履行生效法律文书确定义务的意见（试行）》，并与省相关单位联合出台支持解决执行难文件21个。已形成党委领导、法院主办、部门联动、社会参与的综合治理执行难大格局，并取得较好成效。2018年至2022年，全省法院执结各类案件122.81万件，

① 这里的天是指日历日、自然日。

② 参见贵州财经大学公共管理学院2023年5月出具的《贵州省2022年营商环境评估报告》。

执行到位 2212.87 亿元，执行结案率、有财产可供执行法定期限内执结率、终本案件合格率、执行信访化解率核心指标每年超过最高人民法院设定标准 5 个百分点，实际执行到位率持续位居全国前列。2022 年，全省法院有财产可供执行案件法定期限内执结率达 98.92%，无财产可供执行案件终本合格率、执行信访办结率 100%、案件执结率 92.58%，执行到位总金额 734.56 亿元。

省高院在省委、省政府的大力支持下，与政府相关主管部门、群团组织加强诉调对接，形成沟通会商、信息共享、协同处置联动机制，并积极联合工商联、商会参与民商事案件诉前调解，128 个商会组织入驻人民法院调解平台。与 19 家单位分别建立价格争议、证券期货等纠纷的“总对总”诉调对接机制，有力推进涉企业纠纷便捷高效化解。2022 年，全省法院“万人起诉率”降幅全国第一，新收案件总数同比下降 16.06%，受理案件总量五年来首次下降。贵州法院参与社会治理工作得到省委和最高人民法院的充分肯定。

全省法院系统每年滚动编制《贵州法院信息化发展建设三年规划》，构建全省法院信息化发展“一盘棋”，深化智慧服务体系、智慧审判体系、智慧执行体系、智慧管理体系建设，成效显著。截至 2022 年 12 月，全省法院网上立案达到 77.62 万件，网上缴退费 194.16 万次，电子送达 560.15 万次。自主开发建设智慧审判、智慧执行、智慧服务等系统平台 14 个，建成科技法庭 1302 个，实现电子卷宗覆盖率 100%，庭审录像率 95.17%。[①] 建设跨越立案平台，实现诉讼事项跨区域、跨层级远程联动办理。2022 年底，全省法院共汇聚电子卷宗 278.9 万份，文书智能生成 67.72 万次。截至 2022 年 12 月，全省法院网络查控 1197.8 万次。

2. 突出问题

（1）部分法院解决纠纷耗时较长。贵州省各地法院在解决商业纠纷耗时方面的差异较为明显。从 9 个地（州）整体情况看，耗时最长的三个

① 数据来源于省高院 2023 年 1 月 15 日在贵州省第十四届人民代表大会第一次会议上的工作报告。

地（州）是贵阳市145.98天、安顺市127.64天、遵义市92.65天，与耗时最短的地区黔东南州62.97天之间差异较大。从88个县（区）看，耗时最长的是贵阳市乌当区208.98天，与耗时最短的铜仁市江口县21.56天，差距更为明显。如果区分审判阶段和执行阶段，耗时差异性仍然较大。审判阶段耗时最优值是黔西南州42.94天，最劣值为贵阳市94.44天；执行阶段最优值黔东南州19.85天，最劣值为贵阳51.54天。[①]商业纠纷解决耗时差距大的一个重要原因在于，法官办案任务过重。2022年，全省法院员额法官人均结案数量286.65件。位于主城区的法院受理案件更多，员额法官办案数量更大，存在案多人少的“供需矛盾”。特别是主城区解决商事纠纷等待时间较长，降低了解决商事纠纷的效率。另外，由于商会等社会团体的诉前调解率较低，多元解纷机制未得到充分发挥，源头治理工作仍需长期推进。全省有17.7%的企业表示，不知道案件调解过程中可以邀请商会、街道办、政府相关部门参加；13.7%的企业不知道本地法院的民商事案件调解中心。

（2）执行难问题未彻底解决。政府部门之间的执行查控系统存在缺失，贵州省在网上查控股权、车辆所有权、土地证、采矿权证等被执行人财产无法实现一网查控，与政府各个部门对接困难，给法院强制执行带来障碍。

（3）智慧法院信息化运用不尽如人意。虽然全省法院在立案阶段均能通过省高院官网、贵州移动微法院进行立案，并通过贵州法院综合管理平台实现诉讼文书电子送达、诉讼费缴纳，但是只有少数案件采用线上立案。

（四）知识产权的创造、保护和运用

1. 现状

2022年，全省专利授权29382件、商标注册91031件，新增地理标

---

① 参见贵州财经大学公共管理学院2023年《贵州省2022年环境评估报告》，第458页。

志商标 4 个，新获得农业植物新品种授权 16 个，完成版权作品登记 21 万件。截至 2022 年底，全省有效专利 125971 件；万人有效发明专利 4.62 件，同比增长 17.7%；高价值发明专利 5767 件，同比增长 22.2%；有效注册商标 449518 件，同比增长 23.96%；地理标志累计 414 个；完成作品登记累计 65 万件。[①] 总体上，知识产权创造呈现较好的上升势头。

贵州省围绕知识产权保护，出台了一系列的保障制度。制定《贵州省知识产权"十四五"规划和 2035 年知识产权强省建设远景目标纲要（2021—2035）》，省高院、省市场监督管理局联合出台《知识产权司法保护与行政执法有效衔接框架协议》《贵州省 2022 年知识产权行政保护工作实施方案》《2022 年贵州省打击侵犯知识产权和制售假冒伪劣商品工作要点》《贵州省行政执法机关与刑事司法机关打击侵犯知识产权和制售假冒伪劣商品工作案件移送制度》，省高院《关于加强知识产权审判工作为新时代西部大开发提供有力司法服务和保障的意见》等规范性文件。《贵州省知识产权保护条例》已列入贵州省十四届人大常委会立法规划。上述制度的实施，为贵州省知识产权的保护提供了重要保障。

公、检、法机关为知识产权提供了较好的司法保护。2022 年，全省公安机关立案侦办侵犯知识产权案件 375 起，破案 278 起，抓获犯罪嫌疑人 509 人，涉案金额 5.8 亿元。2022 年，全省检察机关共批捕侵犯知识产权犯罪案件 47 件 72 人，提起公诉 71 件 133 人。2018 至 2022 年，全省法院审结知识产权案件 1.27 万件。其中，2022 年，全省各级法院受理各类知识产权诉讼案件 4684 件（包括一审 4036 件，其中民事 3940 件、行政 2 件、刑事 94 件；二审 648 件，其中民事 623 件、行政 4 件、刑事 21 件），审结 4033 件，法定审限内结案率为 86.08%，一审服判息诉率为 91.84%。民事案件以侵害商标权、侵害作品信息网络传播权纠纷为主，在一审民事案件中占 63.68%。刑事案件以销售假冒注册商标的商品罪、假冒注册商标罪为主，在一审刑事案件中占 94.68%。通过社会各界对侵犯知识产权行为

① 数据来源于 2023 年 4 月贵州省政府知识产权办公会议办公室《2022 年贵州省知识产权保护与发展状况》。

惩治力度不断加大，以及多元解纷机制的作用，知识产权审判案件数量呈现下降趋势。

行政机关进一步加大对知识产权的行政保护。2022年，全省各级行政执法机关立案查办侵权假冒案件11478件，较2021年6999件上升63.99%，罚没金额6931.55万元，向司法机关移送215件案件。全省市场监管部门立案查办侵权假冒案件6661件，移送司法机关案件73件。全省知识产权系统会同相关部门开展知识产权专项执法检查2400余次，清理排查注册商标140149件，排查其他不良影响商标6764件，排查商标代理机构134家，立案调查不以使用为目的的恶意商标注册申请案件5件，完成11524件非正常专利申请的专项核查处理，抽查专利代理机构12家、商标代理机构299家。

知识产权质押融资方面，省政府知识产权会议办公室印发《2023年贵州省知识产权质押融资工作推进计划》，贵州银保监局、省地方金融监管局、省财政厅联合印发《关于进一步加强贵州省知识产权金融服务工作的通知》，提出12条扶持措施，取得了良好成效。截至2022年，贵州管辖内银行机构共发放知识产权质押贷款88.31亿元。

2. 突出问题

（1）知识产权创造质量总体较为落后且各地区差距较大。2022年，贵州省高价值发明专利数量为4712件，距离全国平均水平尚有较大差距。从贵州省知识产权创造数量的地区分布看，贵阳新增高价值发明专利3079件，占65%，全省有五个市州未达200件。2022年版权自愿登记数量为9200余件，其中贵阳3151件，占34%，其他只有遵义、黔南、安顺的版权自愿登记数量超过1000件。从知识产权经费投入看，最高分贵阳市71.37分，与得分在40分至50分区间的六盘水市、安顺市、铜仁市、黔东南州存在较大差距。①

（2）知识产权质押融资业务发展受限。全省专利和商标质押融资额仅

① 数据来源于贵州财经大学公共管理学院2023年出具的《贵州省2022年营商环境评估报告》。

为23亿元，远低于全国平均水平。[①]专利和商标质押融资主要集中在黔南、贵阳、安顺，全省有2个市州专利商标质押融资额不足2000万元，反映出知识产权的质押融资业务还存在很大的开拓空间。

知识产权质押融资业务受到限制的原因是多方面的，包括知识产权商业价值的不确定性、评估能力方面存在不足、知识产权变现难、现行监管制度制约业务等一系列复杂的因素。[②]知识产权是无形资产，其价值评估缺乏准确的市场参考价格作为定价，且知识产权评估机构要求较高，需要懂技术、市场、财务、法律的专业人士才能胜任。目前知识产权的评估机构发育不够成熟，行业发展滞后，不能满足知识产权质押融资的客观需要，故知识产权存在价值评估风险。并且，知识产权存在变现难的问题，知识产权交易平台发展不够健全，定位混淆以及同质化竞争。知识产权交易程序较为复杂、交易信息不够透明，通常需要知识产权第三方服务机构提供服务。再者，目前的监管制度不能够满足知识产权融资需求。[③]此外，风险分担机制及补偿机制还不够完善，风险补偿资金存在规模小，缺乏可持续的风险分担及补偿的长效机制。[④]

（3）知识产权的多元解纷机制不够健全。2022年，全省共建立知识产权纠纷人民调解委员会73个，配备知识产权纠纷人民调解员536人，共调解知识产权纠纷322件。2022年，全省仲裁机构共办理知识产权仲裁调解案件13件。该数据表明，仲裁机构和人民调解委员会对知识产权纠纷案件处理的数量较少，远远小于法院审理知识产权纠纷民事案件的数量，诉讼方式仍是解决知识产权民事纠纷的主要途径。调解、仲裁等多元化解知识产权纠纷的作用未能有效发挥，多元化解纠纷机制仍需进一步健全。

（4）对知识产权的保护需进一步加强。知识产权保护是全方位的，主

---

① 2022年全国专利商标质押融资总金额为4868.8亿元。

② 赵廷辰:《知识产权质押融资研究：理论回顾、国际经验与政策建议》，载《西部金融》2022年第9期。

③ 赵廷辰:《知识产权质押融资研究：理论回顾、国际经验与政策建议》，载《西部金融》2022年第9期。

④ 李明肖:《知识产权质押融资发展路径》，载《中国金融》2023年第1期。

要包括行政保护和司法保护。行政保护涉及多个行政执法部门之间的联动与协同，在行政机关与司法机关也需要建立健全相应的工作联动机制。2023年4月，省法院与省市场监管局联合出台《知识产权司法保护与行政执法有效衔接框架协议》，为知识产权行政保护与司法保护的有效衔接，在联络机构、定期会商机制、信息共享、协同开展专项活动、统一裁判标准、相互配合、提升办案水平、构建多元解纷模式、共建共享专家库等方面，奠定了良好的基础。

但是，目前贵州省对知识产权的保护仍然存在诸多问题。由于行政执法的制度不够完善，导致知识产权行政执法过程中出现行政执法权参差不齐，执法网络漏洞、执法目标偏移等，行政执法的管辖权规定不明，从而影响执法效率以及跨地域的执法协作。而且，行政执法在实践运行中面临体制和机制方面的问题，部分行政执法人员由于专业化程度不够、行政自由裁量权基准不一、地方保护主义影响了执法的效果和行政保护效果。由于知识产权行政执法的程序性规定仍存在缺漏，相关规定较为分散且粗略，尚不能满足程序性需要。此外，知识产权的行政保护与司法保护存在衔接机制不畅通的问题。例如，重复立案、司法审查不完善、侵权的认定标准不统一、证据规则适用不一致、行刑衔接问题，以及司法对执法结果的确认问题。

（五）办理破产

“办理破产”是世界银行对各国营商环境评估的重要指标，是研究国内企业破产程序的时间、成本和结果，以及适用于清算和重组程序的法律框架的力度。[①]该指标也被国家发展和改革委员会作为评估营商环境的重要指标。在《贵州省2023年度优化营商环境重点任务清单》中，推进破产案件分流、加快清理长期未结破产案件，被列为进一步打造健全规范的法治保障环境的重点任务。

---

① 宋林霖：《世界银行营商环境评价指标体系详析》，天津出版传媒集团、天津人民出版社2019年版，第190页。

1. 现状

2018 年至 2022 年，贵州省法院系统共办理审结破产案件数量 468 件，包括破产清算 368 件、破产重整 84 件、破产和解 16 件。化解债务 1292.17 亿元，安置、分流职工 13501 人，协助引入投资 60 亿元，通过破产重整程序、破产和解程序挽救企业 103 家。省法院率先在国内研发上线省市县三级统一的“贵州智破云平台”，实现法院、破产管理人、债权人、金融机构同平台办案、办公、办事，破产审判全流程透明公开。在制度建设方面，推动府院联动机制，加快建立配套机制。省高院出台《破产审判工作实务操作指引（试行）》要求破产清算、重整案件自受理之日 24 个月内结案，和解案件自受理之日起 12 个月内结案，无产可破案件自受理之日起 6 个月内结案。在贵阳、遵义、安顺、六盘水、黔南等五个地州中院设立清算与破产审判庭，提升破产审判机构的专业化水平。通过建立简易破产程序、执转破程序、管理人报酬监管程序等措施，使债权回收率得到明显提升。通过办理破产案件，积极为新发展格局提供服务保障，助推房地产市场健康发展，提升破产审判质效，审结 137 件三年以上长期未结破产案件。全省各地受理破产案件数量差异较大。以 2021 年 10 月 1 日至 2022 年 9 月 30 日期间审理的破产案件数量为例，全省全流程办结的破产案件数量 128 件中，数量排在前三位的遵义市 45 件、黔西南州 19 件、贵阳市 18 件，与数量后三位的铜仁市 6 件、毕节市 6 件、安顺市 5 件之间，存在较大的差距。

2. 突出问题

（1）破产制度的市场救治功能未能有效发挥。第一，长期以来，社会公众对破产制度的功能和作用认识不够，多数人甚至存在片面认识，认为破产等于企业死掉、破产就是逃避债务，只有在灯穷路尽才选择破产，致使很多企业进入破产程序的时间迟延，错过破产重整的最佳时机。第二，部分企业因涉及多种法律关系、多元利益主体、矛盾激化、维稳风险大，进入破产程序难。第三，相当一部分破产企业无账面现金，财产无法变现，无产可破，对于破产程序中产生的破产费用无力支付。贵州省未建立无产可破类型的破产案件保障资金。第四，破产企业引入资金困难。加之破产重整案件中，有的投资人不能享受投资优惠政策，有的投资人则认为投资风险太大而不愿意投资，加之破产企业信用受到影响，金融机构不愿提供融资，导致破产企业在资金引入方面出现困难，大大降低了重整的可能性，影响重整制度的功能发挥。

（2）办理破产的效率较低。一是办理破产时间较长。到2022年底，三年以上未结破产案件数量占总的未结破产案件数量平均比例为12%。扣除三年以上长期未结案件数量后，2022年贵州省破产案件收回债务的时间平均为221个自然日，在2021年329天的基础上缩减了108天，但仍有进一步压缩时间的空间。其中，收回债务所需时间最长的前三个地州是：贵阳市364天、毕节市351天、六盘水市290天，与全省收回债务时间最优的黔东南州63天之间，差距较大。二是办理破产成本较高。这里的破产成本是指破产费用与共益债务占债务人资产价值的比例。2022年，贵州省破产案件收回债务的成本平均数是6.38%，其中收回债务成本较高的三个地州是：安顺市15.75%、毕节市9.70%、六盘水市7.15%。

导致上述问题的原因在于，管理人履职存在困难。一方面，由于行政机关、金融机构等单位对于管理人的身份不认可，致使管理人在调查破产企业资产状况的过程中对接困难。另一方面，由于破产案件审理法院不能通过有关执行部门对债务人财产进行统一查询，导致财产调查周期较长。

（3）债权清偿率较低。2022年，贵州省9个地州的债权清偿率平均数是50.41%，其中六盘水市的债权清偿率仅为29.15%。导致债权清偿率低的原因主要有三个方面：一是破产企业的资产处置面临困境，进入破产程序后，社会参与程度不高，资产有价无市，最终成交价格低。二是破产企业存在的历史遗留问题较多，导致其资产的相关手续不齐备，导致资产处置困难。三是破产重整与和解案件比例低，在贵州省的破产案件中，破产清算案件占比高达66.9%，而破产重整与和解的案件仅占24.6%和8.5%，破产清算案件清偿率通常较重整、和解案件要低，这也是导致破产企业债权清偿率低的原因。

（4）专业化队伍建设不足。这里的专业化人才包括破产案件的审理法官和管理人。破产案件不同于普通民商事案件，需要处理的问题较为复杂，对专业能力要求较高。以贵州省破产企业中占比较高的房地产企业破产案件为例，涉及“问题房开”较多，工程复工复建难、法律纠纷复杂、维稳、不动产难以变现等问题。[①] 房开企业破产案件中，还涉及职工安置、规划、城建、设计、勘察、施工、监理、房管、不动产登记、税收等协调工作，以及破产企业诸多历史遗留问题。此外，由于企业破产法未对预重整制度作出明确具体、可操作性的规定，办案法官需对预重整进行探索。法官既需要有坚实的法学理论专业知识，还需要具备化解社会矛盾、协调多方诉求、处置突发事件的能力，以及一定的商业思维能力。[②] 因破产审判人员流动性大，存在专业化不足的情形。全省未设立破产法庭，只有贵阳等五个地州设有破产审判庭，其他市州为破产合议庭，承担破产案件的法官既要办理破产案件，还要办理普通民商事案件，人少案多，很难实现专人专事专办。除审判队伍以外，管理人队伍也存在专业化建设不足的问题，由于很多地区还未成立管理人协会，缺乏对管理人队伍的专业指导和业务培训，加之管理人工作经验不足，处理破产案件的专业化水平和工作能力都需进一步提升。

（5）府院联动机制运行不畅。省政府办公厅 2021 年出台《关于建立企业破产处置府院联动机制进一步优化营商环境的通知》，明确政府、法院之间“互联互通、信息共享、协调配合、协同处置”常态化联动工作机制，统筹解决破产处置工作中的财税接管、税收申报、资产处置、民生保障、社会稳定、信用修复等问题，建立会议机制、联合调研机制、重点案件专班机制等三个机制。但在实施过程中，仍然存在联而不动的问题，从而影响了办理破产的便利度和效率。

导致上述问题的主要原因在于：一是政府部门工作人员主观认识跟不上府院联动的内在要求，认为破产案件归属于法院，法院是办案机关，是真正的责任主体，政府只是对法院审理破产案件的支持和配合。二是破产

---

① 贵州省高级人民法院课题组：《贵州省房地产开发企业破产审判状况研究》，载吴大华主编：《贵州法治发展报告》，社会科学文献出版社 2023 年版，第 256 页。

② 贵州省高级人民法院课题组：《贵州法院优化营商环境提升破产审判专业化》，载吴大华主编：《贵州法治发展报告》，社会科学文献出版社 2022 年版，第 90 页。

法律制度与现行政策之间的不适配，成为阻碍府院联动机制运行的根本原因。[①] 在实践操作过程中，由于文件规定较为原则，缺乏相应配套制度和措施，导致相关方对文件内容理解不一，不能形成共识，从而使府院联动机制在运行过程中面临协商难、执行难、对接难、跨区域协作难等实际困难，影响了府院联动机制的功能发挥。三是尚未建立府院联动机制的监督评估机制，对于府院联动机制的运行和落实没有纳入监督范围。

（六）公共法律服务体系建设

1. 现状

贵州省积极推进公共法律服务体系建设，按照国务院《优化营商环境条例》及《贵州省优化营商环境条例》的要求，政府及有关部门将律师、公证、司法鉴定、调解、仲裁等各种公共法律服务资源进行有机整合，为市场主体依法维护其合法权益提供全方位的法律服务；出台《贵州省"十四五"公共法律服务规划》《贵州省公共法律服务体系标准化建设三年行动计划》《贵州省公共法律服务指南》《关于确定贵州省公共法律服务体系建设示范点的通知》《2022年贵州省公共法律服务管理工作要点》等规范性文件，有效保障公共法律服务的提供及质量。截至2022年底，全省已建设完成公共法律服务中心101个、服务站1511个、易地扶贫搬迁公共法律服务工作站点704个。依托省市县三级公共法律服务中心、乡镇公共法律服务站、村居社区公共法律服务室共同构建的公共法律服务实体，与贵州法网网络平台、12348公共法律服务热线，三大平台实现有机整合，为市场主体提供了便捷高效的法律服务。其中，12348公共法律服务热线接听28.42万通，满意率达99.62%，日均咨询800人次。全省律师事务所1179家，执业律师15093人，万人律师比3.9，配备公职律师2995人。全省共有公证机构98家，其中正常执业83家；共有公证员313人，其中正常执业258人。2022年，共办理公证事项102031件，其中公益法律服务

---

① 贵州省高级人民法院课题组：《贵州省房地产开发企业破产审判状况研究》，载吴大华主编：《贵州法治发展报告》，社会科学文献出版社2023年版，第265页。

公证 2142 件。2022 年，办理司法鉴定 70680 件。通过修订《贵州省法律援助条例》，受援门槛进一步降低，受援事项继续扩大，2022 年办理法律援助案件达 48242 件。

为充分发挥调解的功能和优势作用，2022 年出台《关于进一步加强新时代人民调解工作的意见》。全省配备村（居）专职人民调解员 5260 人，调解纠纷案件 205402 件。加强诉调对接，有效降低民事案件和行政案件的万人起诉率。省法院通过与省人社厅等 19 家单位开展“总对总”诉调对接，建立矛盾纠纷源头化解联动机制。加快推进“互联网 + 多元解纷”，人民法院调解平台入驻调解组织 1974 个、调解员 6307 名，已成功调解案件 51 万件，实现矛盾纠纷解决“多、快、好、省”。此外，进一步发挥仲裁制度在多元解纷中的功能，提升仲裁公信力。2022 年，全省受理仲裁案件 5030 件，比 2021 年增加 18.59%，涉案标的额 114.96 亿元。撤销仲裁裁决 0 件、不予执行 1 件、重新仲裁 1 件。“仲裁 + 调解”职能优势得到较好发挥，相继在光大银行、民生银行、兴业银行、交通银行太平洋信用中心成立仲裁调解中心，与贵州银行开展信用卡小微网络仲裁的试点工作，快速化解金融纠纷。光大银行和兴业银行成立的信用卡仲裁调解中心受理信用卡纠纷 194 件。建立仲裁与工商联源头治理工作联席会议工作机制，成立“贵阳仲裁委员会贵阳市工商业联合会商事仲裁调解中心”“贵阳西南国际商贸城企业商会仲裁调解中心”。仲裁机构在贵阳、遵义部分法院挂牌成立仲裁调解室，2022 年调解案件 1609 件。

有效推动普法宣传，推进“八五”普法规划实施，成立省“八五”普法讲师团，实施“法律明白人”培养工程，提升国家工作人员学法用法的针对性、实效性。建成 952 个法治宣传教育基地，77 家法治文化建设示范企业，创建民主法治示范村（社区）国家级 154 个、省级 1127 个，培养 14.5 万名“法律明白人”。[①] 持续开展民法典实施基层普法队伍“万人大培训”和“民法典进万家万企”活动。开展保护民营企业合法权益行政执法监督专项行动和法治大走访，为 1920 家民营企业开展法治体检。

---

① 数据来源于贵州省司法厅 2022 年法治政府建设工作报告。

2. 突出问题

（1）普法宣传和公共法律服务仍有不足。部分市场主体对 12348 公共法律服务热线、贵州法律服务网、公共法律服务中心（站、室）不够了解，公共法律服务的受益程度还很有限。随着法治国家、法治政府、法治社会的不断建设，社会公众的法治意识虽然较过去有了一定程度提升，但在营商环境法治化建设过程中，市场主体的法律风险防范意识还表现不足。部分企业既没有成立法律事务部门，也没有聘请专门的法律顾问，对外签订的合同条款不够规范，没有专业法律人士对合同的签订和审查提出审查意见。公司内部治理不规范，未开展法治体检。很多本可以避免的法律风险，由于防范不及时，导致民事责任的发生，甚至承担行政责任或刑事责任。表现出贵州省在普法宣传力度上仍有不足，公共法律服务还有提升空间。

（2）公证员数量和高学历人才欠缺影响了公证服务效果。目前全省 98 家公证机构中，有 15 家暂停执业，执业机构未能全覆盖。2022 年，除六盘水、铜仁、黔西南业务量为正增长外，其他区域均为下滑状态，其中一个重要原因在于公证队伍能力素质跟不上行业发展要求。金融、产权保护、涉外业务、企业等新型公证业务开拓未跟上时代发展。另一个根本原因在于公证员人数不足。根据司法部《全国法律服务体系建设规划（2021—2025）》对公证员的要求比例进行匹配，到 2025 年，每 10 万人配备 1.5 名公证员，贵州省公证员人数应当达到 578 人。目前，贵州省公证员共 313 人，正常执业人数仅 258 人，每 10 万人仅有 0.75 名公证员，只达到全国平均标准的 75%，且距离 2025 年的标准人数还有很大差距。

公证员任职门槛高、专业性强、执业风险大且为终身责任制，但与法律职业共同体的其他职业相比薪酬待遇偏低。贵州省尚未出台公证员职称评定文件，该职业晋升空间受限。具有法律职业资格证书的人员更多选择从事律师行业，导致公证机构后备人才不足。此外，公证员待遇偏低不能吸引高学历人才进入公证队伍，但伴随新型公证业务的发展，公证行业对高学历人才的内在需求会越来越多，高学历人才不足将会影响到公证行业的发展空间。

（3）调解的功能未予充分发挥。一是人民调解的知晓度不够高。纠纷发生后，市场主体多数寻求人民法院诉讼途径获得救济。市场主体对于人民法院调解的了解程度明显高于人民调解，对于人民调解的适用范围、启动程序等不够清楚。二是人民调解制度本身的局限性限制了其适用空间。因人民调解协议需要经过司法确认程序才具有强制执行效力，如果通过人民调解达成协议不能及时履行的，还需要通过司法确认程序，获得强制执行的根据。不能立即兑现的协议，市场主体认为经过人民调解程序、司法确认程序较为复杂，更愿意直接进入诉讼程序解决纠纷，从而限制了人民调解的适用。三是人民调解委员会无法定行政权力，在一定程度上影响了人民调解的功效。四是人民调解员人数不够，经费保障不足，部分调解员无专项调解补贴。在专业化水平上，部分人民调解员的法学理论不够扎实，专业化程度不高，难以适应各种不同类型矛盾纠纷日益复杂化的客观要求，严重影响了调解功能的有效发挥。

（4）仲裁职能仍有进一步拓展空间。部分仲裁机构活力有待进一步激发，社会公众对仲裁制度作为争议解决方式的专业性、保密性、快捷性优势还不太了解，对仲裁的知晓度不够。市场主体在民事合同中较少将争议解决方式约定为仲裁，纠纷发生以后，市场主体绝大部分是通过直接向法院提起民事诉讼方式作为商事合同纠纷的主要解决途径，仲裁适用率较低。加之仲裁机构为民间机构，一裁终决的特点，市场主体对仲裁的公信力还有所质疑，限制了仲裁适用范围。再者，仲裁专业服务领域还有待进一步拓宽，特别是涉外合同纠纷，需要更多的涉外法律人才加入仲裁员队伍，提升仲裁队伍的专业素养，将仲裁推广到更多的专业领域。

（七）社会信用体系建设

1. 现状

社会信用是最为基础的营商环境，完备的信用制度能够有效降低交易风险。[①]目前，贵州省对社会信用体系建设的框架制度已基本形成。2021 年，省发展和改革委员会与人民银行贵阳中心支行联合印发《贵州省

---

① 赵磊：《商事信用：商法的内在逻辑与体系化根本》，载《中国法学》2018 年第 5 期。

“十四五”社会信用体系建设规划》，明确了“十四五”社会信用体系建设的目标、任务和工程。2022 年 6 月，省发改委等六部门出台《贵州省加强信用信息共享应用促进中小微企业融资工作方案》。同年 10 月，《贵州省社会信用条例》颁布，对社会信用信息予以明确界定，并对信用激励及惩戒、信用主体权益的保护、社会信用环境的建设等方面进行系统规定，标志着贵州省社会信用体系的建设进入法治化、规范化。2023 年 7 月，省政府办公厅出台《关于加快覆盖全社会征信体系建设服务贵州经济社会高质量发展的实施意见》。

完善“贵州信用云”，完成信用主体数据采集入库 4830 万条。完善全国信用信息共享平台（贵州），归集 2.8 亿条信用信息，向 9 个市（州）的信用平台及省级 20 多家单位信息系统（平台）共享数据达 131 亿条次。完善“信用中国（贵州）”网站建设，发布信息逾 4 万条。访问量超过 1.5 亿次。加强对红黑名单的数据归集，归集红名单信息 411 万条，黑名单信息 1006 万条，开展企业失信信息修复超过 8000 万条。完善贵州信用联合奖惩平台，将信用信息嵌入政务服务等 40 多个部门业务中。通过各种途径对社会信用的激励与惩戒进行宣传，并将社会信用信息广泛运用于监管、融资等领域，社会信用建设已深入人心，总体上为优化营商环境建设营造了较好的信用氛围，贵州省社会信用体系建设上了一个新台阶。

2. 突出问题

（1）政务诚信有待加强。《贵州省 2022 年营商环境评价报告》载明的数据显示，“强化承诺兑现”指标上，标准差为 1.68，反映了各地区政府推进承诺兑现的落实存在显著差距。具体而言，贵阳市南明区和观山湖区、黔东南州雷山县和丹寨县、黔南州龙里县的承诺兑现情况较为乐观，六盘水市六枝特区、黔西南州的普安县和安龙县的承诺兑现情况在全省排名最低。强化承诺兑现的突出问题在于，对承诺事项理解不够深入，未能有效梳理已进入司法程序并按照法院司法判决应当履行的工程欠款事项，承诺事项不够充分。从贵州省律师协会组织的律师座谈及有效问卷调查反馈的信息看，贵州省不少地区的招商引资政策存在无法兑现、新官不理旧账的情况。另外，部分政府及平台公司在守信践诺、依法履约方面存在问题，在进度款支付、保证金返还、对账、结算等环节严重拖延。更有甚者，有的地区还存在政府要求企业配合政府倒账的情形，引发施工单位和下游企业经营危机。再者，有的政府拒不履行法院生效判决书确定的义务，尤其以工程欠款案件居多。

归结起来，政府失信有多重原因导致。第一，在思想观念方面，法治意识和服务意识不强，缺乏契约精神。第二，在机制建设方面，信用制度还不够健全，对政府失信缺乏必要的惩戒机制和有力的监督机制。第三，在实践操作方面，部门重大行政决策在合法性与科学性方面存在缺陷，导致在实施过程中无法实施，从而影响了政府义务的履行。

（2）商务信用信息的共享与运用不足。总体上，贵州省对商务信用信息的共享与运用还不够充分，信用信息守信激励和失信惩戒的功能还有待进一步加强。社会信用信息平台建设还有不足之处，许多商务信用信息还未在各部门、各领域、各地区之间实现共享，对于信用信息的利用率大打折扣；存在各市场主体、各平台信用体系彼此独立，不与公共信息、金融征信系统交换数据的情况，产生信息孤岛的问题，最终导致整体信用风险防范不足。此外，对于社会各界共同参与失信惩戒不够充分，特别是对于商务信用良好的中小企业，在向金融机构融资过程中仍然面临很多困难，银行出于金融风险防范，在发放贷款时对担保物的审查仍然非常严格，导致中小企业存在融资难、融资贵的问题。另外，在行政机关监管执法过程中，仍有部分主体未将信用监管因素考虑进来，对于信用度好的市场主体与信用度较差的市场主体之间采取同样的监管执法方式，不利于执法公平。

二、解决贵州省法治化营商环境建设突出问题的对策建议

（一）完善贵州省法治化营商环境的制度建设

1. 做好贵州省法治化营商环境的顶层设计及配套制度建设

营商环境的核心在于制度性软环境[①]，高效便利的营商环境制度对于

① 张珏芙蓉:《以营商环境制度集成创新助推“双招双引”》，载《中共青岛市委党校·青岛行政学院学报》2021年第2期。

企业的稳定发展能够发挥有效的保障作用。因此，对于当前贵州省法治化营商环境制度还不够健全的情况下，应当在党的坚强领导下，进一步强化营商环境制度建设。首先要做好营商环境建设的顶层设计，借鉴我国《国民经济和社会发展第十四个五年规划和二〇三五年远景目标纲要》将“构建一流营商环境”作为“提升政府经济治理能力”的专节内容的做法，在《贵州省国民经济和社会发展第十四个五年规划和二〇三五年远景目标纲要》中，将建设一流营商环境作为专门内容规定，突出其重要地位。通过制定专门的、系统的营商环境立法规划，对营商制度进行统一规划和部署，明确各种营商制度的立法名称、内容、制定主体，并对制定机关和制度内容的相互协调予以明确，以保障贵州省营商制度之间的有机统一，形成合力共同优化营商环境建设。

在此前提下，不断完善营商环境的配套制度建设，并注重营商制度的创新，让企业用最小的成本把事情办好。[①] 注意全面提升立法人员的综合素质，提升其立法研究能力，注重对立法程序、立法技术、立法历史、立法现实需要的综合研究能力。[②] 尽量将具有法律实务经验又有深厚理论基础的法律人才纳入立法队伍，并深入到企业、工业园区、市场，通过访谈、问卷调查等形式充分了解市场主体对营商环境的现实需求以及制约经济发展的不利因素，通过制定、修改相关规范性文件，为市场主体的创新与发展提供完备的营商制度供给。[③] 在立法过程中，要推动重点领域的制度集成创新[④]，在金融机构贷款、税收优惠政策的落实、知识产权保护、保护少数投资者、民营企业保护、跨境贸易，市场准入制度、政府简政放权及监管制度的集成，公平竞争与涉外法治建设等方面取得新突破。通过制度创新和实践的良性互动，共同促进营商环境的制度建设，以公正可预期

① 赵山河:《“营商环境”制度廓论》，载《合作经济与科技》2022 年第 7 期。

② 李宏伟:《法治化营商环境的河南实践》，社会科学文献出版社 2022 年版，第 333—334 页。

③ 赵山河:《“营商环境”制度廓论》，载《合作经济与科技》2022 年第 7 期。

④ 张珏芙蓉:《以营商环境制度集成创新助推“双招双引”》，载《中共青岛市委党校·青岛行政学院学报》2021 年第 2 期。

的营商制度吸引投资。

2. 加大营商制度备案审查力度

对于贵州省营商制度备案审查力量不足、审查人员专业能力不够、被动审查、形式审查甚至备而不审，以及部分未备案规范性文件无法审查等问题，建议从以下几个方面解决：

首先，正确处理备案与审查之间的关系。根据我国法律规定，并未要求所有经过备案的规范性文件都必须全面审查，但如果仅采取被动审查方式，对于绝大部分规范性文件采取备而不查的方式，很难发挥事后审查机制的功效和目的。因此，既要摒弃不切实际地要求全部备案的规范性文件都要启动主动审查的误区，又要在现在基础上加大备案后的审查力度，保障重点立法领域规范性文件的立法质量，需要合理调配现有的审查力量。

其次，壮大备案审查机关和社会各界的审查力量。对于目前审查人员和审查力度普遍不足的突出矛盾，可以通过四个方面加大审查力度：一是增加备案机关审查部门的人手，将具备良好法律素养的专业人士吸纳到审查部门，提升审查部门对审查人员专业性的客观需要。二是运用现代化的大数据科技手段，健全备案审查信息平台建设，加大备案审查工作的智能化，提升备案审查机关的审查能力。[①] 这将有效缩减人工比对的核查时间，提升审查机关的审查效率。三是建立社会团体、企业事业组织、公民审查建议的反馈机制，充分调动社会力量广泛参与规范性文件的审查。根据《立法法》第 110 条第 2 款规定，除国家机关外，社会团体、企业事业组织和公民在符合相应条件下，可以提出审查建议。因过去备案审查机关对于这些主体提出的审查建议未进行明确回复，未向建议人反馈是否已经进行审查及审查结果，在很大程度上挫伤了其对审查建议的积极性。今后应加强对社会监督力量的广泛吸收，通过建立健全相关主体审查建议的反馈机制，对相关主体的审查建议进行登记、归档、研究、回复，充分保障社会力量民主参与规范性文件审查活动。四是发挥司法机关在行政诉讼案件

---

① 封丽霞：《制度与能力：备案审查制度的困境与出路》，载《政治与法律》2018 年第 12 期。

审理过程中的辅助审查作用。[①]法院审理行政诉讼案件过程中，关于原告针对行政机关作出具体行政行为所依据的规范性文件提起的附带性审查，法院审查后认为相关规范性文件违反宪法、法律、行政法规、部门规章等上位法并提出处理意见的，备案审查机关要及时回应并依法处理。

最后，对于部分规范性文件立而不备的问题，包括不及时报备，不按照规定报备、瞒报与漏报，应明确规定报送单位、负责人、经办人的责任追究、责任种类，使其违法不备案的行为受到法律追究，从而起到威慑违法行为的作用，迫使相关人员履行好规范性文件的报备义务，将相关文件纳入审查范围，充分保障规范性文件的合法性。

（二）完善行政执法

1. 多措并举提升市场监管工作

第一，随机抽检时间、比例和频次应予合理化。政府介入市场的目标在于，校正市场失灵并弥补公共服务领域之不足，如果政府过度干预将对市场形成危害，优化营商环境要求法治政府和服务型政府建设重在降低制度性成本。[②]对于抽检工作，既要考虑保障必要的抽查覆盖面、工作力度，又要避免检查过于集中，或者检查频率过高影响市场主体经营活动。因此，要合理确定检查的时间和频次，对于投诉举报较多以及经营异常名录的市场主体，以及存在严重违法违规记录的市场主体，对其随机抽查力度应加大；对于遵纪守法、商务信用好的市场主体，要降低抽查频率。在抽查时间上，还应注意抽查频次在全年各时间段的分布合理，避免集中某个时间段扎堆抽检的不合理现象发生。

第二，严格公示、强化运用，夯实信用监管基础。对于检查结果要及时有效公开相关信息，对于抽查过程中发现的违法问题线索移交转办，将违法问题线索移交纳入双随机工作考核机制。协调各部门之间关于加快推

---

① 封丽霞:《制度与能力：备案审查制度的困境与出路》，载《政治与法律》2018年第12期。

② 白牧蓉、陈子轩:《中国语境下的法治化营商环境评估体系》，载《西北师大学报（社会科学版）》2023年第2期。

进信用制度建设，将市场主体失信行为信息推送给同级市场监管部门、发展和改革委员会，形成对失信主体的信用约束和部门联合惩戒。

第三，加强抽查人员业务素质和能力的提升。针对抽查人员业务素质不能适应监管要求的情形，涉及多个监管领域和执法职责的，对于岗位职责、专业分工，要加强对制定执法人员专业分类标准的研究工作，对执法人员进行科学合理的分类，建立统一的执法人员库，为有效落实市场监管工作提供坚实的队伍保障。

第四，形成以“双随机”为主、“重点监管”为辅的监管机制。在市场监管过程中，注重强化信用监管，根据信用等级情况形成监管重点和监管频率有差别化的监管模式，提升监管效能。强化“互联网 + 监管”与事中事后监管工作相结合，避免多头执法、重复检查给市场主体带来的负面影响。同时，加强对投诉举报、转办交办、数据监测等反映的问题的针对性检查，做到监管形式多样化，突出重点。

第五，提升智慧监管的能力。以智慧监管为抓手，着眼打造业务和技术的闭环，实现数据标准化、业务协同化和应用场景化，建立相应保障机制支撑智慧监管信息化建设。根据市场监管不同的应用场景，实现数据服务化、数据业务化，通过业务流程再造、业务模式改革等，提升包容扶持、审慎监管、双随机监管等各个工作场景的应用。

2. 进一步提升行政执法的规范性

提升行政执法的规范性是一项系统工程。首先，要加强行政执法人员对习近平法治理论以及行政法相关理论和法条的深入学习，牢固树立起运用法治思维、法治方式处理行政执法活动，依法行政。在行政执法过程中，严格遵循法律规定的步骤、方式、程序，注重程序的合法性与规范性，摒弃只重实体、不重程序的错误思想观念。在行政执法过程中，要充分保障相对人的各项法定权利，履行相应的告知义务和说明义务，严格规范送达程序。严禁不具有执法资质的人员开展行政执法活动。行政执法人员应当按照法律规定向相对人出示工作证件，表明身份，说明执法活动，并注意相应的取证工作，强化证据意识，避免在不具备充分证据的情况下，仅凭主观臆断认定案件事实并据此作出行政行为。要严格按照行政法律法规和证据规则的要求，依法调取证据。在执法活动中，应进一步统一行政自由裁量权的规范和基准，通过出台相应制度并运用指导性案例，约束行政自由裁量权的不当行使，保障行政执法尺度的统一。在行政处罚决定作出前，注重行政处罚与教育相结合，避免重处罚轻教育，有效发挥行政处罚应有的职能和功效，既要发挥行政处罚的威慑力，让违法行为者付出代价，又要充分展现行政处罚的教育功能。对于行政争议进入行政诉讼的案件，行政机关负责人应当通过积极参与到具体诉讼中，对已作出违法或不规范的行政行为要认真总结、反思，责令相关人员认真整改，并在行政机关中推广经验教训，避免重复的问题再度发生。

（三）提升执行合同的效率

1. 通过多元解纷手段应对商事纠纷解决周期长的问题

通过法院和其他单位形成合力，共同加强调解、仲裁、企业合规建设等法治宣传，提升人民调解、仲裁调解、诉调对接、司法确认的适用。发挥人民法庭位于基层的优势作用，加强人民法庭对街道、社区、乡镇人民调解工作的专业指导。发挥人民法院调解平台的作用，通过该平台及时将商事纠纷案件委托给调解组织调解，加大委托调解力度，尤其是对于小额诉讼案件、案情相对简单的案件，在法院立案受理以前要及时引导纠纷双方通过调解方式化解纠纷，实施调解分流。将行业协会、商会纳入调解组织行列，增加商事纠纷调解的成功率。加强诉调对接，推动“总对总”诉调对接机制建设，扩大诉调对接主体范围。对于人民调解委员会、商会等调解组织调解不能达成协议的案件，要进一步探索如何在该调解组织与法院之间做到有效衔接，压缩办案时间。通过加强仲裁解纷机制，将部分纠纷引入仲裁方式解决，有效缓解法院受理商事纠纷案件的数量。有效促进企业合规建设，尽可能降低法律风险，减少纠纷发生。

2. 破除数据壁垒提升网上查控效率有效解决执行难

破除司法机关与其他行政机关之间的数据壁垒，通过与自然资源厅、省不动产登记中心等部门建立数据共享协同机制，提高被执行人各类财产查控效率，提升执行程序的效率。同时，使省法院能够对各中级法院和基层法院的执行效率进行实时监督，结合不同地区法院执行工作中面临的问题制定相应的帮扶对策。

3. 强化数字法院便利度

通过网上诉讼服务平台建设，运用现代化信息技术，打造现代诉讼服务体系，让市场主体少跑路，提升诉讼服务水平。建设系统、畅通的电子送达途径，解决高效送达难题，缩短送达时间。通过“贵州新时代人民法庭便民服务平台”小程序与“人民法院在线调解平台”“人民法院在线服务平台”有机对接，为市场主体提供更为便捷、高效的在线立案、在线缴纳诉讼费、在线送达、在线调解、在线开庭等功能。

（四）加大对知识产权的创造、保护和运用

1. 加大对知识产权创造的扶持力度

针对贵州省知识产权创造质量总体较为落后的问题，应当通过财税、金融等多种宏观调控措施，充分激发市场主体创新力度，大力支持知识产权的创造。一是加大财政资金投入，通过政府补贴等形式为企业的研发活动提供资金扶持。二是增加对中小企业知识产权创新的支持力度，提升中小企业研究费用的扣除比例，或者采取对研发投入的经费予以税收返还。三是增加基础研究，对科研机构和高校、企业之间的科技人才流动给予税收优惠支持。四是通过风险补偿机制，对于知识产权研发投入和产生的风险，运用分担方式，借鉴韩国、新加坡的准备金制度模式，按照相应比例的利润提取技术开发的准备金。对于投资失败的企业，可以考虑进行税收补偿，通过给予其一定比例的税收减免，来化解或降低投资失败产生的不良影响。[①] 五是增加税收减免优惠力度，给予相应支持。对于企业研发，形成商标、专利等无形资产的，在企业所得税税前扣除时，对研究费用进行加计扣除要提升加计比例。六是金融机构对于用途为研发资金的金融贷款，在贷款利率方面作适当下浮，减轻企业研发的融资成本。通过上述一

---

① 邓洁、安云梦：《中国知识产权税收激励政策体系——演进路径、国际比较与优化对策》，载《中国科技论坛》2022 年第 12 期。

系列的政策措施，充分提振企业创新发展的动力，为知识产权的创造奠定良好的基础。

2. 积极推动知识产权质押融资业务蓬勃发展

知识产权的质押具有法律依据，根据《民法典》第440条规定，可以转让的注册商标专用权、专利权、著作权等产权中的财产权，可以出质，质权从出质登记办理时设立。商标、专利等知识产权用于质押融资，是企业知识产权得到转化运用的重要表现。在企业使用商标、专利等知识产权进行融资方面，金融机构要建立健全专利商标质押融资机制，解决企业融资难问题，加大对商标专利质押的融资额度。建议将金融机构贷款采用知识产权质押指标，作为金融监管部门对其考核的指标之一。

拓展知识产权的质押融资业务，需要从以下几个方面入手：第一，建立健全相关监管制度，规范知识产权市场建设、服务机构和行业的监管，提升知识产权评估等服务机构的公信力。第二，建立、完善统一的知识产权交易平台，提升知识产权交易信息透明化，促进知识产权的交易、变现。第三，进一步规范知识产权服务机构的建设，通过引进和培养知识产权评估等专业化人才队伍，提升服务质量。第四，针对知识产权的质押融资业务制定纲领性制度[①]，以及规范知识产权的评估指引，为市场主体提供较为统一的知识产权评估标准、流程以及价值评估的指标体系。第五，通过政策扶持措施，加大对风险补偿的政策供给，健全风险分担机制，弥补知识产权融资给金融机构带来的风险，发挥担保公司、保险公司的风险分担职能。

3. 完善知识产权多元解纷机制

多元解纷机制有利于快速、便捷、高效解决市场主体的知识产权纠纷，有利于知识产权的保护。要加大调解和仲裁等非诉讼途径解决知识产权纠纷的功能和效果，加大宣传调解与仲裁在解决知识产权纠纷中的地位和作用，以及实施的具体程序，提升社会公众对于调解、仲裁等方式解决知识产权纠纷的知晓度，认识到非诉方式解决纠纷在专业化、保密性、快

---

① 曾文敏:《完善银行知识产权质押融资机制》，载《中国金融》2023年第6期。

捷性等方面的优势，愿意将纠纷提交给仲裁等非诉讼方式解决，避免知识产权案件大量涌入法院造成的负面影响。将更多知识产权的专业人士和精英纳入人民调解委员会、其他调解组织、仲裁委员会的队伍中，强化相关组织和机构工作人员的专业素质。注意处理好人民调解、行政调解、行业调解、仲裁调解、司法调解之间的关系，注意各种程序之间的对接与协调，在具体程序的选用上，要把握好程序的互济性、补救性，合理运用适当的程序，形成专业高效的多元解纷服务体系。①

4. 加强对知识产权的行政保护与司法保护

要正确把握好知识产权的行政保护与司法保护的关系，二者在总体定位上属于知识产权保护体系之两根重要支柱，行政保护发挥着主渠道的作用，在价值取向上侧重于保护的专业性和效率；司法保护起着主导作用，与行政保护之间属于相互配合、相互补充的关系，不能替代。②强化知识产权的行政执法活动和行政保护效果，需要建立健全相关制度，对行政执法权限予以明确化，促进跨地域和跨部门之间的执法合作。健全知识产权行政执法过程中的执法标准、证据规则、程序性规则，并发挥典型案例的指导性作用，指导行政执法标准，规范自由裁量权的统一行使。对于行政执法相关人员专业化程度不高的问题，要严格实行行政裁决人员的资格管理，通过多种形式的培训活动，大力提升行政执法人员的执法水平。另外，还需健全行政保护与司法保护的联动机制与衔接机制。完善行政机关和司法机关会商机制，加强信息资源共享，提升办案效率，加大知识产权的保护力度。同时，加强司法机关对行政机关的执法指导，推动行政执法与司法裁判之间的标准统一，明确行政执法与刑事司法案件的移送标准。③通过行政机关与司法机关的通力合作，加大对知识产权的保护力度。

---

① 何炼红、邓文武：《知识产权纠纷调解确认机制的体系协调与功效衔接》，载《湘潭大学学报（哲学社会科学版）》2023 年第 2 期。

② 董涛：《国家治理现代化下的知识产权行政执法》，载《中国法学》2022 年第 5 期。

③ 董涛：《国家治理现代化下的知识产权行政执法》，载《中国法学》2022 年第 5 期。

（五）有效提升办理破产案件质效

1. 充分发挥破产制度的市场救济功能

破产制度就其价值功能而言，是低效无效的市场主体退出市场的挽救机制，对于解决企业深层次的各种矛盾、促进市场主体优胜劣汰、优化配置市场资源、维护社会稳定、促进经济高质量发展具有重要意义。[①] 要加强破产制度的法治宣传，进一步发挥破产制度市场救济功能和作用。通过法院、律师队伍送法进企业、行业协会、商会等，利用培训讲座、主流媒体、公众号、网络平台等多种渠道，开展对企业破产法的宣传，让企业和社会公众对我国破产制度的内容及功能形成全面的认识，扭转对破产制度的认识误区。对于破产案件办理过程中遇到的典型性、代表性案例，要认真总结和梳理，形成指导性案例，用于推广宣传，提升公众对破产制度价值功能认识的新高度。对于符合条件的企业的破产申请，尽量受理，让更多的濒临死亡的企业能够尽早通过破产重整程序得到救治，起死回生，提升破产重整的比例。对于无产可破的企业面临的破产案件保障资金问题，可以通过争取政府财政部门的支持，设立破产专项资金，确立资金使用范围、标准、管理、审批，为其破产提供专项资金支持。还可以通过探索破产经费补助和筹集机制，设立破产案件援助基金，对无产可破的企业以及破产财产不足完全支付破产费用的案件，采取补贴形式，解决资金问题。[②] 需要完善破产程序启动机制和破产企业识别机制，及时受理符合立案条件的企业破产案件。充分发挥破产重整、和解制度的特殊功能，对于重整计划的正常批准和强制性批准规定都过于原则，建议通过相关配套制度予以完善，增加其可操作性与实用性。通过提升破产重整与和解的案件，有效提升破产制度的救治功能。

---

① 山东省济南市中级人民法院课题组:《破解破产案件审判疑难问题的进路探究——以济南破产法庭为分析样本》，载《山东法官培训学院学报》2021 年第 6 期。

② 贵州省高级人民法院课题组:《贵州提升办理破产能力优化法治化营商环境的路径探究》，载吴大华主编:《贵州法治发展报告》，社会科学文献出版社 2022 年版，第 85 页。

2. 提升办理破产案件的效率

在缩减办理破产案件时间方面，积极探索破产案件“繁简分流”机制建设，优化程序时限和效率[①]，推进破产案件分流，将破产案件划分为无产可破、简单、普通这几种类型。通常情况下，无产可破和简单案件在裁定受理之日起6个月内审结，普通案件于24个月内审结。同时，要加快清理长期未结案件，对于三年以上未结破产案件要制定清理方案和结案计划。对于因管理人履职困难导致办案时间长的问题，同样需要通过向社会广泛的破产法治宣传，让社会公众、国家机关、金融机构对管理人身份形成认同，在管理人调查破产企业资产状况等工作中给予充分支持。在降低办理破产案件成本方面，争取税收优惠支持，减免相关税收，对于破产财产处置交易活动，给予契税、增值税等税费减免支持，大幅度减少破产企业退出市场、拯救危困企业的制度性成本。[②]

3. 提升破产案件的债权清偿率

破产案件的债权清偿率，与破产企业资产处置密切相关，提升债权清偿率，必须解决资产处置难的问题。第一，通过加强信息系统建设，及时发布企业破产和资产处置的信息，提升破产财产的网络拍卖力度，让更多的竞买人参与破产企业资产处置，形成资产处置的有效市场竞争，降低流拍比例，提升破产财产的变现价值。第二，对于破产企业因为历史遗留原因导致资产手续不全，法院需要与税务、住建、国资监管等部门进行沟通协调，完善税收补缴、产权瑕疵、规划等手续，确实不能完善相关手续的，经过提交书面说明后，容缺办理相关产权手续，助推破产财产变现。第三，通过政府垫资、债权人融资、市场融资、债权人招商引资等方式，盘活资产。尤其是对于房开企业在建工程的续建，实现多方共赢局面。

4. 提升破产办理的专业化水平

要借鉴深圳、北京、上海等地设立破产法庭的经验，推动破产审判的

① 胡晓霞:《论法治化营商环境之司法方案》，载《中国应用法学》2021年第6期。

② 罗培新:《世界银行营商环境评估——方法·规则·案例》，译林出版社2020年版，第486页。

专业化建设水平，在破产案件较多的地区积极推进破产法庭的设立。有条件的中级法院和基层法院要设立专门的破产审判庭，强化破产审判队伍的专业化建设。保障从事破产审判业务的法官的相对固定性和审判队伍的稳定性，避免频繁更换。对于案件办理过程中遇到的问题要认真分析总结，建立健全破产案件办理规范指引，提升破产案件办理的规范性和统一性。通过组织破产业务培训和交流研讨活动，提升其专业能力。对于大部分地区破产管理人专业能力和工作经验不足的问题，通过推动成立管理人协会，对管理人、中介机构进行有针对性的培训指导活动，提升管理人办理破产案件的专业化能力水平。并通过管理人履职评价制度，倒逼管理人加强破产案件专业化水平建设和破产办案能力的提升。

5. 推动府院联动机制的有效运行

针对破产案件办理过程中府院联动机制未充分发挥效用的问题，首先，需要转变政府部门的主观认识，扭转部分人员“以法院为主导的破产程序，是以司法权力控制破产程序中资源配置走向”的传统观念，转为引导政府以积极方式适当参与破产审判中对行政性事务的处理。其次，针对府院联动机制发挥不力主要是配套制度和措施跟不上导致操作困难，需要由法院与政府相关工作部门具体对接、逐一沟通落实，出台具有可操作性的制度和配套措施，加强与财政、税务、住建、人社等部门的协调对接，保障多维度、深层次、实效性的府院联动机制有效运行。最后，加强人大对办理破产案件中府院联动机制运行的监督职能，建立相应的监督评估和考核机制，强化府院联动机制的运行。

（六）有效提升公共法律服务

1. 加大普法宣传力度，提升公共法律服务覆盖范围和服务质量

加大对12348公共法律服务热线、贵州法律服务网、公共法律服务中心（站、室）的宣传和推广运用，提升市场主体对三大公共法律服务平台的知晓度，加强公共法律服务平台的信息化建设，引入更多的公共法律服务资源，为市场主体提供优质、便捷、高效的公共法律服务。加大对民法典的法治宣传，政府组织购买公共法律服务，为企业提供法治体检活动。

法院、检察院要积极加入到法律服务队伍中来，通过引入典型案例，为企业普法，提升企业法律风险防范意识，推动市场主体合规建设。强化多元化纠纷解决机制的宣传，让市场主体对公证、调解、仲裁制度的优势功能及程序有清晰的了解。

2. 充分发挥公证制度的服务作用

针对目前公证员人数不足及高学历人才难引进的问题，建议通过深入公证行业的体制机制改革，出台公证员职称评定制度，强化公证员的激励机制，提升公证员的薪酬待遇，增加公证行业在法律职业中的吸引力，避免公证行业人才流失。同时，增加对高学历人才的引进力度。根据新时期社会经济高质量发展对于公证服务的内在要求，进一步拓展公证在金融、产权保护、涉外事项等方面的业务，面向企业等市场主体积极开展公证业务。

3. 强化调解制度功能并拓宽其适用范围

对人民调解员的调解补贴要给予足额保障，以提高人民调解员履职的积极性。通过对人民调解员的专业指导和专业培训，提升其法律专业素质、调解技能，将更多的专业人才吸引到人民调解队伍中来，尤其是引入具有法律职业背景的离退休法官和检察官、民警、司法行政干警。通过建立人民调解和司法确认的有效对接、人民调解与司法解决的联动机制、人民调解与相关行政机关联动机制，有效发挥调解的功能。通过加大对人民调解法治化智能服务平台的建设，并做好相关数据的收集、管理、分析、推送，为市场主体提供智能化、便捷化的调解服务，提升市场主体的获得感和满意度。

4. 强化仲裁在多元解纷中的优势地位

仲裁委员会积极进行仲裁的推广宣传活动，主动出击，通过行业协会、商会等组织，向市场主体宣传仲裁制度一裁终局的快捷性优势，仲裁员可由当事人选任的专业性优势，以及仲裁不公开开庭的保密性优势。通过合同争议解决方式对仲裁的选择，引导市场主体将纠纷提交仲裁机构解决，有效缓解法院诉讼压力。通过各种培训方式，提升仲裁员专业能力和职业伦理道德，提升仲裁公信力。仲裁受案范围要与时俱进，及时拓展仲裁适用范围，加大仲裁在金融、建设工程、知识产权、涉外业务的适用。

（七）加快推进社会信用体系建设

1. 加强政务诚信建设引领社会信用体系建设

政务诚信建设是社会信用体系建设的关键，政府诚信建设应当作为社会信用体系建设的核心[①]，社会信用体系建设首先要抓好政务诚信[②]，建议从以下几个方面加强政务诚信建设，提升政府的信用。

首先，加强领导干部队伍的法治宣传教育，强化其法治思维，并树立权力是用来为人民服务的理念，增强其服务意识，不要将权力凌驾于人民利益之上。对于政府招商引资项目、建设工程项目、招投标等项目，要关注企业的合法权益和合理诉求。同时还要强化政府官员的诚信意识，对于政府及其平台公司依法签订的合同，要诚信履行合同义务，强化诚信理念和契约精神。确因特殊原因导致合同权利义务发生变更的，应当依照法定权限和程序予以变更，并对由此给信用主体造成的损失予以补偿。

其次，建立健全政府信用机制。在现有的制度框架范围内，进一步细化、完善政府信用的制度建设，发挥制度的规制作用。建立相应的约束机制、问责制度[③]、考评机制，通过政务诚信的考评，将政府守信践诺的执行情况纳入政务诚信的考评指标和范围中，加大政务诚信的考核力度。将政务诚信记录归集到信用信息共享平台数据中。对于严重失信者，在领导干部晋升时采取一票否决，情节严重的要依法追究领导干部和直接责任人员的法律责任。

再次，为有效防止因不合法的承诺及合同权利义务约定，造成无法兑现、无法履行引起的失信行为发生，要从源头做好防范工作。对于政府及

---

① 李卫刚、李艳军：《行政立法中的公众参与——以政务诚信建设为视角》，载《西北师大学报（社会科学版）》2021年第4期。

② 韩家平：《“双循环”背景下加强信用建设优化营商环境的若干建议》，载《征信》2020年第12期。

③ 沈荣华：《优化营商环境的内涵、现状与思考》，载《行政管理改革》2020年第10期。

其工作部门的重大行政决策作出以及重大合同签订以前，要提交给律师进行合法性审查。

最后，组织政府及其工作部门、平台公司全面梳理所有的承诺事项，纳入应兑现的承诺事项库中。尤其是已经进入法院生效判决或仲裁机构生效仲裁裁决确定的债务，通过制定还款计划、积极履行债务，有效缓解市场主体的资金压力。已经签订还款协议的债务，尽量按照协议约定的时间还款。

2. 强化商务信用信息的共享与运用

要组织社会各界认真学习和深入贯彻落实《贵州省社会信用条例》，形成市场主体诚信经营的良好氛围，特别重视商务诚信体系建设，完善社会信用信息平台建设，打破商务信用信息孤岛，将商务信用信息共享至社会信用信息平台，实现商务信用信息在跨部门、跨领域、跨地区之间的共享机制。鼓励行业组织开展同业信用信息的交换与共享，发展市场化的第三方信用服务行业。[①] 在此基础上实现商务信用信息的充分运用，加大全社会对商务失信主体的联合惩戒力度，并强化对诚信经营市场主体的激励措施。特别是在公共资源交易、财政资金扶持、市场监管等场景运用中，加大信用激励力度。金融机构在向市场主体发放贷款的审查环节，要将其商务诚信作为一项重要考查事项予以考虑。对于商务信用优良的市场主体在融资贷款过程中给予优待，放宽担保物的审查，加大信用担保，切实解决中小企业、民营企业面临的融资难、融资贵等问题，降低贷款利率和保费费率，并在还款方式等方面提供优惠和便利条件。对商务信用度好的市场主体，在招投标、优惠政策、市场监管等方面要给予优待。反过来，对于商务失信企业，严格放贷审查，提升贷款利率和保费费率，并在行政执法监管过程中，加强执法监管频次。

---

① 韩家平:《“双循环”背景下加强信用建设优化营商环境的若干建议》，载《征信》2020 年第 12 期。

【参考文献】

1. 吴大华主编:《贵州法治发展报告（2023）》，社会科学文献出版社 2023 年版。

2. 吴大华主编:《贵州法治发展报告（2022）》，社会科学文献出版社 2022 年版。

3. 李宏伟:《法治化营商环境的河南实践》，社会科学文献出版社 2022 年版。

4. 朱最新等:《广东优化营商环境的现状、问题与对策研究》，中国社会科学出版社 2022 年版。

5. 刘钊等:《营商环境评估：以提高市场主体满意度为导向》，经济管理出版社 2022 年版。

6. 徐现祥、毕青苗、周荃:《中国营商环境调查报告（2022）》，社会科学文献出版社 2022 年版。

7. 林念修主编:《中国营商环境报告》，中国地图出版社 2021 年版。

8. 柳立子、赵安然主编:《广州法治化营商环境研究》，中国法制出版社 2021 年版。

9. 李志军主编:《2020 · 中国城市营商环境评价》，中国发展出版社 2021 年版。

10. 中科营商环境大数据研究院编:《中国营商环境指数蓝皮书（2021）》，中国经济出版社 2021 年版。

11. 罗培新:《世界银行营商环境评估 方法 · 规则 · 案例》，译林出版社 2020 年版。

12. 贵州省政协社会与法制委员会编:《贵州营商环境百企调查（2019）》，社会科学文献出版社 2020 年版。

13. 赵海怡:《中国地方营商法治环境实证研究》，中国民主法制出版社 2020 年版。

14. 中国社会科学院知识产权中心、中国知识产权培训中心编:《优化营商环境与知识产权法治完善》，知识产权出版社 2020 年版。

15. 宋林霖:《世界银行营商环境评价指标体系详析》，天津出版传媒集团、天津人民出版社 2019 年版。

16. 白牧蓉、陈子轩:《中国语境下的法治化营商环境评估体系》,载《西北师大学报(社会科学版)》2023 年版。

17. 曾文敏:《完善银行知识产权质押融资机制》,载《中国金融》2023 年第 6 期。

18. 李明肖:《知识产权质押融资发展路径》,载《中国金融》2023 年第 1 期。

19. 何炼红、邓文武:《知识产权纠纷调解确认机制的体系协调与功效衔接》,载《湘潭大学学报(哲学社会科学版)》2023 年第 2 期。

20. 顾培东:《国家治理视野下多元解纷机制的调整与重塑》,载《法学研究》2023 年第 3 期。

21. 董涛:《国家治理现代化下的知识产权行政执法》,载《中国法学》2022 年第 5 期。

22. 邓洁、安云梦:《中国知识产权税收激励政策体系——演进路径、国际比较与优化对策》,载《中国科技论坛》2022 年第 12 期。

23. 赵廷辰:《知识产权质押融资研究:理论回顾、国际经验与政策建议》,载《西部金融》2022 年第 9 期。

24. 付本超:《多元争议解决机制对营商环境法治化的保障》,载《政法论坛》2022 年第 2 期。

25. 赵山河:《"营商环境"制度廓论》,载《合作经济与科技》2022 年第 7 期。

26. 常健:《国家治理现代化与法治化营商环境建设》,载《上海交通大学学报(哲学社会科学版)》2021 年第 12 期。

27. 胡晓霞:《论法治化营商环境之司法方案》,载《中国应用法学》2021 年第 6 期。

28. 山东省济南市中级人民法院课题组:《破解破产案件审判疑难问题的进路探究——以济南破产法庭为分析样本》,载《山东法官培训学院学报》2021 年第 6 期。

29. 张珏芙蓉:《以营商环境制度集成创新助推“双招双引”》，载《中共青岛市委党校 青岛行政学院学报》2021 年第 2 期。

30. 李卫刚、李艳军:《行政立法中的公众参与——以政务诚信建设为视角》，载《西北师大学报（社会科学版）》2021 年第 4 期。

31. 沈荣华:《优化营商环境的内涵、现状与思考》，载《行政管理改革》2020 年第 10 期。

32. 韩家平:《“双循环”背景下加强信用建设优化营商环境的若干建议》，载《征信》2020 年第 12 期。

33. 石佑启、陈可翔:《法治化营商环境建设的司法进路》，载《中外法学》2020 年第 3 期。

34. 谢红星:《法治化营商环境的证成、评价与进路——从理论逻辑到制度展开》，载《学习与实践》2019 年第 11 期。

35. 赵磊:《商事信用：商法的内在逻辑与体系化根本》，载《中国法学》2018 年第 5 期。

36. 封丽霞:《制度与能力：备案审查制度的困境与出路》，载《政治与法律》2018 年第 12 期。

37. 贵州财经大学公共管理学院《贵州省 2022 年营商环境评估报告》（2023）。

38.《贵州省高级人民法院工作报告（2023）》，载 https://www.gzrd.gov.cn/gzdt/jdgz/tqsybg/202302/t20230222_78272510.html。

39.《贵州省人民检察院工作报告（2023）》，载 https://www.gzrd.gov.cn/gzdt/jdgz/tqsybg/202302/t20230222_78272509.html。

40.《贵州省人民代表大会常务委员会工作报告（2023）》，载 https://www.gzrd.gov.cn/gzdt/jdgz/tqsybg/202302/t20230222_78272524.html。

41.《贵州省司法厅 2022 年法治政府建设工作报告》，载 https://sft.guizhou.gov.cn/xwzx_97/gggs/202303/t20230327_78773481.html。

42. 贵州省政府知识产权办公会议办公室《2022 年贵州省知识产权保护与发展状况》（2023）。

43. 贵州省律师协会《法治化营商环境调研报告（2022）》。

44.《强化知识产权保护　激发创新创造活力——贵州高院召开知识产权审判工作新闻发布会》，载 https://www.guizhoucourt.gov.cn/gzdt/259736.jhtml，2023 年 4 月 27 日。

贵州省红色法治文化保护与运用研究*

陈 哲 秦开洪**

摘 要： 红色法治文化作为新时代中国特色社会主义法治文化的重要组成部分，是全面依法治国的重要文化载体，是建设法治国家、法治政府和法治社会的重要文化依托，是实现国家治理体系和治理能力现代化的重要保障。传承红色法治基因，赓续红色法治血脉，实现红色法治文化的科学保护与活化运用，是构建中国特色法学学科体系、学术体系、话语体系的重要思想灵魂和精神支柱，是助力乡村振兴和法治乡村建设的重要法治保障。本课题以贵州省为研究区域范围，依托贵州丰富的红色法治文化资源，以贵州省红色法治文化为研究对象，着力探讨贵州省红色法治文化的保护与运用机制，并提出通过辨析红色法治文化资源的管护点、发展线、管护面和保障体制的方式，从"点—线—面—体"多个层面、全方位系统视角，实现贵州省红色法治文化的整体发掘、统一研究、分类保护、逐级分阶段开发、重点宣传、特色发展、连贯性传承和整体性活化运用，使得贵州省红色法治文化更具影响力、吸引力和感染力，满足人民群众对良好而公正的法治文化的期待。

关键词： 红色文化资源 红色法治文化 贵州省红色法治文化保护 传承与活化运用

---

* 本文系贵州省司法厅2023年度法治理论与实践研究课题"贵州省红色法治文化保护与运用研究"（fzkt202317）结项成果。

** 陈哲，遵义师范学院历史文化与旅游学院副教授，澳门城市大学在读博士；秦开洪，北京浩天律师事务所合规与政府监管专业委员会政府事务组牵头合伙人，北京浩天（贵阳）律师事务所高级合伙人。

一、红色法治文化的概念

2021 年 2 月 22 日，全国普法办最早在《2021 年全国普法依法治理工作要点》中提出“红色法治文化”的概念，并明确要加强红色法治文化的研究、保护、宣传和传承，弘扬社会主义核心价值观。学界在研究中提出，红色法治文化是指“中国共产党领导中国人民在革命根据地广泛开展了法治建设，通过在立法、行政、司法、守法等方面进行大量卓有成效的探索，最终形成的具有革命文化特色的法治文化”①。并认为“红色法治文化产生于中国革命和社会主义建设时期，是依托红色资源所体现的法治价值取向、构建的法治制度和养成的法治文化”②，“是中国共产党领导中国人民在革命、建设和改革的伟大实践中逐步形成的物质文化、制度文化和精神文化的总和，是社会主义法治文化的重要组成部分，是文化软实力的重要内容”③。

从前述理论概述可以看出，中国的红色法治文化是以中国红色文化资源所蕴藏的深厚中国历史传统文化和中国革命文化的基因、底色、内容、内涵、价值和精神取向为依托，并始终以先进的、科学的马克思主义及其中国化的科学理论思想为指导而逐渐启蒙、宣传、发展、实施、运用、形成和成熟，最终形成的极富中国特色的红色法治文化资源、红色法治文化思想、红色法治文化精神及其价值体系，并赋予其历史特征、人民性思想和社会主义当代价值底蕴的先进科学文化形态，是当代中国特色社会主义核心价值观的理论基础和文化支撑。红色法治文化资源作为红色法治文化的载体，承载了丰富的红色法治文化，赋予其科学内涵、价值和精神谱系，其中蕴含的法治基因、法理思想、法治思维、法治元素和制度体系建设基础，形成了中国特有的红色法治文化，并成为中国特色社会主义法

---

① 黄雄义:《坚定全面依法治国的文化自信——以习近平法治思想的法文化渊源为视角》，载《湖北社会科学》2023 年第 2 期。

② 吴娟:《山西省红色法治文化的开发与赓续初探》，载《文化创新比较研究》2023 年第 8 期。

③ 隋丽丽:《传承红色法治文化，助推法治黑龙江建设》，载《奋斗》2023 年第 1 期。

治体系的重要理论基础和实践支撑。因而本文认为，红色法治文化是新时代中国特色社会主义法治文化的重要组成部分，是全面依法治国的重要文化皈依，是建设法治国家、法治政府和法治社会的重要文化依托，是实现国家治理体系和治理能力现代化的重要保障。其是以中国化马克思主义理论为核心理论基础和思想灵魂，以共产主义理想信念为维系党和人民团结奋进的精神纽带，以爱国主义为核心的民族精神，以革命英雄主义为核心的革命精神，以集体主义为原则，以全心全意为人民服务为核心的革命道德，以革命年代的“人、物、事、魂”为精神表现形式[①]，并在不断选择、重组、融合中外优秀法治思想和法治理念的基础上所形成的特定法治文化精神和法治文化形态。

二、贵州省红色法治文化资源概述

贵州是中国革命的转折之地和休养生息之地。贵州的红色法治文化包括长征文化、抗日战争文化、革命前辈足迹等，其中以长征文化最具代表性。1930 年 4 月至 1936 年 4 月，先后有红七军、红八军、红三军、红二六军团、红一方面军、红九军团在贵州境内开展革命活动，足迹遍及贵州 68 个县（市、区），攻占了 31 座城市，创建了滇黔桂、黔东、黔北和黔西北 4 个革命根据地。特别是中央红军在贵州长征期间，先后召开了黎平会议、猴场会议、遵义会议、鸡鸣三省会议、扎西会议、苟坝会议等系列重要会议，进行了突破乌江、娄山关战役、土城战役、四渡赤水、兵临贵阳、威逼昆明等重要战役；吸收贵州 16000 多名各族青年参加红军。1929 年起，中共在贵州建立组织并开展活动，1935 年成立中共贵州省工作委员会，与中共贵州地下党和游击队开展革命斗争。抗日战争时期，贵州还是美国飞虎队的后方基地，是全国医疗卫生中心和军医培训基地。据 2010 年普查统计，贵州共有革命遗址 2130 处，其中重要历史事件和重要机关旧址 379 处，重要历史事件和人物活动地 943 处，烈士墓 395 处，革

① 李水弟、傅小清、杨艳春:《历史与现实：红色文化的传承价值探析》，载《江西社会科学》2008 年第 6 期。

命纪念设施309处。革命遗址遍布贵州9个地州市。[①] 为便于开展课题研究，课题组根据研究需要，对已调研核实的部分红色法治文化资源按照物质形态、制度形态和精神形态类别进行区分。

（一）物质形态的红色法治文化资源

物质形态的红色法治文化资源是红色法治文化的客观载体，其主要以"人、事、物"的形态表现。其中"人"主要指革命先辈和革命烈士等，如毛泽东、朱德、周恩来等革命先辈和邓恩铭、钱壮飞、王若飞等革命烈士；"事"主要指革命过程中有着重大影响的革命活动和历史事件，如土城战役、娄山关战役、四渡赤水战役、遵义会议、黎平会议、猴场会议、苟坝会议等；"物"主要指革命活动、重要会议、革命先辈、革命烈士等开展革命活动所用之物以及革命遗址等，如遵义会议会址、朱德的扁担、红四军军旗等。这些物质形态的红色法治文化资源所反映的革命历史过程、革命历史事件及其革命精神所富含的法治价值追求，是承载贵州红色法治文化的重要有形载体。如何将其进行有效发掘、整理、研究与保护，深度挖掘出其中的红色法治基因，实现其有效保护、合理开发与活化运用，是贵州红色法治文化发展的重大理论课题和实践课题，具有非凡的历史意义和现实价值。

（二）制度形态的红色法治文化资源

制度形态的红色法治文化资源主要是指革命时期在贵州形成的政治、经济、军事、法律和文化等制度及其文件，包括纲领、路线、方针、政策以及法律法规等。其中部分制度及其文件直接形成于中国共产党领导革命军队在贵州活动时期，部分则是党的组织及革命军队在进入贵州之前已经制定实施但在贵州运用和执行的制度文件。制度形态的红色法治文化资源是红色法治文化最直接的有形载体，其中的具体内容可直观反映中国共产

---

① 陈康海:《贵州红色旅游的功能与战略对策》，载《理论与当代》2007年第7期；覃爱华:《保护好贵州红色文化根基》，载《教育文化论坛》2011年第1期。

党的党规党纪、性质、宗旨、方针、政策，崇高理想和价值追求，以及治军方略、治国理想、地方事务处理和民族宗教政策等一系列军事、政治、经济、法律目标和价值追求。因制度形态红色法治基因易于归纳和复现，所以其是挖掘贵州省红色法治文化基因的重要对象。

（三）精神形态的红色法治文化资源

精神形态的红色法治文化资源是红色法治文化的核心和精髓，是红色法治文化的灵魂展现。其主要是指革命时期中国共产党领导中国人民在贵州境内活动所形成的革命精神和社会主义核心价值体系，包括所坚持和呈现的革命理想、信念、价值观、道德和科学文化知识等方面所蕴含的红色法治基因和精神内涵，如黎平会议、猴场会议、遵义会议、苟坝会议、土城战役、娄山关战役、四渡赤水战役等革命精神中富含的红色法治文化内容。这是贵州进行红色法治文化研究、开发、宣传、传承和活化运用，提升红色法治文化影响力、吸引力和感染力的核心灵魂。

三、贵州省红色法治文化资源中的法治元素

历史事件、历史活动过程均有其必然的内在逻辑联系，中央红军为打破“围剿”浩浩荡荡开始历史大转移而进行的长征活动也不例外。红军长征在贵州时期形成的红色法治文化资源作为贵州红色法治文化的核心区和核心内容，对其的挖掘和研究应站在历史逻辑的连贯性和一致性角度进行整体分析和评价，而不应将具体的历史事件、历史活动割裂开来看待。这也是贵州开展“点—线—面—体”协调布局，实现文旅融合、“红＋绿”结合，进行红色法治文化整体发掘、整理、研究、保护、开发、宣传、传承和活化运用的必然要求。因而有必要对红军长征在贵州的历史过程进行概述，梳理出其重要的历史节点，连接成历史的逻辑线，并延展出其历史活动面，最终才有助于分析和提出红色法治文化。这也是提炼贵州红色法治资源所蕴含的红色法治文化要素的必要准备。

（一）红军长征在贵州的重要历史节点及蕴含的法治文化

1. 黎平会议——求真务实

为进一步确定中央红军的前进方向和战略方针，中央政治局于 1934 年 12 月 18 日在贵州黎平召开了第一次会议，讨论红军战略转移的方向问题。会议通过了《中央政治局关于战略方针之决定》，决定放弃在湘西创立革命根据地并在川黔边建立革命根据地，确定在不利的条件下战略中心应该转移至遵义西北地区，深入黔西南及云南地区对红军是不利的，必须用全力争取实现自己的战略决定，阻止敌军驱迫红军至前述地区之西南或者更西；坚决消灭阻挡红军的黔敌部队，力争避免与蒋湘桂诸敌的战斗；坚决反对对于自己力量估计不足的悲观失望情绪及增长着的游击主义危险。[①] 这次会议成为中国共产党纠正“左”倾错误军事路线的第一个决定，自此开始了中央红军的战略转移，史称黎平会议，黎平也因此被称为“战略转兵之城”。会议展示了中国共产党领导中国人民通过“实事求是、独立自主、民主团结”的方法和精神，创造性地解决战争重大问题的能力。[②]

2. 猴场会议——战略转变

中央政治局于 1934 年 12 月 31 日在猴场召开会议，再次讨论红军的战略进攻方向问题，会议做出了《中央政治局关于渡江后新的行动方针的决定》，重申黎平会议精神，决定抢渡乌江、攻占遵义，并立刻准备转入战略反攻，同时确定作战方针、作战时间、作战地点的选择军委必须在政治局会议上做报告。[③] 这是中央政治局召开的一次重要会议，史称猴场会议，也可以称为“战略转变之地”。

3. 遵义会议——坚持党的领导

1935 年 1 月 15 日至 17 日，中央政治局在遵义老城召开政治局扩大会议。会议主题：一是“决定和审查黎平会议所决定的暂以黔北为中心，建

---

① 《红军长征在贵州史料选辑》，载《贵州社会科学》1983 年第 3 期。

② 曾羽、杨文富:《黎平会议的历史地位及其现实意义》，载《贵州社会科学》2010 年第 3 期。

③ 《红军长征在贵州史料选辑》，载《贵州社会科学》1983 年第 3 期。

立苏区革命根据地的问题”；二是“总结在反对第五次反‘围剿’中与西征中军事上的经验教训”。会议决定：毛泽东同志为政治局常委；指定张闻天同志负责起草决议，常委审查后，发到各党支部讨论；常委再进行适当的分工；取消“三人团”，仍由朱德、周恩来为军事指挥者，而周恩来同志是党内委托的对于指挥军事上下最后决心的负责人。[①] 遵义会议在实际上确定了毛泽东同志在军事上的领导地位，制定了北上抗日的正确方针，挽救了党、挽救了红军、挽救了中国革命，是中国共产党和中国革命史上的一个重要转折点。[②] 遵义会议体现了中国共产党人“坚定信念、忠诚革命；坚持真理、实事求是；顾全大局、民主团结；独立自主、实现转折”的伟大精神。[③]

4. 一渡赤水和“鸡鸣三省”会议——审时度势

1935 年 1 月 28 日中央政治局和中央军委召开紧急会议，决定改变原北上渡江的计划为立即突围撤出青杠坡，西渡赤水河，再随机行事。1 月 29 日拂晓前，红军大部队兵分左中右三路，其中第一军团大部由猿猴渡、其余所有部队均在土城渡渡过赤水河，向川南的古蔺、叙永方向前进。1935 年 2 月 5 日农历春节之际，红军到达川黔滇三省交界“鸡鸣三省”地区，中央政治局决定在此召开会议，对常委工作进行新的分工，并根据毛泽东同志提议，决定由张闻天在党中央负总责，博古改任红军总政治部代理主任，决定由毛泽东作为周恩来在军事指挥上的帮助者，[④] 史称一渡赤水。

5. 扎西会议到二渡赤水——不畏艰难、敢于斗争

1935 年 2 月 9 日，中央政治局在扎西召开会议，根据敌情变化，讨论制定了新的战略计划，并通过遵义会议决议，决定由中央领导人分别向中

---

① 周明霞：《高原红飘带——红军长征在贵州》，社会科学文献出版社 2019 年版，第 70—80 页。

② 欧多恒、王正贤：《中国工农红军远征、长征在贵州概述》，载《贵州民族研究》1981 年第 1 期。

③ 石仲泉：《遵义会议与遵义会议精神——纪念遵义会议召开 80 周年》，载《中国井冈山干部学院学报》2015 年第 1 期。

④ 石仲泉：《遵义会议的伟大历史转折和毛泽东的神奇用兵》，载《毛泽东思想研究》2013 年第 1 期。

央红军各部传达，将“决议大纲”电告在中央苏区坚持斗争的中央分局和红二、六军团及红四方面军。同时，为了机动连续作战，对中央红军进行了整编，充实了作战力量。2 月 15 日，中央政治局召开会议，决定回师东进，在太平渡、二郎滩等渡口二渡赤水河，并发布《告全体红军战士书》，要求全体红军战士鼓起百倍勇气，提高作战决心，为创造新的苏区而奋斗。2 月 18 日至 21 日拂晓，中央红军各部分别从太平渡、二郎渡、九溪渡口全部渡过赤水河，史称二渡赤水。①

6. 苟坝会议和三渡赤水——坚持真理

1935 年 3 月 12 日，中央决定成立由周恩来、毛泽东、王稼祥三人组成新的“三人团”，代表中央政治局指挥红军军事行动。此次会议史称“苟坝会议”。苟坝会议作为红军长征中的一次重要会议，改变了进攻打鼓新场的计划，使红军免遭一次重大损失，同时巩固了毛泽东在党的领导地位，并进一步确立了其在红军中的指挥地位，也实现了毛泽东早已谋划的“把滇军调出来”策略，为西出云南渡过金沙江入川的战略计划奠定了思想基础和组织基础。② 苟坝会议也充分展示了中国共产党人“民主团结、实事求是、坚持真理、勇于担当”的革命精神。③ 在苟坝会议后，红军三渡赤水过茅台，经由茅台折回川南。为了迷惑和调动敌军，中央军委决定实行一次全军大佯攻，1935 年 3 月 16 日傍晚，红军各部通过架起的三座浮桥渡河，并于 18 日凌晨全部渡过赤水河，史称三渡赤水。

7. 四渡赤水跳出敌人包围圈——运筹决胜

1935 年 3 月 20 日，中央军委电令四渡赤水，要求红军秘密、迅速、坚决地趁敌不备，折转返东，经二郎滩、太平渡、九溪口等处再渡赤水。21 日晚至 22 日上午，红军各部以隐蔽、神速的行动全部渡过赤水河，就

① 石仲泉：《遵义会议的伟大历史转折和毛泽东的神奇用兵》，载《毛泽东思想研究》2013 年第 1 期。

② 石仲泉：《遵义会议的伟大历史转折和毛泽东的神奇用兵》，载《毛泽东思想研究》2013 年第 1 期。

③ 张中俞：《苟坝会议的贡献及启示》，载《贵州社会主义学院学报》2018 年第 1 期。

这样神不知鬼不觉地跳出了敌人的包围圈。[①]四渡赤水是决定党和红军命运的关键战役，是在红军气势最低落、身心最疲惫、处境最艰难时期进行的生死攸关的绝地反击战。[②]经过四渡赤水，红军成功逃出了敌人设计的包围圈，进入战略反攻阶段。

（二）贵州省红色法治文化资源中的法治元素

1. 求真务实的法治理念

“求真务实”既是科学的客观态度和优良的政治品格，又是法治理念追求的“真善美”，为法治运行指明了方向，成为法治路线的“指示牌”。[③]毛泽东等党和红军领导人在红军长征期间的多次重要会议和战斗中，始终坚持实事求是、求真务实、敢于斗争，具体分析中国革命和红军面临的实际问题，认真了解和分析敌我情况，通过据理力争，把握中国革命的正确方向，最终挽救了党、挽救了红军、挽救了中国革命。在面对第五次反“围剿”失败和长征初期失利，中央红军和中国革命何去何从，是北去湘西还是转兵贵州这一重大战略抉择时，以毛泽东为首的中国共产党人从客观实际出发，冲破教条、结合中国革命实际，先后提出战术转兵、战略转兵、战略转变和战略转移的具体方针政策，并坚定不移地为之斗争，维护真理，领导中国革命取得胜利。这充分展示了以毛泽东为首的中国共产党人坚定的实事求是、求真务实、敢于斗争的精神，以及坚持真理的巨大勇气。其精神品质为中国革命、建设和改革指明了方向，也为中国特色社会主义法治运行指明了方向，成为现代法治国家建设的“指示牌”。

2. 实事求是的法治方法

“实事求是”既是科学研究的总体方法，也是客观具体方法，更是具

---

① 石仲泉：《遵义会议的伟大历史转折和毛泽东的神奇用兵》，载《毛泽东思想研究》2013年第1期。

② 蒋建农：《遵义会议确立毛泽东领导地位问题研究》，载《党的文献》2016年第1期。

③ 胡利明：《论“三严三实”的法治背景及法治理念》，载《湖北行政学院学报》2016年第2期。

体的法治方法。坚持实事求是，必须做到理论与实践相结合，必须做到原则性与灵活性的结合，必须坚持真理和修正错误的结合。[①]红军转战贵州期间，历次大大小小的会议和战斗，无不体现毛泽东等中央领导同志坚持以马克思主义理论为指导，一切从中国革命和中国国情出发，通过理论联系实际，坚持在实践中检验真理和发展真理的原则，一步步纠正第五次反“围剿”以来中央在军事指挥和政治领导上所犯的“左”倾教条主义的错误。中国共产党实事求是的思想路线和工作方法在黎平会议、猴场会议、遵义会议、苟坝会议中均得以鲜明地体现，并分别成为前述会议精神的一部分。而在法治建设过程中，法治的最终目标是服务于经济社会发展，服务于治理实践，服务于人民群众对法治和公平正义的美好追求。因此在法治建设上，只有通过充分的调查研究，才能够制定出科学的符合实践需求、符合经济社会发展需要、符合人民利益诉求的良法，也才能够通过严格执法、公正司法和自觉守法反作用于立法，促进立法的修订和完善，最终实现良法善治，实现公平正义和社会主义核心价值追求。

3. 独立自主的法治精神

“独立自主”就是要从中国实际出发，走自己的路，依靠中国人民的力量探索出符合中国国情的法治道路。独立自主要求我们在求真务实的法治理念和实事求是的法治方法上，充分发挥自身的积极性、主动性和创造性，开创具有中国特色的社会主义法治道路。“独立自主”中“自主”的核心在于“主动”，其是法治的重要特征，而主动遵守则是法治的最佳状态，是无须外在强制力就可以自发实现法治目标的内在精神动力，也是法治理念的精髓所在。[②]从转战贵州开始，中国共产党结合实际，独立自主，开拓创新，解决中国革命重大问题，实现了中国革命转危为安。独立自主也是红军长征在贵州的鲜明写照，展示出了其强大的生命力。这也是中国特色社会主义法治道路建设的必然要求，是构建中国特色法学学科体系、

① 胡利明：《论“三严三实”的法治背景及法治理念》，载《湖北行政学院学报》2016 年第 2 期。

② 胡利明：《论“三严三实”的法治背景及法治理念》，载《湖北行政学院学报》2016 年第 2 期。

学术体系、话语体系的重要思想灵魂和精神支柱。

4. 民主团结的法治路径

“民主团结”是保障立法科学性和实现良法善治的根本所在。民主团结就要充分发挥党内党外民主，坚持民主基础上的集中和集中指导下的民主，以调动一切积极因素，团结一切可以团结的力量实现目标。红军长征在贵州的几次重要会议中，无不包含党的民主集中制原则的运用和实践。长征初期，博古、李德等人压制党内民主，其“左”倾错误思想又不结合中国革命斗争实际，其错误的军事路线和方针，导致红军处于被动挨打的局面。黎平会议中以毛泽东为代表的中国共产党人，坚持民主集中制原则，用革命战争的历史经验和错误路线造成被动局面的事实，说服和教育广大党员干部逐步转变立场，实现团结大多数同志，最终避免了向错误的方向越走越远。猴场会议，毛泽东再次驳斥博古、李德的错误主张，重申黎平会议决定，并且提出红军应立即抢渡乌江，攻占遵义。这一战略方向的转变，发挥了党内最广泛的民主，坚持和完善了党的民主集中制。遵义会议树立了实行民主集中制原则的典范，既严肃认真地批评了错误，又不是单纯地追究个人责任，而是主要通过摆事实、讲道理、以理服人的方式，弄清思想，分清原则是非，既团结同志，又从中吸取经验教训。苟坝会议则是民主集中制原则运用的最经典典范，其在前期仅有毛泽东一人不同意进攻打鼓新场的情况下，通过充分交流、沟通和分析论证，成功将少数意见转变为多数意见，实现“以少胜多”。

5. 服务大局的法治理想

法治服务于经济社会发展，服务于一国的社会治理需要。顾全大局也正是遵义会议、黎平会议等得以顺利召开并做出正确决定的重要保障。毛泽东虽身处逆境，但一心关注着党的命运和红军的前途，不顾个人安危挺身而出，同博古、李德等人展开斗争；周恩来处处顾全大局，在危难时刻坚持工作，支撑困难局面；张闻天、王稼祥等中央领导同志的大力支持，最终促成各次重要会议作出正确决定，这充分彰显了中国共产党人顾全大局、服务大局的法治理想。遵义会议时，许多同志要求毛泽东替代博古领导全党工作，但其以身体不好为由推辞，并提议由张闻天代替博古担任总书记，也充分展示了毛泽东同志从中国革命的长远出发，为了党内团结而顾全大局、深谋远虑的担当与品格。这也是中国共产党领导中国人民进行社会主义法治道路建设必须长期坚守的理想和目标。

6. 艰苦奋斗之自律精神

自律是法治的重要动力来源，艰苦奋斗的作风体现的正是法治自律之精神。法治通过自律提升质量，保证更优绩效，法治自律是新提法，但确是其精神实质。①即使党的方针政策再正确，目标理想再坚定，如果相关政策在制定后不被很好地遵守和执行，也必将成为一纸空文。这和法律不被遵守和执行是一样的道理。新民主主义革命之所以取得伟大胜利、社会主义建设和改革之所以取得巨大成就，无不彰显着中国人民和中华民族艰苦奋斗、自立自强的伟大民族精神和优良的革命传统。其在新时代法治国家建设中仍然具有强大的生命力、感召力和凝聚力。

7. 三大作风之法治价值

中国共产党所坚持的“理论联系实际、密切联系群众、批评与自我批评”三大优良作风，正是法治理念所要求、所倡导和积极追求的法治价值。中央红军进入贵州后，于 1934 年 12 月 24 日印发《关于注意与苗民关系加强纪律检查的指示》中强调要“立即克服一切侵犯群众，脱离群众行为”。同时，在遵义会议前后的激烈争论、批评与自我批评中，我们党敢于揭露和承认自己的错误，会议没有给犯错误的同志以严重的惩办，没有开展过火的斗争，仍然分配这些同志以适当的工作，让他们继续承担重要领导职务和工作，并耐心等待和帮助他们认识自己的错误，体现了我们党既弄清思想是非、又注重团结同志的自我革命方式。②这正是新时代坚持以人民为中心的法治思想，坚持法治为了人民、法治依靠人民，也是法的谦抑性与慎刑思想的集中体现。

---

① 胡利明：《论“三严三实”的法治背景及法治理念》，载《湖北行政学院学报》2016 年第 2 期。

② 田克勤：《自我革命：遵义会议精神研究的一个新视角》，载《红色文化学刊》2018 年第 3 期。

8. 以上率下之法治治理特征

孔子曰："政者，正也。子帅以正，孰敢不正。"领导者的形象，就是最好的榜样；领导者的行为，就是最有说服力的教科书。以上率下在于发挥主动示范作用，示范的核心在于"主动"，而主动是法治的重要特征，主动遵守是法治的最佳状态，事实上无需外在强制力就可以自发实现法治目的，这是法治理念的精髓所在。正好契合法治国家的现代法治理念。[①]这正是推进全面依法治国过程中，党和国家始终强调必须紧紧抓住领导干部这个"关键少数"，要求领导干部进一步增强责任感和使命感，主动带头尊崇法治、敬畏法律、了解法律、掌握法律，遵纪守法、捍卫法治、厉行法治、依法办事，不断提高运用法治思维和法治方式深化改革、推动发展、化解矛盾、维护稳定、应对风险的能力，发挥领导干部在建设中国特色社会主义法治体系、建设社会主义法治国家进程中的示范引领作用，以领导干部的实际行动带动全社会尊法学法守法用法，进而形成推进全面依法治国的强大合力。

四、贵州省红色法治文化保护与运用取得的成效与不足

（一）贵州省红色法治文化保护与运用现状

目前，贵州已形成"三线三区"的红色法治文化保护与运用布局。其中的"三线"指：（1）贵阳（息烽集中营）、遵义（遵义会议会址、红军山烈士陵园、娄山关战斗遗址、乌江战斗遗址）、仁怀、习水、赤水（四渡赤水纪念地、青杠坡战斗遗址、丙安红一军团纪念馆）；（2）贵阳（息烽集中营）、黔西、大方（红二、六军团战斗遗址）、毕节（中华苏维埃共和国川滇黔革命委员会旧址、红六军团政治部旧址、鸡鸣三省会议纪念碑、贵州抗日救国司令部旧址、草原艺术研究社旧址、毕节烈士陵园、夏曦烈士纪念馆）、赫章、威宁（红二、六军团战斗遗址、草海）；（3）贵阳（息烽集中营）、镇远（周文达故居、和平村旧址）、黎平（黎平会议会址、红七

① 胡利明：《论"三严三实"的法治背景及法治理念》，载《湖北行政学院学报》2016年第2期。

军军部旧址、毛泽东黎平住处、红军召开群众大会旧址、黎平烈士陵园）。“三区”指：（1）以铜仁为中心的黔东红色旅游区，包括石阡红二、六军团总指挥部旧址、石阡困牛山红军战斗遗址、思南旷继勋烈士故居、沿河土地湾黔东特区革命委员会旧址、德江枫香溪中共湘鄂西分局会议会址、红六军团黄木会师纪念地等；（2）以兴义、盘州为中心的黔西南红色文化旅游区；（3）以余庆、瓮安为中心的黔东北红色文化旅游区。①

同时，贵州依托长征国家文化公园（贵州站）的建设，已基本形成“一核、一线、两翼、多点”的红色法治文化保护与运用总体框架。即以遵义会议会址及周边红色法治文化为核心，以中央红军长征线路为主线，以红二、六军团长征遗址遗迹为两翼，纳入其他具有代表性的红色法治文化展示点，围绕红军长征重要历史活动、重要历史事件和重要历史战斗，深度挖掘长征文化精神的内涵及其富含的红色法治元素，做好红色法治文化的研究、保护与开发运用工作。为将散落在贵州各地的红色法治文化资源“串珠成链”，贵州以高质量建设长征文化主题展示区为目标，重点利用长征文物和文化资源的外溢辐射效应，结合党史学习教育，通过旅游带动的方式，打造了“红色文化＋旅游”深度融合的红色文化发展示范区，打好红色法治文化建设基础。自2019年以来，贵州坚持“宜融则融、能融尽融，以文塑旅、以旅彰文”的方针推行红色文化与旅游融合发展机制。截至2020年，贵州已启动29条红军路和3个“红军村”的保护建设工作，推出了贵州省红色文化旅游十大精品路线、首批10条最美红军线路和首批10个最美红军村落等。2021年，贵州省3条旅游线路涉及的14个红色旅游景点入选文旅部、中宣部、中央党史和文献研究院、国家发改委联合推出的“建党百年红色旅游百条精品线路”。截至2021年，贵州已建成23个红色美丽村庄试点村。②

为提升红色法治文化的吸引力、感染力和影响力，贵州省文旅厅与贵

① 黄咏梅：《谈贵州红色旅游资源的特点》，载《理论与当代》2007年第11期。
② 赵相康：《体验红色文旅　感悟长征精神》，载《贵州日报》2022年5月20日，第6版。

州省体育局于2021年联合推出“重走长征路·起航新征程”的红色研学主题活动。2022年，贵州推出“红色文化+多媒体”融合的线上线下红色文化旅游体验产品，将红色文化旅游线路、景点与文化、科技、娱乐等产业相融合，实现红色文化从展览式向体验式转变，以提升红色文化的吸引力。以此为契机，遵义以重大历史事件为脉络，用精品线路串起红色经典，深度开发红色文化研学游、长征之路体验游等主题产品，目前已打造出了遵义会议旅游区、娄山关战斗旅游区、四渡赤水旅游区、苟坝红色旅游创新区、突破乌江旅游区等红色旅游精品景区，并开发了以实景式、沉浸式、体验式为特色的中小学生“红色旅游”研学基地、精品线路和产品。贵阳推出重温红色文化之旅，铜仁打造丹砂之恋红色之旅，安顺、黔东南联合推出红色文化传承之旅，黔南州推出不忘初心转折体验之旅，六盘水市推出红色记忆之旅，将红色文化与自然风光、温泉、古镇、村寨、民族文化、历史文化、“三线”文化、“三变”模式、乡村旅游等相融合发展，形成了多产业融合、各具特色的红色研学产品体系。与此同时，贵州各地还通过创新红色文化传播方式，通过举办主题展览，开发线上数字展厅，参与实景演绎等提升红色文化的吸引力。如贵州省图书馆北馆户外于2021年12月1日开展的“牢记殷切嘱托，忠诚干净担当——红色文化展”，集中展示1925年至1980年的红色文献出版物、物件、宣传画、红色徽章、纪念章等；遵义会议纪念馆、四渡赤水纪念馆、红军医院纪念馆等利用VR、AR等新技术建成的虚拟展馆，让观众实现“云参观”“云游览”；四渡赤水纪念馆通过智慧博物馆综合信息管理平台、红色革命文化数字化集中展示区，建设全景热点，实现沙盘示意图展现；遵义会议纪念馆通过编排和演绎情景剧《红军来了》的方式再现长征历史上的感人瞬间；娄山关红色文化旅游景区通过观看影片、吃红军餐、参加“重走长征路”剧情体验，让游客感受“雄关漫道真如铁”的豪迈，感受革命激情。[①]

① 赵相康:《体验红色文旅　感悟长征精神》，载《贵州日报》2022年5月20日，第6版。

（二）贵州省红色法治文化保护与运用成效

贵州通过长征国家文化公园建设的重点带动，以“红色文化＋旅游”的方式，实现红色文化与旅游融合，利用现代化科技手段、文艺创作及演出等大众喜闻乐见的方式，赋能红色文化资源，展示红色革命历史意义，让红色文化资源“活”起来、“火”起来，成功将红色文化资源转变成了“红火产业”。既达到了提高贵州红色文化影响力，深化党史学习教育的目的，又能增加地区旅游收入，助力贵州脱贫巩固和乡村振兴。

与此同时，贵州还开展了红色资源普查工作，在摸清“红色家底”的基础上，分门别类进行建档立卡，让每一处红色文化资源都有其独立的“户口”“身份”“故事”。同时还将分散零落的红色文化资源“连点成线”“串珠成链”，形成红色文化资源的整体性保护与开发，提高红色文化资源的魅力，让红色文化资源在新时代焕发光彩。2021 年暑期“贵州研学一日游”的搜索热度上升 35%，生态环境优美、人文积累深厚、红色文化绚烂的贵州已成为人们选择热门的研学旅游目的地。[①] 据统计，2022 年，遵义共接待游客 8186 万人次，实现旅游收入 857 亿元，其中红色文化旅游景区接待游客 1484 万人次，占总量的 18%，实现旅游收入 113 万元。[②] 2023 年“五一”小长假，遵义红色线路和红色景区累计接待旅游 74.22 万人次。[③] 2023 年 7 月以来，遵义会议会址日均接待游客超过 3 万人次。[④] 可见，贵州省红色文化资源已焕发光彩，并有效带动了地方经济发展。

（三）贵州省红色法治文化保护与运用存在的问题与不足

目前，贵州省对新民主主义革命时期特别是红军长征在贵州时期的活

---

① 陆青剑:《研学旅行拓宽旅游发展空间》，载《贵州日报》2022 年 4 月 6 日，第 2 版。

② 吴箫剑、李惊亚:《遵义:“红色＋”赋能文旅产业高质量发展》，载《经济参考报》2023 年 7 月 4 日，第 6 版。

③ 赵相康:《体验红色文旅　感悟长征精神》，载《贵州日报》2022 年 5 月 20 日，第 6 版。

④《贵州遵义：红色旅游人气旺》，载光明网，2023 年 8 月 13 日。

动、会议及战斗遗址、遗物、遗迹，如会议会址、战斗遗址、渡口遗址、指战员居所遗址、红军战士驻地遗址、行军中战略性转移路线遗址、革命领导人故居、革命烈士故居八类基础性红色文化资源已进行了有效普查、保护、投入和适当性开发与运用；对红军战略转移过程中遗留下来的众多物件，如渡河遗物（渡河船只、红军浮桥等）、战斗遗物（武器长矛、火药枪等）、生活遗物（红军开仓分粮用过的“斗”、红军使用过的马灯等）等记载红军行动轨迹和战斗、生活信息的物件进行了有效收集、整理和展示、展览；对铭刻着红军战斗和生活印迹的遗迹进行了部分阐释，如对红军长征故事的实景演绎，以展示不能“诉说”的“长征故事”，形成了对红色遗址、遗物的有效补充与活化，成为红色法治文化资源的重要“信息源”，但目前的挖掘整理还不够，还不足以让固态、静态的红色法治文化资源活化。同时，已对各种战略战术部署思想等文件资料进行了有效收集和整理。这些文件资料记载着红军长征时期党和红军的各项主张、战略、战术方针、政策，是重要的历史文献，如本课题中列出的“制度形态红色法治文化遗存目录表”中的文件。但对前述文献的研究和运用还远远不够。对红军长征在贵州时期的歌谣诗赋、行军日记、回忆录、社论及其他各类红军长征在贵州的历史文献、理论研究文献等，如《红军来了》《我渡红军过赤水》《我打草鞋送红军》等歌谣标语，《忆秦娥·娄山关》《七律·历史转折》等诗词，《原始记录——红军长征记》《红军长征重大决策见证录》《邓寅章回忆录》等行军日记、见闻、叙述及回忆录，《红星》报及其刊发的《用我们的铁拳消灭蒋介石主力争取反攻的全部胜利》《伟大的开始——一九三五年的第一个战斗》《把遵义战斗中的模范营连写在红报上》等社论、文稿，《高原红飘带——红军长征在贵州》《红军长征中的政治工作》等历史叙述，以及各历史文献研究单位、文物保护单位及人员、专家学者等对红军长征在贵州时期的重要会议、关键战斗等的思想、精神等形成的理论研究成果，上述作为重要的精神形态的红色法治文化资源，是红色法治文化的重要组成部分，是通过有形载体还原无形红色法治文化，实现红色法治文化保护与活化运用的重要方式，其在反映斗争形势、革命思想、革命精神、战斗情形、会议精神方面，以及激发红军战士和当地民众斗争热情，抑制敌军气势方面均发挥了重要作用，也是实现物质形态红色法治文化“连点成线”“串珠成链”并实现活化运用的重要方式。①

在如何通过前述资源的挖掘，以展示和呈现行军活动、会议和战斗过程中的精神品质、战略战术思想还有所欠缺，如机动灵活的战略战术思想、求真务实的优良作风、实事求是的精神品质、艰苦奋斗的创业精神、民主团结的领导风范、审时度势的神机妙算、出奇制胜的指挥艺术、奇兵神勇的英雄气概、团结克难的集团精神等，导致资源的利用率不高、影响力不够、吸引力不足、感染力较弱。这些均反映出目前在保护和传承红色法治文化过程中，并未能有效挖掘其中的红色文化元素及其法治元素，进而未能形成对红色文化及其法治元素丰富内涵的有效阐释和诠释，导致目前仅是对物质形态红色法治文化资源的修复、维护、展览、参观和被动式、教科书式的讲解。此外，各地在保护和传承红色法治文化过程中各自为政，未能从历史延续性和逻辑连贯性角度进行整体性、综合性开发与运用，未将红色法治文化资源“连点成线”“串珠成链”，对红色法治文化精神内涵进行有益阐发。前述问题反映出现有红色法治文化保护与运用方式无法充分展示红色法治文化的魅力、感染力，也无法有效提升其影响力、吸引力和感染力。具体显示在如下五个方面：

1. 发掘过程中重遗址遗物整理研究而轻文献、文学及艺术重塑

要实现保护有对象、开发有基础、运用有价值的红色法治文化保护，就必须得明确红色法治文化保护对象，才能获得开发基础，最终判断出其运用价值。因此，缺少对保护对象的充分发掘、整理与研究，开发就无从谈起，运用价值也根本不可能实现。确定红色文化资源的保护对象，首先得从其资源类型谈起。笔者认为，红色法治文化资源，不只是物质形态的红色遗址、遗物和遗迹，其还包括制度形态的红色历史文件以及精神形态的红色历史文献及学术研究成果等，三者缺一不可，共同构成了红色历史

---

① 孟定芳、于衍学:《四渡赤水红色文化资源类型及其保护研究》，载《今古文创》2022 年第 11 期。

时空和历史脉络，共同承载和呈现红色历史活动过程、红色历史事件、红色历史故事和红色文化精神。但在现有红色法治文化的发掘、整理和研究中，还主要局限于对红色遗址、遗物和遗迹的发掘、整理、普查和研究，对历史文件、历史文献及学术研究成果等还缺乏足够重视，未能将其与红色历史遗址、遗物、遗迹进行有效重组，即使已有部分研究，也仅是以“点状”研究居多，“线性”研究相对欠缺，还未能形成完整的历史时空呈现、历史过程复原、历史故事活化和文化精神阐发，反映出红色法治文化保护的缺陷与缺失，制约了红色法治文化资源的开发与利用，限制了红色法治文化的宣传、传承与运用价值的发挥，进而导致对红色法治文化保护的热情不足、积极性不高，开发利用也主要局限于浅层次的参观、展览及被动式教育功能发挥上。

2. 保护过程中重有形载体的保护而轻文化内涵的挖掘与诠释

承载红色法治文化元素的红色文化资源不只是物质形态的文化资源，还包括制度形态和精神形成的文化资源，其整体形成了红色法治文化资源的历史构造，缺少其中任何一部分，均难以复原和呈现红色历史活动过程、红色历史事件经过、红色历史故事内容和红色精神实质。其中，物质形态的红色法治文化资源是红色历史活动过程、红色历史事件经过、红色历史故事内容和红色精神品质的有形载体，是“不会说话”的红色法治文化实体，只有将其与制度形态和精神形态的红色法治文化资源进行有效整合、重组，才能够形成逻辑连贯的历史活动过程、呈现历史事件经过、历史时空和历史场景，也才能完整讲述好红色历史故事内容，展现激情岁月及其背后蕴含的精神品质。然而，目前贵州在制度形态和精神形态红色法治文化资源的保护方面还比较欠缺，仅通过物质形态资源的保护难以有效还原历史全貌和历史场景，所讲述出的历史事件经过、历史故事内容也仅是众所周知的浅层文化信息，因而导致在开发和运用过程中，难以让主管部门、具体管理和保护单位看到其长远价值空间，而丧失了长远规划、保护和开发的热情和动力，形成了被动式保护、简单式修缮和维护的现状，并未形成对活化红色法治文化的制度形态和精神形态红色法治文化资源的有效保护和开发。其典型体现在无法形成对红色法治文化元素内涵、价值和精神的诠释上，因而在开发和运用过程中也未能充分彰显其价值和意义。

3. 运用过程中对红色法治文化元素的呈现不足

虽然贵州已成为热门红色旅游目的地，近年来到贵州参观、游览红色旅游景区的游客，以及开展党性教育、爱国主义教育和革命传统教育等研学游群体不断增加，为贵州旅游业发展、地方增收、乡村振兴起到了助力和带动作用。对红色文化资源的开发和运用主要停留在静态的参观、展览和被动式、教科书式、片段式的解说宣传上，还难以让参观、游览者充分感受到贵州红色文化的魅力，更难以让其体会到红色文化资源所蕴含的法治元素，以及其所具有当代价值和现实意义，因而难以让参观、游览者通过参观、游览形成入脑入心的真切感受，感受到红色法治文化对其心灵的震撼和精神的洗礼。这主要源于目前对红色法治文化资源的开发和运用还主要以物质形态的红色遗址、遗物、遗迹等的开发和利用，未能充分借助现代化技术手段将该等遗址、遗物、遗迹承载的重要历史活动过程、历史事件经过和历史故事内容进行情景式的还原和逻辑串联，未能有效地将承载历史活动过程、历史事件经过和历史故事内容的制度形态和精神形态的红色法治文化资源进行有效整合开发与活化运用，提炼和展示其中所蕴含的历史价值和现实意义。其本质是缺乏对红色法治文化整体性发掘、整理与研究，导致在保护、开发、宣传、传承与活化运用过程中未能有效挖掘红色法治文化内在价值和精神品质，无法形成具有逻辑性和历史连贯性的诠释，进而导致所呈现的红色法治文化具有同质性，缺乏影响力、吸引力和感染力，也未能形成良好的品牌效应。

4. 宣传和呈现方式上重游览参观而轻互动式、体验式的感知运用

红色法治文化具有历史时空性，借助现代科学技术加以复现，并以大众喜闻乐见的方式呈现，可重新焕发其历史价值和现实意义。如通过人工智能、大数据、5G、3D 等科学技术手段让红色历史“活”起来；借助声光电等通过音乐、舞蹈、电影、电视剧、话剧、情景剧、书法、绘画、文学作品、纪录片、动画片、网游等艺术形式进行有效表达，让红色文化“火”起来。虽然贵州的部分红色旅游区已经借助前述科技手段和运

用技术、艺术形式进行了尝试和表达，如息烽集中营革命历史纪念馆近年来通过与专业团队合作，挖掘息烽集中营的红色故事，推出了《魔窟中的美丽蝴蝶》《决策》《无悔》《铁窗岂催壮士心 开辟斗争新战场》等情景教学剧，《息烽红色记忆》等舞台讲述剧，《血色猫洞永铸忠魂》《炼狱烽火光照千秋》《烈士家风 润泽后人》等现场教学剧，《宁折不弯的民主战士》等体验教学剧等多种形式的红色课件近20个[①]。遵义会议纪念馆、四渡赤水纪念馆、红军医院纪念馆等利用VR、AR等新技术建成虚拟展馆，让观众实现“云参观”“云游览”；四渡赤水纪念馆通过智慧博物馆综合信息管理平台、红色革命文化数字化集中展示区，建设全景热点，实现沙盘示意图展现；遵义会议纪念馆通过编排和演绎情景剧《红军来了》的方式再现长征历史上的感人瞬间；娄山关红色文化旅游区通过观看影片、吃红军餐、参加“重走长征路”剧情体验，让游客感受“雄关漫道真如铁”豪迈的革命激情。但目前还仅是少数、片段式的呈现，还未能形成综合化、整体性运用，给游客带来的冲击感、震撼度、体验感还不强，游客的互动参与性不够，对其中的红色法治文化元素的魅力还未能形成强大的冲击力，因而难以很好地运用于现代生活场景，形成反差认识和心灵震撼，也未能完成对大众的精神洗礼。

5. 整体价值呈现上还未形成统一性、连贯性和品牌度

虽然贵州已依托长征国家文化公园（贵州段）的建设规划，完成了“一核、一线、两翼、多点”的红色旅游总体框架布局，形成了“三线三区”的红色旅游线路和红色旅游区布置，打造了一大批红色旅游景点、29条红军路、23个红色美丽村庄、10大红色精品路线、3个红军村，并在“宜融则融、能融尽融，以文塑旅、以旅彰文”的方针指导下，推行红色文化与旅游融合发展机制，形成遵义“红色旅游＋互联网”的品牌，贵阳重温红色文化之旅、铜仁丹砂之恋红色之旅，安顺、黔东南联合推出的红色文化传承之旅、黔南州推出的不忘初心转折体验之旅，六盘水市推出的红色

① 陈曦、盛道利、娄铃英、伍少安：《用活红色资源 传承红色基因》，载《当代贵州》2021年第26期。

记忆之旅，将红色文化与自然风光、温泉、古镇、村寨、民族文化、历史文化、“三线”文化、“三变”模式、乡村旅游等相融合发展，形成多产业融合、各具特色的红色研学产品体系。但在红色法治文化的保护与运用方面，还处于各自为政的状态，未形成资源的有效整合与互换，造成了历史时空和红色法治文化的片段式和切块化。如红军长征时期中央政治局在黎平、猴场、遵义、鸡鸣三省、扎西、苟坝召开的重要会议均有其历史延续性，并与在此过程中的行军活动、重要战斗共同形成逻辑连贯的历史活动过程、历史事件经过、历史故事内容和文化精神品质，但各地目前还主要是固守各自区域内的红色法治文化，进行片段式保护、开发与运用，而未能形成一体化保护与开发运用机制，也未能合理地进行资源互换，共同提升红色法治文化的保护与运用手段，形成总体红色法治文化品牌价值和自身特色定位，因而未能实现应有的开发与运用，导致各地资源的价值度及利用率还比较低。

五、贵州省红色法治文化保护与运用路径构建

经过前述分析、研究与论证，为构建出科学的红色法治文化保护和运用机制，本文提出建立红色法治文化遗存目录，通过分级分类分阶段实施机制，在建立统一协调的红色法治文化发掘、整理、研究、保护、开发、宣传、传承与活化运用制度机制的基础上，通过辨析红色法治文化资源的管护点、发展线、管护面和保障体的方式，从“点—线—面—体”多个层面、全方位系统视角，提出实现红色法治文化整体发掘、统一研究、分类保护、逐级分阶段开发、重点宣传、特色发展、连贯性传承和整体性活化运用的方法和路径。同时提出将红色法治文化发掘、整理、研究、保护、开发、宣传与传承充分融入贵州省人文地理、地质地貌、民俗民风、乡土风情等多彩贵州旅游名片之中，融入贵州“四新”“四化”“四区一高地”建设，以丰富其价值内涵，实现文旅融合、“红＋绿”结合，使贵州省红色法治文化更具影响力、吸引力和感染力，以期实现红色法治文化发掘、整理、研究、保护、开发、宣传、传承与活化运用的贵州样板和示范创建，为建设平安贵州、法治贵州，满足人民群众对良好而公正的法治文化

的体验与期待，和美好、和谐而美丽的贵州旅游文化体验与人文环境的充分感知，以及对贵州浓厚红色法治文化的吸引和感召，推动贵州经济社会发展的转型升级和高质量发展，为推动实现百姓富、生态美的多彩贵州新未来提供法治保障和科学路径。

（一）思想认识层面：统一思想认识，增强保护意识

1. 明确红色法治文化保护的指导思想

在红色法治文化保护过程中，应始终坚持马克思主义文化遗产观、毛泽东、邓小平民族文化观、习近平历史文化观，以及中国古代文化遗产保护传统思想。[①]只有在科学思想的指导下，才能保证红色法治文化保护的方向不走偏，路径不走样。与此同时，在红色法治文化保护与运用过程中，应严格遵循历史文化遗产形成、存在和保护的自身规律，形成科学有效保护的制度机制和适度合理的开发利用机制，才有助于传承红色法治文化基因，赓续红色法治文化血脉、弘扬贵州特色红色法治文化，实现红色法治文化的深度发掘、统一研究、科学保护和活化运用。

2. 增强红色法治文化保护意识

良好的意识是行为的先导。意识作为现实世界的总体心理现象，是个体直接经验在“知、情、意”方面的主观认知，是人们对外界与自身察觉和关注程度的体现。它要求我们要有对世界的知识性和理性的追求，要有对客观事物的理性感知和客观评价，要有对目标理想的自我克制、毅力、信心和顽强不屈的精神状态。因此，只有形成对红色法治文化的科学认识，和对其历史价值及现实意义的客观判断和理性追求，才能形成对红色法治文化的科学保护与合理开发。增强红色法治文化的保护意识尤为重

---

① 马克思提出“文化遗产是一种既得生产力。”毛泽东指出：“我们只有继承民族文化中的全部‘珍贵品’，才能发展‘今天的中国’。”邓小平提出：“要继承和发扬民族的优秀文化传统。”习近平指出：“文物承载灿烂文明，传承历史文化，维系民族精神，是老祖宗留给我们的宝贵遗产，是加强社会主义精神文明建设的深厚滋养。保护文物功在当代、利在千秋。”孟定芳、于衍学：《四渡赤水红色文化资源类型及其保护研究》，载《今古文创》2022年第11期。

要，具体可从“权”“利”“责”“约”四方面入手，要使红色法治文化主管部门、管理与保护单位形成对红色法治文化保护权利行使的科学认识和合理运用，要将红色法治文化的所有者、研究者、保护者、利用者、受益者充分纳入红色法治文化保护责任主体范围，赋予其各自法定的保护职责和保护义务，要通过道德自律和法律强制力树立红色法治文化的全民保护公约，最终形成红色法治文化的良性保护意识和科学合理保护机制。

（二）制度机制层面：建立红色法治文化的整体保护与运用制度

1. 明确红色法治文化保护对象

红色法治文化依赖于红色法治文化资源而存在，没有红色法治文化资源，红色法治文化即无从谈起。因此红色法治文化的保护对象必然是红色法治文化资源，具体包括物质形态、制度形态和精神形态，或称之为有形红色法治文化资源和无形红色法治文化资源，也可以称之为“人、事、物、魂”的集合体。其中物质形态的红色法治文化资源主要指以固态、静态形式存留和保存的红色遗址、遗物和遗迹，其中红色遗址如战役遗址、渡口遗址、会议遗址、指战员居所遗址、红军战士驻地遗址、行军中战略性转移路线遗址、革命领导人故居、革命烈士故居等八类，红色遗物是指新民主主义革命时期特别是红军长征时期战略转移过程中遗留下来的物件，如渡河遗物（渡河船只、红军浮桥等）、战斗遗物（武器长矛、火药枪等）、生活遗物（红军开仓分粮用过的“斗”、红军使用过的马灯等）等记载红军行动轨迹和战斗、生活信息的物件，红色遗迹是指铭刻着红军战斗和生活印迹的遗迹，其隐含着不能“诉说”的“长征故事”；制度形态的红色法治文化资源主要是指记载红军长征时期党和红军的各项主张、战略、战术和方针、政策等的历史史料，如涉及政治、经济、军事、法律和文化等的制度文件，以及具有纲领性质的路线、方针、政策决议、决定、指示、指令等。精神形态的红色法治文化资源主要是指能够反映红军长征在贵州时期的指导思想、方针政策、战略战术、斗争形势以及能够呈现当时党的领导集体和红军战士们的精神风貌、英勇气概、民族气节、坚强意志、团结意识和斗争精神的诗词歌赋、行军日记、回忆录、口述史、社论文章、评论著作等历史文献资料及当代理论研究成果资料等。其共同通过有形载体的方式整体呈现了有形和无形的红色文化资源类型，因而我们也将其归类为有形红色法治文化资料和无形红色法治文化资源。而其中的“人、事、物”以有形的方式承载和呈现了无形的精神文化形态，因此可将红色法治文化称之为“人、事、物、魂”的集合体，其共同构成了红色法治文化的保护对象。

2. 确定红色法治文化保护主体

前述已论及，红色法治文化是中国传统文化与革命历史文化在马克思主义及其中国化理论成果的指导下而逐渐启蒙、形成、发展和成熟的具有鲜明特色的中国独有的精神文化思想和价值形态，是中国特色社会主义法治文化的重要组成部分，是中国特色社会主义法治思想的理论基石和实践支撑，是实现国家治理体系和治理能力现代化的重要保障，是构建中国特色法学学科体系、学术体系、话语体系的重要思想灵魂和精神支柱，是助力乡村振兴和法治乡村建设的重要法治保障。它以中国化马克思主义理论为核心基础和思想灵魂，以共产主义理想信念为维系党和人民团结奋进的精神纽带，以爱国主义为核心的民族精神，以革命英雄主义为核心的革命精神，以集体主义为原则，以全心全意为人民服务为核心的革命道德，以革命年代的“人、事、物、魂”为精神表现形式，并在不断选择、重组与融合，在中外优秀法治思想和理念的基础上所形成的特定法治文化精神和法治文化形态。因而红色法治文化是国家的文化，是全民族共有的文化，国家是当然的文化所有者，人民是当然的文化享用者，并由国家代表人民行使文化权利、履行文化职责、执行文化保护义务。因此文化文物主管部门是当然的红色法治文化保护主体，国家各级党政机关应在自身职责范围内履行红色法治文化保护义务，全体中国公民则是红色法治文化的共同践行者、实践者、守护者和监督者，亦应尽公民的保护职责，履行红色法治文化保护公约，践行文明法治理念。红色法治文化的主管和具体管理单位作为具体职能部门，应履行好红色法治文化发掘、整理、研究、保护、开发、宣传、传承和运用工作，建立红色法治文化的统一领导制度和综合协调机制，出台红色法治文化的总体保护与运用方案，建立红色法治文化的发掘、研究、保护与运用机制，实现红色法治文化的整体发掘、统一研究、分类保护、逐级分阶段开发、重点宣传、特色发展、连贯性传承和整体性活化运用。红色法治文化的开发利用主体应坚持科学保护、合理开发和长远运用，实现红色法治文化在保护基础上合理开发，在合理开发前提下综合运用，以实现红色法治文化的永久保护、世代传承和永续弘扬。红色法治文化的宣传和运用主体，应坚持红色法治文化传播与弘扬严肃性与灵活创新性，既要保持红色法治文化的底色不变色，又要综合运用现代科技与技术手段，实现红色法治文化的活化运用，使其与当时社会主义核心价值观融合，以焕发红色法治文化的生机和活力，彰显红色法治文化的魅力，呈现其历史价值和现实意义。

3. 建立红色法治文化保护与运用的领导与综合协调机制

作为红色法治文化具体主管和管理的职责职能部门，应当建立红色法治文化统一领导和综合协调机制，将红色法治文化保护主体统一到红色法治文化的发掘、整理、研究、开发、保护、宣传、传承与运用之中，各行其责、各司其职。以避免“有权不用权、有责不履职”的不作为、乱作为，不保护、乱保护，不开发、滥开发，不宣传、乱宣传，不利用和滥利用情形的发生。以实现各发掘、整理、研究、开发、保护、宣传、传承和运用组织和个人“权、责、利、罚”的统一。

4. 构建红色法治文化经费保障制度

经费保障是支撑红色法治文化发掘、整理、研究、开发、宣传与传承全过程的物质基础，是实现红色法治文化活化运用的源头活水。因此，构建多元化、多层次的红色法治文化发掘、整理、研究、保护、开发、宣传与传承经费保障制度，是实现红色法治文化发掘、研究、保护与开发的必要保障。对于红色法治文化的发掘、整理与研究经费，应当纳入国民经济指标和政府财政预算体系，实行以中央拨款为主、地方筹集为辅、科研院所支持和社会组织、机构及个人赞助为必要补充的经费来源保障制度，其中中央经费应适度向革命老区和经济欠发达省份倾斜，且可以倡导东部支持西部、发达省份支持欠发达省份，实现资金与资源的互换和对口帮扶。对于红色法治文化保护与开发经费，建议实行以政府财政拨款为主、以社会资本引入为辅、以社会捐助捐资形成的专项基金为必要补充，通过政府与社会资本合作模式，达成红色法治文化的共同保护、共同开发和转移运营的模式，通过专业机构的专项资金和专业能力，强化红色法治文化的保护能力和开发力度，并建设必要的配套功能区及设施设备。红色法治文化的宣传与传承经费，实行以市场化运用机构出资为主，政府经费保障为辅的机制，将建成的部分红色文化商品展示区、红色文化演绎传播区、红色旅游经典线路运营区、红色旅游特色景点发展区等交由市场主体运营，推行运用收益分享和分配机制，实现红色法治文化传承、发展与运营的专业化，以推动市场主体主动参与红色法治文化的运营、宣传与传承工作。引入红色法治文化第三方研究机构、红色法治文化产品第三方开发机构、红色旅游景区景点及线路的第三方宣传与传播机构、红色旅游景区的配套综合功能区的第三方运营机构，以加强红色法治文化研究、宣传与传播的专业力量，提升红色旅游景区的综合配套服务质量，实现红色法治文化研究、红色旅游产品开发、红色法治文化及特色红色游的传播，提升红色旅游景区的综合配套服务能力，以提升游客的旅游体验感和满意度。

5. 建立红色法治文化的发掘、整理与研究制度

红色法治文化的发掘、整理与研究是实现红色法治文化保护的重要手段，是红色法治文化得以开发和运用的必要准备和基础。在红色法治文化发掘、整理与研究方面，目前主要以各地自行组织发掘、整理为主，以文史、政策研究机构、文物保护单位、考古发掘单位为主，以大学等科研院所自主发掘、整理为辅，所组织的力量较为分散，所发掘、整理的成果较为零散，所得出的研究成果也大多呈现点状式、片段化和泛化，未能很好地运用在红色法治文化的保护、开发、宣传、运用之中，因而有必要整合发掘、整理与研究的力量，形成对红色法治文化的整体性发掘与整理，统一性研究与阐发，并将其具体运用于红色法治文化的保护、开发、传承、运用之中，以发挥红色法治文化的历史价值和当代功效。因此，可以考虑建立红色法治文化发掘、整理与研究的经费保障制度，通过统一委托第三方机构对全国性或某一地区的红色法治文化进行整体性发掘与整理，并开展统一研究与阐释工作，如此才能更好地实现红色法治文化的历史连贯性

和红色法治文化阐释的全面性和准确性。

在发掘、整理与研究的基础上，应分类建立红色法治文化遗存目录，分门别类地将物质形态、制度形态和精神形态的红色法治文化分别建档立卡，对遗址遗迹进行定名、定位、定向、归类、编码，对遗物进行鉴定、定名、登记、归类、入馆、编目，对制度形态及精神形态的红色法治文化进行鉴别、整理，对其进行定时、定地、分类、排列、编目、入馆，以实现红色法治文化资源样样有身份、件件有编码。并借助现代大数据、人工智能、3D 技术等，对红色法治文化资源进行必要的复原、复刻和完善，让其实现电子化储存和永久性保存。

6. 出台红色法治文化整体保护与运用方案

各地红色法治文化主管部门和保护单位应根据本地红色法治文化资源发掘、整理与研究，通过对红色法治文化资源“管护点、发展线、管护面、保障体”的辨析，从“点—线—面—体”的多维视角、多层面和全方位体系，构建本地红色法治文化资源的“分类保护、逐级分阶段开发、重点宣传、特色发展、连贯性传承和整体性活化运用”机制，并将红色法治文化资源融入人文地理、地质地貌、民俗民风、乡土风情等多彩贵州品牌文化旅游之中，以实现红色法治文化产业化发展、组合式开发、特定式融入。具体而言，第一，按照“串点成线”“串珠成链”“连线成面”的方式，将相应线路上的红色法治文化连接为具有逻辑性和连贯性的历史构造，实现红色法治文化集群。如将黎平会议、猴场会议、遵义会议、鸡鸣三省会议、会理会议、扎西会议、苟坝会议等重要会议过程及重大历史事件经过形成完成的历史逻辑线，打造“转兵之城”“战略转变镇”“转折之城”“奇兵转战地”“博洛交权地”“领导核心确立地”等具有鲜明特色的历史文化名片；将抢渡乌江、攻占遵义、四渡赤水、娄山关大捷、遵义大捷、兵临贵阳、威逼昆明等战斗战役和军事活动线路串成逻辑连贯的历史经典旅游线路；将红色历史人物故事集群串链，如将荔波的邓恩铭、铜仁的周逸群、镇远的周文达、思南的旷继勋、安顺的王若飞、锦屏的龙大道等贵州本地在国内外寻求进步思想和救国救民真理的贵州无产阶级革命先驱故居及其故事串联诠释为集群式革命理念教育基地，以形成红色法治文化的类型化保护。[①]第二，进行“串珠成链”式和分级分阶段式开发，对具有重要历史文化价值和富有重大开发利用前景和意义的特色红色法治文化区域进行重点、优先开发，实现先行先试和特色带动，将其打造成一颗颗闪亮的明珠，以提升贵州红色法治文化的影响力、吸引力。第三，将重点开发建设的红色旅游景区景点，利用红军长征线路进行逻辑串链，开发红色旅游精品线路，并形成红色法治文化的保护面，实现“红色美景”、红色文化集群变“旅游群景”，如目前的“三线三区”布置格局。第四，将红色法治文化融入贵州人文地理、地质地貌、民俗民风、乡土风情等多彩贵州旅游品牌，实现文旅融合、“红＋绿”结合。如将仁怀的古盐运文化和现代白酒文化产业集群区融入红色法治文化旅游区，将赤水丹霞地貌与四渡赤水转战区域结合，将梵净山与黔东红色文化旅游区结合，将黔东南历史文化名人故居与少数民族聚居区、荔波漳江风景名胜区、茂兰国家级自然保护区等进行融合发展，推进整体功能配套，打造文旅产业集群区和红色文化长廊与旅游示范带，实现古今融合、红绿结合。第五，从总体规划框架角度，优化“一核一线两翼多点”总体架构布局，以遵义为中心，整合全省的红色旅游文化资源及贵州人文地理、地质地貌、民俗民风、乡土风情等多彩贵州旅游文化资源，打造贵州文化旅游展示、展览及演艺中心，聚合多彩贵州特色旅游的文化魅力和吸引力。如布置各类型文化旅游功能展示展播、演播厅，将多彩贵州的文旅资源通过 3D 等演绎技术进行场景式呈现；布置特色文旅商品展示区，有效集合和开发贵州苗绣、银饰等各类特色文旅文创产品；布置文旅演绎会演区，通过主题特色电影、电视剧、情景剧、话剧、舞台剧、相声、小品、红歌传唱、诗词朗诵、民俗演绎、少数民族非物质文化遗产演绎、短剧、短片等形式，形成影剧院线文化，进行常态演出演艺，以活化红色法治文化，提高贵州旅游品牌度和知名度；设置爱国主义教育讲堂，定期请专家学者在此举办红色法治文化大讲堂、特色民风民俗宣讲会等讲座、沙龙、论坛等，以传播红

---

① 周术槐、刘宗敏:《贵州红色文化的价值及其开发利用》，载《贵阳学院学报（社会科学版）》2012 年第 5 期。

色法治文化理念、民俗民族文化精神，展示最新研究成果；建设配套服务功能区，让各地游客到此“到了就消费、来了就能留，返回还想来”，如此形成对贵州文旅的无形宣传、带动和传播，以提高游客过夜率、消费额、往复消费率。

（三）路径方法层面：形成红色法治文化研究、保护与运用的长效机制

1. 影响力提升：深度挖掘红色法治文化元素

在红色法治文化发掘、整理与研究的基础上，融合社会主义核心价值观和法治国家、法治政府、法治社会建设理念，将红色法治元素融入当代价值理念，进行理念更新和科学阐释，并应用现代话语体系进行诠释，以提高红色法治文化的品位度和价值感知度。同时更新城市理念和红色法治文化发展理念，将研究成果具体运用于当地群众的日常生活场景，以及游客旅游体验场景，以实现红色法治文化适应国家治理体系和治理能力现代化建设的需要，支撑贵州基层治理体系和治理能力现代化需要，助力贵州乡村振兴和法治乡村建设，实现脱贫巩固。

2. 场景运用：借助现代科技及运用手段活化红色法治文化

解决当前红色旅游吸引力不足，红色法治文化感染力不强的问题。需要充分借助现代科技与技术手段，实现红色法治文化的场景式运用，具体可以从如下几个方面入手：

（1）运用数字技术实现红色法治文化的采集与存储。首先，在红色法治文化发掘、整理与研究基础上，利用数字化手段，对红色法治文化资源进行二维三维扫描、数字摄影、三维建模以及图像处理，以获取与保存红色法治文化资源图形结构与纹理等各类信息。其次，建立相应数字模型，为红色法治文化资源信息共享、保护、修复、考古研究、参观赏析和开发利用等提供准确的数字化原始素材。再次，适当通过录音、媒体存储技术等整理红色诗词歌赋，并经过定样、抽样、量化以及压缩编码等形成数字化音频。最后，通过计算机进行存储、分类、整理，使贵州红色法治文化

资源能够及时得到更好的保护。①

（2）运用数字技术实现红色法治文物的复制和修复。具体而言，对物质形态类原始红色法治文物利用逆向工程的3D打印快速成型工艺进行修复、复制及创新；对红色法治故事或已经损坏、消失的红色遗址、红色文献、红色人物等红色法治文化资源，利用虚拟与现实技术再现全面而完整的现场空间，并在虚拟世界中对其演进模拟，塑造“体验型”红色法治文化展馆；对红色诗词歌赋、红色历史事件、红色法治文化精神等非物质文化资源建立包括红色文字、红色声音、红色图像、红色视频、红色虚拟现实在内的非物质红色法治文化资源数据库、多媒体红色法治文化资源数字展览馆，使其能够在数字技术支持下真实鲜活再现。②

（3）运用数字技术实现红色法治文化的展览和场景还原。第一，在现有红色法治文化纪念馆建设的基础上，可借助多媒体、虚拟现实等数字技术和设备，合理配置景观、模型、视频、音频等多元化的红色法治文化展示形式，充分满足群众感官需求。第二，积极引进3D打印、全息投影、AR（增强现实）、VR（虚拟现实）等技术手段，通过声光电等途径，对红色法治文化的展示形式进行全方位的改造，使红色法治文化展示真正实现立体化、多层次，也使游客在参观、游览过程中感受现代科技，全面提升观览体验，实现观赏性、艺术性的高度结合。第三，对不同类型的红色法治文化资源，利用数据压缩、保密、在线实时渲染等技术，实现典型红色法治文化在PC/WEB端、手机App端的虚拟三维展示，提升红色法治文化的传播辐射力。第四，可通过传统媒体、自媒体、社交媒体、流媒体等全媒体渠道（如抖音、快手等App），从历史、文化、旅游等多角度切入，使全网关注贵州红色法治文化。第五，还可以在展馆中引入一些高科技的声光电一体化场景，营造情景交融、引人入胜的现场观感。第六，在保证

① 杨拓：《新技术视角下博物馆发展实践与趋势》，载《中国国家博物馆馆刊》2019年第11期；张宝圣：《数字化技术在博物馆文物保护工作中的思考》，载《文物世界》2019第6期。

② 张翠翠、李英、吴健：《贵州红色文化资源的数字化研究与应用》，载《计算机时代》2020年第10期。

物质形态的红色法治文化资源安全的前提下，还可以开发游客体验式、参与式项目，与相关学校和培训机构等的挑战性和拓展类主题活动相融合，以丰富红色文化旅游内涵，增强红色文化旅游的吸引力，让红色法治精神更好地走进大众的内心深处，彰显其新时代价值。①

（4）运用数字技术实现红色法治文化及其文创产品的开发和销售。红色法治文化资源是具有历史时空性、“不会说话”的文化资源，但可借助数字技术让其活化，以充分释放和提升红色法治文化的感染力和开发潜力。如以物质形态红色法治文化资源的原始模型为基础，利用3D打印技术完成对其的仿真模型和创意设计；以革命历史故事内容为背景，设计和开发出一系列文物衍生品。在此基础上，将虚拟展示和开发的衍生品结合起来，在展览馆、纪念馆官网打造线上红色法治文化文创产品交易平台，销售红色法治文化3D打印仿真模型等文创产品。与此同时，利用数字技术加强红色法治文化创意产品开发，提升文化消费能力，助推文化旅游产业发展，如此既提升了红色法治文化的自身价值和传播效果，亦符合当代经济潮流。②

（5）运用数字技术实现红色法治文化产业发展。红色法治文化的保护与运用，需要借助旅游等方式来实现，并鼓励社会大众参与。可以通过数字技术融合出版与印刷、广播电视、音像、电影、动漫、游戏、互联网等多媒体形态对红色法治文化资源进行再制造、再生产、储存、传播和利用，以推动红色法治文化的数字化转型。在开发思路上，应变被动的观光式参观、游览为主动式参与和互动，改变现行红色文化景区景点简单橱窗式的图片、遗物展示方式，将原来单调枯燥的红色法治文化资源、场景经过挖掘与设计，用创新的现代理念进行诠释和呈现。如针对青少年，可以创制更多优秀的电视剧、电影作品、情景剧、话剧、舞台剧，甚至开发一

---

① 张洛阳：《新媒体视域下革命文物保护现状及发展研究》，载《新媒体研究》2019年第15期；包宜超、付松聚：《地方红色文化的数字化传播路径研究——以浙江省绍兴市为例》，载《声屏界》2019年第4期。

② 张翠翠、李英、吴健：《贵州红色文化资源的数字化研究与应用》，载《计算机时代》2020年第10期。

些喜闻乐见的动画、游戏软件及短视频软件；针对成年人，可以创作编辑出版与红色法治文化有关的小说、回忆录、歌曲、报刊和电子出版物等文化产品。从而实现红色法治文化动漫化、网络视听化、网络文学化、网络游戏化、两微一端化等平台化，实现红色法治文化数字化开发与转型发展，以助力贵州红色旅游发展、助力脱贫巩固，助推乡村振兴和法治乡村建设。[①]

3. 价值呈现：将红色法治文化融入社会治理体系

通过对红色法治文化的研究与诠释，充分挖掘红色法治元素和红色法治精神，进行创造性、创新性转化和发展，使其融入社会主义核心价值观、融入中国特色社会主义法治理念，形成与法治国家、法治政府、法治社会相适应，与中国特色社会主义法治道路相适应的红色法治文化体系。与此同时，借助数字科技等手段活化运用场景，能够让参观者、参与者真切感受到红色法治文化的魅力，给其内心带来震撼，精神接受洗礼，以此激发大众的爱国热情，以抵御历史虚无主义的泛滥，使国人感知“中国共产党为什么能”“马克思主义为什么行”“中国特色社会主义为什么好”，并坚定地坚持中国共产党的领导、走社会主义发展道路是历史的选择，这是中华民族和中国人民的选择。此外，还可以通过强化红色法治文化的教育功能，通过文化旅游过程实现认知，促进公民道德建设、培养公众信仰、促进社会和谐；在个人层面，提升个体精神审美层次、增进爱国情怀。

【参考文献】

1. 尚久荻：《地方红色文化资源保护与旅游发展研究》，北京工业大学出版社2021年版。

2.《红军长征在贵州史料选辑》，载《贵州社会科学》1983年第3期。

① 张翠翠、李英、吴健：《贵州红色文化资源的数字化研究与应用》，载《计算机时代》2020年第10期。

3. 周明霞:《高原红飘带——红军长征在贵州》，社会科学文献出版社2019年版。

4. 刘永利:《红军长征中的政治工作》，中国人民大学出版社2012年版。

5. 刘绕整理注释:《原始记录——红军长征记》，生活·读书·新知三联书店2019年版。

6. 杨胜群、陈晋主编:《红军长征重大决策见证录》，生活·读书·新知三联书店2006年版。

7. 李永弟主编:《红色文化与传承》，江西人民出版社2009年版。

8. 王红叶编著:《贵州红色文化资源与地方发展研究》，西南交通大学出版社2015年版。

9. 吴娟:《山西省红色法治文化的开发与赓续初探》，载《文化创新比较研究》2023年第8期。

10. 隋丽丽:《传承红色法治文化，助推法治黑龙江建设》，载《奋斗》2023年第1期。

11. 刘志兵:《中国共产党人的红色基因》，载《前线》2018年第7期。

12. 沈成飞、连文妹:《论红色文化的内涵、特征及其当代价值》，载《教学与研究》2018年第1期。

13. 程东旺、黄伟良:《"红色文化"的价值形态与德育功能探析》，载《现代教育科学》2006年第3期。

14. 李水弟、傅小清、杨艳春:《历史与现实：红色文化的传承价值探析》，载《江西社会科学》2008年第6期。

15. 王以第:《"红色文化"的价值内涵》，载《理论界》2007年第8期。

16. 钟秀利、杨艳春、罗春洪:《试析红色文化的政治价值——执政文化的视角》，载《求实》2007年第11期。

17. 黄雄义:《坚定全面依法治国的文化自信——以习近平法治思想的法文化渊源为视角》，载《湖北社会科学》2023年第2期。

18. 孙晓勇:《党的领导是中国特色社会主义法治之魂》，载《光明日报》2021年8月6日，第11版。

19. 阮晓菁:《传承发展中华优秀传统文化视域下红色文化资源开发利用研究》，载《思想理论教育导刊》2012 年第 6 期。

20. 陈康海:《贵州红色旅游的功能与战略对策》，载《理论与当代》2007 年第 7 期。

21. 覃爱华:《保护好贵州红色文化根基》，载《教育文化论坛》2011 年第 1 期。

22. 欧多恒、王正贤:《中国工农红军远征、长征在贵州概述》，载《贵州民族研究》1981 年第 1 期。

23. 石仲泉:《遵义会议与遵义会议精神——纪念遵义会议召开 80 周年》，载《中国井冈山干部学院学报》2015 年第 1 期。

24. 石仲泉:《遵义会议的伟大历史转折和毛泽东的神奇用兵》，载《毛泽东思想研究》2013 年第 1 期。

25. 张中俞:《苟坝会议的贡献及启示》，载《贵州社会主义学院学报》2018 年第 1 期。

26. 蒋建农:《遵义会议确立毛泽东领导地位问题研究》，载《党的文献》2016 年第 1 期。

27. 胡利明:《论“三严三实”的法治背景及法治理念》，载《湖北行政学院学报》2016 年第 2 期。

28. 田克勤:《自我革命：遵义会议精神研究的一个新视角》，载《红色文化学刊》2018 年第 3 期。

29. 黄咏梅:《谈贵州红色旅游资源的特点》，载《理论与当代》2007 年第 11 期。

30. 孟定芳、于衍学:《四渡赤水红色文化资源类型及其保护研究》，载《今古文创》2022 年第 11 期。

31. 陈曦、盛道利、娄铃英、伍少安:《用活红色资源　传承红色基因》，载《当代贵州》2021 年第 26 期。

32. 周术槐、刘宗敏:《贵州红色文化的价值及其开发利用》，载《贵阳学院学报（社会科学版）》2012 年第 5 期。

33. 杨拓:《新技术视角下博物馆发展实践与趋势》，载《中国国家博物馆馆刊》2019 年第 11 期。

34. 张宝圣:《数字化技术在博物馆文物保护工作中的思考》,载《文物世界》2019 第 6 期。

35. 张翠翠、李英、吴健:《贵州红色文化资源的数字化研究与应用》,载《计算机时代》2020 年第 10 期。

36. 张洛阳:《新媒体视域下革命文物保护现状及发展研究》,载《新媒体研究》2019 年第 15 期。

37. 包宜超、付松聚:《地方红色文化的数字化传播路径研究——以浙江省绍兴市为例》,载《声屏界》2019 年第 4 期。

38. 赵相康:《体验红色文旅 感悟长征精神》,载《贵州日报》2022 年 5 月 20 日,第 6 版。

39. 陆青剑:《研学旅行拓宽旅游发展空间》,载《贵州日报》2022 年 4 月 6 日,第 2 版。

40. 吴箫剑、李惊亚:《遵义:“红色 +”赋能文旅产业高质量发展》,载《经济参考报》2023 年 7 月 4 日,第 6 版。

推动减刑、假释案件实质化审理工作机制研究*

陈 丹 金佰坚 谢勇强 杨 涛 蒋 钰**

摘 要：最高人民法院、最高人民检察院、公安部、司法部《关于加强减刑、假释案件实质化审理的意见》对减刑、假释案件办理提出了新要求，为了推进实质化审理工作，刑罚执行机关、检察机关和审判机关积极创新，推出了诸多新举措。但是目前各部门实质化审理工作还存在程序方面缺乏全省统一标准、信息化系统运用不彻底、检察机关与刑罚执行机关对抗性不明显、案件没有进行繁简分流、证人出庭作证流于形式、办案周期地区差异较大、片面从严、刑罚执行机关监管压力增大等问题。对此，建议从加快制定全省统一标准、进一步提升信息化运用水平、合理定位检察机关的角色 、进行案件繁简分流、平衡办案质量和办案效率、注重贯彻宽严相济刑事政策、探寻新的激励机制等方面来推进减刑、假释案件实质化审理工作，提高案件办理质效。

关键词：减刑 假释 实质化审理 工作机制

减刑、假释案件实质化审理是一项由多部门参与的旨在推进刑罚执行公平公正的重要举措。实质化审理需要多部门在各环节予以程序和实体方面的配合。由于地区差异，不同省份在推行减刑、假释案件实质化审理时

---

* 本文系贵州省司法厅2023年度法治理论与实践研究课题（fzkt202308）成果。

** 陈丹，贵州民族大学法学院讲师，法学博士；金佰坚，贵州省司法警官学校监狱教研室主任；谢勇强，罗甸县人民法院刑庭庭长，一级法官；杨涛，玉屏侗族自治县人民检察院第三监察部主任；蒋钰，贵州省第一女子监狱干警。

的具体举措存在差异，但是也存在一些共性问题。本文以贵州省为例，试对“两高两部”《关于加强减刑、假释案件实质化审理的意见》(以下简称《意见》)施行以来实质化审理工作中的亮点做法，存在的困难和问题以及如何进一步优化相关工作展开研究。实质化审理实施以来，贵州省做出了多方面的努力，其中一些经验可为其他省份提供参考，但是同时遇到一些困难，需要结合自身实际，借鉴其他省份的经验来化解相关难题。

一、《意见》对各部门的新要求

多年来，减刑、假释案件审理存在较为严重的形式化问题，导致减刑、假释案件办理出现偏差，多起违法减刑、假释案件被曝光，引起公众对司法公信力的质疑，产生了极大的不良社会影响。政法系统开展了一次全面的教育整顿活动，旨在清查包括违法减刑、假释在内的六大顽瘴痼疾，并且寻找原因。教育整顿发现，减刑、假释案件中最大的问题在于过度依赖刑罚执行机关报请的材料，检察机关、审判机关的职能作用没有得到充分发挥，不少案件审理流于形式，监督缺乏有效手段，导致有的案件关键事实未能查清，矛盾和疑点重重，甚至一些虚假证据得以蒙混过关。针对前述问题，最高人民法院、最高人民检察院、司法部、公安部联合出台《意见》，以严格规范减刑、假释工作，确保减刑、假释案件办理的公平、公正。虽然《意见》字面上是针对减刑、假释案件的审理工作，但是实际上对减刑、假释的提请和监督工作也提出了新的要求。因此，有关部门要深刻领会《意见》的相关精神，明确《意见》对本部门工作的新要求，为今后的工作指明方向和重点。本部分将分别从减刑、假释提请机关、监督机关和审判机关的角度，梳理《意见》的新要求。

(一)对刑罚执行机关的新要求

对于刑罚执行机关(减刑、假释的提请机关),《意见》最核心的新要求是证据要求。《意见》在第一部分基本要求中提出，要坚持严格审查证据材料，认定罪犯是否符合减刑、假释法定条件，应当有相应证据予以证明；对于没有证据证实或者证据不确实、不充分的，不得裁定减刑、假释。这一条从证据方面对减刑、假释提请机关提出了总的要求，明确了减刑、假释案件办理要走证据程序。以往，减刑、假释案件办理所依据的材料是刑罚执行机关准备的相关材料，这些材料虽然在事实上具有一定的证明力，但是无论是从材料的收集、准备过程，还是从材料本身的属性来看，都不是严格的证据。从收集、准备过程来看，由于之前没有相关法律规范要求提供证据，因此民警没有这方面的意识，在收集、准备材料过程中有很多不规范的现象，比如同监室罪犯的证言没有签名或者按手印，计分考核上的时间不延续等；从材料本身的属性来看，也不具备完整的证据特征，比如除了因收集、准备的程序不规范导致的合法性问题，还存在关联性不强、客观性不足的问题，比如材料里面有推测性的证人证言，材料也没有针对不同的证明对象进行分门别类，交给审判机关的就是一沓材料。所以，以往刑罚执行机关提交的材料证据要求不高。为了规范减刑、假释案件，《意见》对减刑、假释案件办理提出了更高的证据要求。

《意见》从实体和程序两个方面对减刑、假释提请机关的证据工作提出了要求。实体方面，凡是减刑、假释法定条件都需要证据予以证明。根据刑法规定，减刑的法定条件有：（1）对象条件，减刑的对象只能是被判处管制、拘役、有期徒刑和无期徒刑的罪犯。（2）实质条件，有三类：第一类是认真遵守监规、接受教育改造，确有悔改表现；第二类是有立功表现；第三类是有重大立功表现。前两者是可以减刑的实质条件，后者是应当减刑的实质条件。（3）实际执行刑期限度条件：判处管制、拘役、有期徒刑的，减刑后实际执行的刑期不能少于原判刑期的二分之一；判处无期徒刑的，不能少于十年。（4）不得减刑的条件，即被宣告终身监禁的，不得减刑。除此之外，根据2016年最高人民法院《关于办理减刑、假释案件具体应用法律的规定》（以下简称《规定》），可以减刑案件还需要考虑另外两个条件：（1）罪犯犯罪的性质和具体情节、社会危害程度、原判刑罚。（2）生效裁判中财产性判项的履行情况。因此，对于减刑案件，需要予以证明的法定条件有6项，也即刑罚执行机关提请减刑时至少需要提供6类证据。对于这6类证据，《意见》在相应条款中分别予以了规定。《意见》第5条规定严格审查罪犯服刑期间改造表现的考核材料，本条规定的证据对应的是减刑的实质条件中的“认真遵守监规、接受教育改造，确有悔改表现”。对此，刑罚执行机关要提供用以证明罪犯认真遵守监规、接受教育改造，确有悔改表现这一实质条件的证据。第6条规定严格审查罪犯立功、重大立功的证据材料，本条对应的是可以减刑中的“有立功表现”和应当减刑中的“有重大立功表现”这两种实质条件。对此，刑罚执行机关需要提供用以证明罪犯符合立功或者重大立功的实质条件的证据。第7条规定严格审查罪犯履行财产性判项的能力，本条对应的是2016年《规定》中关于“财产性判项的履行情况”这一条件。对此，刑罚执行机关需要根据情况提供两方面的证据：（1）如果罪犯全部履行了财产性判项，则只需要提供履行的证据；（2）如果罪犯没有履行或者没有全部履行财产性判项，需要提供三方面的证据，一是罪犯实际履行财产性判项情况的证据；二是证明罪犯实际履行能力的证据；三是是否有拒不交代赃款、赃物去向或者隐瞒、藏匿、转移财产行为的证据。《意见》第9条中关于严格审查罪犯身份信息的证据材料，对应的仍然是“确有悔改表现”这一实质条件，刑罚执行机关需要根据不同的情况提供证据。在清楚罪犯真实身份时，需要提供能够证明罪犯真实身份的证据；在不清楚罪犯真实身份时，需要提供罪犯在刑罚执行期间不讲真实姓名、住址，且无法调查核实清楚的情形的证据材料。《意见》第10条规定严格把握罪犯减刑后的实际服刑刑期，本条对应的是减刑的实际执行刑期条件。对此，刑罚执行机关需要提供证明原判刑期、交付执行日期、历次减刑情况等证据。对于减刑的对象条件、限制减刑条件的证据以及证明罪犯犯罪的性质和具体情节、社会危害程度、原判刑罚的证据，虽然《意见》并没有明确予以规定，但是并不代表刑罚执行机关无须提供这些证据，对于证明对象条件的证据和证明罪犯犯罪的性质和具体情节、社会危害程度、原判刑罚的证据，原生效判决文书即可证明；如果罪犯因职务犯罪被判死缓后减为无期徒刑的，刑罚执行机关需要提供死缓减为无期徒刑的裁定书。

假释的法定条件与减刑的法定条件有交叉之处，也有不同之处，交叉的法定条件的证据要求相同，不同的法定条件的证据要求不同。假释的法定条件有：（1）对象条件，被判处有期徒刑和无期徒刑的罪犯。（2）实质条件有两个，一是认真遵守监规，接受教育改造，确有悔改表现；二是没有再犯罪的危险。（3）实际执行刑期条件，要求有期徒刑实际执行原判刑期 1/2 以上，无期徒刑实际执行 13 年以上。（4）限制条件，对累犯以及因故意杀人、强奸、抢劫、绑架、放火、爆炸、投放危险物质或者有组织的暴力犯罪被判处 10 年以上有期徒刑、无期徒刑的犯罪分子，不得假释。同时根据 2016 年的《规定》以及《意见》，假释还需考虑生效裁判中财产性判项的履行情况，这是假释的第 5 个条件。因此，刑罚执行机关提请假释时需要为上述 5 个法定条件提供证据。条件 1 和 4 可以为原生效判决所证明。条件 2 中第一个条件与减刑的实质条件交叉，证据要求与减刑中的证据要求相同；对于条件 2 中的第二个条件，《意见》第 8 条规定严格审查反映罪犯是否有再犯罪危险的材料，对此刑罚执行机关除提供反映罪犯服刑期间现实表现和生理、心理状况的材料，反映罪犯犯罪的性质、具体情节、社会危害程度、原判刑罚等情况的原生效判决，证明罪犯除财产性判项的履行情况的证据外，还需要提供由司法行政机关或者有关社会组织出具的罪犯假释后对所居住社区影响的证据材料。条件 3 需要刑罚执行机关提供罪犯能够证明罪犯实际执行刑期符合刑法规定的证据，主要是能够证明罪犯交付执行日期的证据。条件 5 关于罪犯财产性判项履行情况的证据与减刑中的证据要求一致。除此之外，由于被判处有期徒刑的罪犯的假释考验期需要根据剩余刑期确定，因此刑罚执行机关还需要提供罪犯历次减刑的裁定文书作为证据。

程序方面，《意见》对刑罚执行机关以及相关工作人员（主要是管教民警、专门负责减刑、假释案件提请的监狱民警以及其他作为证人的监狱民警等）出庭说明、作证，庭外配合调查核实，向法院调取罪犯财产性判项履行情况的有关材料等方面提出了新的要求。减刑、假释案件审理实质化是以审判为中心的司法制度改革的体现，要求案件证据出示在法庭、案件事实查明在法庭、相关意见发表在法庭、裁判结论形成在法庭。[①]减刑、

① 王丽丽:《把握实质化审理基本要求 让社会公平正义最终实现——“两高两部”相关部门负责人就〈关于加强减刑、假释案件实质化审理的意见〉答记者问》，载《人民法院报》2021 年 12 月 9 日，第 2 版。

假释案件如果要实现这四个方面的要求，需要各方予以配合，其中刑罚执行机关主要承担着在法庭上出示证据的职责及发表相应意见的职责。同时，《意见》强调了证人出庭作证制度的落实，部分监狱民警是减刑、假释案件中的重要证人，有义务作为证人出庭作证。另外，法庭为查明案件真相，会采取庭外核实，刑罚执行机关是庭外核实的主要对象，刑罚执行机关有义务配合法庭庭外核实。[①] 此外，为了提供罪犯履行财产性判项的情况证明以及罪犯履行财产性判项的能力证明，刑罚执行机关还需要向法院调取相关材料作为证据。这几项程序性的规定对于刑罚执行机关都是新的挑战。以往减刑、假释案件以书面审理、形式审理为主，刑罚执行机关的材料具有决定性作用，刑罚执行机关不仅不需要出庭举证、作证等，而且也少有庭外配合法院调查核实的情形。但是根据《意见》，刑罚执行机关提供的证据材料不再被全盘接受，要经过检察院的审查，还要法院最终认定，除了提交书面材料外，还要在庭上以口头的形式出示、说明，另外还需要在庭外配合法院调查核实。

《意见》对刑罚执行机关证据的要求实际上是对刑罚执行机关工作人员证据能力提出的要求，包括证据思维和证据能力两方面。原来的减刑、假释案件办理并没有对证据提出要求，刑罚执行机关准备的都是材料而不是证据，因此刑罚执行机关并没有形成证据意识和证据思维，导致积分考核材料的记录、相应材料的收集、整理、准备等都不符合证据要求。《意见》对减刑、假释案件办理提出了证据要求，刑罚执行机关必须将办事思维转变为办案思维，将材料思维转变为证据思维，在各个环节都要以刑事诉讼法中的证据规则来规范工作，避免因不符合证据的形式和实质标准而导致案件办理受阻的情形。除了具备证据思维外，还需要加强证据能力。目前很多监狱警察的证据能力不足，对于证据的三性、证据的法定种类、证据的获取规则及非法证据排除规则等基本的证据知识还很欠缺。证据能力的不足也会导致准备的证据不符合标准，影响案件的顺利推进。除此之外，

---

① 乔成杰:《试论监狱提请罪犯减刑、假释工作的法治化》，载《中国司法》2022年第1期。

由于《意见》要求刑罚执行机关出庭应诉，相关民警的出庭应诉能力要进一步提高。[①]

（二）对检察机关的新要求

对检察机关（减刑、假释案件的监督机关），《意见》的核心要求是深度参与减刑、假释案件的审查，充分发挥检察监督的作用。一直以来，检察机关在减刑、假释案件中的“存在感”就不高，一方面由于减刑、假释案件与传统的刑事案件不同，检察机关在传统的刑事案件中既有公诉人的身份，又有法律监督的身份，而公诉人的身份赋予了检察机关在案件中更多的对抗性和参与性，而在减刑、假释案件中，检察机关仅仅具有法律监督的身份，缺乏公诉人的对抗性，参与度不如刑事案件；另一方面由于减刑、假释案件长期依赖刑罚执行机关的材料，法院审理案件更多具有行政审批性质，检察院审查案件也是形式审查，没有深度参与案件，检察监督职能在减刑、假释案件中没有得到充分发挥。对此，《意见》对加强检察机关审查减刑、假释案件提出了要求。根据《意见》第 18 条的规定，人民法院、刑罚执行机关要依法接受检察机关的法律监督，认真听取检察机关的意见、建议，支持检察机关巡回检察等工作，充分保障检察机关履行检察职责。检察机关在减刑、假释案件中的监督职责有两方面，一方面是监督刑罚执行机关提请减刑、假释的活动，另一方面是监督法院审理减刑、假释的活动。对法院审理减刑、假释的活动的检察监督，《意见》第 11 条规定充分发挥庭审功能，要求人民检察院应当派员出庭履行职务，并充分发表意见。对刑罚执行机关提请减刑、假释的活动，《意见》虽然没有明确提出，但是在第 13 条和第 18 条中提到了驻监检察和巡回检察，这两种检察监督形式是检察机关对刑罚执行机关进行检察监督的通常方式。

由于检察机关既要监督刑罚执行机关，又要监督法院，因此检察机关的监督是全过程的监督。《意见》要求检察机关要实质性、深度监督减

---

① 熊秋红：《推进减刑、假释案件实质化审理，必须让审理回归司法程序》，载《人民法院报》2021 年 12 月 11 日，第 2 版。

刑、假释案件，那么每个环节都必须做到实质性和深度监督。刑罚执行机关的监督一般分为两部分，第一部分是日常监督，即刑罚执行机关对罪犯的日常管理、教育改造进行监督。目前检察机关对刑罚执行机关日常监督的方式主要是派驻检察人员到刑罚执行机关，但主要停留在书面监督上，比如审查计分考核记录；其中也有部分实质性的监督手段，比如与罪犯谈话等。但是由于派驻的检察人员数量十分有限，加上没有相关的制度支持，派驻检察官难以深入罪犯的日常改造，因此监督也多流于形式。根据《意见》，检察机关对刑罚执行机关的日常监督需要进一步加强。第二部分是对刑罚执行机关提请减刑、假释活动的监督。目前检察院主要是通过列席刑罚执行机关提请减刑、假释的相关会议及审查刑罚执行机关提交的减刑、假释材料来实现对提请减刑、假释活动的监督。存在的问题是，检察人员列席刑罚执行机关相关会议时，多数是一个旁观者，没有实际参与到案件的讨论中去，一方面是由于列席的检察人员对案件情况不了解，无法深度参与案件讨论；另一方面是由于长期以来形成的以刑罚执行机关为主导地位的思维，导致检察机关人员也不愿意真正参与到案件的讨论中去。在审查刑罚执行机关提交的减刑、假释材料时也同样存在形式审查的问题。根据《意见》，检察机关列席有关会议要进一步参与讨论，提出意见；在审查刑罚执行机关提交的材料时也要进行实质审查，这就要求检察机关要树立减刑、假释案件证据思维，从证据的角度深度审查刑罚执行机关提交的材料，善于发现问题；同时在发现问题后也要敢于、及时向刑罚执行机关提出检察建议、意见，督促刑罚执行机关认真履行职责。检察机关对刑罚执行机关提交的材料进行实质审查，全面把握案件的情况也是检察机关在法院审理减刑、假释案件时深入参与庭审，有效监督法院审理工作的前提条件。除了对刑罚执行机关进行检察监督外，检察机关还要对法院审理减刑、假释案件工作进行监督。检察机关对法院审理工作的监督主要通过几种方式，一是参与庭审，充分发表意见，以此增加庭审对抗性①；二是

① 张兆松、吴仁良、蒋敏：《刑罚执行检察监督面临的挑战及其应对》，载《浙江工业大学学报（社会科学版）》2022 年第 2 期。

对法院最终裁决提出检察建议或者意见，检察机关在全面审查刑罚执行机关提请的减刑、假释材料后，对罪犯是否符合减刑、假释条件，以及减刑的幅度等都有一个基本的判断，对于不符合减刑、假释条件的，可以向刑罚执行机关提出检察建议，如果刑罚执行机关并不采纳相关建议而将案件提请至法院审理，检察机关仍然有机会在法院审理环节提出异议，使法院客观充分了解案件事实，促进公正审理；三是配合法院庭外调查核实，客观地向法院反映罪犯的日常改造情况及其他与案件相关的情况，帮助法院全面了解案件，作出公正裁判。

《意见》关于检察机关监督职责的规定与其说是新要求，更准确地说是对检察机关本身职责的重申和强调。《人民检察院监狱检察办法》《人民检察院办理减刑、假释案件规定》等对驻监检察制度，减刑、假释案件检察监督制度都进行了明确的规定，只是多年以来减刑、假释案件的形式审查模式导致检察监督的相关规定被虚置，检察监督职能没有充分发挥。因此，加强检察机关对减刑、假释案件的检察监督最首要的并不是制度的建立，而是转变思维，认清角色，认真履行职责。随着《意见》的出台，检察机关要进一步转变审查减刑、假释案件的思路，要把自己作为刑事执行检察机关的地位摆正，充分认识刑罚执行工作对于刑罚目的实现的重要意义，积极主动参与到减刑、假释案件办理的每一个环节中。除了转变办案思维，摆正自身地位，积极履行职责外，检察机关还需要提升相应的业务能力。一方面，减刑、假释案件的证据材料与刑罚执行机关的日常监管改造活动紧密相关，对于刑罚执行机关的日常监管改造活动，驻监检察人员较为了解。但是审查减刑、假释案件的检察人员常常并非驻监检察人员，因此对刑罚执行机关的日常监管改造工作并不了解，这样不利于发现减刑、假释案件中的问题。因此，审查减刑、假释案件的检察人员应当加强对刑罚执行机关日常工作的了解。除此之外，《意见》强调减刑、假释案件办理的证据性，检察机关审查减刑、假释案件的重点也应当是相关证据材料。相关检察人员要提高证据能力，从实体和程序两方面对刑罚执行机关提交的证据材料进行全面实质审查。另一方面，《意见》要求检察机关出庭履职，充分发表意见，因此相关检察人员需要提高出庭能力，包括相应的口头表达和书面写作能力。

（三）对审判机关的新要求

《意见》就是为了破解减刑、假释案件形式化审理问题而出台的，是以审判为中心的刑事诉讼制度改革的重要举措，因此对减刑、假释案件的审判机关提出了诸多要求。这些要求有形式方面的，也有实体方面的。形式方面的要求主要包括充分发挥庭审功能，健全证人出庭作证制度，行使庭外调查核实权，强化审判组织的职能作用以及完善财产性判项衔接机制；实体方面的要求主要包括全面依法审查，主客观改造并重，严格审查证据材料及区别对待，贯彻宽严相济刑事政策。具体而言，审理形式方面，《意见》要求充分发挥庭审功能，因此开庭审理十分重要。以往的减刑、假释案件审理形式以书面审理为主，但是书面审理中无论是刑罚执行机关、检察机关还是相应的证人、罪犯本人等都无法参与到案件的审理中来，不利于法院全面查清案件事实。《意见》特别强调发挥庭审的作用，让各方都参与进来，保证案件的公平公正。开庭审理需要一系列的制度支持，其中证人出庭作证制度是一项重要的支持制度，因此《意见》对证人出庭作证制度予以了强调。另外，审判组织制度也为减刑、假释案件开庭审理提供了重要的制度保障。合议庭、审判委员会、专业法官会议等制度都是充分发挥集体智慧的体现，更能保证减刑、假释案件特别是重大、疑难、复杂的案件审理的科学性和公正性。除了充分发挥开庭审理在查明案件事实方面的作用外，《意见》还要求法院要有效利用庭外调查核实权查明案件事实。由于以往的减刑、假释案件审理主要依赖刑罚执行机关的材料，对刑罚执行机关的材料几乎全盘接收，法院基本不会行使调查核实权，很多案件疑点被放过。法院要查明案件事实，有时仅依靠庭审调查不充分，还需要辅之以庭外调查，因此庭外调查是庭审的重要补充。

从实体方面的要求来看，法院审查的核心内容是表明罪犯是否符合减刑、假释法定条件的证据材料，在审查证据材料时要全面审查，主客观并重。就全面审查而言，要审查所有与减刑、假释法定条件有关的证据材料，既要注重审查罪犯交付执行后的一贯表现，同时也要注重审查罪犯犯罪的性质、具体情节、社会危害程度、原判刑罚及生效裁判中财产性判项的履行情况等，依法作出公平、公正的裁定，切实防止将考核分数作为减刑、假释的唯一依据。以往的减刑、假释案件基本取决于刑罚执行机关的决定，而刑罚执行机关的决定大多是以计分考核的结果为唯一依据，由于计分考核多数是生产劳动计分，不能全面反映罪犯的改造情况，因此计分考核分数高、结果好并不代表罪犯满足了减刑、假释的所有法定条件。对此《意见》着重强调了不能将考核分数作为减刑、假释的唯一依据。以往刑罚执行机关多数关注罪犯在刑罚执行期间的改造表现，但是忽略了对罪犯犯罪性质、情节以及原判刑罚的综合考量，对罪犯财产性判项的履行情况也没查清，没有充分发挥财产性判项与减刑、假释联动机制的功能，《意见》也特别强调了对罪犯这两方面情况的全面审查。总之，全面审查就是要严格审查一切与减刑、假释法定条件相关的证据材料。除了全面审查外，《意见》还强调了主客观并重原则，也是全面审查的另外一种表现形式。以往刑罚执行机关提交的减刑、假释材料以计分考核为主要依据，计分考核中多数分数又是罪犯生产劳动计分，罪犯主观改造方面的情况没有充分体现，导致减刑、假释主要取决于罪犯的劳动改造。对此《意见》就特别强调了审理减刑、假释案件既要注重审查罪犯劳动改造、监管改造等客观方面的表现，也要注重审查罪犯思想改造等主观方面的表现，综合判断罪犯是否确有悔改表现。无论是全面审查还是主客观改造并重都需要依托有关证据材料，对于其中重要的证据材料，《意见》第二部分予以了列明。除了对证据审查提出要求，《意见》还对在减刑、假释案件中宽严相济刑事政策的贯彻提出了要求。随着《意见》的出台，减刑、假释案件的审理会比以往更加严格，也就可能会出现片面从严的倾向，对此《意见》特别强调了要坚持区别对待，贯彻宽严相济刑事政策，该宽则宽，该严则严，宽中有严，严中有宽，宽严相济。

《意见》的出台使得减刑、假释案件的重心由刑罚执行机关转向审理机关，因此审判机关将在今后的减刑、假释案件中起主导作用。关于案件审理中诸多流程性、操作性和细节性的环节需要审判机关来全面把握。但是减刑、假释案件实质化审理工作是一场深刻的变革，没有现成经验可循，《意见》作为规范性文件，要想真正落地见效，须经过实践之检验与完善，并辅之以必要的配套措施作为保障。[①] 所以，审判机关不仅需要不断累积经验，总结规律，还要积极思考，制定详细的操作规程。此外，由于今后减刑、假释案件的最终裁决由审判机关独立作出裁判，因此裁判中的说理十分重要，特别是作出与刑罚执行机关提请减刑、假释意见不同的裁定时，更加需要充分说明理由。

二、各部门推动减刑、假释案件实质化审理的新举措

作为对《意见》的积极回应，各部门推出了诸多创新举措，这些创新举措中有些是《意见》对各部门提出的新要求，有些则是为了优化现有工作效率，提高现有工作质量而推出的。

（一）刑罚执行机关的新举措

一是强化监狱干警业务培训，提高证据收集和保全、举证、出庭作证的能力。有三种形式的培训，第一种是监狱自身的培训，第二种是贵州省监狱管理局组织的培训，第三种是刑罚执行机关、检察机关和审判机关的联合业务培训。监狱自身的培训分为日常组织的培训和在开庭审理前组织的专门培训。日常组织的培训包括但不限于证据收集、保全、固定等内容，还包括实质化审理中的其他相关要求，开庭审理前的培训主要针对监狱民警如何在开庭审理中进行举证、作证展开。贵州省监狱管理局组织的培训主要是为了统一全省监狱做法，刑罚执行机关、检察机关和审判机关的联合业务培训由贵州省委政法委牵头，主要针对三部门在实质化审理中存在分歧的地方共同进行商讨，以尽可能统一标准。多种形式的培训效果较为明显，干警的证据意识和证据能力得到明显提升，案件质量得到有效改善，刑罚执行机关提请环节在案件评查中的瑕疵率明显下降，合格率明显上升。

---

① 陈卫东：《对推进减刑、假释案件实质化审理工作的两点思考》，载《人民法院报》2021 年 12 月 11 日，第 2 版。

二是采取集中办案模式，集约办案资源，优化办案力量，提高办案专业度。以往监狱在办理减刑、假释案件时采取的是分散办案模式，即办案民警分别在各监区、分监区办理减刑、假释案件，但是这种模式的弊端在于办案民警在办理减刑、假释案件时，还需要承担日常的罪犯管教职责，办案精力被分散，影响了办案质量和效率。为了将办案民警从日常事务中解放出来，集中精力办理减刑、假释案件，监狱在刑罚执行科建立了办案中心，办案民警集中统一在办案中心办理减刑、假释案件，办案期间不承担监区、分监区的日常工作。同时办案中心设置在刑罚执行科，刑罚执行科可以在现场对办案民警进行指导，解答办案民警的疑惑，提高案件办理的质效。另外，办案中心还设置有会见区，便于检察院和法院的办案人员到刑罚执行机关核实案情，加强各机关之间的沟通交流。目前，全省已经建立 14 家办案中心，对于促进办案模式转变，推进减刑、假释案件实质化审理有十分积极的意义。

三是打造智慧监狱平台，实现数据无纸化留存、报送。实质化审理对证据的新要求必然带来更大量的证据收集和保全工作，传统的证据以纸质为主要载体，大量纸质载体因体积和重量不方便移送和翻阅，移动中容易丢失，还容易因水火等原因毁损和灭失，采用无纸化方式收集和保存相关证据材料能够很好地避免前述问题的发生，更好地满足实质化审理对证据完整性的要求，同时证据的传输实现智能化，减少民警移送证据材料的工作量，节约人力物力成本的同时，提高了办案效率。除了在证据的收集、保存等方面运用智能化平台外，减刑、假释案件整个提请工作都在强化对智能办案系统的运用。贵阳地区是智能办案系统运用较为充分的地区，该智能化办案系统由贵州省委政法委牵头搭建，智能化办案系统将看守所、监狱、检察院、法院几家单位联系起来，能够快速地办理案件的提请、受理、审查、审理，同时文件传输更为方便，容量也更大。该智能化办案系统经过设计，能够自动抓取上传资料中的有用信息，进而自动生成相关文书、案件卷宗，大大节省了办案人员的时间。对于智能化系统自动生成的文书能够在系统中直接修改，同时，更能方便高效对存在问题的材料进行补充完善，比如盖章的材料，以前采用纸质版形式报送时，由于唯一一份纸质版材料已经交到检察院或者法院，当检察院或法院反馈材料有问题时，办案人员还需要将原文件取回重做然后再次报送，而智能化系统则可以让办案人员少跑路，实现在系统上重新上传报送。

四是重视财产性判项履行情况的调查，全力协助罪犯履行财产性判项。查清罪犯财产性判项履行情况是提请减刑、假释的前提条件之一，是《意见》特别强调的重点审查内容。但是往往因为一些原因，刑罚执行机关无法获取财产性判项的履行情况材料，最典型的是由于罪犯人身自由受到限制，又无法依靠亲属辅助履行财产性判项，无法到法院立案履行，导致监狱在提请减刑、假释时因法院没有立案，无法提供罪犯履行财产性判项的材料，从而阻碍减刑、假释的提请。这种情形不属于罪犯有能力履行而不履行的情况，但是也没有证据材料表明罪犯已经履行财产性判项，对此，刑罚执行机关与法院积极沟通，全力帮助有能力履行且有意愿履行的罪犯履行财产性判项。一些地州监狱与法院通力协作，在监狱设置财产性判项代为执行账户，有能力履行的罪犯可以将罚金、民事赔偿等转入监狱代为执行的账号，最后由监狱民警帮助罪犯到法院完成最后的执行程序。这种方式对于人身自由受限制，又没有亲属可以依靠的罪犯而言，无疑是莫大的帮助。另外，对于在狱外没有可以执行的财产，但是在狱内有劳动报酬的罪犯而言，这种代为执行方式也是十分有利的。以前没有代为执行时，罪犯狱内账户余额会随着劳动生产的完成逐渐增加，罪犯虽然想以狱内账户余额来履行财产性判项，但是无法操作，而狱内账户余额又是一项衡量罪犯有无履行能力的重要指标，结果是罪犯的狱内账户余额越来越多，表明罪犯的履行能力越来越强，但实际上罪犯又没有履行，表面看起来就属于有能力履行而不履行的情形，在提请减刑、假释时就会受到阻碍。现在采取的代为履行的方式就能很好地避免这种问题，让有能力履行且有意愿履行的罪犯能顺利履行。代为履行有良好的法律效果和社会效果，一方面代为履行很好地促进了财产性判项的执行，维护了判决的权威和刑事被害人的合法权益；另一方面代为履行帮助罪犯及其亲属减轻了负担，让罪犯和亲属感受到了刑罚执行的温度，同时罪犯因为财产性判项的及时履行，在减刑、假释时的机会更大，更有利于激励罪犯积极接受改造。

（二）检察机关的新举措

一是庭前全面审查案件材料，严格把握减刑、假释条件。在审查刑罚执行机关提交的材料时，检察机关办案人员按照《意见》要求全面实质审查，重点内容包括对罪犯是否符合减刑、假释条件，减刑的幅度，是否有从宽情节或者从严情节，特别是对其中有违规违纪的情形认真进行研判，最终作出是否影响减刑、假释的决定。如果发现罪犯有不符合减刑、假释条件的情形，或者减刑幅度不适当，或者该从宽的没有从宽，该从严的没有从严，或者对其中违规违纪行为没有作出准确认定的，或者证据不充分、材料不齐全的，通过检察建议书等方式及时向刑罚执行机关反馈意见。随着实质化审理理念的不断深入，检察办案人员也逐渐树立起全面严格审查的理念，不放过任何疑点。比如根据监狱管理规定，罪犯如果在一个月内没有违规违纪情况就可以额外加一分，但是监狱的记录中一般只会记载罪犯违规违纪的情况，不会对没有违规违纪的情况进行书面记载，在没有书面记载的情况下，监狱认为就是没有违规违纪可以加分，而检察机关则认为没有记载的情况既无法说明罪犯有违规违纪的行为，也无法说明罪犯无违法违规的行为，但是既然有额外加分项，就需要提供加分的证明材料。这种分歧可能是刑罚执行机关与检察机关对监狱教育改造规定理解差异导致的，但检察机关提出的疑问可以反映出其对案件审查的严格程度和严谨态度，真正在贯彻《意见》的相关要求。

二是充分发挥检察机关庭审作用，深度参与法庭调查。与以往审查减刑、假释案件不同，《意见》要求检察机关要参与庭审，充分发表意见。贵州省目前所有减刑、假释案件都采取开庭审理，检察机关办案人员在每一件减刑、假释案件中都会充分发表意见，尽全力查明案件事实。检察机关的发言同样围绕着罪犯是否符合减刑、假释条件，减刑幅度是否适当，是否有从宽情节或者从严情节等，着重对有疑问的地方发表意见。一般来说有疑问的地方包括两种情况，一种是在审查刑罚执行机关提交的材料时发现的并且已经通过检察建议等方式反馈给刑罚执行机关的疑点问题，如果刑罚执行机关没有对相关疑问进行合理的说明或者给予回应，检察机关会在法庭上就此问题再次发表意见；另一种是在给刑罚执行机关反馈问题之后又发现的新的疑问，当庭就该疑问发表意见。检察机关的意见，弥补了法官问题发现不足或者问题遗漏的现象，有利于法官全面准确查明案件事实，作出公正的裁决。同时，检察机关对存疑问题的发言与刑罚执行机关的请求之间存在一定的对抗性，有利于构建刑罚执行机关提请检察机关抗辩的对抗式庭审结构，真正发挥法律监督作用，使减刑、假释庭审实质性产生发现真实、准确定性、合理裁定等效果。①

三是充分利用听证制度，认真研判疑难案件。减刑、假释案件实质化审理以来，检察机关关于减刑、假释案件的听证会明显比以往多。在审查刑罚执行机关提交的减刑、假释材料时，一般是由相关负责的检察官独立进行，但是在遇到疑难问题时，检察机关则会邀请其他的法律专业人士包括律师、法学专家等共同参与讨论案件。一般而言，检察机关在审查刑罚执行机关提交的材料时发现了疑问，只需要向刑罚执行机关进行调查核实，便可以查明案件事实。对于需要举行听证的减刑、假释案件主要是一些各方对某个事实性问题争议较大，或者对某个法律规定理解差异较大的案件。由于规定减刑、假释案件程序与实体内容的法律规范较多，且部分规定较为笼统，不同法律规范之间在同一个问题上由于用语等的差异，导致有多种不同的理解，引发同一个案件中的分歧。比如根据刑法规定，假释的实质条件之一包括罪犯“没有再犯罪的危险”，因此在提请假释时就需要对罪犯再犯罪的危险进行评估，司法部相关文件对监狱如何进行罪犯危险性评估做了规定，但是司法部文件中将罪犯的危险性分为“一般危险性”和“较高危险性”，没有“无再犯危险性”的规定，罪犯危险性评估最好的结果也只能是“一般危险性”，但是从一般用语来看，“一般危险性”与“无再犯危险性”还是存在区别的，但是从实质上来考查，“一般危险性”中肯定有部分属于“无罪犯危险性”的情形，那么某个罪犯危险

---

① 《检察机关推动减刑假释案件实质化办理实务研讨》，载安徽省宣城市宣州区检察院官网，http://www.xuanchengxz.jcy.gov.cn/jcyw1/xsjc/202304/t20230418_4097844.shtml，2023 年 4 月 18 日访问。

性被评估为“一般危险性”时，能否认为其“无再犯危险性”而符合假释实质条件呢？对于此问题刑罚执行机关与检察机关的分歧较大，刑罚执行机关认为“一般危险性”不能等同于“无再犯危险性”，因此不能认定罪犯符合假释实质条件，而检察机关则认为虽然“一般危险性”从用语上来看不完全等同于“无再犯危险性”，但是综合罪犯的其他表现和情形，结合“一般危险性”的评估结果，可以认为罪犯符合假释的实质条件。对于此类分歧较大的问题，检察机关就会邀请其他法律专业人士共同研判。听证会不仅可以集思广益，解决检察机关面临的较为棘手的争议问题，还能扩大减刑、假释案件参与人员的范围，有利于实现案件公开透明，强化对减刑、假释案件的监督。

四是充分利用信息化办案平台，提高办案效率。由贵州省委政法委牵头搭建的信息化办案平台是由看守所、监狱、检察院和法院共同创办的，通过信息化办案平台，几家单位共同弥补了因为实质化审理带来的审理期限延长的问题。减刑、假释案件实质化审理后，因更高的证据要求，全面审查等原因，从提请到审查再到审理每个环节周期均有所延长，整个办案周期随之延长。办案周期的延长的后果是，在相同周期内办理的减刑、假释案件数量大幅下降，这也意味着罪犯要等待更长的时间才能得到减刑或者假释机会，这种情况会影响到罪犯的期望值，进而影响罪犯改造积极性，因此寻找弥补因实质化审理导致办案周期延长的问题。调研发现办案周期延长问题在检察环节更为突出，一方面是因为检察院既要对接刑罚执行机关，又要对接法院；另一方面是因为检察院认真履行全面审查的监督职责，其中会有与刑罚执行机关反复沟通、退卷等情形，导致案件审理周期延长。信息化办案系统则在一定程度上缓解了这一问题。信息化办案平台使得材料报送、案件受理、退卷等程序能够实现一键操作，节省人力物力的同时，让检察院与刑罚执行机关、法院的沟通更加便捷高效，有效缩短了办案时间，一定程度上缓解了因实质化审理导致的案件积压的难题。

（三）审判机关的新举措

一是全面开庭审理减刑、假释案件，贯彻实质化审理精神。实质化审理是针对以往的形式审查提出来的，而形式审查的主要方式是书面审查，因此实质化审理对开庭审理做了要求，要求审判机关要充分发挥庭审作用。《意见》并没有明确规定所有减刑、假释案件都要开庭审理，因此各省的做法也不一致，贵州省所有减刑、假释案件都采取开庭审理，全面贯彻实质化审理的要求。全面开庭审理的优势在于，一方面，可以有效规避责任倒查的风险。在关于开庭审理案件范围的全国性标准出台之前，如果选取部分案件开庭审理，部分案件不开庭审理，可能会存在一个风险，就是不开庭审理案件的罪犯也可能在减刑或者假释后重新犯罪或者实施其他社会影响恶劣的行为，如果发生这样的情况，一定会有一个追本溯源的倒查过程，该罪犯减刑、假释没有开庭审理的事实很可能被作为该罪犯重新犯罪或者有其他恶劣行径的重要原因，由此引发相应的责任风险。因此，在全国性统一标准出台之前全面开庭审理可以有效避免这一问题。另一方面，全面开庭审理更能让社会公众感受到实质化审理的力度和决心，挽回司法、执法机关在人民群众心中的公正形象。以往因为一些违法减刑、假释案件，司法、执法机关在人民群众心中的形象一落千丈，司法、执法机关权威受损，《意见》的出台是回应人民群众正义的呼声的体现，开庭审理作为实质化审理的主要依托形式是最能实现人民群众对正义的追求的，全面开庭审理则更是极大地满足了人民群众对正义的需求。

二是充分利用远程视频审理，提高审理效率。实质化审理中有两个因素导致减刑、假释案件难以在法院实地开庭审理，一方面是减刑、假释案件量大且集中，一批减刑、假释案件约有上百件，法院一般采取集中审理模式，一天大约要审理 60 件案件，每个案件除了 60 名罪犯，还有管教民警、其他证人、检察机关工作人员、法院工作人员等，案件参与人员数量庞大，法院没有足够的场所来一次性容纳这些人员；另一方面是将拟被减刑、假释的罪犯以及作为证人出庭的罪犯从监狱押送到法院开庭审理存在风险，且成本很高。无论是拟被提请减刑、假释的罪犯还是证人罪犯都是正在服刑、尚未完成教育改造的罪犯，在押送途中可能发生脱逃的风险，并且由于押送罪犯数量较大，还可能发生群体性暴动等风险。另外，押送一名罪犯需诸多警力支持，押送多名罪犯的人力物力要求更高。鉴于这两方面的原因，不宜将罪犯押送至法院开庭。以往的做法是法院组织办案人员到监狱开庭，现在随着监狱智慧法庭的建设，所有减刑、假释案件都能够实现网上开庭审理，监狱无须押送罪犯到法院，法院也无须安排办案人员到监狱，通过网络就能够实现所有部门、所有人员实时参与的开庭审理。远程视频开庭审理避免了押送罪犯可能的风险，节省人力物力的同时，减少了各单位履行时间，提高了办案效率。

三是落实证人出庭作证制度，力求全面查清案件事实。证人是亲身见证罪犯改造情况的人，包括管教民警和其他罪犯。证人的证言虽然可以以书面和口头两种方式呈现，但是书面证言和口头证言的表达力则是不同的，特别是对叙述性事实的描述，口头证言比书面证言更能生动地还原当时的情形，因此即使有证人的相关书面证词，但是证人出庭作证制度仍然必不可少。通过管教民警、同监室罪犯以及其他罪犯的现场描述，法官一方面能够更加身临其境地了解罪犯的改造情况，另一方面能够通过对证人表情、口吻、语调等的观察，并且在有疑问的时候追问证人，排除不合理的或者虚假的证人证言，以彻底查清案件事实。贵州省将《意见》关于证人出庭制度的相关要求落实到每一件减刑、假释案件中，充分保障证人的权利，力求实现减刑、假释案件公正裁量的同时，保证罪犯的相关权益。

四是善于运用退卷制度，充分保障罪犯减刑、假释机会。随着实质化审理全面铺陈开来，新的计分考核制度的实行以及新的计分细则的出台，罪犯的计分难度比以往更大，这也意味着减刑、假释难度更大了。基于此，法院积极运用庭前退卷制度，尽力帮助罪犯保留原来的计分成绩，更早争取下一次减刑、假释机会。以往，对于不符合减刑、假释条件的，法院裁定不予减刑、假释，这样之前的计分成绩全部作废，罪犯必须重新开始累计分数。但是现在法院在审查时发现罪犯不符合减刑、假释条件的，会倾向采取庭前退卷方式，这种方式则意味着罪犯可以保留原来的成绩，等到相关条件（比如因扣分延长提请周期，财产性判项尚未履行完毕等）满足后，即可再次被提请减刑、假释。庭前退卷方式为罪犯尽早争取下一次被提请减刑、假释的机会提供了更大的可能性，体现了司法的温度，能够更好地激励罪犯继续积极接受教育改造。

除了上述创新举措外，法院在信息化办案平台的运用方面也积累了不少经验，提高了办案效率。

三、减刑、假释案件实质化审理工作中存在的问题

虽然各部门在推动减刑、假释案件实质化审理工作中都在推陈出新，努力实现办案质量与办案效率的统一，但是目前各部门工作中仍然存在一些问题，影响了实质化审理工作的进展和质效。具体而言，有如下问题：

（一）程序方面缺乏全省统一标准

刑法、司法解释以及《意见》等为实质化审理的实体方面提供了诸多法律依据，但是在程序方面则有诸多空白之处，导致部门与部门之间，地区与地区之间分歧较大，做法不一。最突出的两个方面体现在：一是证据标准不统一。《意见》虽然规定了减刑、假释所有的法定条件都需要有证据证明，但是没有明确规定证据细则，因此各单位对证据目录存在争议。比如对于罪犯在考核期内因没有违规违纪的行为而加分的情形，刑罚执行机关认为不需要提供没有违规违纪行为的证据，因为没有相关违规违纪记录就意味着罪犯没有违规违纪行为，而检察机关则认为既然有加分项，就必须用证据来说明加分项的来源。对于这个问题，不同地区也有不同的做法。贵阳地区检察院普遍要求刑罚执行机关提供相应的证据材料，而有些地州检察院则与刑罚执行机关的意见一致，并不要求提供相应的证据材料。二是财产性判项执行衔接机制不明确。虽然《意见》第 15 条对财产性判项执行机制进行了规定，但是财产性判项履行情况协助调查程序仍然存在不明确地方。比如法院执行庭没有及时立案执行，导致刑罚执行机关无法获取罪犯财产性判项履行情况材料的情形如何处理。对于这个问题，贵州省高级人民法院联合贵州省人民检察院与贵州省司法厅正在尝试通过会议纪要等形式来统一标准，但是据了解目前相关会议纪要已经有三个版本，每个版本中对此问题的规定都不一致，第一版明确规定法院执行庭要及时立案执行，刑罚执行机关向法院调取相关材料时，如果遇到法院不予以配合或者法院没有及时立案执行的，可以向检察机关反映，检察机关以

检察建议等方式监督法院执行和配合。但是第二版则只规定了法院应当及时立案执行，以及刑罚执行机关向法院调取材料时，法院应当予以配合，删除了关于检察机关的规定。第三版则仅保留了法院应当及时立案执行的规定。到目前为止相关会议纪要还在讨论商榷中。

（二）信息化系统运用不彻底

由贵州省委政法委牵头搭建的信息化办案平台为刑罚执行机关、检察机关和审判机关提高工作效率提供了极大的支撑。但是目前该信息化办案平台的运用地区差异较大。贵阳地区刑罚执行机关、检察机关和审理机关办理的减刑、假释案件全部实现在信息化办案平台上开展，各部门之间线下不再有纸质版的材料交接。而有些地州则采取的是线上线下相结合的方式，线上运用信息化平台进行提请、受理等程序，多数材料也是通过办案平台线上传输，但是如果检察机关或者法院觉得有需要时，仍然会让刑罚执行机关报送纸质版的材料。对于信息化办案系统的评价，不同地区的办案人员也有不同的看法。贵阳地区的办案人员普遍认为信息化办案平台无论是从材料传输、文件收取、卷宗的阅读等方面都十分便捷，但是部分地州的办案人员则认为在网上阅读卷宗不如看纸质版的材料方便，另外存在认为网上办案不安全的观点。但是又由于全省要求在信息化办案系统中办理减刑、假释案件，因此程序还得在信息化办案系统中走，案件材料在系统中也需要有所体现，但是实际上审查等工作仍然依托的是纸质版的材料。

（三）检察机关与刑罚执行机关对抗性不明显

依据法律规定，检察机关是法律监督机关，但是在减刑、假释案件实质化审理中检察机关与刑罚执行机关、审判机关的关系具体如何把握则没有定论。有观点认为为了真正实现以审判为中心的实质化审理，庭审上需要有两造关系，需要存在对抗性的两方，然后由法院作出裁判裁决，因此在减刑、假释案件中，检察机关需要体现出与刑罚执行机关的对抗性，从而形成两造结构。目前在实践中，这种两造结构，也即检察机关与刑罚执行机关的对抗性并不明显。检察机关确实也根据实质化审理的要求对案件进行了全面审查，并且对其中存在的问题以检察建议或者庭审意见的方式提出，但是对于检察机关提出的检察建议，刑罚执行机关基本全盘接受，对于检察机关在庭审中发表的意见，审判机关也基本会采纳，因此检察机关和刑罚执行机关并没有形成像在普通民事案件中当事双方或者普通刑事案件中控辩双方那般的对抗性。

（四）案件没有进行繁简分流

虽然实质化审理的提出是针对形式审查的问题提出的，而形式审查的主要形式是书面审查，因此实质化审理对于开庭审理提出了要求。但是《意见》并没有明确规定所有减刑、假释案件都要开庭审理。贵州省对所有减刑、假释案件都采取开庭审理。如前所述，全面开庭审理具有可能避免责任倒查问题，还可以表明贯彻实质化审理的决心，但是不区分案情全面开庭审理有三个弊端：一是可能浪费司法资源。对于案情简单、事实清楚、罪犯悔改表现好、相关方面无异议，提请审查相关意见一致的减刑案件，其实无必要采取开庭审理方式，书面审理也能保证案件的实质化和公平公正。二是极大增加了办案机关的工作量。开庭审理参与主体众多，各个参与主体都要为开庭审理做准备，全面开庭审理无疑会给各参与主体带来很大的工作量。三是重大、疑难、复杂的案件开庭时间被挤压。虽然减刑、假释案件的审理时限没有明确规定，但是一般法院都是集中审理一批减刑、假释案件，时间不会拖很长，在有限的时间内，全面开庭审理意味着简单案件的开庭时间会挤压重大、疑难、复杂案件的开庭时间，可能导致需要更多审理时间的案件审理得匆匆忙忙的。

（五）证人出庭作证流于形式

证人出庭作证制度的目的是让法官充分了解案件事实，作出客观公正的裁决。但是证人出庭作证制度发挥作用的前提是证人在庭上进行了有效的证言陈述，法官根据证人的有效陈述进行判断。如果证人只是人出现在了法庭，但是在法庭上没有有效的发言，那么证人出庭作证制度就达不到预设的效果。目前虽然全省法院在减刑、假释案件开庭审理中全面实行了证人出庭作证制度，每一个减刑、假释案件中都有管教民警和其他罪犯作为证人出庭，但是在法庭上，无论是管教民警还是其他罪犯都没有很好地进行证人发言。一般在庭上，都是由法官进行问话，比如“×××罪犯平时表现是否良好？”，证人的回答多数是“表现好”，并没有过多的描述性的话语。如前所述，证人的口头证言和书面证言对法官的影响是不同角度的，口头证言不仅有内容，还有语气、表情、语调等外部形态，更能够辅助法官进行判断。但是如果证人只简单地说句“表现好”，法官则难以通过其表情、语气、语调以及具体的语言表达等判断真假以及切身感受证人所意欲证明的内容。

（六）办案周期地区差异较大

实质化审理必然导致各办案机关的工作量增加，进而引发减刑、假释案件办案周期延长的问题，而办案周期延长又会引发罪犯改造积极性降低等问题，对此，各部门都试图采取一些措施来提高办案效率，弥补因实质化审理时间成本增加的问题，比如最为典型的是信息化办案系统的运用，为各部门提高办案效率提供了重要的支撑。但是由于各种因素的影响，各地区减刑、假释案件办理周期仍然存在较大的差异。有些地区减刑、假释案件的办案周期在实质化审理后大幅度延长，比如贵阳地区相比其他地区办案周期延长现象更为突出，而有些地区办案周期在实质化审理之前和之后没有什么差异，个别地区甚至存在没有充分使用信息化办案平台，但办案周期却没有延长的现象。导致减刑、假释案件办案周期差异大的原因可能有：一是不同地区的案件量不同，贵阳地区的减刑、假释案件量在全省属于较多的，因此每批案件所需时间就更长；二是办案人员的配备不同，办案人员数量与办理案件的数量的比例直接影响办案周期的长短；三是不同地区对实质化审理工作的把握存在差异，特别是对证据材料的把握上，由于全省尚无统一的标准，因此各地区对减刑、假释的证据材料要求不同。有些地区对证据材料要求很严格，也很细，因此就会出现检察机关或者审判机关反复要求刑罚执行机关补充证据材料的情况，这样案件周期自然就延长了，有些地区则对证据材料的要求相对宽松，刑罚执行机关补充证据材料的情况相对比证据要求高的地方少，因此办案时间就较快。目前贵阳地区对证据材料要求相比其他地区高，这也是贵阳地区减刑、假释案件办理周期延长现象较为突出的主要原因之一。

（七）存在片面从严的倾向

《意见》出台最直接的导火索是近年来违法减刑、假释案件引发了极大的不良社会影响，司法、执法公正遭受质疑，实质化审理就是要解决减刑、假释案件办理公正的问题。要实现实质化审理，必然要采取诸多不同以往的措施，比如对证据的高要求，对程序的严格把握等，这些措施会让实质化审理看起来是一项从严的举措。基于这种认识，在具体把握实质化审理精神时就会出现片面从严的倾向。关于实质化审理，目前贵州省还没有统一的实施意见，但是已经有几个关于实质化审理的意见修改稿（会议纪要），其中有这样的规定，罪犯在提请减刑、假释的考核周期内，如果单次扣分超过 30 分，或者累计扣分超过 60 分的，减刑、假释提请周期延迟半年。有办案人员表示，该条规定对于罪犯而言是很严厉的，该规定表面上看起来是合理的，即对扣分项严格把握，但是该规定却没有区分不同的情形，如果罪犯是因为思想改造、违反监规等而被扣分的，减刑、假释从严是可以理解的，但是实际情况是罪犯的扣分很多是因为劳动生产不足导致的扣分，而劳动生产不足又跟罪犯的岗位、罪犯的劳动能力等客观因素关系很大，而这些并不是罪犯主观能够决定的，仅看扣分分数无法得出罪犯主观改造存在问题的结论。因此，如果不区分情形，笼统的规定达到扣分分数就延迟提请减刑、假释有失偏颇。

（八）刑罚执行机关监管压力增大

减刑、假释制度一直作为刑罚执行机关激励罪犯积极接受教育改造的主要手段，在缓解刑罚执行机关监管压力方面起着重要作用。减刑、假释制度的激励作用与刑罚执行机关的监管压力息息相关，如果减刑、假释的激励作用下降，刑罚执行机关的监管压力必然上升。实质化审理的实施会使减刑、假释的难度比以往更大，加之部分办案机关和办案人员对实质化审理认识存在误区，有片面从严的倾向，导致罪犯减刑、假释更是难上加难。减刑、假释难度增大会导致罪犯对减刑、假释的期望值下降，而罪犯的期望值又直接反映出减刑、假释制度对罪犯的吸引力和激励力，罪犯对减刑、假释制度的期望值越高，制度对罪犯的吸引力和激励力越高，反之亦然，因此，实质化审理会产生减刑、假释激励力下降的问题。而如果刑罚执行制度对罪犯的激励力下降，则会引发罪犯消极改造的问题，而消极改造是刑罚执行机关监管压力的最大来源。在实质化审理实施后，不少刑罚执行机关的工作人员表示监管压力明显比以往更大了。

四、推动减刑、假释案件实质化审理工作的建议

贵州省减刑、假释案件实质化审理工作中存在的困境和问题既有对实质化审理精神理解偏差的原因，也有对实质化审理精神理解不深入的原因，还有相关举措落实不到位的原因，当然还存在一些其他主客观原因，要解决目前存在的困境和问题，就需要结合导致这些问题的原因寻找可行性的对策。

（一）加快制定全省统一标准

缺乏全省统一的标准导致多个问题的产生，一是导致部门之间工作沟通不顺畅，工作反复。最典型的就是因证据标准不统一，导致刑罚执行机关与检察机关之间的沟通不畅，有刑罚执行机关的工作人员表示相比实质化审理之前，实质化审理实施后与检察机关工作人员对接案件的效率明显降低，最大的原因在于两个部门对实质化审理的证据标准的不同理解。由于对证据要求标准不统一，对于刑罚执行机关提交的证据材料，检察机关常常会要求补充提交证据材料，或者做退卷处理，这些流程的反复直接导致减刑、假释案件效率降低，案件办理周期延长。二是导致办案人员无所适从。虽然目前全省试图在统一案件办理标准，先后出台了几个会议纪要，而几个会议纪要的内容又存在冲突，到底以哪个会议纪要为准则没有明确，导致一线办案人员不知道按照什么标准执行。有办案人员表示办理

会议纪要存在争议的事项时心里特别没有底。三是案件办理地区差异大。由于很多事项没有统一的标准，因此案件办理全凭办案人员的个人理解和认识，这就导致不同地区对相同案件的办理差异较大。因此，加快制定全省统一的办案标准十分迫切。据了解，之所以目前还尚无统一的标准是因为各部门对相关标准的认识分歧较大。这些分歧上涉及对实质化审理精神的准确理解和把握，另外也涉及各部门的工作利益和责任分担问题。对于前者，可以向《意见》的出台部门请求答复，以准确把握实质化审理的相关要求；对于后者，则需要有一个强有力的部门能够对各部门进行协调，使各部门之间能够相互理解和支持，共同配合推进实质化审理工作。

（二）进一步提升信息化运用水平

从贵阳地区的经验来看，信息化办案系统在提高减刑、假释案件办案效率上作用明显，如果各地区能够充分运用信息化办案平台，那么全省的减刑、假释案件办案效率将得到极大的提升。部分地区信息化办案平台运用不充分的原因主要有：一是习惯问题。多年来减刑、假释案件的卷宗材料都是以纸质版为主，即使全省在推行信息化办案平台，但是并没有不允许纸质版材料的交接，因此很多办案人员仍然是保留纸质材料的交接传统并且习惯阅读纸质版的卷宗材料。二是办案人员信息化技术水平有限。信息化办案需要有信息化技术的支撑，部门办案人员这方面的能力还有欠缺，在计算机使用、软件运用方面还不熟练，因此即使信息化办案平台很便捷，但是对于不熟悉电脑技术的人而言也存在难度。对此，办案人员需要从两方面努力，进一步提高信息化运用水平：一是转变思维。信息化办案已经是大势所趋，目前可能是省内信息化办案，今后还可能是全国信息化办案，办案人员必须对这种趋势有足够的预见性和准备。当然，也要做好转型时期阵痛的心理准备。从传统办案模式转变为信息化办案模式必然要面临理念更新、技术学习、办案效率波动等方面的问题，办案人员要对这些临时的困境有充分的思想准备和应对策略。二是提升信息技术运用能力。加强对办案人员信息技术运用能力的训练和提升是提高全省信息化办案水平的关键，办案人员应当积极发挥主观能动性，主动学习、提升，紧跟时代要求。

（三）合理定位检察机关的角色

合理定位检察机关在减刑、假释案件中的角色，需要从两个层面来解决。第一个层面是确定检察机关的基本角色。首先，减刑、假释案件中检察机关是法律监督机关在理论和实务上并没有争议，有争议的是检察机关应不应该承担监督机关以外的职责？有观点认为在普通的刑事案件中，检察机关既是法律监督机关又是公诉机关，而恰好是公诉机关的角色让检察机关在普通刑事案件中更具有主动性，而在减刑、假释案件中，检察机关仅仅是法律监督机关，因此主动性不强，建议赋予检察机关在减刑、假释案件中有类似公诉的地位。本文认为，检察机关在减刑、假释案件中的主动性问题确实不可忽视，但是并非只有让检察机关成为公诉机关才能使其具有主动性，在法律监督机关的角色下仍然能够使其具有主动性。以往减刑、假释案件中缺乏主动性的并非检察机关一家，法院同样缺乏主动性，这种现象不是因为角色定位问题，而是因为减刑、假释案件的办理模式问题，现在减刑、假释案件要求实质化审理后，检察机关和审判机关自然会按照要求履行职责，主动性自然增强了。因此，本文认为无须赋予检察机关更多的角色，检察机关只要认真履行好法律监督机关职责便能够达成实质化审理的效果。第二个层面是检察机关如何扮演法律监督机关这个基本角色。对于理论上主张的要让检察机关与刑罚执行机关形成两造诉讼关系的观点实际上应当理解为检察机关实现法律监督的具体途径问题，而不是对检察机关在减刑、假释案件中角色的重新定位问题。这种观点的核心是要让检察机关与刑罚执行机关形成对抗性，以对抗性来促进案件的公平公正。关于检察机关与刑罚执行机关的对抗性问题，本文认为需要分实质对抗性和形式对抗性。实质对抗性已经客观存在，原因在于检察机关的法律监督职责要求其必须公正地指出刑罚执行机关处理不当之处，包括应当予以减刑、假释而不予以提请的情形和不应当予以减刑、假释的而提请的。而形式对抗性则并非必然的。也就是说两个机关在案件办理时不具有形式上的对抗性也不会影响两者的基本职责。但是以对抗形式作为法律监督的具体实现方式可能相比其他途径效果要好。因为在对抗形式下，检察机关就可以与刑罚执行机关进行实质上的对抗，避免因碍于情面等原因导致实质对抗性打折的现象。因此，可以思考构建检察机关与刑罚执行机关的形式对抗机制。

（四）进行案件繁简分流

实质化审理针对的是形式审查的问题，而非书面审查。当前存在一种很大的误解，即将书面审查与形式审查等同起来，认为实质化审理就是要反对书面审理，因而所有案件都需要开庭审理。虽然以往减刑、假释案件主要采取书面审查方式，但是书面审查与形式审查并不等同。书面审查是指法院进行案件事实调查和作出最终裁决的主要依据是刑罚执行机关提供的书面材料，在书面审查中法官仍然可以进行实质性的审查，也就是对刑罚执行机关提交的材料进行全面的审查，从主客观方面全面把握罪犯的改造情况。形式审查则多是审判机关的审查停留在对材料表面情况的审查，没有对材料进行深入的实质分析，盲目认为材料形式上反映的情况与实际的事实是一致的，因而以形式上的合理性替代了实质上的真实性。可见，实质化审理与形式审查是一对相对的概念，而书面审查中既可能有实质化审理的情形，又可能有形式审查的现象。换句话说，书面审查既可能是实质化审理的审理方式，也可能是形式审查的审理方式。实质化审理应当针对的是形式审查的问题，因为形式审查是导致违规违法减刑、假释案件发生的主要原因。全面开庭审理的做法并没有准确理解实质化审理的含义，浪费司法资源、增加办案机关工作量的同时还挤压了重大、疑难、复杂案件的办案时间。笔者认为应当进行案件繁简分流，分情况采取书面审理和开庭审理两种审理形式。案件繁简分流其他省份已经有相关实践，比如安徽省宣城市积极推动构建以检察机关为主导的庭前审查分流制度，对减刑案件做好书面审理与开庭审理的预审分流。检察机关对减刑案件庭前审查，对于案情简单、事实清楚、罪犯悔改表现好、相关方面无异议的减刑案件，在检察意见书中同意减刑，可一并建议采用书面审查程序办理；对涉及罪犯的重大利益赋予如重大立功、重大利益剥夺如除法定情形外缩减减刑幅度超过3个月的案件，收到第三方异议、其他事实较为复杂案件，假释案件以及有重大社会影响的案件建议进行开庭审理。[①]对案件进行繁简分流实现了办案资源的合理分配，可以让办案机关将重点放在重大、疑难案件上，确保这些案件不会出错。同时还能减轻办案机关压力。此外，简单案件采取书面审理方式，有效缩短办案周期，对于提高减刑、假释制度的激励力，减轻监管压力有积极的意义。

（五）准确把握证人出庭作证的目的

根据《意见》，减刑、假释案件中，凡是罪犯的管教干警、同监室罪犯、公示期间提出异议的人员以及其他了解情况的人员，法院都应当通知出庭作证。对于这里的证人出庭作证制度的理解，如果仅从形式上进行把握，即在庭审时有证人出庭作证这个环节，而不从制度的根本目的去思考设计内容，那么该制度将毫无意义。因为这里的证人在出庭作证之前绝大多数都已经形成书面的证言，如果仅仅是让其在法庭上重复陈述一遍书面证言，则不仅没有任何实质意义，反而增加了庭审时间，降低了庭审效率。因此证人出庭作证一定是具有书面证词所不具有的功能，该制度才会有价值。本文十分赞同一种观点，认为证人出庭作证制度的目的是质证，而非机械重复其在书面上已经呈现的证言。[②]这里的质证就是指证人接受各方的询问，以便完善书面证言的真实性和证明力。为了达到这种效果，就需要对证人出庭作证的形式进行设计，赋予各方询问证人的权利，并且引导证人进行充分且有效的发言。

（六）平衡办案质量和办案效率

实质化审理旨在通过提高减刑、假释案件办理质量彰显司法、执法的

---

① 《检察机关推动减刑假释案件实质化办理实务研讨》，载安徽省宣城市宣州区检察院官网，http://www.xuanchengxz.jcy.gov.cn/jcyw1/xsjc/202304/t20230418_4097844.shtml，2023年4月18日访问。

② 叶扬：《审判中心主义视阈下证人出庭作证制度研究》，载《南昌大学学报（人文社会科学版）》2017年第2期。

公正价值，因此实质化审理的要求基本是围绕着案件质量问题，比如全面审查原则，主客观并重原则等。但当前实质化审理的实践已经反映出质量与效率失衡的倾向，部分地区的办案效率在实质化审理之后明显下降，而案件效率降低又会引发案件积压，减刑、假释制度激励力下降等问题。因此在实质化审理过程中需要注重案件办理质量与案件办理效率的平衡。案件办理效率降低的原因有多个，提高案件办理效率需要从不同的原因入手。除了实质化审理的一系列旨在提高案件质量的措施会导致案件效率的降低外，实质化审理标准不统一，信息化办案系统运用不彻底，案件没有进行繁简分流等都会导致案件办理效率受影响。如果这些问题能够得到有效的解决，各部门之间分歧少了，程序反复少了，沟通顺畅了，程序衔接到位了，案件效率也会得到提升。除此之外，还有必要从其他方面来提升案件办理效率，比如财产性判项代为履行的做法对于提高有财产性判项的罪犯的减刑、假释案件办理效率有很大的积极意义，但是目前这种做法只在贵州省个别地区实施，没有在全省推广；又比如加快开发罪犯危险性评估的科学工具对于提高假释案件的效率也有较大的促进作用，但是目前就全国而言都还尚无较为科学的评估工具，各地方可以积极尝试推动相关工具的开发。

（七）注重贯彻宽严相济刑事政策

实质化审理的实施让很多人都认为减刑、假释案件办理趋于严厉了，这种理解如果是基于同实质化审理实施前的情形相比得出来的不存在问题，但是如果将实质化审理理解为今后减刑、假释案件将采取的是严厉刑事政策则是存在问题的。无论是在实质化审理实施前还是实质化审理实施后，坚持宽严相济刑事政策都是应有之义。但是在实质化审理实施前，在贯彻宽严相济刑事政策时出现偏差，没有把握好宽严相济“严”的一面，导致一些违规违法减刑、假释案件的出现。实质化审理的实施就是要将原来没有贯彻好的地方拨回正轨，而不是将宽严相济刑事政策改为严厉的刑事政策。因此《意见》在基本要求中规定坚持区别对待，切实贯彻宽严相济刑事政策，具体案件具体分析，区分不同情形，依法作出裁定，最大限度地发挥刑罚的功能，实现刑罚的目的。但是现在很多迹象表明有关机关并没有准确把握实质化审理与宽严相济刑事政策的关系，片面地认为实质化审理代表严厉，因此在制定实施细则时增加了以前没有的限制措施，提高了减刑、假释的门槛。实质化审理并不是改变减刑、假释的法定条件，而是要让一些实体和程序的具体实践回归到法律原本的规定上，因此在制定实质化审理细则和具体实施实质化审理时，不能增加法律没有规定的新条件，只能对法律规定不明确的地方进行细化，以统一标准便于操作。

（八）探寻新的激励机制

随着实质化审理的实施，减刑、假释制度作为监狱主要的激励机制这一初始定位将被作为实现司法、执法公正价值的手段这一新的定位所取代，虽然减刑、假释制度在一定程度上仍然有激励力，但是激励力下降是不可否认的事实。减刑、假释制度激励力下降，会直接导致监狱监管压力增大。对此，一方面除了尽量在实现实质化审理的同时，避免减刑、假释制度的激励力减损，另一方面需要开发更多的激励机制。在现有制度中，分级处遇制度是可以被充分加以利用的。《监狱法》第 39 条第 2 款规定监狱根据罪犯的犯罪类型、刑罚种类、刑期、改造表现等情况，对罪犯实行分别关押，采取不同方式管理。分级处遇考虑的因素与减刑、假释考虑的因素基本重合，因此完全可以将两种制度的实施结合起来，对于各项因素综合排名靠前的，可以享受更宽松的管理待遇，等到其满足减刑、假释条件的，提请减刑、假释。这样罪犯在改造期间至少有两个追求目标，一是追求更宽松的监管待遇，二是实现减刑、假释，而两个目标的实现只需要罪犯在相同的标准下做同一种努力即可。对于管理方式，则可以进行创新，比如餐饮改善、电脑设备使用、休闲设施使用、会见待遇等。①

---

① 翟中东:《减刑、假释实质化审理背景下监狱行刑的思考》，载《犯罪与改造研究》2022 年第 3 期。

【参考文献】

1. 乔成杰:《试论监狱提请罪犯减刑、假释工作的法治化》，载《中国司法》2022 年第 1 期。

2. 张兆松、吴仁良、蒋敏:《刑罚执行检察监督面临的挑战及其应对》，载《浙江工业大学学报（社会科学版）》2022 年第 2 期。

3. 翟中东:《减刑、假释实质化审理背景下监狱行刑的思考》，载《犯罪与改造研究》2022 年第 3 期。

4. 孙颖慧:《我国减刑程序诉讼化改造之路径思考》，载《法学杂志》2021 年第 4 期。

5. 曾娇艳:《减刑制度研究综述》，载《中国监狱学刊》2020 年第 6 期。

6. 李豫黔:《中国监狱改革发展 40 周年回顾与思考（下）》，载《犯罪与改造研究》2019 年第 3 期。

7. 叶扬:《审判中心主义视阈下证人出庭作证制度研究》，载《南昌大学学报（人文社会科学版）》2017 年第 2 期。

8. 王丽丽:《把握实质化审理基本要求 让社会公平正义最终实现——“两高两部”相关部门负责人就〈关于加强减刑、假释案件实质化审理的意见〉答记者问》，载《人民法院报》2021 年 12 月 9 日，第 2 版。

9. 熊秋红:《推进减刑、假释案件实质化审理，必须让审理回归司法程序》，载《人民法院报》2021 年 12 月 11 日，第 2 版。

10. 陈卫东:《对推进减刑、假释案件实质化审理工作的两点思考》，载《人民法院报》2021 年 12 月 11 日，第 2 版。

11.《检察机关推动减刑假释案件实质化办理实务研讨》，载安徽省宣城市宣州区人民检察院官网，http://www.xuanchengxz.jcy.gov.cn/jcyw1/xsjc/202304/t20230418_4097844.shtml，2023 年 4 月 18 日访问。

贵州省法治文化示范单位建设研究 *

郑晓彬　季建超　李力炜 **

摘　要：本文通过对贵州省"法治文化建设示范企业"创建活动的实证研究，宏观分析77家获评企业，并深入分析部分典型企业，得出法治文化建设示范企业的获评原因、采取的有益措施及存在的不足，对贵州省创建法治文化建设示范单位的前瞻性、有效性予以论证，归纳总结"法治文化建设示范企业"创建活动对贵州省法治文化建设的重要意义，即采取多种法治保障措施服务经济高质量发展，助力优化法治营商环境。通过问卷调查等方式研究贵州省部分企业、学校法治文化建设情况，并基于该数据提出贵州省法治文化建设可采取的路径、举措。最后，在实证研究的基础上，提出贵州省法治文化建设示范企业评价指标体系的优化与应用推广建议，创建贵州省法治文化建设示范企业和贵州省法治文化建设示范单位，提出贵州省法治文化建设示范学校的指标。对贵州省法治文化建设措施有了新思考，一是以建设法治文化示范企业为契机，优化贵州省营商环境；二是依法保障市场在资源配置中的决定性作用，打造法治化的环境；三是依法支持诚信经营，打造法治化的竞争环境；四是依法维护安全稳定的经营秩序，打造法治化的社会环境；五是持续推进政府职能转变和"放管服"改革，助力贵州高质量发展。通过以上措施推动贵州省法治文化示范单位建设迈上新台阶，为贵州省打造和谐经济社会环境、优化营商环境

---

*　本文系贵州省司法厅2023年度法治理论与实践研究课题（fzkt202315）成果，课题组成员：郑晓彬、季建超、李力炜、黄露、丰镜琦、周礼漫、林蔚然、曾鹏。

**　郑晓彬，中国航天科工集团第十研究院法律事务部部长，研究员级高级会计师；季建超，中国航天科工集团第十研究院法律事务部副部长，高级经济师；李力炜，中国航天科工集团第十研究院原风控主管，现国浩律师（成都）事务所律师。

做出新贡献。

关键词： 法治文化建设　贵州省营商环境　评价指标　示范单位

党的二十大报告首次将全面依法治国作为专章进行论述，强调全面依法治国是国家治理的一场深刻革命，提出在法治轨道上全面建设社会主义现代化国家。2021 年，贵州省法宣办、省司法厅联合相关单位在全省范围内开展了首批贵州省“法治文化建设示范企业”创建命名活动，贵州省在黔央企、省属国企、民企积极响应，经过省司法厅网上评审、实地考察、网上公示，最后命名遵义精星航天电器有限公司、贵州长通集团制造有限公司、贵州民航产业集团有限公司等 77 家企业为首批贵州省“法治文化建设示范企业”。通过此次创建活动，被命名企业经营管理人员依法合规经营意识得到有效提升，员工法治意识不断增强，构筑了企业依法治企的新态势，为推动贵州省企业高质量发展提供坚实法治保障，为打造贵州省更具优势的营商环境营造了良好的法治氛围。

伴随着我国法律体系的建立和不断完善，我国企业成为具有法人资格的市场主体之一。1979 年《中外合资经营企业法》成为第一部正式出台的有关企业的法律。此后，1986 年、1988 年相继颁布的《外资企业法》《中外合资企业法》《私营企业暂行条例》等将公司作为市场主体的主要经济组织形式以法律的形式加以了确认。1994 年 7 月 1 日正式施行的《公司法》，贯彻了公司本位和公司自治的原则，为公司的市场化运行奠定了法律基础。这些法律规范了企业的市场地位、经营管理，也表明，目前我国的企业在属性上已经吸收、承载和体现了现代经济文明的先进体制和运作方式，已经基本上融合了西方先进企业文化和法治文化的基本内涵和要求，也表明我国的企业法治文化已经成为世界企业法治文化的重要组成部分，对法治的进步做出重要贡献。

企业作为中国特色社会主义市场经济的主要力量，是国家法律法规的重要实施者，更是社会主义法治社会的重要建设者。贵州省创建法治文化建设示范企业的活动对于贵州省法治理论建设、法治实践研究具有重要的学术价值，对于优化贵州省营商环境具有重要意义。本文以此为背景，通过问卷调查、案例分析、数据统计等方法，对首批获得贵州省“法治文化建设示范企业”称号的单位开展法治文化建设情况实证研究，对贵州省创建法治文化建设示范单位的前瞻性、有效性予以论证，并提出对创建活动的优化建议和贵州省法治单位建设可采取的新思路、新路径、新举措。

一、贵州省法治文化示范单位建设现状及其存在的问题

法治文化，是企业实现和持续进行依法治企的思想动力和精神保证。法治是依法而治，带有一种强制性的规范，而文化是文而化之引人从善。自党的十五大将“依法治国”确定为党领导人民治理国家的基本方略以来，普法宣传教育提升了全民法律意识。随着全球化的不断推进和我国市场经济的进一步完善，企业的法治要求越来越显得重要。

（一）法治文化建设示范单位实证分析

近年来，贵州省深入推进三大战略行动和内陆开放型经济试验区建设，吸引了大批企业落户贵州。为推进企业依法经营管理，深化企业依法治理，营造良好的法治化营商环境，2021 年省司法厅及相关部门部署了“法治文化建设示范企业”参评工作，获评的 77 家企业，包含了 21 家中央驻黔企业、30 家国有企业、26 家民营企业，涵盖了多个行业领域（见图 1），覆盖了多个行政区域（见图 2），为各行各业的企业创建法治文化树立了标杆。本部分通过对 77 家企业进行宏观分析，提炼出法治文化示范企业获评的共性原因。

被命名的首批“法治文化建设示范企业”紧紧围绕组织机构建设、落实普法责任制、依法治企及员工权益保障、企业法治文化氛围营造四个方面开展创建工作。从各企业的法治文化建设实践来看，首先，77 家获评企业均设置有企业法治文化创建工作机构和制度、配备了法律顾问或者法律工作人员，建立了员工权益保障工会组织；其次，77 家获评企业的每位员工上岗前都会接受一次法律培训、企业每年为员工组织学法讲座不少于一次，并且创建了固定的企业普法平台；再次，企业员工劳动合同签署、企业规章制度、经济合同和重要决策法律审核率均达到 100%，有效防范经

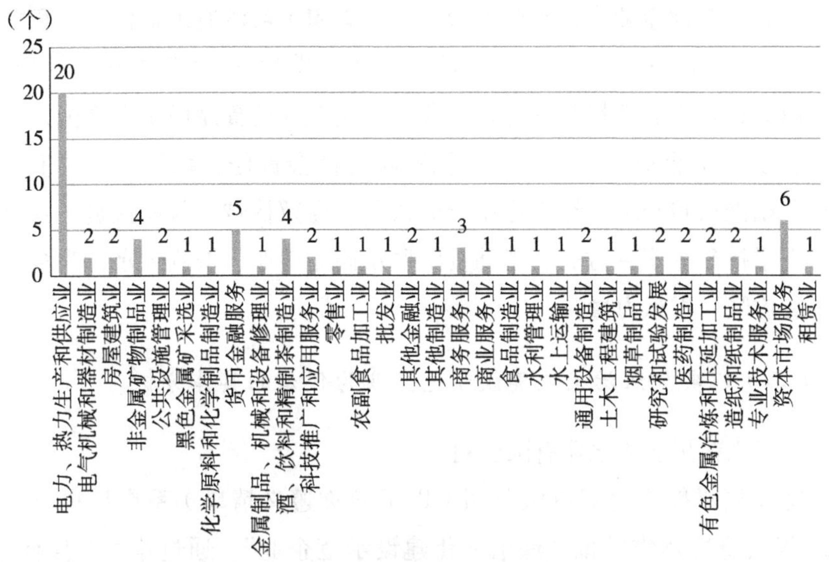

图 1　法治文化建设示范企业行业分布

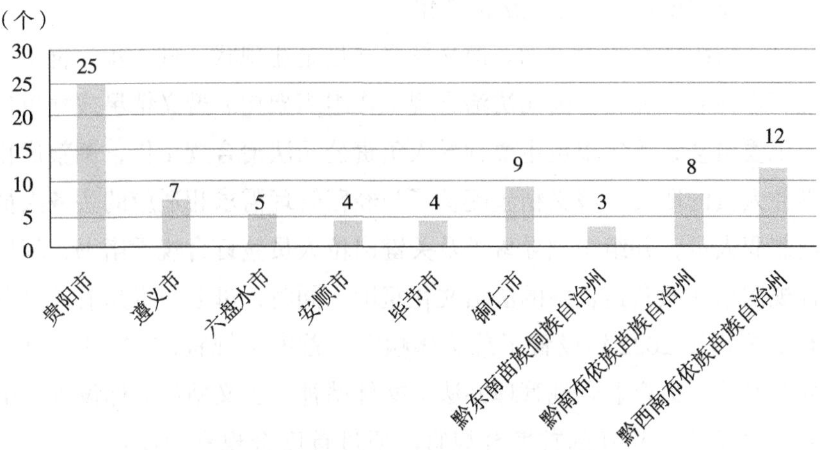

图 2　法治文化建设示范企业地域分布

营过程中的法律风险；最后，77 家获评企业均不存在近 3 年内发生过群体性劳资纠纷、被列入经营异常名录或严重违法企业名单、发生过较大以上安全生产事故、恶意欠薪被追究刑事责任等情况。在开展创建的过程中，企业是否主动作为，积极履行社会责任亦作为一项重要的指标。当前，贵州省正值巩固脱贫攻坚成果衔接乡村振兴的关键时期，企业的社会责任不可或缺。在获评企业中，贵州茅台酒厂（集团）习酒有限责任公司积极参与有关赤水河保护的各项活动，响应国家“碳达峰”“碳中和”的号召，打造白酒行业生态环境保护标杆企业。贵州五福坊食品股份有限公司作为省级扶贫龙头企业，自成立以来积极履行社会责任，积极参与“千企帮千村”精准扶贫行动，综合运用产业扶贫、商贸扶贫、就业扶贫、智力扶贫、捐赠扶贫等多种方式，帮助贫困群众创业就业、增收致富，为全省打赢脱贫攻坚战贡献力量。

（二）以典型法治文化建设示范企业为代表的具体分析

1. 遵义精星航天电器有限公司

遵义精星航天电器有限公司（以下简称遵义精星）系在黔央企，于2021年获得贵州省首批“法治文化建设示范企业”。通过建立制度体系、组织体系、风险防控体系等，遵义精星建设了全方面、深层次、多角度的立足于企业发展特点的企业法治文化。

（1）组织体系建设方面。遵义精星立足企业现状，进一步完善了法治合规工作体系，完善了公司法治合规工作组织架构。遵义精星成立单位法治合规委员会，落实单位主要领导人负责公司法治合规工作，调整优化法律事务人员的职责。遵义精星配备了与经营管理需求相适应的法务人员及合规兼职人员，并组织领导班子及关键岗位人员签订合规承诺书，利用法治合规网格体系营造良好的法治文化氛围。同时，母公司贵州航天电器股份有限公司于2022年设置了总法律顾问、首席合规官；2023年7月，为贯彻落实《中央企业合规管理办法》文件精神，遵义精星对标设置了由公司领导班子成员担任的首席合规官。通过首席合规官的设置，遵义精星建立了由公司首席合规官领导，法律事务机构牵头，相关部门共同参与、齐抓共管的法治工作体系。首席合规官领导企业法律管理、合规管理工作，统一协调处理经营管理中的法律事务，全面参与重大经营决策，领导企业法律事务机构开展相关工作。此外，遵义精星还编制了法治宣传教育“八五”规划，并成立法治工作领导小组，制定公司法治宣传教育规划、组织法治宣传工作落实，深度发挥了小组带头作用，为公司诚信守法环境的营造提供了组织保障与制度保障。

（2）制度体系建设方面。遵义精星重视普法教育与宣传，一方面，建立内部法律法规数据库并定期更新；另一方面，每年定期梳理与法律法规相关的内部各项制度，对运行情况进行年度评估，完善规章制度体系。基于上述普法教育与宣传背景，遵义精星制定并修订《公司员工道德规范》等A层级管理标准，以顶层设计的形式将“依法治理”“诚信为本”“合规性”作为公司的经营管理理念。在企业诚信建设方面，遵义精星要求公司依法治理、善待各方、公开透明，营造“诚信为本，优质为荣”的经营环境；在员工诚信方面，遵义精星要求员工加强业务领域相关法律知识的学习，力图打造诚实守信、爱岗敬业的员工团队。同时，倡导员工遵守基本道德规范，做到爱国守法、明礼诚信，要求员工遵守国家法律，履行公民义务，遵纪守法；在工作期间或业余时间，都应有起码的文明礼貌，希望员工“礼于外，诚于内”，无论是对待公司客户还是供应商，不仅在言行上要有礼貌，而且在商业交易中要诚实守信，做到言必行、行必果。遵义精星还制定了《员工奖惩管理办法》，对员工违反公司规定的行为给予处罚，实现对各类违规事项的闭环管理。

（3）风险防控体系建设方面。遵义精星建立了完善的风险管理体系，统筹公司风险管理与内部控制，形成了以供、产、销等主要业务部门为价值创造，风控、法务、合规等为支撑，内审、纪检为价值监督的“三层价值网”风险管理价值体系。此外，遵义精星还建立了法律、合规、风险、内控一体化的管理平台，研究法律、合规、内控、风险四项职责之间的协同运作、有机融合，初步形成了以法律为基础、合规管理为前提、内控管理为抓手、全面风险管理为目标的“四位一体”法治工作管理模式，将事前预防、事中指导、事后监督相结合，实现全过程管控。

（4）遵守法律法规、规章制度方面。遵义精星严格遵循民法典、公司法等法律法规，在外部民商事活动中，坚持依法经营，依规治企，秉持善意，信守承诺；在内部合规经营中，公司成立普法工作领导小组，内部推行首席合规官制度，统一协调处理经营管理中的法律事务，全面参与重大经营决策。严格落实在规章制度制定、经营决策以及生产经营其他重要环节的管控要求，全面梳理公司在合规管理方面的薄弱环节。对于规章制度，在发布流程中增加合法合规性审核环节；对于合同评审，在原来合法审查机制的基础上，增加了合规审查，对合作相对方必须上传中标通知书、竞争性谈判、风险评估报告、信用报告等支撑材料；对于重要决策，建立“三重一大”决策事项审批流程，将法务、合规、风险审核嵌入其中，根据申请事项出具法审意见书；在内部合规管理中，对违反《公司员工道德规范》中“明礼诚信”行为的员工给予批评。

（5）编制典型法律纠纷案例方面。为发挥典型法律纠纷案例的警示作用，强化以案为鉴，进一步增强法治意识、合规意识及风险意识，保障公司正常科研生产经营活动，遵义精星收集、整理了具有代表性的、普适性的案例形成案例汇编并予以印发，对买卖合同、劳动合同、建设工程、知识产权、股权转让等重点业务领域以案例方式警示各部门，使各业务部门在合同谈判、起草、审查、签订、履行及业务日常开展过程中切实开展合规管理，切实降低法律合规风险，为提高依法治理能力、防范化解重大风险、全面实现公司高质量发展提供强有力的支撑和保障。

（6）开展多种形式的普法宣传活动。遵义精星将法治学习作为企业党委中心组学习、管理培训、员工教育的必修课。定期开展“4·15”全民国家安全日宣传活动、《职业病防治法》宣传周活动、环境日普法活动、法治宣传月活动、“12·4”国家宪法日及宪法宣传周等普法宣传活动，提升全员守法意识。同时，遵义精星积极推动法治合规队伍专业化建设和能力提升，加大法治学习培训力度，每年组织或参加业务交流和学习活动。目前已开展过学习民法典、采购业务法律风险防控、企业合同风险防范等培训，并组织学习中国航天科工集团有限公司法治合规工作会议精神，不断提高公司依法治理、合规经营管理水平。

2. 贵州长通集团智造有限公司

贵州长通集团智造有限公司（以下简称长通集团）创立于 1993 年，是省内较具规模的生产制造企业集团。近年来，长通集团紧紧围绕企业文化理念，积极创建法治文化，全面推进依法治企。

长通集团在集团上下提出了具有长通特色且明确的法治建设工作要

求，包括“加强领导，落实责任”“整体联动，合力推进”“创新创优，打造特色”“加强监督，强化保障”“广泛宣传，及时总结”五个方面。与遵义精星形成独特对比的是，长通集团准确、充分、全面地利用各种载体来探索、营造公司法治文化氛围，如建立普法宣传阵地、劳动保障中心；建立网络普法阵地，如普法图书角、普法信息群、普法公众号等形式。同时将法治文化建设工作具体分为部署阶段、组织实施阶段、总结验收阶段，还将阶段执行项目分为三级，一级事项由领导班子确定，二级事项划分了任务的分块，包括不同组织机构的事务范围，三级事务达到30—40项，主要是具体的建设举措和建设要求。

作为贵州省首批法治文化建设示范单位，长通集团充分发挥法治文化建设示范企业的引领带动作用，借助公司在贵州电力设备生产制造领域的影响力，将法治思维、法治理念、法治方式和法治文化辐射到经营服务各个环节，力图带动公司广大员工、客户及供应商单位共同为法治贵州建设贡献力量。

3. 贵州民航产业集团有限公司

贵州民航产业集团有限公司（原名：贵州省机场集团有限公司，以下简称机场集团）的前身为民航贵州省管理局，2012年3月机场集团从首都机场集团回归省管，是贵州省国资委监管的大型国有企业。机场集团坚持以习近平法治思想为引领，不断健全法治体系、夯实普法责任、培育法治文化。

为严格贯彻落实党中央全面依法治国的各项决策部署，紧紧围绕“十四五”时期全省经济社会目标和全面深化国有企业改革的核心目标，机场集团根植于企业文化特色，创新法治文化传播载体，利用企业在线协同办公平台打造“法治阵地”专栏。深度发挥“机场窗口”的独特优势，重点利用机场港口码头旅客密集的优势，在贵阳机场及下属支线机场航站楼、登机口等人流密集区域通过LED屏幕、横幅、广播、展板、宣传手册等形式大力宣传习近平法治思想、宪法、安全生产法等，帮助旅客树立法治理念。机场集团严格对照法律法规及各治理主体权利责任，拟定印发了集团公司“155”改革管控事项清单及各产业板块权责清单，清单覆盖财务管理、经营管理、人力资源、投资规划、工程建设、风险管控等 6 大重点领域并配套出台了 12 个核心管理制度和 24 个具体管理制度。

机场集团按照法治国企建设新要求，持续加强法治文化建设组织领导、强化制度保障、加强文化成果的固化和传承、创新法治宣传载体、注重企业法治文化人才培养，发挥法治文化建设对企业高质量发展保驾护航的重要作用。

（三）在黔单位法治文化建设情况概述

自贵州省司法厅等单位在全省开展“法治文化建设示范企业”创建活动以来，省内许多企业单位踊跃参加，积极评选。此次活动涉及的评选企业范围广、类型全、规模大，为推进企业依法经营管理，深化企业依法治理，营造良好的法治化营商环境提供了现实的保障。77 家企业在众多参选企业中能够脱颖而出成为贵州省首批法治文化建设示范企业，其法治机构的组建、法规制度的形成、企业与员工之间的权益法治化管理以及企业内部的法治文化宣传等值得贵州省内其他企业去学习与借鉴。基于此，本课题通过调查问卷收集省内其他单位（不包含省内 77 家获批“法治文化建设示范企业”荣誉称号的企业）关于其内部法治文化建设情况的数据，在此基础上进行可视化分析，为法治文化建设示范单位评价指标的改进优化及应用推广提供有益探索。

1. 法治文化建设调查问卷基本情况

如图 3 所示，本次调查采用的制作软件平台为问卷星（问卷内容见附件 1），通过微信渠道向贵州省内其他未获评单位发放，后收集数据进行统计分析。因时间、人力等因素影响，本次调查共发放问卷 90 份，收回有效问卷 90 份，有效问卷回收率 100%。本次调查问卷共设计 43 道题，分为单选题、多选题以及简答题三种类型。其中单选题为 37 道题，多选题为 5 道，简答题为 1 道。总体来看单选题占据调查问卷内容绝大部分，这说明本次调查问卷的内容设置具有针对性；同时，也能简单了解到省内其他单位目前的法治文化建设中已经制定完成的工作措施以及存在的问题。调查问卷除了设计选择题外，还设计了开放式的简答题，一方面为了了解

图 3　答案来源分析

问卷填写人对于当前单位内部法治文化建设状况的看法；另一方面为了收集问卷填写人对于单位法治文化建设的宝贵建议，为单位法治文化建设的深入开展提供有力支撑。

（1）调查对象的单位性质。在本次调查的单位中（如图 4 所示），首先是黔央企共有 44 家，占比最大，为 48.89%；其次是省属国企和民营单位分别为 19 家（占 21.11%）和 15 家（占 16.67%），占比相当；最后是事业单位等其他类型，占比相对最小，为 13.33%。从本次调查问卷收集的数据来看，受访对象所属单位性质不一，涵盖贵州省各类企业及部分学校。这一方面说明在本次问卷调查中所涉单位的广泛代表性。

（2）调查对象的职务层级。调查对象的职务层级（如图 5 所示）：普通员工为 60 人，占比为 66.67%，超过样本总体数据 50%；中层干部（部长、副部长级）为 13 人（占 14.44%），业务骨干为 10 人（占 11.11%），高层（经理班子成员）为 7 人（占 7.78%）。从调查数据可以看出，本次问卷的样本主体为普通员工，这部分人员虽职级较低，但他们在建设单位法治文化的过程中，是主体力量，也是新生力量。

1.您所在的单位属于以下哪种性质？ [单选题]

选项	小计（单位：个）	比例
A．在黔央企	44	48.89%
B．省属国企	19	21.11%
C．民营单位	15	16.67%
D．其他	12	13.33%
本题有效填写人次	**90**	

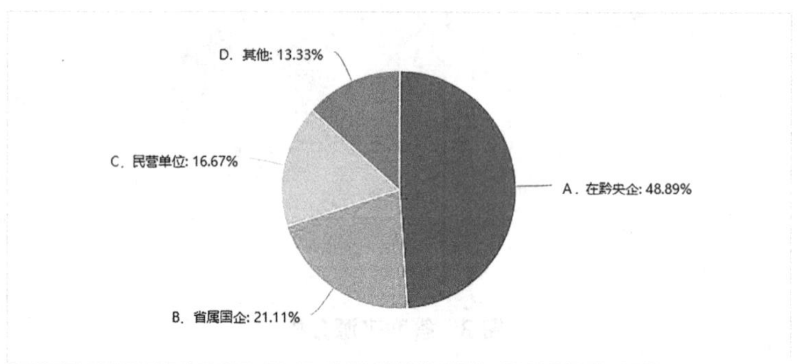

图4 调查单位性质

2.您担任的职务层级是什么？ [单选题]

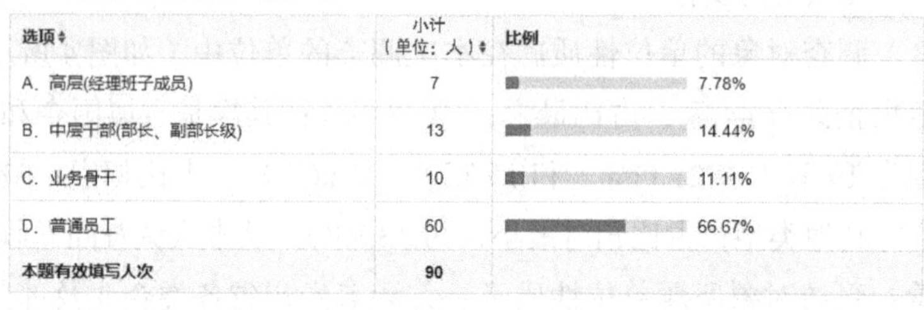

选项	小计（单位：人）	比例
A．高层(经理班子成员)	7	7.78%
B．中层干部(部长、副部长级)	13	14.44%
C．业务骨干	10	11.11%
D．普通员工	60	66.67%
本题有效填写人次	**90**	

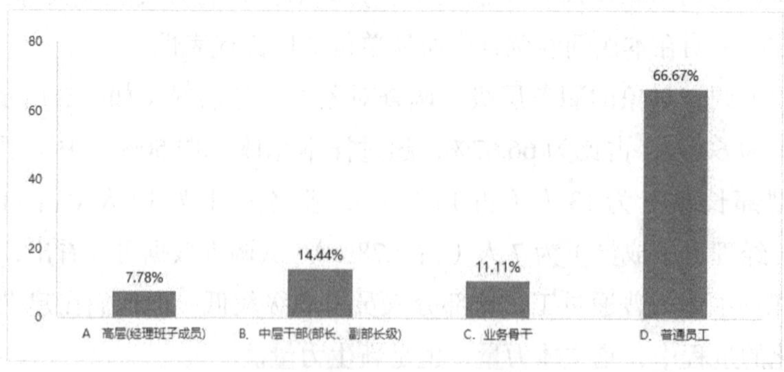

图5 调查对象职务层级

（3）调查对象的业务类型。调查对象在所属单位负责的工作如图 6 所示：负责单位其他业务（占 48.89%）和法律业务（37.78%）的人数最多，分别为 44 人和 34 人，占样本总量的绝大部分；负责单位市场业务（占 8.89%）和财务业务（占 4.44%）的人数相对较少，分别为 8 人和 4 人。这表明本次调查问卷的发放符合课题组的调查初衷，从不同层面、维度了解不同业务群体对单位法治文化建设状况的评价。其他业务占比最多也从侧面说明了样本数据的全面性和客观性，而不只是针对单位中法律人员。

3.您在单位主要负责哪方面的工作？ [单选题]

选项	小计（单位：人）	比例
A．财务	4	4.44%
B．法律	34	37.78%
C．市场	8	8.89%
D．其他	44	48.89%
本题有效填写人次	90	

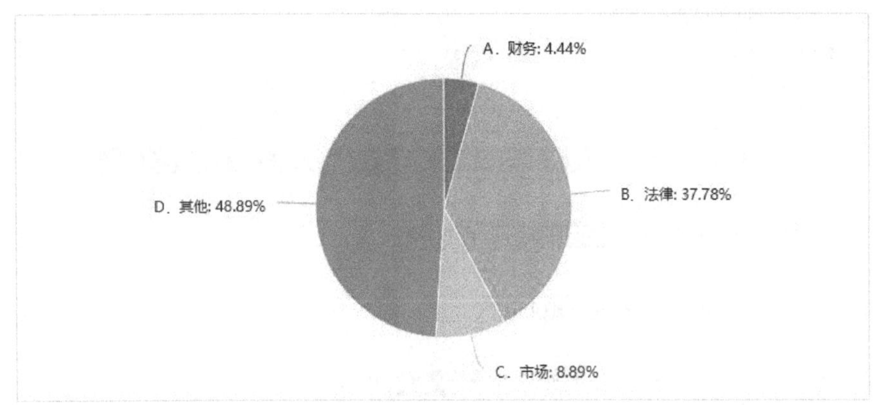

图 6　调查对象业务类型

2. 法律合规人员在单位的重要程度

基于法律服务的不断普及，法律人员的身影已深入各行各业，扮演着重要的角色。为了更好地了解法律人员在单位中的角色定位，本文分别围绕以下这两个调查事项展开，分别为：“您所在的单位是否设立总法律顾问及首席合规官？”“您所在的单位是否落实单位主要负责人履行法治建设第一责任人职责制度？”

（1）总法律顾问及首席合规官建设情况。根据国务院国资委出台的《中央企业合规管理办法》相关规定：“中央企业应当结合实际设立首席合规官，不新增领导岗位和职数，由总法律顾问兼任，对企业主要负责人负责，领导合规管理部门组织开展相关工作，指导所属单位加强合规管理”。越来越多的单位在治理的过程中逐步引入总法律顾问及首席合规官的职位，通过图 7，我们来进一步了解当下在黔单位关于此职位的配备状况。

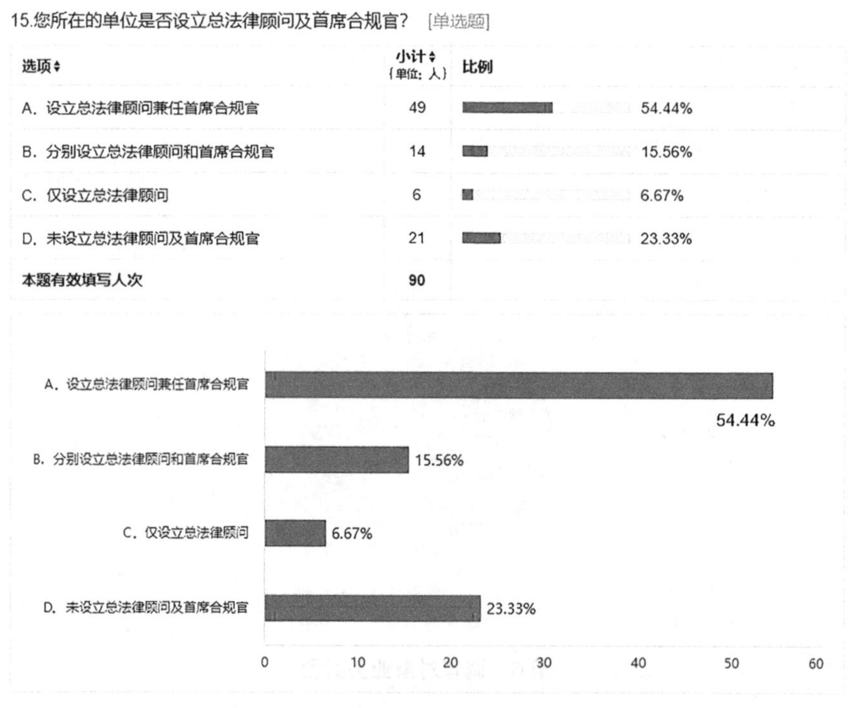

15.您所在的单位是否设立总法律顾问及首席合规官？ [单选题]

选项	小计（单位：人）	比例
A. 设立总法律顾问兼任首席合规官	49	54.44%
B. 分别设立总法律顾问和首席合规官	14	15.56%
C. 仅设立总法律顾问	6	6.67%
D. 未设立总法律顾问及首席合规官	21	23.33%
本题有效填写人次	90	

图 7　总法律顾问及首席合规官

调查数据显示，49 人（占 54.44%）认为其所在单位已经设立总法律顾问及首席合规官；21 人（占 23.33%）认为其所在单位未设立总法律顾问及首席合规官。通过数据对比可知，目前还有很多包括地方国企、民营企业在内的单位未设立总法律顾问及首席合规官。这启示已设立总法律顾问及首席合规官职位的单位，要充分挖掘设立的价值，建立健全体制机制，从而带动地方国企、民营企业借鉴、效仿。

（2）法治建设第一责任人制度建设情况。在单位中落实好主要负责人履行法治建设第一责任人职责制度极为重要。正如图 8 所显示：对于单位主要负责人履行法治建设第一责任人职责制度的回答，选择选项 A“成立法治建设领导小组并定期组织召开会议”的人数为 61 人（占 67.78%），选择其余选项的人数为 29 人（占 32.22%）。这说明单位在推进法治化的进程中，主要负责人履行法治建设第一责任人职责制度需要进一步落实。

14.您所在的单位是否落实单位主要负责人履行法治建设第一责任人职责制度？ [单选题]

选项	小计（单位：人）	比例
A. 成立法治建设领导小组并定期组织召开会议	61	67.78%
B. 成立法治建设领导小组，但未定期组织召开会议	14	15.56%
C. 未成立法治建设领导小组	7	7.78%
D. 完全不清楚法治建设第一责任人职责制度相关要求	8	8.89%
本题有效填写人次	90	

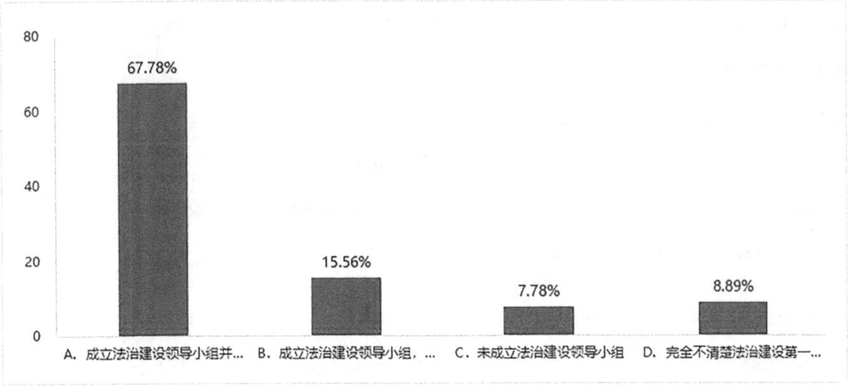

图 8　法治建设第一责任人制度

3. 法律合规人员设置及教育培训情况

单位配置法律部门进行法律合规审查有利于防范经营风险，但法律人员专业背景及教育培训情况不一，影响了法律合规审查的质量和效率。

（1）法律合规人员设置情况。从图 9 中可以看出：设置有专门的法律合规机构及专职法律合规人员且该人员具有专业背景及相关资格证书的单位占比并不是特别高。数据暴露出有部分单位没有配备专门的法律合规机构或法律合规人员，以及虽然有部分单位配备有法律合规机构，但部分法律合规部门人员并不具备法律专业背景。毋庸置疑，法律作为一个具有资质证书要求、较高门槛的职业，除了要求从业人员取得一定的从业资格，还要求其应具备较高的法律素养和较全面的综合素质。这就要求法律合规人员除了要具有法律专业背景外，还要不断地接受系统的法律知识和经营管理等方面的教育培训。

17.您所在单位的法律合规机构建设或法律合规人员配备的情况是怎样的？ [单选题]

选项	小计（单位：人）	比例
A. 有专门的法律合规机构及专职法律合规人员	56	62.22%
B. 没有专门的法律合规机构，但有专职法律合规人员	14	15.56%
C. 只有兼职法律合规人员	16	17.78%
D. 无任何法律合规人员	4	4.44%
本题有效填写人次	**90**	

18.您所在单位的法律合规人员是否具有专业背景？ [单选题]

选项	小计（单位：人）	比例
A. 具有专业背景及相关资格证书	59	65.56%
B. 具有专业背景或参加相关学习，但未取得相关资格证书	13	14.44%
C. 无专业背景，未取得相关资格证书	14	15.56%
D. 无任何法律合规人员	4	4.44%
本题有效填写人次	**90**	

图 9　法律机构及人员配备

（2）法律合规人员参加法律培训情况。承接上个问题，不断地接受系统的法律知识培训，有利于法律合规人员提高专业素养，更好地为单位高质量发展做出贡献。

21.您所在单位的总法律顾问、首席合规官及法律合规人员是否定期参加培训？ [单选题]

选项	小计（单位：人）	比例
A．每年参加培训两次及以上	35	38.89%
B．每年参加培训一次	20	22.22%
C．未定期参加培训	12	13.33%
D．不清楚	23	25.56%
本题有效填写人次	**90**	

22.您所在的单位是否定期开展法律合规专项培训？ [单选题]

选项	小计（单位：人）	比例
A．是，每年开展，培训次数较多	51	56.67%
B．是，但不是每年开展，培训次数不多	20	22.22%
C．从未开展	6	6.67%
D．不清楚	13	14.44%
本题有效填写人次	**90**	

图 10　定期参加培训

但如图 10 所示，不难看出调查单位定期开展法律合规专项培训的次数并不多。这很大程度上会影响法律合规人员法律专业素养的持续性养成，并且会弱化法律合规人员的专业能力，从而导致单位可能会发生重大风险事件（如图 11 所示）。

4. 法治文化建设制约因素及法律合规工作的改进建议

从图 12 中可以看出：样本数据总体均达到 70% 以上（A 占 81.11%，B 占 76.67%，C 占 78.89%，D 占 74.44%），这说明当前在单位法治文化建设中，存在着共同的制约因素，需要引起我们足够的重视，并持续关注和整改优化。

28.您所在单位是否发生过重大合规风险事件？ [单选题]

选项	小计（单位：人）	比例
A．是，发生过，并明确重大合规风险事件数量	17	18.89%
B．是，发生过，但我所在的岗位无法得知具体情况	7	7.78%
C．否，未发生过	52	57.78%
D．不清楚	14	15.56%
本题有效填写人次	90	

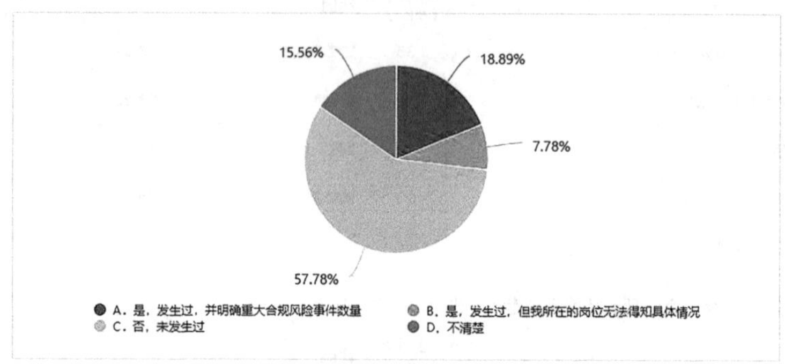

图 11　重大合规风险事件

39.您认为制约单位法治文化建设的因素主要有哪些？ [多选题]

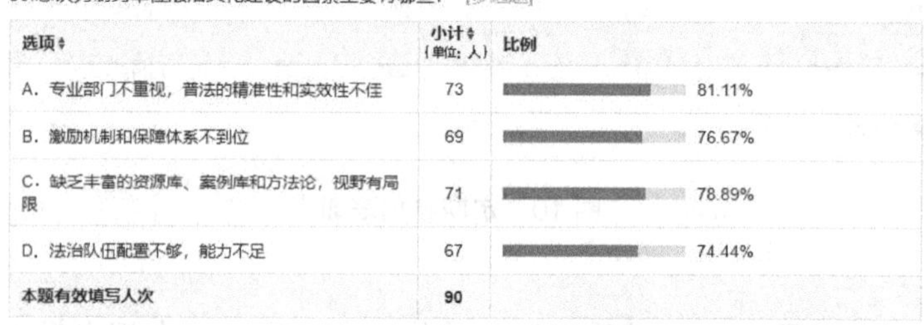

选项	小计（单位：人）	比例
A．专业部门不重视，普法的精准性和实效性不佳	73	81.11%
B．激励机制和保障体系不到位	69	76.67%
C．缺乏丰富的资源库、案例库和方法论，视野有局限	71	78.89%
D．法治队伍配置不够，能力不足	67	74.44%
本题有效填写人次	90	

查看多选题百分比计算方法

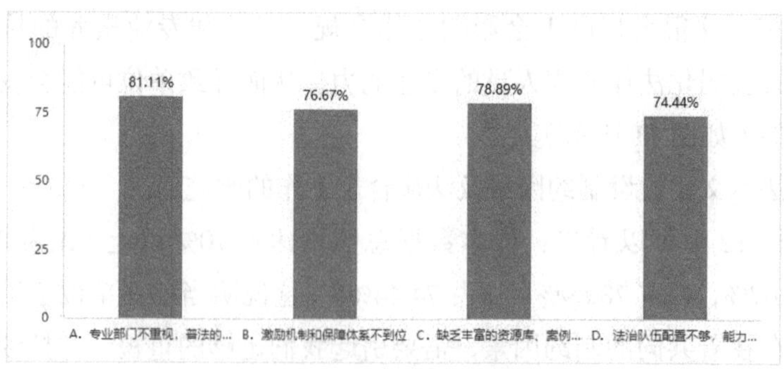

图 12　法治文化建设制约因素

如何优化法律合规工作，调查对象在最后一道开放式问题中各自提出改进建议。建议主要集中于“合规”“法律”“培训”“建设”“规章制度”等方面，当然也有部分填写者未能就此提出自己的看法。课题组在汇总分析的基础上，将问卷填写者的改进建议如下：

（1）加强队伍建设，运用信息化手段强化合规管理体系；

（2）加强人员配备，加强合规审查，加强合规培训教育；

（3）加强法律知识培训，采用生动的案例传播法律知识；

（4）结合公司经常发生的诉讼案件，收集案例，做好以案释法工作；

（5）加大法律法规、规章制度宣传学习，重点关注重要业务领域法律知识和新施行的法律法规。

5. 法治文化建设调查问卷总结

问卷调查有助于了解当前贵州省内单位法治文化建设现状，更好推动贵州省法治化伟大进程。在认真调查研究、论证分析后，结合课题研究需要，整理成以下内容，集中表现为省内单位法治文化建设过程中的有益探索和不足之处：

（1）法治文化建设的有益探索。一是单位法律合规的重视程度得到提高。越来越多的单位在经营管理过程中，将单位风险防控与法律审核相结合，降低经营风险，保障单位依法经营。二是单位法律合规制度建设卓有成效。这为支撑单位改革发展，法律合规体系得以持续完善，促进单位法治文化建设，进一步提高单位员工的法律意识，有效解决单位与员工及与其他单位之间的矛盾纠纷提供保障。三是实行重大经营决策事项必须进行法律审核的原则贯穿于单位法治建设过程中。法律审核存在的意义不仅仅限于安全保障的最后一道防线，更是作为依法治企，依法经营的一种良好风气习惯。只有将制度建设内化于日常良好习惯，单位法治建设的道路才会越走越远。

（2）法治文化建设的不足之处。因文章篇幅有限，课题组未能罗列全部问卷调查问题。在对调查问卷结果进行分析总结后，课题组认为许多单位在法治文化建设过程中取得了一定成效，但也有相当比例单位在法治文化建设中暴露出了不足与问题。

一是合规管理体系有待健全，合规管理制度亟待完善，合规管理工作机制亟须改进。部分单位存在合规管理体系设计不全，单位合规意识落后；合规管理组织领导和统筹工作不协调，合规审查工作指引缺失及风险识别能力低下等问题。

二是重大决策事项合规管理程序不规范，合同管理流于形式，纠纷案件管理力度不足。众多单位虽实行重大决策事项合规法律审核，但研究论证程序缺失；合同法律风险管控仅限于合同法律审核阶段，未能贯彻整个合同全生命周期及法律纠纷案件资金投入不足和处理力度不够。

三是规章制度制定修订计划管理滞后，制度执行不够有效及规章制度信息化应用缺乏。存在相当一部分单位未将规章制度进行归口管理，规章制度修订与单位其他现行有效制度相冲突；制度执行流于形式，仅停留表面及规章制度信息化应用未能有效实现，经营管理效率低下。

四是法治工作，资源投入力度有待加大。主要表现在外部法律资源优势未能有效发挥及内部经费投入、表彰奖惩力度不足，以及法治机构、法治队伍建设投入不够，法律人才短缺，专业能力薄弱等问题。

五是法治宣传教育不到位，普法形式单一及普法责任机制未落实。这导致相当比例单位在法治文化建设过程中，未能充分发挥党的领导作用；未能深入推进单位法治建设，普法责任清单未建立或健全；未能加强全员法律合规培训，经营管理人员学法用法制度未落实，法治教育课程未纳入党校培训及高中级管理人员培训课程体系。

（四）在黔单位法治文化建设的经验总结

本文基于前述法治文化建设示范企业的实证分析，结合在黔央企、省属国企、民营单位的问卷调查情况，对在黔单位的法治文化建设经验进行了总结。对于在黔央企、省属国企、民营单位等在黔单位来说，法治文化体现了单位的法治意志，更是单位法治精神与法治环境的体现。一个国家缺乏法治精神和法治环境，法律法规往往就难以得到全面贯彻执行，国家的经济运行也将难以得到有效运行。同样，一个单位如果没有相应的法治精神和法治环境做保证，则单位将难以得到高质量发展，而单位的法治精神与法治环境只有在单位法治文化建设的引导、影响下方能孕育。党的二十大报告提出“全面依法治国是国家治理的一场深刻革命，关系党执政兴国，关系人民幸福安康，关系国家长治久安”，一个单位法治建设的繁荣发展离不开法治文化建设的支撑。在未来很长的时期内，推动在黔单位的法治文化建设将成为贵州省法治建设的一项重要工作。这就要求我们立足于单位改革发展的全局和长远目标，充分认识加强法治文化建设的重要意义。

1. 单位法治文化建设孕育单位法治精神与法治环境

所谓法治精神，就是坚持“法律至上”原则，依法办事，用法治理，不允许任何人有违反法律法规、规章制度及内部章程的权利；所谓法治环境，是在单位法治文化建设的指导下形成的一种人文环境，并且通过是否认真贯彻落实法律法规、是否依照单位规章制度运行体现出来的一种特有氛围。法治是与人治相对立的，法治精神不允许任何人凭自己的偏好随意更改单位既有的法治文化体系。显然，一个单位如果没有法治精神，就不可能看重所在单位法治文化的建设；而单位工作人员缺乏法治精神，也难以自觉主动地去贯彻执行成文的正式的规章制度。因此，加强单位法治文化建设，从而提升管理者特别是主要负责人的法治精神，培养全体员工的法治精神，营造良好的单位法治环境，从而在单位的科研生产、经营管理、日常运行中形成相应的法治基础，对于单位高质量、可持续及稳健发展具有重要意义。

2. 单位法治文化建设的程度决定单位法治建设的效果①

单位的法治文化包含了单位的市场价值取向与法治精神追求，这种市场价值取向与法治精神追求对单位的经营决策具有重要指导作用，从而对单位法治建设的效果产生根本影响。一个单位的法治文化建设水平与单位的法治建设效果系正相关关系，单位的法治建设很大程度上是通过单位的内在规章制度、治理体系、内部章程来推动，而这三类推动要素构建的内在需求与单位法治文化建设的发展程度又紧密相关。因此，单位法治文化

---

① 龚廷泰等:《法治文化建设与区域法治》，法律出版社 2011 年版，第 201 页。

的建设也必然要求单位法治建设的丰富与完善，这种要求则顺势构成了单位进行法治建设的内在动因之一。从这个角度来说，单位的法治建设不能单纯依靠规章制度、治理体系、内部章程的建立，更重要的是建立后在单位内部的运用与实施，这也是单位法治文化建设的初衷与根本目的。

3. 培育以法治文化为基石的企业文化

企业的运作需要一套运行有效的规章制度体系，尤其是依法治理的企业更应强化企业的制度体系建设。企业的绝大部分业务和流程都可通过规章制度固化，从而得到授权执行。若企业的重大决策、日常经营管理和业务流程都能按制度运行，企业就可以通过这一套规章制度来预防和纠正错误，控制风险，确保企业治理和经营发展在法治轨道上健康运行。所以，将企业法治文化的建设全面覆盖到企业的规章制度、管理标准、工作标准甚至技术标准，并将企业的法治建设要求植入其中，最终实现企业管理的标准化、制度化、规范化、程序化，形成“五讲四要”（“讲底线、讲诚信、讲公平、讲程序、讲效益，要按制度办事、要按章程治理、要按程序决策、要按合同履约”）的企业法治氛围。

二、贵州省单位深化法治文化建设措施探析

结合问卷调查的结果，本文在贵州省相关单位法治文化建设现状综合分析的基础上，对单位在法治文化建设涌现出的先进经验做法以及暴露出的问题和不足进行梳理，巩固深化先进经验，改进优化短板弱项，从提高政治站位、健全法治合规管理体系、强化重点领域依法合规经营、建立健全规章制度体系、夯实法治工作基础、加大法治宣传力度等方面进行探讨，提升贵州省单位法治文化建设质效。

（一）提高政治站位

1. 加强党的领导

党的领导在企事业单位治理中发挥领导核心和政治核心作用，通过本次调研得知，部分单位在党的领导与建设方面相对薄弱，多数民营企业未设立党组织，或者部分企业虽设立了党组织却形同虚设，未真正发挥党

的领导及把关作用。应贯彻落实单位党委（党总支）领导推进法治建设的主体责任，不断完善单位党委（党总支）定期听取法治工作汇报机制，将主要负责人法治职责落实情况纳入领导人员综合考核评价体系，把法治素养和依法履职情况作为考核干部评价的重要内容之一，注重提拔法治素养好、依法办事能力强的领导干部。

2. 学习贯彻习近平法治思想

单位须认真学习领会习近平法治思想的基本精神与核心要义，将习近平法治思想作为各级党委（党总支）必学内容，作为领导干部学习培训必修课程，[①] 作为法律人员培训专题内容之一，积极推动领导干部带头学习、模范践行，切实把习近平法治思想贯彻落实到单位治理的全过程和各环节。坚持学习习近平总书记关于统筹发展和安全、坚持底线思维防范化解重大风险等系列重要讲话和指示批示精神，切实在习近平法治思想框架内想问题、做决策、促改革、谋发展，持续健全源头预防、过程控制、损害赔偿、责任追究的治理体系，有效提升治理体系和治理能力现代化水平。

3. 深化法治建设第一责任人职责

党政主要负责人应当将履行推进法治建设第一责任人职责情况列入年终述职内容，加强对本单位法治建设的组织领导，组织制定法治工作规划和年度工作计划，及时研究解决单位法治建设有关重大问题，为单位推进法治建设提供保障、创造条件；上级党委应当对下级党政主要负责人履行推进法治建设第一责任人职责情况开展定期检查、专项督查。制定单位负责人应知应会法律法规清单，推动领导干部“关键少数”做尊法学法守法用法的模范，切实发挥“关键少数”的引领和带动作用。

（二）健全合规管理体系

1. 健全合规管理体系

2020 年，中共中央分别发布了《法治中国建设规划（2020—2025

---

① 《以习近平法治思想为指导，谱写法治企业建设华章》，载《人民政协报》2022 年 3 月 8 日，第 30—31 版。

年）》《法治社会建设实施纲要（2020—2025年）》等文件明确要求各级单位增强合规意识，守法诚信、合法经营，强调单位合规管理要跟上现实需要。加强合规管理顶层设计，构建与法律、风险、内控有机结合，与审计、保障监督有效衔接的合规管理体系，充分发挥体系协同效应的工作机制，确保全面覆盖、有效运行。持续强化重点领域关键环节合规管理，进一步迭代完善采购销售、国际化业务、人力资源、固定资产投资、“两金”管控、资金管理等合规指南，针对重点领域和关键环节的共性法律合规风险及时预警，着力搭建全员参与、全程监控、全面覆盖的合规管理体系。

2. 完善合规管理制度

建立合规管理委员会，与单位法治建设领导小组合署，承担合规管理的组织领导和统筹协调工作；持续建立健全合规管理重点领域清单式管理机制，将合规要求嵌入岗位职责、业务流程，落实到具体岗位、具体人员。加快制定合规审查工作指引，突出抓好合规审查机制建设，形成业务自查，合规部门检查，审计部门审计监督、问题整改的闭环管理机制。按照“业务谁主管、合规谁负责”的原则，强化业务部门和一线人员合规主体责任，加强业务领域涉及的各项法律法规、规章制度的学习。

3. 健全合规工作机制

统筹开展合规经营证照资质办理情况排查和风险识别工作，建立经营证照资质风险预警和动态监控机制，有效防范合规经营风险；组织实施在建项目合规管理核查评价，排查项目在立项、合同签订、招投标、授权委托、财务收支、印章管理等方面存在的风险，督促制定整改措施；组织业务部门开展合规自评和专项检查工作，协同开展企业挂靠、公务用车、公司治理等专项工作，着力解决有制度不依、执制度不严、违制度不罚等问题，将合规管理成效纳入单位年度法治建设的考核评价体系之一，整体提升单位合规管理工作效能。

4. 发挥章程的基础和统领作用

章程是公司存在和活动的基本依据，是公司行为的根本准则。它既是公司成立的行为要件，也是公司对外的信用证明，国家有宪法，公司有章程，章程对于公司的意义犹如宪法对于国家的意义。随着公司规模的扩大，不少单位股东人数增多且高度分散，单位经营也日趋复杂，在这种情况下，部分单位的所有权和经营权开始分离，而公司治理问题就在这种所有权和经营权相分离的背景下产生，公司治理问题是公司的核心问题之一，而章程作为公司组织和行为的根本准则，对单位发展具有举足轻重的作用。单位需进一步明确章程制定、修订工作流程，完善章程内容，规范出资人代表机构、股东（大）会、党组（党委/党总支）、董事会、监事会、经理层和职工代表大会等权利责任，明确各权利机构决策机制、决策清单和授权机制，保障各治理主体依法合规有效履职；不断丰富和完善公司治理体系，健全完善由董事会指导、法治建设合规管理的工作机制，强化董事会定战略、做决策、防风险职能，厘清各治理主体的职责边界，明确履职程序。同时，加强章程落实情况监督检查，对于违反章程的行为，严肃问责，坚决纠正整改。

（三）强化重点领域依法合规经营

1. 强化“三重一大”决策事项合规管理

单位应当结合实际制定“三重一大”决策制度实施办法及细则，明确“三重一大”决策事项范围、决策程序及决策机构，建立“三重一大”决策事项清单。单位应将党委（党总支）会议作为“三重一大”事项决策的前置程序，将法律合规与风险内控审查作为“三重一大”事项上会的必经环节，并要求出具重大经营决策事项风险评估报告及法律审查意见书，单位总法律顾问及首席合规官应在法律意见书上签字确认，对于风险指数、风险等级较高的决策事项，应提前制定风险防范措施。同时，单位可针对常见的重大经营决策事项，建立法律审核模板，归纳审核要点，总结提炼风险事项，切实降低单位重大经营决策事项的经营风险。

2. 加强合同管理

在单位经营过程中，要素齐全、权利义务关系明确、违约责任清晰的合同可以有效防控法律风险。单位应结合实际制定合同管理专项制度，明确合同管理各环节重要内容。合同法律风险管控并不仅限于法律合规审核阶段，而是涉及合同起草、审核、签订、用印、执行、归档等方方面面。

在合同起草阶段，双方应按照国家法律法规相关规定，依法履行招标投标程序，具体要求可参照政府采购法、招标投标法等法律法规相关规定予以执行；在合同审核阶段，须审查合同相对人的资信条件是否满足合同订立目的，合同各方主体是否适格，各方权利义务关系是否明确，是否包含违约情形与责任；对于合同审核通过后的用印环节同样需要进行监管，防止人为替换合同文本；合同生效后，需指定专人跟踪合同执行情况，防止出现履约风险；合同履行完毕后，合同经办人应将合同予以归档。总之，单位应以“风险防控”为原则，不断提升合同管理精细化水平，通过合同全生命周期管理，实现风险信息互通互享，充分发挥风险预警机制监督、指导、服务的作用。

3. 强化纠纷案件管理

加大法律纠纷案件处理力度，坚持“集中管理和分级负责相结合，案件处理与管理改进相结合”的案件管理模式，整体树立单位可实现利益最大化的诉讼导向，实现最大程度的增收或减损，加强案件分级管理，健全案件备案和“管理归零”机制，建立诉讼案件库，明确入库、出库标准，实施动态管理。加强对诉讼可行性和结果的评估预判，择优选择纠纷解决路径和方法，从实效出发提高纠纷解决效率。按照分类处置的基本原则加快处置积案，充分发挥法律与业务部门在案件处置中的双控作用，实现“以案促管、以管创效”目标。及时预警防范偏离主责主业、违规承揽工程、违规提供担保、违法解除劳动合同等问题，提高内部风险预警能力。建立鼓励依法维权的激励约束机制，倡导多元纠纷解决机制，将调解、和解纳入尽职免责清单，加强案件敏感信息管理和涉案舆情管控，组织法律、经营、财务、审计相关人员和外聘律师团队，合理推动诉讼应对工作，确保主体责任能落实、专业指导能奏效、跟踪督办能反馈，妥善处置遗留风险引发的法律纠纷案件。

（四）建立健全规章制度体系

1. 强化规章制度管理

单位应建立规章制度台账，对台账进行动态管理，及时将国家法律法规及上级单位、控股股东的管控要求在本单位规章制度中准确转化。每年年初组织开展规章制度制定修订计划管理工作，由各业务部门报送本年度制度制定修订计划至规章制度归口管理部门（建议由法律合规部门担任），业务部门按计划推进各项制度的制定修订工作，规章制度归口管理部门负责监督业务部门制度制定修订完成情况，将制度制定修订完成情况纳入部门考核评价范围。规章制度归口管理部门应对业务部门拟制定修订的制度草案内容进行法律合规审核，整体分析制度制定修订的可行性及必要性，明确制度是否符合国家法律法规及上级单位、控股股东相关规定，是否与单位现行有效的其他制度相协调、衔接，是否存在冲突等。

2. 提高制度制定和执行质量

结合单位的主业发展方向及规划，及时跟进单位各类合规管理需求，选准开展法律合规工作的切入点，定期梳理、及时修订单位规章制度，做到“全覆盖”有章可循，规范运行。建立制度征求意见和公示制度，加强法律审核把关，提高制度制定质量，提高制度制定修订的针对性、及时性、系统性和可操作性。建立健全制度宣贯工作机制，通过专题培训、“规章制度大讲堂”等多种形式，及时对新修订制度进行宣贯解读，将制度纳入业务流程，推进制度执行，确保单位各项经营管理活动不踩线、不越界。

3. 强化制度评估和检查

建立制度制定单位自查自评、制度归口管理部门组织评估等工作机制，对照国家的新要求和制度操作中存在的问题及时总结，着力解决违规成本过低、处罚力度不足等问题。强化制度执行的监督检查，建立制度执行中期评估检查机制，充分利用各类监督力量，着重加大对合法合规经营风险较大领域制度执行情况的监督力度。通过内控评价、审计和巡视巡察等，强化监督评价制度执行效果，及时堵塞制度漏洞。

4. 加强规章制度信息化应用

随着大数据云计算时代的到来，规章制度的信息化管理与应用是单位高质量发展的应有之义。当前，部分企业和学校为规范各方面管理，制定了大量的规章制度，但是制度的实际运用效果不甚理想。对此，单位应当积极探索建立科学规范的规章制度信息数据库，动态更新完善制度库内容，利用现代化技术手段提高规章制度的获取效率，方便单位全体人员快速检索、查阅，整体提升制度发布的权威性及适用性。信息化平台可以将制度的格式、框架、原制度与新制度的条款对比表等关键内容变成程式化要求，制度起草者可以利用信息化手段实现文字表达规范化、文本格式统一化、条款变更可视化；与此同时，单位可以充分利用信息化平台进行意见征集、反馈、修改等，确保所制定的规章制度符合单位实际情况且具有可操作性。

（五）夯实法治工作基础

1. 探索建立“四位一体”协同工作机制

按照“以法治为基础、以合规为底线、以风险为导向、以内控为核心”的工作思路，积极实施“法律、风险、内控、合规”四位一体协同工作机制，主动对标世界一流单位，参照国内外先进典范，稳步推进法治组织体系建设不断深化，在能力和水平上不断钻研、提升，集成法治资源，发挥管控合力，共用一个方法论、共享一套机制流程，实现风险管理覆盖全业态、内控管理贯穿全过程、合规管理严格边界底线，建成全面覆盖、高效运行的一体化合规管理体系，整体提升单位风险管控能力。

2. 加大法治机构建设力度

进一步明确业务部门合规主体责任、合规部门牵头责任、纪检监察审计等部门监督责任，着力打造合规管理三道防线的工作格局。推动合规要求向各子单位延伸，充分发挥法律部门源头防范风险和法律审核把关作用。加快建设由主要负责人负总责、总法律顾问牵头推进、法律事务机构具体实施的工作机制；总法律顾问全面领导单位法律管理工作，统一协调处理经营管理中的法律事务，全面参与重大经营决策，领导单位法律事务机构开展相关工作。

3. 加强法治工作队伍建设

单位应当探索建立科学、规范的总法律顾问工作制度和工作流程，保证总法律顾问享有单位经营业务的知情权和法律审核权；要充分发挥总法律顾问在单位改制及合并、分立、重组、股权转让和完善法人治理结构等重大事项中的法律审核把关作用。单位应当将总法律顾问制度纳入章程，并列明总法律顾问属于单位的高级管理人员，强化考评激励，加强单位总法律顾问后备人才培养，保障总法律顾问配备到位和有序更新接替。此外，单位还应当结合实际设立首席合规官，不新增领导岗位和职数，由总法律顾问兼任，对单位主要负责人负责。单位还应提供一定的条件与便利，大力支持法律工作人员参加专业知识培训，鼓励相关人员参加国家统一举办的法律职业资格证考试，提高持证上岗率，向经营管理岗位输送法治素养好、综合素质能力强的法律人员，畅通人才成长通道，吸引更多人才加入法律工作队伍。

4. 发挥外部法律资源优势

建议并优化法律事务工作委员会协同机制，集中力量解决单位法律与合规工作中的普遍、共性、重大问题。搭建交流平台，充分借助外脑外力促进单位法律合规工作再上新台阶。建立外聘律师库，明确入库、出库标准，健全律师工作评价机制，提高外聘律师服务质量与效率；对于重大项目、合同及涉外法律纠纷案件可组织外部专家、律师进行充分调查、论证。

5. 提升数字化智能化水平

推进单位风险监控平台建设及应用，充分利用大数据、云计算、人工智能等现代科技手段实现法律合规风险在线识别、分析、评估、防控，构建数字化、智能化合规管理与风险管控系统。推动法律合规信息集成及数据共享，与财务、产权、投资等系统互联互通，将业务合规管理嵌入、固化到现有业务信息系统。建成物资合同履约监控系统，实现法律与物资、财务系统联动，重要业务数据融合共享，监控物资合同履约异常，实现法律合规风险在线防控，加强业务标准化建设，提高模板化、表单化、可视化水平，减少低效重复性工作，提升业务工作效率和质量。

6. 加大经费投入及表彰奖惩力度

通常法律工作质量、水平和法律工作者的积极性等都取决于法治工作经费的投入程度，这就需要单位不断提高法治工作经费管理的科学性和规范性，使得单位法治工作经费管理符合当前新形势的要求。整体做好法治合规预算管控，加大对相关期刊、报纸、书籍等订阅力度；建立目标导向激励机制，重点支持申报各类法律工作项目扶持资金，提升法律工作资金效能，鼓励单位干部职工积极、主动参与相关课题研究，加大配套自筹资金投入，对与高校、科研院所、律协律所开展合作研究的干部职工，要加大表彰力度，充分调动广大干部职工的创作热情。

（六）强化法治宣传教育

1. 丰富普法形式

深入贯彻习近平法治思想、社会主义法治体系、党内法律法规。坚持“精准普法”，以业务和人员为导向，制定业务实施法律指引，做到普法内容与对象的“双精准”，实现法治宣传教育与单位改革高度融合。推进“智慧普法”，以互联网思维和全媒体视角，利用新媒体新技术，搭建信息化普法平台，形成融“报、网、端、微、屏”于一体的全媒体法治宣传格局。突出“生动释法”，以动漫微视频、案例分析、短文快讯、书法绘画等方式，创作多样化法治文化普法作品。

2. 建立普法清单

进一步强化普法责任，深入推进单位法治建设，建立健全普法责任清单，普法责任清单由共性清单和个性清单两部分组成，共性清单涵盖了学习宣传内容、部门普法任务、普法工作要求等方面的“规定动作”；个性清单为各部门的“自选动作”，明确了单位普法的“责任田”，对普法重点任务、宣传重点内容、重点普法对象和年度重点活动作出明确要求，内容涵盖了宪法、民法典、公司法等法律法规及习近平法治思想等重点普法宣传内容，并针对重要节点作出具体活动安排。清单要求各单位坚持普法工作和法治实践相结合，健全工作制度，建立普法台账，定期总结普法宣传效果。

3. 加强法律及合规培训

落实经营管理人员学法用法制度，将法治教育课程纳入党校培训及中高级管理人员培训课程体系，强化中层领导干部定期学习法律及规章制度，通过线上线下相结合方式，开展对单位各职能部门中层以下管理人员法律及合规知识集中培训，强化投融资、招投标、合同管理、销售管理、资产处置、工程建设、人力资源等业务领域内的关键岗位人员定期法律及合规专项培训，提高经营管理人员依法经营、依法管理能力，提升单位管理法治化水平。

法治文化建设是“依法治国”基本方略在市场经济领域的内在要求和重要体现，是强化现代管理制度的重要手段，同时也是单位可持续发展、稳健运行的重要保障。单位法治文化是单位文化与内外法治环境相结合的产物，它内化于单位文化之中，却又在单位文化的软性氛围中增加了刚性成分，赋予了单位文化更深的含义和作用，单位法治文化已经成为单位高质量发展的重要驱动力和竞争力。同时，随着“互联网 +”模式的发展，新型的电子商务模式涌入市场，单位在面对外部交易时潜在风险日渐增大，单位法治管理过程中涉及的环节多、范围广、流程复杂。因此，要想在瞬息万变的市场环境中谋求一线商机并得以跨越发展，单位则需立足新的时代坐标，不断加强单位法治文化建设，积极推行依法合规治理，让法治成为公司的重要软实力和核心竞争力。

三、贵州省创建法治文化示范单位指标体系构建

前期，贵州省司法厅联合工业和信息化、国资委、市场监管、税务、工会、工商联等部门多次召开座谈会，最终确定“法治文化建设示范企业”以依法治企、规范建设、以人为本促进和谐为原则，重点聚焦“组织机构建设、落实普法责任制、依法治企及员工权益保障、企业法治文化氛围营造”四大方面，并分解成21个小项。课题组在对首批“法治文化建设示范企业”开展实证研究并总结分析的基础上，提出对贵州省开展创建法治文化建设单位指标体系构建建议。

（一）对法治文化建设示范企业评价指标体系的建议

对于原评价指标，被调研单位在申报“法治文化建设示范企业”时结合实际提供了证明材料，具体如下：

在组织机构建设方面，评分标准细分为“把企业法治文化建设纳入企业管理工作议程，企业领导决策层每年至少研究部署 1 次法治文化建设工作，有工作方案及督促落实情况”“创建企业法治文化工作相关机构，有专兼职人员负责该项工作开展”“建立企业法治文化创建台账”三项，每一项满分都为 5 分。对于这三项，被调研单位将其落实为“议程汇报、建设方案、组织机构、工作制度、创建台账”五个方面具体工作，并提交了《法治文化建设实施方案》《法治建设工作领导小组办公室工作职责》《2021 年法治文化建设工作计划》《关于成立法治文化建设工作办公室的通知》《2021 年企业法治文化建设台账》等材料作为支撑。

在落实普法责任制方面，评分标准细分为“结合实际制定企业普法责任清单，明确普法内容、普法对象、普法目标、责任部门及领导等内容，并在企业显要位置公示”“企业员工岗前培训法律学习率达到 100%”“开设普法课堂，组织企业员工学习相关法律法规每年不少于 1 次”“通过法治宣传栏、广播、QQ 群、微信公众号等平台向企业员工普及《宪法》《民法典》《劳动法》《劳动合同法》等与企业生产经营相关的法律法规，做到法治宣传教育常态化”“建立企业经营管理决策层及管理人员法治教育培训机制，做到法治宣传教育有针对性”五项，每一项满分都为 5 分。对于这五项，被调研单位将其落实为“企业普法责任清单、岗前培训、普法课堂、普法宣传、学习常态化”五项具体工作，并提交了普法责任清单、岗前培训相关证明、普法培训照片、普法培训合同、普法培训签到表、普法宣传微信公众号内容、普法宣传角照片、管理层的普法培训记录等材料。

在依法治企及员工权益保障方面，评分标准细分为“通过设置法律顾问机构或配备法律工作人员处理企业法律事务，促进企业科学决策，依法经营”“企业制定的劳动合同文本规范合法，依法与企业员工签订劳动合同率达到 100%，办理劳动用工备案手续”“企业严格履行社会保险缴纳义务，按时足额为职工缴纳社会保险”“企业充分保障劳动者合法权益，按时足额发放劳动报酬，企业充分保障劳动者合法权益，按时足额发放劳动报酬，切实保障劳动者休息休假权利”“建立职工（代表）大会、厂务公开等企业民主管理制度，职工（含农民工、劳务派遣工）入会率达到 95%

以上，并建立实名制台账，依法保障职工的知情权、参与权、表达权和监督权”“纳税信用为M级以上纳税人”“企业依法依规经营管理，无违法及行政处罚记录”“建立健全工会劳动法律监督组织，完善企业劳动争议解决工作制度及引导维权的方式方法，及时化解企业的矛盾纠纷”八项，每一项满分都为5分。对于这八项，被调研单位提交了《法律顾问合同》《法律顾问工作计划》《公司法律顾问工作制度》和劳动合同标准、100%签订劳动合同承诺、社会保险费缴纳申报表、社会保险缴费证明、无拖欠工资证明、保障休假权利证明、公司工会组织机构一览图、《公司工会管理制度》、纳税信用等级证明、无违法及行政处罚证明、员工纠纷与争议处理流程等材料。

在企业法治文化氛围营造方面，评分标准细分为“建立普法宣传阵地”“建立网络宣传普法阵地”“促进法治文化和企业文化相融合”“倡导建立表彰奖励机制”四项，每一项满分都为5分。对于这四项，被调研单位提交了普法中心、普法图书角、劳动保障中心照片、公众号普法宣传、竞赛活动答题、公益活动等通知等材料。

1. 评价指标优化建议

目前，贵州省决定对已命名的企业实行动态管理，为持续深入推动创建命名活动，本课题根据现有创建命名的评分标准（见附件2），综合前述分析提出评价指标的优化建议（见附件3）。

（1）组织机构建设评价指标。“组织机构建设”评价指标总分值不变，在“组织机构建设”要素中，将“主要负责人法治职责落实情况纳入领导人员综合考核评价”“企业党委（董事会）每年度至少听取1次法治工作全面汇报”“法治建设工作情况纳入经营绩效（业绩）考核”新增纳入评价标准，合理设置相应分值，并降低原小项目分值。

现有的“组织机构建设”评价要素缺少对企业党委法治建设引领等内容，而落实企业党委领导推进法治建设的主体责任，不断完善企业党委定期听取法治工作汇报等机制，将主要负责人法治职责落实情况纳入领导人员综合考核评价，把法治素养和依法履职情况作为考核评价干部的重要内容，提拔任用法治素养好、依法办事能力强的领导干部是中国特色法治文化建设的重要内容。同时，加强党内法规制度建设，完善党委规范性文件合法合规性审核机制，突出依法治企的核心理念，推动全员树立法治思想，进一步强化依法治企、按制度办事观念，逐步把一切工作建立在法治基础之上，纳入法治轨道，是法治工作推动企业高质量发展的立足点，“法治建设工作情况纳入经营绩效（业绩）考核”纳入评分标准，有助于最大限度保护企业权益、最大限度减少损失作为企业法治工作的目标。

（2）落实普法责任制评价指标。“落实普法责任制”评价指标总分值不变，在“落实普法责任制”要素中，将“深入学习宣传贯彻习近平法治思想”“开展普法宣传竞赛”纳入评价标准，合理设置相应分值，并降低原小项目分值。

习近平法治思想是依法治企的行动指南，需要在“落实普法责任制”中予以落实。将习近平法治思想作为企业学习培训必修课程，并作为全系统法律人员培训专题内容，推动领导干部带头学习、模范践行，切实把习近平法治思想贯彻落实到企业建设的全过程，推动习近平法治思想学习贯彻走深走实，是企业法治文化建设的基础。通过“开展普法宣传比赛”等创新形式开展法治教育，有利于增强企业员工法治意识，提升企业管理人员法治能力与素养。

（3）依法依规治企及员工权益保障评价指标。“依法依规治企及员工权益保障”评价指标总分值降低，在“依法依规治企及员工权益保障”要素中，将“组织开展规章制度体系全面优化与质量提升专项行动”“落实制定、执行、宣贯、评估、修改、清理全周期高效运转的闭环管理机制”新增纳入评价标准，并降低原小项目分值，合理设置相应分值。

规章制度建设是依法治企及员工权益保障的基础，企业应当开展规章制度体系全面优化与质量提升专项行动，优化调整覆盖全级次的规章制度体系整体架构，强化法务管理机构对制度的归口管理职责，系统构建与业务体系有机衔接，与部门职责科学匹配，贯穿决策、执行、监督全过程，务实管用的规章制度体系。系统强化制定、执行、评估、宣贯修改、清理全周期高效运转的闭环管理机制。同时定期梳理、及时修订，建立制度征求意见和公示制度，加强审核把关，提高制度质量，提高制度制定修订的针对性、及时性、系统性、可操作性。通过专题培训、宣贯等多种形式，及时对新修订制度进行贯彻解读，将制度纳入业务流程，推进制度执行。

（4）企业法治文化氛围营造评价指标。“企业法治文化氛围营造”评价指标总分值不变，在“企业法治文化氛围营造”要素中，将“深入开展‘国家宪法日、宪法宣传周、法治宣传月’等集中普法宣传教育活动”“落实经营管理人员学法用法制度，法治教育课程纳入高中级管理人员培训课程体系”“强化关键岗位人员定期法律及合规专项培训”“发起合规倡议，建立合规承诺”新增纳入评价标准，并降低原小项目分值，合理设置相应分值。

企业应当深入宣传与高质量发展密切相关的法律法规，开展采购销售、固定资产销售、资产管理、资金管理、国家安全、网络安全、安全生产、保密环保、知识产权等专项普法宣传教育活动，培育法治企业文化。通过线上与线下培训相结合方式，持续强化关键岗位人员定期法律及合规专项培训，提高经营管理人员依法经营、依法管理能力，提升企业管理法治化水平。积极推进依法合规、诚信经营的法治文化建设，发起合规倡议，践行合规承诺。

（5）企业法治工作成效评价指标。现有评价指标偏向于法治文化的建设情况，而缺少对于法治工作成果的评价情况，因此本课题设计了相关成效评价指标，以期为企业法治建设的成效评价提供参考。该评价指标属于新增内容，具体包括：安全生产、质量管理、保密管理、节能环保等方面未受到地方政府及上级单位通报、亮牌及追责问责；主要经营指标持续向上向好，当好地方经济发展的“压舱石”和“定盘星”；单位或个人法治合规工作受到国家、地方政府、上级单位表彰奖励。该评价指标覆盖企业全生命周期，体现法治工作赋能单位改革发展的成效，有助于将企业法治融入企业经营等全过程。

2. 评价指标应用推广建议

2023 年，贵州省下发《2023 年贵州省普法依法治理工作要点》，第 17 条明确提出“开展‘法治文化建设示范单位（企业、学校）创建。’按照‘八五’普法规划关于‘坚持依法治理与系统治理、综合治理、源头治理有机结合，深入开展多层次多形式法治创建活动’的部署，推动法治文化与企业文化、校园文化深度融合，深化依法治企、依法治校，在企业和学校两个领域开展法治文化建设示范创建活动。”相比《贵州省 2022 年普法依法治理工作要点》第 25 条“围绕优化法治营商环境深化‘法律进企业’，开展首批贵州省‘法治文化建设示范企业’命名活动，加强对企业法治文化创建的交流指导，引导企业进一步提高依法经营、依法维权、依法办事、依法管理的能力水平，在全社会营造良好的法治营商环境”。2023 年将“法治文化建设示范企业”创建活动拓展为“法治文化建设示范单位（企业、学校）”，增加了学校的法治文化建设内容。

党的十八届四中全会通过的《中共中央关于全面推进依法治国若干重大问题的决定》中明确提出“将法治教育纳入国民教育体系；要增强全民法治观念，引导全民自觉守法、遇事找法、解决问题靠法”，充分说明了法治文化教育的重要性，从这个意义上讲，贵州省应当重视并尽快启动贵州省法治文化建设示范学校创建活动。为更好地开展 2023 年贵州省法治文化建设示范学校的创建，课题组在借鉴相关学校法治文化建设评价的基础上，结合调研实际，设计了贵州省法治文化建设示范学校评价指标（高等学校除外，见附件 4）。

（二）贵州省开展法治文化创建活动的启示及建议

通过此次创建活动，参与活动企业的法治文化建设得到持续完善，推动了企业改革与法治文化的相互促进，不仅使企业员工在工作环境中受到法治文化潜移默化的影响，同时企业经营管理层的依法合规治企能力有了较大提升，依法管理理念得到显著增强，更为打造良好的营商环境营造了浓厚的法治氛围。经过大量的调查研究和数据分析，课题组建议，除创建法治文化建设示范单位活动外，贵州省还可以采取下列措施进行法治文化建设，优化贵州省法治营商环境。

1. 以创建法治文化示范企业为契机，通过法治文化建设优化营商环境

营商环境集中体现了一个国家或地区发展的软实力，是稳定市场信心、激发经济发展活力、推动高质量发展的重要因素。习近平总书记多次

强调："法治是最好的营商环境。"党的二十大报告明确提出"营造市场化、法治化、国际化一流营商环境"。法治是市场经济的内在要求，也是其良性运行的根本保障。打造法治化营商环境，是吸引企业投资、提升经济发展动能的基础性工程，是保持区域竞争优势的重要举措。建议贵州省政府以经营主体为中心，精准把握经营主体与政府、经营主体之间及经营主体与社会的关系，从立法、执法、司法、法律服务等方面着力，积极优化贵州省法治化营商环境，为各类经营主体的生产经营提供有力法治保障。

2. 处理好市场与政府的作用，使市场在资源配置中起决定性作用，营造法治化的发展环境

推动经济增长需要双轮驱动：处理好市场与政府的作用，使市场在资源配置中起决定性作用，真正为经营主体营造宽松有序、充满活力、稳定可期的发展环境。当前，新技术新产业新业态新模式不断涌现，经济发展新形势对完善法律法规提出了更高要求。要加快完善贵州省地方性法规、规章，及时开展立改废释纂，以良法促进发展、保障善治。要提升地方立法的实效性和可操作性，坚持"小切口、真管用、协同性"原则，不断加强贵州省民营经济重点领域立法，汇聚民营经济法治建设合力，使经营者特别是民营企业、小微企业在参与市场经营时切实感受到公平正义，增强获得感和安全感。

3. 依法支持诚信经营和惩治失信，打造法治化的竞争环境

经营主体既是法治化营商环境的受益者，又是参与者和建设者，公平公正、诚实守信、依法经营的市场秩序需要经营主体共同维护。恣意违约、侵权、不正当竞争、"老赖"等不良行为，不仅影响诚信守法经营秩序，而且严重损害贵州省信誉声誉。

坚持市场信用导向，建立健全经营主体信用评估评价机制，探索推广信用积分制、星级制以及信用担保等多元方式，推动信用与行政许可、政务服务、经营信誉等挂钩，努力营造"一处失信、处处受限，遵法守信、路路畅通"的良好氛围，激励更多经营主体以诚取信、以信立誉，合法经营、诚信经营。运用好企业破产法等法律规范，完善"执转破"程序，探索"执破融合"改革，建立健全经营主体有序退出机制，对于资不抵债、

扭亏无望的“僵尸企业”要及时清理，依法保障市场的“新陈代谢”，确保市场竞争充满生机活力。

4. 依法维护安全稳定的经营秩序，打造贵州省法治化的社会环境

企业的生产经营离不开和谐稳定的社会环境，要严厉惩治欺行霸市、强买强卖、寻衅滋事等危害营商环境行为，常态化开展社会治安联防联控、经济金融风险研判预警，加强房地产、电子商务、数字经济等重点领域监管，打造安全稳定的投融资和经营环境，增强经营主体安全感。

5. 持续推进政府职能转变和“放管服”改革，为贵州高质量发展助力赋能

对于市场机制可调节的事项放权于市场；对于确需政府介入的事项，尽可能采取承诺制、信用制等调控手段；对于许可审批事项，进一步压缩审批环节、优化审批流程、简化审批手续。充分运用现代信息技术，最大限度做到“一次办、马上办、网上办、就近办”，切实为企业“松绑”，为生产经营提供优质政务服务。要进一步推进严格文明规范执法，创新基层综合执法体制机制，开展“一体化执法”，有效解决多头执法、重复执法、执法空白等问题，为企业有序经营、公平竞争保驾护航。

通过对贵州省创建法治文化建设示范单位的理论和实证研究，本文已总结提炼出一些研究成果，计划向有代表性的学术期刊、新闻媒体投稿，以期引起社会各界关注，不断扩大贵州省法治文化建设的知晓度和影响力，传播法治贵州好声音，展示法治贵州新形象。但由于时间、人力等因素影响，课题调查对象样本量还不够大，覆盖面还不够广，研究分析和推导结论时可能存在与实际情况偏差的风险，研究成果需要在实际运用中迭代优化。后续，课题组将持续深入开展调查论证，不断总结提炼课题研究成果，为贵州省蓬勃开展创建法治文化建设示范单位创建活动贡献力量，当好贵州省法治文化建设的“法治参谋”。

因篇幅所限，本文已将原文第一章节“法治文化的内涵、功能及意义”全部内容删除，仅保留原文第二、三、四章节主要内容，并精简性删减原文其他章节的部分内容；同时，删除原文《法治文化建设情况调查问卷》《贵州省“法治文化建设示范企业”创建命名评分标准》及《贵州省

法治文化建设示范学校评价指标》等 3 个附件。读者可与出版单位或课题组进行联系，获取删减内容。

附件 1：法治文化建设情况调查问卷（略）

附件 2：贵州省“法治文化建设示范企业”创建命名评分标准（略）

附件 3：贵州省“法治文化建设示范企业”创建命名评分标准（优化版）

附件 4：贵州省法治文化建设示范学校评价指标（略）

附件 3　贵州省“法治文化建设示范企业”创建命名评分标准（优化版）

项目	评分标准	分值	自评材料	得分	备注
组织机构建设（15 分）	把企业法治文化建设纳入企业管理工作议程，企业领导决策层每年至少研究部署 1 次法治文化建设工作，有工作方案及督促落实情况	3			调减分值
	成立企业法治文化创建工作相关机构及工作制度，有专兼职人员负责该项工作开展	3			调减分值
	建立企业法治文化创建台账	2			调减分值
	主要负责人法治职责落实情况纳入领导人员综合考核评价	3			新增自评
	企业党委（董事会）每年度至少听取 1 次法治工作全面汇报	2			新增自评
	法治建设工作情况纳入经营绩效（业绩）考核	2			新增自评
落实普法责任制（25 分）	结合实际制定企业普法责任清单，明确普法内容、普法对象、普法目标、责任部门及领导等内容，并在企业重要位置公示	5			—
	深入学习宣传贯彻习近平法治思想	5			新增自评
	开展普法宣传竞赛	3			新增自评

续表

项目	评分标准	分值	自评材料	得分	备注
落实普法责任制（25分）	企业员工岗前培训法律学习率达到100%	2			调减分值
	开展普法课题，组织企业员工学习相关法律法规每年不少于1次	2			调减分值
	通过法治宣传栏、广播、QQ群、微信群、微信公众号等平台向企业员工普及《宪法》《民法典》《劳动法》《劳动合同法》等与企业生产经营相关的法律法规，做到法治宣传教育常态化	3			调减分值
	建立企业经营管理决策层级管理人员法治教育培训机制，做到法治宣传教育有针对性	5			–
依法依规治企及员工权益保障（30分）	通过设置法律顾问机构或配备法律工作人员处理企业法律事务，促进企业科学决策，依法经营	3			调减分值
	企业制定的劳动合同文本规范合法，依法与企业员工签订劳动合同率达到100%，办理劳动用工备案手续	3			调减分值
	企业严格履行社会保险缴纳义务，按时足额为职工缴纳社会保险	3			调减分值
	企业充分保障劳动者合法权益，按时足额发放劳动报酬，切实保障劳动者休息、休假权利	3			调减分值
	建立职工（代表）大会、厂务公开等企业民主管理制度，职工（含农民工、劳务派遣工）入会率达到95%以上，并建立实名制台账，依法保障职工的知情权、参与权、表达权和监督权	3			调减分值
	纳税信用为M级及以上纳税人	3			调减分值
	企业依法依规经营管理，无违法及行政处罚记录	3			调减分值
	建立健全工会劳动法律监督组织，完善企业劳动争议解决工作制度及引导维权的方式方法，及时化解企业的矛盾纠纷	3			调减分值

续表

项目	评分标准	分值	自评材料	得分	备注
依法依规治企及员工权益保障（30分）	组织开展规章制度体系全面优化与质量提升专项行动	3			新增自评
	落实制定、执行、宣贯、评估、修改、清理全周期高效运转的闭环管理机制	3			新增自评
企业法治文化氛围营造（20分）	建立普法宣传阵地。设置企业普法宣传栏或宣传墙，有条件的可建立普法图书角/室，普法文化园区，普法文化场馆等	2			调减分值
	建立网络普法宣传阵地。在企业门户网站、服务端、微信订阅号、QQ群、微信群等平台开通法治宣传阵地	2			调减分值
	促进法治文化和企业文化相融合。企业结合自身实际，将法治文化和企业文化有效融合，探索建立工作抓手，实现法治文化理念渗透在企业生产和经营管理的全过程各环节，提升企业依法经营管理的能力水平和企业员工的法治素养	2			调减分值
	倡导建立表彰奖励机制。组织开展法律知识竞赛、学法用法考试、学法守法优秀员工评选等，调动企业员工学法积极性	3			调减分值
	深入开展“国家宪法日”“宪法宣传周”“法治宣传月”等集中普法宣传教育活动	3			新增自评
	落实经营管理人员学法用法制度，法治教育课程纳入高中级管理人员培训课程体系	2			新增自评
	强化关键岗位人员定期法律及合规专项培训，提高经营管理人员依法经营、依法管理能力，提升企业管理法治化水平	4			新增自评
	发起合规倡议，建立合规承诺	2			新增自评

续表

项目	评分标准	分值	自评材料	得分	备注
企业法治工作成效评价指标（满分10分）	安全生产、质量管理、保密管理、节能环保未受到上级单位的通报、亮牌及追责问责	4			新增自评
	主要经营指标持续向上向好，当好地方经济发展的“压舱石”和“定盘星”	4			新增自评
	单位或个人法治合规工作受到国家、地方政府及上级单位的奖励	2			新增自评
加分项（5分）	如：1. 企业聘用社区矫正对象或从事公益事业等（2.5分）；2. 企业在法治文化创建中表现突出，先进经验和做法得到省级领导或省级媒体表彰报道等（2.5分）	5			—

【参考文献】

1. 卫霞：《法治文化体系建设研究》，知识产权出版社 2020 年版。

2. 谢晖、余地等：《文化法治基本理论研究》，中国法制出版社 2023 年版。

3. 李昌庚：《转型视角下的中国国有企业治理法律研究》，载《法学杂志》2010 年第 12 期。

4. 李朝晖：《新时代深圳法治先行示范城市建设的理念与实践》，中国社会科学出版社 2023 年版。

5. 张文显：《法治中国的理论构建》，法律出版社 2016 年版。

6. 刘刚、李峰：《企业道德建设对员工满意度影响机制的实证研究》，载《经济理论与经济管理》2011 年第 3 期。

7. 李芳：《企业培训课程体系建设“五步法”》，载《经营与管理》2011 年第 5 期。

8. 姜大儒：《现代企业管理法律制度研究与解读》，大连理工大学出版社 2007 年版。

9. 张羽群：《企业制度与法治的衔接》，人民出版社 2011 年版。

10. 罗先泽、张美萍等:《社会主义法治文化建设研究》，中国政法大学出版社 2016 年版。

11. 杨白雪:《全面依法治国背景下的法治文化建设研究》，武汉理工大学 2017 年硕士学位论文。

12. 邢以群、张大亮:《企业文化建设——重塑企业精神支柱》，机械工业出版社 2007 年版。

13. 李林:《中国语境下的文化和法治文化概念》，载《中国党政干部论坛》2012 年第 6 期。

14. 林洋:《法治文化：内涵新释与路径展望》，载《长春市委党校学报》2020 年第 10 期。

15. 王峰:《改革开放以来我国的法治文化建设研究》，哈尔滨理工大学 2018 年博士学位论文。

16. 王韵:《我国社会主义法治文化建设及其路径选择》，载《广西教育学院学报》2022 年第 5 期。

17. 荣霞:《对依法治企的一些思考》，载《广西电业》2012 年第 9 期。

18. 张有根:《试论企业法治文化建设》，载《江苏商论》2012 年 12 月 30 日。

19.《深化法治企业建设为改革发展护航》，载《国家电网报》2021 年 12 月 6 日，第 1 版。

20. 王怡璇:《习近平深化国企改革重要论述研究》，上海财经大学 2022 年硕士学位论文。

21.《党政主要负责人履行推进法治建设第一责任人职责规定》，载《人民日报》2016 年 12 月 15 日，第 1 版。

22. 刘新民:《企业社会责任之承担主体研究》，载《法学杂志》2010 年第 11 期。

23.《发挥监督首责 持续创新改进 推动合规管理高质量发展》，载《中国航空报》2023 年 4 月 18 日，第 A08 版。

24. 于凌炜:《建设法治文化 推进依法治国》，载《科学理论》2015 年第 32 期。

25. 国务院国资委研究中心、国务院国资委新闻中心人民政协报社编：《法治央企建设典型案例集》，中国文史出版社 2023 年版。

26. R · G.LEE, B · G.DAEL, Policy. Deployment a Case Study Analysis Production Planning and Control, International Journal of Project Management, 2002(6).

27. Craig D.Shimasaki, Coorate Culture and Core Valuesina Bioteeh Com Pany, The Business of Bioseienee, 2009.

28. Cronqvist, H.Low, A. and Nilsson, M, Does Corporate Culture matter for Investment and Financial Policies, Working Paper, 2007.

贵州省行政复议规范化建设问题及对策研究*

贵州省法治研究服务保障中心课题组**

摘　要： 行政复议规范化建设不仅是行政复议体制改革的重要内容，还是发挥行政复议化解行政争议主渠道作用的必然要求，主要包括行政复议机构建设、行政复议基础保障建设、行政复议案件机制建设、行政复议人才队伍建设以及行政复议与其他多元行政纠纷化解衔接机制建设五个方面的内容。自行政复议体制改革以来，贵州省在健全完善行政复议机构设置、夯实优化行政复议人员队伍、改善提升行政复议办公条件、健全完善行政复议办案制度、提升行政复议案件办理质效、发挥行政复议监督制约效能等方面取得了一定成效。但也面临行政复议在行政机关中的权威性不够、关键少数对行政复议工作还不够重视、行政复议规范化建设相关制度规范缺失、行政复议对下指导监督力度和行政复议工作经费保障力度不足等问题。我们建议要坚持党的领导，充分发挥党总揽全局、协调各方的领导核心作用；要加强统筹规划，完善行政复议规范化相关制度建设，健全行政复议人员队伍培育体系，创新行政复议宣传方式和载体，加强行政复议数据融合分析运用；要积极主动作为，以成效为导向，发挥“关键少数”的“头雁效应”，以问题为抓手，谋划破解难题的实招硬招。

关键词： 贵州　行政复议　规范化　对策建议

---

*　本文系贵州省司法厅2023年度法治理论与实践研究课题成果。

**　课题组主持人：艾达琴，贵州省法治研究服务保障中心助理研究员。课题组成员：朱进，贵州省司法厅党委委员，副厅长；王琴，贵州省司法厅二级巡视员；向琢，贵州省司法厅行政复议应诉二处处长；伍欣，贵州省法治研究服务保障中心综合科副科长；李兴星，贵州省法治研究服务保障中心研究实习员；唐瑞秸，贵州省法治研究服务保障中心研究实习员；罗兰，贵州大学在读研究生。

法治是治国理政的基本方式。习近平总书记强调，推进国家治理体系和治理能力现代化要高度重视法治问题，采取有力措施全面推进依法治国，建设社会主义法治国家。党的二十大报告指出，必须更好发挥法治固根本、稳预期、利长远的保障作用。行政复议作为行政机关内部自我纠错的监督制度和解决“民告官”的救济制度，在推进法治国家、法治政府、法治社会一体建设过程中发挥着重要作用。习近平总书记强调，我国国情决定了我们不能成为诉讼大国。因此，需要更好更充分地发挥行政复议公正高效、便民为民的制度优势和化解行政争议主渠道作用，推动行政争议实质性化解。但实践中，仍存在行政复议公信力不高、权威性不足、案多人少矛盾突出等问题，制约了行政复议制度功能作用的发挥。而推进行政复议规范化建设，是破解当前行政复议工作制约瓶颈的重要举措。因此，本文以贵州省行政复议规范化建设为研究对象，梳理贵州省在行政复议规范化建设中存在的问题，并针对性地提出具有可行性的对策建议，以期为推动贵州省行政复议工作高质量发展贡献绵薄之力。

一、行政复议规范化建设的理论概述

（一）行政复议规范化建设的内涵诠释

推进行政复议规范化建设，首先要明晰行政复议规范化建设的概念，对行政复议规范化建设有一个基本的认知，进而才能探讨行政复议规范化建设的实现路径。

1. 行政复议规范化建设的概念

知其理方能得其法，得其法方能善其治。推进行政复议规范化建设，需要厘清行政复议规范化建设“是什么”“为什么”“怎么做”三个问题，其中首先需要明晰“是什么”的问题。

2011 年 12 月 19 日，国务院法制办公室印发《关于进一步加强行政复议工作规范化建设的实施意见》，正式从国家层面以文件形式提出“行政复议规范化建设”概念。文件从“为什么要加强行政复议规范化建设”和

“如何加强行政复议规范化建设”两个维度明确了相关要求，但对于“什么是行政复议规范化建设”未作解释。十年来，不管是学术界还是实务界，都聚焦于探索行政复议规范化建设“应该怎么做”。而“行政复议规范化建设”蕴意丰富，包含“行政复议”“规范化”“建设”三个部分，只有明晰“是什么”，才能更好地理解行政复议规范化建设的具体内涵。

“行政复议”作为一种行政争议化解机制，发源于1990年《行政复议条例》，成型于1999年《行政复议法》，兼具行政性与司法性[①]。2020年4月18日中央全面依法治国委员会第三次会议通过的《行政复议体制改革方案》指出，要发挥行政复议公正高效、便民利民的制度优势和化解行政争议的主渠道作用[②]，这就为行政复议的角色和功能定位指明了方向。“规范”在《现代汉语词典》(第7版)中有三种释义：一是作为名词使用时，指约定俗成或明文规定的标准；二是作为形容词使用时，指合乎规范；三是作为动词使用时，是指使合乎规范。“规范化”作为动词，是指使合于一定的标准。

因此，我们认为，“行政复议规范化”是指行政复议受理、审理、决定、指导监督、队伍建设、组织保障等各环节各流程都符合一定的标准和要求。“行政复议规范化建设”则是通过制定行政复议受理、审理、决定、指导监督、队伍建设、组织保障等各环节各流程的具体标准，明晰相关要求，使行政复议各项工作、每个节点都有制度的规范与约束，进而实现“发挥行政复议公正高效、便民利民的制度优势和化解行政争议的主渠道作用”的目标。

2. 行政复议规范化建设的具体内涵

行政复议规范化建设是一项长期、系统、多方位、全覆盖的浩大工程。我们认为，行政复议规范化建设的内涵可以概括为行政复议机构建

---

① 薛侃：《发挥行政复议化解行政争议的主渠道作用》，载《中国党政干部论坛》2022年第12期。

② 高家伟：《论行政复议机关实质性化解争议的角色与功能定位》，载《西北政法大学学报》2023年第2期。

设、行政复议基础保障建设、行政复议案件机制建设、行政复议人才队伍建设以及行政复议与其他多元行政纠纷化解衔接机制建设五个方面的内容。

（1）行政复议机构建设。根据行政复议法的规定，行政复议机关办理行政复议事项的机构为行政复议机构，具体履行行政复议案件受理、审查、决定，以及办理因不服行政复议决定提起行政诉讼的应诉事项等职责。行政复议体制改革后，一级政府一个复议机关，县级以上地方人民政府司法行政部门作为行政复议机构，具体负责依法办理本级人民政府行政复议事项。司法行政部门要完善机构设置，内设相关科室具体负责处理相关行政复议工作，确保与其承担的职责任务相适应，这是保障行政复议工作良性发展的客观保障。

（2）行政复议基础保障建设。行政复议基础保障建设，是行政复议规范化运转的基础，主要包括场所建设、经费保障、行政复议宣传和信息化建设。在场所建设方面，配备行政复议接待室、行政复议案件审理室、听证室、档案室等多功能用房。在经费保障方面，根据工作任务预算行政复议专项经费，并由同级财政予以保障，实行专款专用。在行政复议宣传方面，加大行政复议宣传力度，拓宽宣传渠道，“线上＋线下”双联动，切实提高行政复议知晓率。在信息化建设方面，依托全国行政复议平台，实现案件在线办理；配备智慧听证系统、远程视频系统，让数据“多跑路”、群众“少跑腿”，真正发挥行政复议公正高效、便民为民的制度优势和化解行政争议的主渠道作用。

（3）行政复议案件机制建设。行政复议案件机制主要包括行政复议案件受理、审查、决定和监督四个阶段的机制建设。在受理阶段，充分保障人民群众的行政复议申请权，规范申请材料接收登记及行政复议答复工作；在审查阶段，规范行政复议案件审查方式，加大行政复议听证、调查力度，推行案件类型化处理，内部统一审查标准，避免发生同类案件不同处理或者相互矛盾的情形发生；在决定阶段，行政复议决定书表述严谨、逻辑严密、用词准确规范、说理清晰，行政复议决定网上公开，自觉接受监督；在监督阶段，加大对行政复议意见书和建议书的监督力度，健全完善行政复议追责机制，切实严肃工作纪律。

（4）行政复议人才队伍建设。行政复议人才队伍，是行政复议规范化建设的关键，行政复议人员应当具备较高的政治素养和专业素养，初次从事行政复议的人员，应当通过国家统一法律职业资格考试取得法律职业资格。各级行政复议机构根据行政复议工作任务合理配备行政复议人员，保障至少有 2 人专职负责行政复议案件办理。健全行政复议人才培育机制，切实提升行政复议人员的职业归属感和荣誉感，保障行政复议队伍的稳定性。同时提高培训针对性和实效性，强化提升行政复议人员的业务素养。

（5）行政复议沟通协作机制建设。行政复议作为行政争议多元化解机制之一，不能“单打独斗”，必须与其他机制“协同作战”，才能更好发挥行政复议化解行政争议主渠道作用。深化行政复议机关与司法机关的良性互动，加强行政审判与行政复议共性问题的研究，充分发挥行政争议调解中心作用。加强行政复议与信访的协作配合，对属于行政复议范围的事项，及时引导到行政复议渠道解决，对不属于行政复议范围的事项，配合信访机构作出处理。建立健全行政复议机构与监察委的协作配合机制，依法处理行政复议案件办理过程中发现的失职渎职问题。

3. 行政复议规范化与专业化、标准化之间的关系

行政复议规范化建设与标准化建设和专业化建设之间关系密切、相辅相成。

（1）标准化是规范化的前提。根据《现代汉语词典》（第 7 版）的释义，标准化是指为适应科学技术发展和合理组织生产的需要，在产品质量、品种规格、零部件通用等方面规定统一的技术标准。[①]行政复议标准化是借助标准化的意蕴，构建一套全方位涵盖各方面的行政复议工作行为准则，用于指导具体的行政复议活动，统一案件办理标准，进而提升行政复议的规范化水平，助推行政复议在行政纠纷解决中发挥作用。

（2）专业化是规范化的结果。根据《现代汉语词典》（第 7 版）的释义，专业化是指产业部门或学业领域中根据产品生产或学界层面的不同过

① 《现代汉语词典》（第 7 版）第 85 页。

程而分成的各业务部分。[①]行政复议作为化解行政争议的制度之一，本身就具有很强的专业性，行政复议人员是推动行政复议专业化的主体，是关键因素。行政复议专业化是在专业行政复议人员的基础上，使行政复议工作逐渐符合专业标准，形成相对独立业务的过程。

总之，“行政复议专业化”的要求要严于“行政复议标准化”和“行政复议规范化”，行政复议需要在标准化的基础上推进规范化，再逐步实现专业化。

（二）推进行政复议规范化建设的必要性

随着社会主要矛盾的深刻变化和全面依法治国的持续推进，人民群众对民主法治、公平正义等方面有了更高的期待和要求，这也对新时期行政复议工作提出了更高的要求。新时代新征程，推进行政复议规范化建设，对推动行政复议工作高质量发展意义重大。

1. 是发挥行政复议化解行政争议主渠道作用的必然要求

以“主渠道”作用为核心和导向是我国对行政复议制度改革提出的新时代新要求。[②]2020年中央全面依法治国委员会印发《行政复议体制改革方案》，明确提出要充分发挥行政复议公正高效、便民利民的制度优势和化解行政争议主渠道作用。新修订的行政复议法亦明确将“发挥行政复议化解行政争议的主渠道作用”作为行政复议制度的功能定位在立法中予以明确。发挥行政复议主渠道作用，包含两层含义，一是行政复议案件总量占有绝对优势，二是经过行政复议后实现案结事了、定分止争，复议后进入诉讼程序案件数量少。但是，从最高人民法院工作报告和司法部官网公布的全国行政复议行政应诉案件统计数据来看（如图1所示[③]），2020—2022年，全国各级人民法院平均一审审结行政案件64.6万件，而行政复

① 《现代汉语词典》（第7版）第1719页。

② 曹加加、李金惠：《行政复议的主渠道作用及其制度完善的探讨——基于〈行政复议法〉修订的思考》，载《特区经济》2023年第3期。

③ 数据来源于2021—2022年最高人民法院工作报告和司法部官网公布的全国行政复议行政应诉案件数据统计。

议年均办案数量仅约 20 万件，总量仅为法院行政案件数量的 1/3，且复议后仍有大量案件进入诉讼程序，“大信访、中诉讼、小复议”的格局仍未改变。

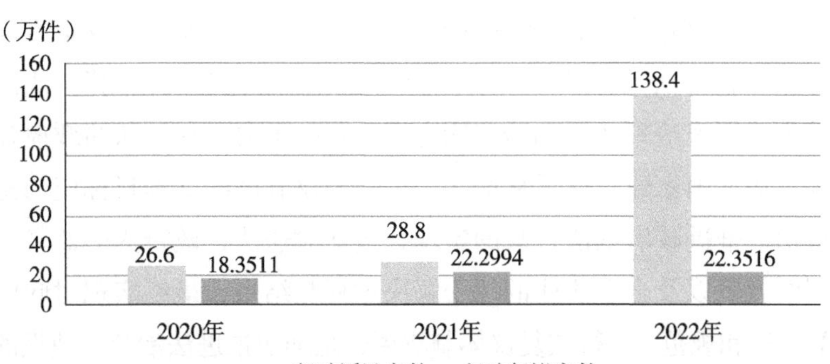

图 1　2020—2022 年全国行政案件、行政复议案件数量统计

习近平总书记强调，我国国情决定了我们不能成为诉讼大国。与行政诉讼相比，行政复议在高效便捷方面具有天然的制度优势，但是受行政复议公信力不高、受案范围狭窄、审理不够公开透明等因素影响，行政复议不能成为人民群众解决行政争议的首选。因此，需要通过推进行政复议规范化建设，完善相关制度机制，助推行政复议制度功能作用的发挥，构建“小信访、中诉讼、大复议”格局。

2. 是巩固行政复议体制改革成果的现实需要

中央全面依法治国委员会印发的《行政复议体制改革方案》明确提出，要加强行政复议工作规范化建设，建立科学通畅、公开透明、便民利民、监督有力、指导精准、宣传见效的工作流程。由此可见，行政复议规范化建设是行政复议体制改革的重要内容，行政复议规范化是行政复议工作的外在表现形式，是增强行政复议公信力和权威性的现实要求。特别是地方行政复议职责整合后，除实行垂直领导的行政机关、税务和国家安全机关外，一级政府一个复议机关，市县两级行政复议机关案件数量越来越多，特别是新修订的行政复议法出台后，行政复议化解争议主渠道作用功能日渐凸显。只有通过规范化建设，借助专业、规范的形式把行政复议工作的实质内容做细做实，在制度完善、队伍建设、基础保障等方面做“加法”，才能够妥善应对办案质量和办案数量双重增长的要求。

3. 是推动国家治理体系和治理能力现代化的重要举措

习近平总书记强调，“推进全面依法治国，法治政府建设是重点任务和主体工程，对法治国家、法治社会建设具有示范带动作用”。法治政府建设是推进国家治理体系和治理能力现代化的重要支撑，法治政府建设推进不了，法治国家建设就无从谈起。行政复议制度的基本目标应当是促进政府法治、推进政府依法行政的实现，包括对违法行政行为的监督、对公民权利的救济以及合乎法律的纠纷解决过程与结果，最终实现对政府依法行政的促进和规范[①]。行政复议体制改革，是加快推进法治政府建设的关键性任务，是推进国家治理体系和治理能力现代化的现实需要。推进行政复议规范化建设，是将以人民为中心的发展思想落实到行政复议工作上的具体实践，是强化行政机关内部层级监督、提高行政机关依法行政能力和执法水平的重要手段。

二、行政复议规范化建设的实践现状

行政复议规范化建设是一项全面系统的长期工程，厘清行政复议规范化建设的实践现状，是探索行政复议规范化建设实现路径的前提，其中政策解读是关键，实践探索是基础，两者相辅相成、相互贯通，共同推进行政复议规范化建设。

（一）国家层面：行政复议规范化建设的制度设计

1. 2004—2010 年：行政复议规范化建设理念萌芽时期

行政复议作为法定权利救济途径之一，自 1999 年 10 月 1 日行政复议法施行后，行政复议案件数量剧增。据统计，1999 年全国新收行政复议案

① 沈福俊、徐涛：《论我国行政复议制度基本目标的重塑——基于对现有制度与实践的反思》，载《东方法学》2013 年第 4 期。

件32170件，2000年全国新收行政复议案件74448件，2001年全国新收行政复议案件80857件。但是，2002年和2003年收案数量呈现了负增长，其中2002年全国新收行政复议案件74168件，2003年全国新收行政复议案件74158件[①]。为此,2004年3月，国务院印发《国务院全面推进依法行政实施纲要》，提出要完善行政复议工作制度，积极探索提高行政复议工作质量的新方式、新举措。

2006年9月，中共中央办公厅、国务院办公厅联合下发《关于预防和化解行政争议健全行政争议解决机制的意见》，肯定了行政复议是解决行政争议的重要渠道，确定了“三化解”的基本要求，并提出要积极探索符合行政复议工作特点的机制和方法。2006年10月，党的十六届六中全会通过《中共中央关于构建社会主义和谐社会若干重大问题的决定》，提出要加快建设法治政府，全面推进依法行政，完善行政复议制度。2007年5月，国务院通过并公布《行政复议法实施条例》，增加了行政复议听证制度、行政复议和解制度等，进一步推动了我国行政复议制度的发展。为进一步完善行政复议制度，2008年9月，国务院法制办公室下发《关于在部分省、直辖市开展行政复议委员会试点工作的通知》，北京、黑龙江、江苏、山东、河南、广东、海南、贵州8个省、直辖市率先在全国开展行政复议委员会试点工作。2010年10月10日，国务院印发《关于加强法治政府建设的意见》，围绕畅通复议申请渠道、加强复议受理监督、探索开展相对集中行政复议审理工作等方面，首次对加强行政复议规范化建设做了具体要求。

在这一时期，对行政复议规范化建设有了初步的理解和规定，但还并未有文件正式提出“行政复议规范化建设”这一整体概念。

2. 2011年至今：行政复议规范化建设理念发展时期

行政复议制度经过十余年的发展，在实践操作中存在行政复议审理工作不够规范、人员经费等基础保障不足、行政复议公信力、权威性不够等问题。2011年12月19日，国务院法制办公室印发《关于进一步加强行

① 数据来源于司法部官网。

政复议工作规范化建设的实施意见》，进一步从规范行政复议受理、审理、决定、指导监督、基础保障等方面提出了具体要求。这也是国家层面首次以文件形式正式提出"行政复议规范化建设"的概念。2015 年 12 月，中共中央国务院印发《法治政府建设实施纲要（2015—2020 年）》，从健全行政复议案件审理机制，提高行政复议办案质量、加强行政复议能力建设、提高行政复议人员队伍建设等方面为全国各地推进行政复议规范化建设提供了指引。

2018 年机构改革后，国务院法制办公室与司法部进行重组，由司法部承担国务院的行政复议工作。2019 年 1 月 11 日，司法部关于印发《全面深化司法行政改革纲要（2018—2022 年）》，提出要"加强行政复议规范化、信息化建设，完善行政复议工作流程，加强行政复议工作场所建设，做好全国行政复议工作平台的试点应用和全面推广。建设正规化、专业化、职业化的行政复议队伍。"2019 年 6 月 18 日，司法部组织开展全国行政复议、行政应诉业务培训班，并在会上发放了《关于深入推进行政复议工作规范化建设的意见》（征求意见稿），书面征求各省、自治区、直辖市关于推进行政复议工作规范化建设的意见。2019 年 9 月初，司法部再次组织召开了行政复议规范化建设工作研讨会，对《关于深入推进行政复议工作规范化建设的意见》（征求意见稿）进行了再次讨论和修改。但是，该意见至今尚未出台。2021 年 8 月，中共中央、国务院印发《法治政府建设实施纲要（2021—2025 年）》，亦明确提出要全面推进行政复议规范化、专业化、信息化建设，不断提高办案质量和效率。2022 年 9 月 30 日，司法部印发《关于支持贵州在新时代西部大开发上闯新路 进一步加强法治建设的若干措施》，明确要支持贵州开展行政复议规范化建设。

这一时期国家政策文件围绕行政复议工作的各方面、各环节对推进行政复议化建设进行了指引。但是，各类文件规定也较为笼统，并没有形成一个完整规范化的体系和具体的标准，使得各地在实际执行过程中规范化建设效果参差不齐。

（二）他山之石：行政复议规范化建设的地方经验

自2011年12月19日，国务院法制办公室印发《关于进一步加强行政复议工作规范化建设的实施意见》以来，全国各地结合实际，相继进行行政复议规范化建设的实践探索，比如：

1. 建立行政复议标准体系

2022年7月22日，深圳市市场监督管理局批准发布全国首个行政复议领域地方标准——《行政复议服务保障规范》，从案件办理、文书撰写、案件管理、人员管理及硬件实施四个方面统一行政复议服务保障规范。山东省淄博市制定了行政复议标准体系，共设置“行政复议基础保障标准体系、行政复议立案标准体系、行政复议审理标准体系、行政复议决定标准体系、行政应诉标准体系”五大支柱体系，下设20个子体系，共计222个标准项。

2. 规范行政复议办案机制

江苏省围绕案件受理、案件审理、复议决定等8个方面，建立了4级指标体系，制定了92项标准，确保行政复议工作精细化、考核科学化。山东省烟台市出台了“0535”阳光复议工作机制，即与当事人实现“零距离”沟通，建立行政复议现场调查、现场听证、现场调解、现场宣布行政复议决定、现场送达并听取反馈等“五现场”，实行“现场＋行政复议网上平台＋行政复议公众号三渠道”并举，建立行政复议立案结果公开、案件审理进度公开、听证公开、行政复议决定公开、年度案件数据公开等“五公开”机制。

3. 强化行政复议监督职责

广东省司法厅建立个案风险预警机制，案件审理中发现存在问题，先给行政机关发提示函，指出存在问题，进行风险预警，要求行政机关提出解决措施。浙江省实行行政复议体制改革进展情况和行政复议职责落实情况定期通报制度，将市县人民政府行政复议工作情况列入“法治浙江”“平安浙江”的考核内容，加大在法治政府建设中的比重。为加强对行政复议人员的监督，浙江省还出台了《浙江省行政复议责任追究办法》。

4. 优化行政复议办公场所

内蒙古自治区司法厅率先建成1000平方米的全国第一家行政复议大楼，集中了行政复议、仲裁、行政裁决、人民调解四大功能，打造了信息化、智能化、规范化、分区化的行政复议办公区。北京市通州区司法局启用560平米行政复议新办公地址，新址设置立案接待室、听证室、调解室、审理室、调查分析室、阅卷室、档案室、会议室等多个业务功能室，并配备行政复议办案专用车。

5. 推进行政复议数字化建设

浙江省丽水市司法局打造了浙江省首家数字化听证室，听证室参照数字化法庭的要求，可实现听证同步录音录像、语音识别自动转化笔录等功能，同时结合专用服务器可实现听证过程光盘数字同步直刻、听证直播、点播等多种要求。广州市在全国第一个适用复议文书电子送达系统，申请人可以选择所有复议文书送达私人邮箱，电子送达的文书类型超过法院诉讼文书电子送达的范围[①]。

6. 探索行政复议员制度试点

2022年7月，杭州市人民政府办公厅出台《杭州市行政复议员任命管理办法（试行）》，在浙江省率先建立以“行政复议机构提名，本级政府任命”为运行模式的行政复议员任命制度，在全国首创行政复议员宪法宣誓和分级管理等制度，加强执业规范管理，统一行政复议员着装。安徽省则在淮北市、宿州市、马鞍山市、宣城市、池州市开展行政复议员制度试点工作，积极探索行政复议员任命和管理模式，为建立行政复议员制度提供经验总结。

（三）贵州实践：行政复议规范化建设的具体成效

自行政复议体制改革实施以来，全省各级行政复议机构充分发挥主观能动性，因地制宜积极探索推进行政复议规范化建设，取得了一定成效。

---

① 吴娘镇：《新组建的司法行政部门开展行政复议工作的若干探讨》，载《广东行政学院学报》2019年第3期。

1. 行政复议机构设置进一步健全完善

按照行政复议体制改革方案要求，省本级、9个市（州）、88个县（市、区、特区）已于2021年6月1日同步实现“一级政府一个行政复议机关”改革要求，100%实现行政复议职责整合，全省行政复议机构由改革前的391个减少到98个。省级行政复议机构设立2个行政复议处室，实行行政复议案件立审分离，一处负责综合事务和立案审查，二处负责具体办案。全省共设行政复议处（科、股）室117个，加挂或保留行政复议办公室牌子30个，加挂或保留行政复议委员会办公室牌子29个，加挂行政复议中心牌子4个。省本级、6个市（州）和41个县（区、市）建立了行政复议委员会，5个市（州）和22个县（区、市）建立了行政复议专家咨询委员会。

2. 行政复议人员队伍进一步夯实优化

按照事编匹配原则，全省各级行政复议机构积极协调编办增加编制，以确保改革后的行政复议人员队伍与行政复议工作相适应。目前，全省各级行政复议机构共有行政复议人员273人，其中专职从事行政复议工作171人，兼职从事行政复议工作81人，购买服务人员21人。从年龄结构来看，全省行政复议队伍趋于年轻化，40岁以下的行政复议人员有201人，占比73.6%；从工作年限来看，机构改革后特别是行政复议体制改革以来新进人员较多，全省从事行政复议工作5年以下的有199人，占比72.89%；从学历、专业来看，法学本科毕业有221人，占比80.95%；取得法律职业资格证书有209人，占比76.56%。

3. 行政复议办公条件进一步改善提升

自行政复议体制改革以来，全省各级行政复议机构的办公环境和办公条件均有所改善，省市县共设立行政复议窗口39个，配备行政复议听证室57个，配备行政复议调解室54个，部分地方将听证室、调解室合为一室统筹使用。其中，省司法厅根据法院审判庭特点设计，打造了约80平方米，容纳20人的听证室，实现听证会现场全程录音录像、视听画面实时采集、视频储存、证据展示、笔录校对等。贵阳市调剂了2层共882.39平方米作为贵阳市司法局行政复议办公场所，市财政局划拨专项经费对场所进行升级改造，配备了接待室、听证审理室、调解室、阅卷室、档案室等功能用房。遵义市司法局建成全省首家远程智慧听证室，将听证审查行政复议案件通过听证系统延伸至各县级司法行政机关。

4. 行政复议办案制度进一步健全完善

一是建章立制，推动行政复议文书规范化。为解决全省行政复议案件编号不统一、文书模板不固定问题，省人民政府行政复议办印发《贵州省人民政府行政复议办公室关于规范全省行政复议案件案号使用的规定》《贵州省人民政府行政复议办公室行政复议文书格式示例》和《贵州省行政复议案件质量评查办法》，从 2022 年 1 月 1 日开始，全省各级行政复议机构首次统一行政复议案号、审查报告格式和复议文书格式，进一步规范行政复议文书写作要求，提高复议文书释法说理性，使复议文书既彰显法律尺度，又践行复议为民宗旨，切实增强行政复议公信力和权威性。同时，研究出台《贵州省行政复议强制案例检索报告制度》，在行政复议案件办理中首次引入案件强制检索制度，“学案例、写文书”，为待决案件提供法律参考，这一做法得到司法部的高度肯定。

二是强化指引，实现复议案件审查标准化。为进一步统一行政复议案件审查标准，实现同案同审，省人民政府行政复议办公室结合全省行政复议工作实际，编印《贵州省行政复议案件典型案例汇编》（2019—2021）和《2021 年度贵州省行政复议优秀文书》，选取具有代表性、启发性、普适性的 48 个案例和 10 篇优秀复议文书，为全省行政复议机关办理类案提供借鉴。为契合新法修改方向和贵州实际，2023 年底，省人民政府行政复议办公室将出台行政处罚类和土地批复类行政复议案件审查要点与审理标准，切实提高全省行政复议案件办理质量，规范类案审理。

三是勇于创新，积极探索行政复议工作机制。2022 年省人民政府行政复议办公室出台《贵州省行政复议案涉行政行为自查提示制度》，强化行政机关自查自纠，实质性化解行政争议。2023 年初，贵阳市、安顺市、毕节市和黔南州结合各地实际，分别探索制定《行政复议案件繁简分流工作机制》《行政复议规范性文件附带审查制度》《重大行政复议决定备案制度》和《行政复议决定执行监督制度》，首次尝试以各市州的工作突出点为带动点，充分发挥行政复议在审理、执行、决定、监督等环节的指导监督作用。此外，遵义市还建立了复议文书电子送达系统，遵义市行政复议办公室在“贵州省电子政务网”平台单设账号，充分利用平台已搭建的公文处理系统及已创设的所有党委、政府机构用户优势，实现对所辖各县（市、区）人民政府及市直各部门法律文书送达全覆盖，同时实现行政复议法律文书电子签批及市政府行政复议办公室制发的各类文件的公文处理。

5. 行政复议案件办理质效进一步凸显、提升

一是行政复议案件和解调解率逐年上升。为认真贯彻落实习近平总书记“坚持把非诉讼纠纷解决机制挺在前面，从源头上减少诉讼增量”的重要指示精神，全省将行政复议调解、和解贯穿于行政复议办案全过程，对受理的行政复议案件做到应调尽调，充分运用柔性手段和多元化措施化解行政纠纷，切实做到案结事了，定分止争。2021 年全省审结行政复议案件 3497 件，因调解和解终止案件审查 1297 件，调解和解率为 37.08%，同比上升 12.56%。2022 年全省审结行政复议案件 3546 件，因调解和解终止案件审查 1428 件，调解和解率为 40.27%，同比上升 7.9%。

二是行政诉讼中行政复议机关败诉率相对较低。自行政复议体制改革以来，全省上下基本建立起从行政复议受理、审理、决定到执行监督的全流程行政复议机制，各级行政复议机构摈弃传统“坐堂办案”方式，灵活运用审前会审、调查、听证等审理模式改进审理方式，比如黔南州要求各级行政复议机构行政复议案件听证率需达 80%，切实查清案件事实，提升行政复议案件质量。2022 年全省经过行政复议后被起诉的案件共计 1298 件，败诉案件 134 件，败诉率为 10.32%，相比未经行政复议直接起诉行政机关的败诉率低 8.5 个百分点。

三是行政复议助力优化法治化营商环境成效显著。各级行政复议机构积极建立企业维权“快车道”，优化办案程序，实行应受尽受，在保证办案质量的前提下，压缩办案期限，提高办案效率，及时化解涉市场主体矛盾纠纷。同时以涉企案件为切入点，了解民营企业经营过程中的难题，加强对涉企行政复议决定履行情况的监督，确保行政复议决定能够得到切实

履行。2022 年全省共办理涉企业行政复议案件 493 件，纠错 15 件，为企业挽回经济损失 3200 余万元。

6. 行政复议监督制约效能进一步发挥

各级行政复议机构围绕在具体案件办理时发现的行业管理漏洞、行业管理措施不合法或者不依法履行行业管理职责等共性问题，充分发挥行政复议意见书和建议书作用。2022 年全省共制发行政复议意见书 16 份，行政复议建议书 12 份。贵阳市针对拒不落实行政复议监督、不出庭应诉、败诉率高的单位采取约谈分管领导、主要领导或者开展通报等方式，进一步培育、提升行政机关领导法治意识，牢牢抓住“关键少数”。2022 年以来，贵阳市行政复议办公室共约谈各级行政机关主要领导或者分管领导 7 次 13 人。

三、贵州省行政复议规范化建设面临的困境及原因分析

（一）贵州省行政复议规范化建设的现实困境

自行政复议体制改革以来，虽然贵州省在推进行政复议规范化建设方面，取得了一定成效，但是仍面临诸多困境，影响了行政复议规范化建设工作的推进。

1. 行政复议混岗混编现象较为突出

政府法制办公室与司法局重组后，全省大部分市县政府法制办公室的编制并未划转到司法局，司法局承接了政府法制办公室的职能职责，由于编制受限，人员无法增加，多数是从其他岗位调剂人员负责行政复议工作，政法编与事业编混用是常态，课题组随机对全省 98 名从事行政复议工作的人员进行了问卷调查，其中公务员 68 人，占比 69.4%，事业编制人员 28 人，占比 28.6%，临聘人员和借调 2 人，占比 2%（如图 2 所示）。

同时部分区县并未单独设立行政复议股室，而是与其他事务性处室合并设立。比如福泉市、平塘县、荔波县、惠水县等目前尚未设置单独的行政复议股室。观山湖区司法局虽然成立了行政复议股，但是行政复议股不仅承担行政复议工作，还承担了政府法律顾问、以区政府为被告的行政诉

讼应诉、重大行政决策等工作职责。课题组随机对全省 98 名从事行政复议工作的人员进行了问卷调查，调查结果显示，45 人专职从事行政复议工作，占比 45.9%，55 人在从事行政复议工作同时，兼职从事行政执法监督、政府法律顾问、规范性文件备案审查、普法、安置帮教等工作，占比 54.1%。

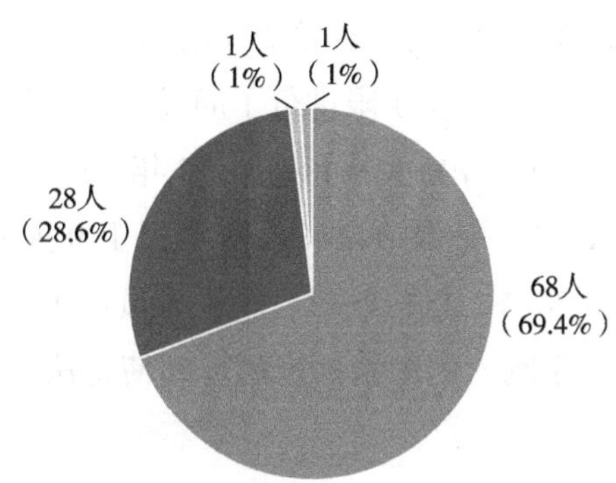

图 2　从事行政复议工作人员身份占比统计

2. 区县行政复议基础保障较为薄弱

2019 年 1 月 11 日，司法部印发《全面深化司法行政改革纲要（2018—2022 年）》，明确提出要加强行政复议工作场所建设。但是，受经济条件等因素的影响，区县行政复议基础条件仍较为薄弱。比如，黔南州有 12 个县（市），仅州本级、长顺县、福泉市、平塘县、惠水县、龙里县有单独的行政复议办公室，其他县（市）与其他业务科室共用办公室。个别县市设置行政复议接待室、调解室（听证室）和档案室，但大部分县（市）办公场所还兼接待室和档案室功能，存在档案丢失不安全因素和案外人泄漏案件信息等安全隐患。又如观山湖区司法局行政复议应诉科共有 4 人，目前只有 1 间办公室，听证室、档案室和局会议室、档案室共用。

3. 全省行政复议队伍建设亟待加强

行政复议体制改革以来，全省各地竭尽所能切实加强行政复议队伍建设，比如黔南州司法局采取加挂黔南州行政复议服务中心牌子，协调增加 5 名事业编制协助办理行政复议工作，贵定县司法局和罗甸县司法局新设行政复议中心，分别增加 2 名、3 名事业编制人员，在一定程度上夯实了行政复议队伍。但是，从全省来看，全省行政复议队伍能力建设仍较为薄弱。

一方面，行政复议人员专业性还不够强。行政复议“准司法”属性，决定了行政复议队伍必须是一支懂政治、懂法律、懂业务、懂协调，不仅熟练掌握法律技能，而且深刻理解行政规律的高素质队伍[①]。课题组对全省 98 名从事行政复议人员的工作年限进行了问卷调查，结果显示，从事行政复议工作 1 年以下 19 人，占比 19.4%，1—3 年 36 人，占比 36.7%，3—5 年和 5—10 年各有 17 人，占比 34.6%，10 年以上 9 人，占比 9.2%（如图 3 所示）。从调查结果来看，机构改革后新进人员占了绝大部分，由于缺乏一定的实务经验，对于刚入门的新人来说，即使是法学科班出身，也一时难以游刃有余。

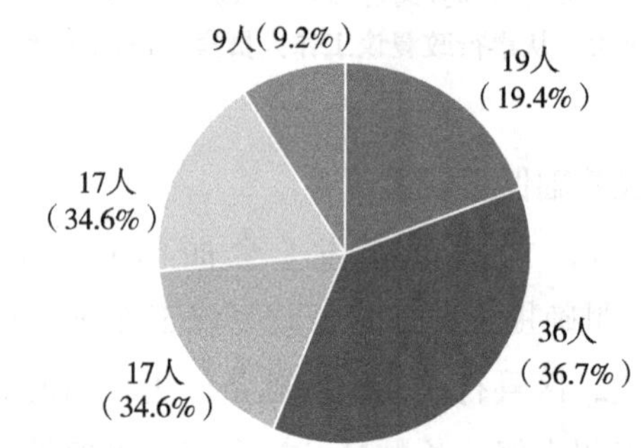

图 3　从事行政复议人员工作年限占比情况

另一方面，行政复议人员队伍稳定性较弱。2015 年 12 月，中共中央办公厅、国务院办公厅联合印发的《关于完善国家统一法律职业资格制度的意见》提出，在政府部门中从事行政复议的人员，应当取得国家统一法

① 雷丰超：《关于建设高素质行政复议队伍的思考》，载《中国司法》2022 年第 5 期。

律职业资格，提高了行政复议工作的准入条件，但是相应的待遇并未有所提高，行政复议职业荣誉感较低。随着司法体制改革的深入推进，律师行业高收入诱惑，绝大多数取得法律职业资格的人员不愿意从事行政复议工作，跳槽、辞职现象较为突出，使得行政复议人才流失严重，队伍不稳定。通过随机对 98 名行政复议人员进行问卷调查，结果显示，65 人认为从事行政复议工作的职业荣誉感很高，占比 66.4%，仍有 33 人认为从事行政复议工作的职业荣誉感不强或者不高，占比 33.6%。

4. 行政复议案件审理方式较为单一

全省各级行政复议机构在审理案件时，多数以书面审查为主，实地调查和听证审理的案件数量较少。通过随机对 98 名行政复议人员进行问卷调查，结果显示，在行政复议案件办理过程中，每年采取听证审理的案件有 5 件以上的，占比 6.1%，有 3—5 件的，占比 7.1%，有 1—3 件的，占比 30.6%，没有听证审理的，占比 56.1%。针对重大复杂案件，书面征求法律顾问意见的，占比 16.3%，召开专家论证会，但次数少的，占比 64.3%，没有召开专家论证会或者征求法律顾问意见的，占比 19.4%。从问卷调查结果可以看出，各级行政复议机构在审理行政复议案件时，审理方式不够多样化，也不够公开透明，不利于提升行政复议审理的公正性，也不能充分发挥行政复议化解行政争议主渠道作用。

5. 行政复议信息化建设推进效果不理想

目前，全省统一启用全国行政复议平台，行政复议案件实现全流程在线办理。但是，部分行政复议机构对当前行政复议工作信息化建设的重视不够，认识不足，加上行政复议工作人员对行政复议平台应用操作不熟练，办公设备也得不到保障，使得在推进行政复议信息化建设时存在抵触情绪，认为信息化建设增加了工作量。此外，行政复议平台只能在电子政务网上运行，绝大多数人只有一台办公电脑，加上电脑年限比较长，内外网切换时间较长。App 审批签发也还未上线，在复议平台上，领导签发都是具体办案人员在操作，在网上走一遍流程之后，还要走一遍纸质签批流程，在很大程度上影响了行政复议信息化的推进。

6. 行政复议宣传力度较为薄弱

《行政复议法》从1990年10月1日起施行以来，全省各级行政复议机关都不太重视行政复议的宣传工作，很少开展行政复议专题宣传，宣传渠道和力度不够，人民群众特别是基层老百姓对行政复议往往较为陌生，认为行政复议就是官官相护，解决不了他们的问题，对行政复议的认同感不足，也不清楚行政复议同行政诉讼相比，具有不收费、期限短、方便快捷的制度优势。因此，在解决行政争议的过程中，他们要么选择行政诉讼，要么选择信访，以至于形成“大信访、中诉讼、小复议”的局面，使得行政复议处于“被边缘化的状态”，一定程度上弱化了行政复议的基本功能，未能充分发挥行政复议的制度优势。

（二）贵州省行政复议规范化建设困境的原因分析

1. 行政复议在行政机关中的权威性不够

机构改革以后，受历史因素影响，司法行政机关权威不高，作为行政复议机构高效开展工作还需磨合。行政复议机关在争取人员、机构编制等方面进展不太理想，比如行政复议体制改革后，瓮安县、三都县等地编制部门，同意本级司法行政机关增设机构和编制，但迟迟未作出正式批复，行政复议科（股）室也一直未设立。课题组就“本地区行政复议机构在其他行政机关中的公信力如何”随机对98名行政复议人员进行问卷调查，结果显示，20人认为行政复议公信力很高，占比20.4%，40人认为行政复议公信力比较高，占比40.8%，有38人认为行政复议公信力一般或者较低，占比38.8%（如图4所示）。

近年来，受“两降一升”（降低行政机关被纠错率、降低行政机关行政诉讼败诉率和提升行政机关负责人出庭应诉率）考核影响，市县行政复议机关出现了行政复议不敢纠错的情况，导致复议工作出现被动局面，久而久之，行政机关对行政复议工作更加没有敬畏，甚至产生出现问题复议机关不敢确认违法或者撤销的错误思想，个别行政机关甚至不执行行政复议决定。

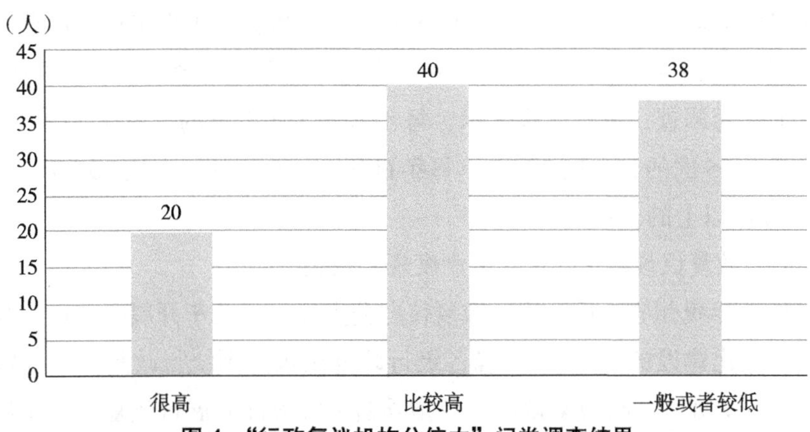

图 4 “行政复议机构公信力”问卷调查结果

2.“关键少数”对行政复议工作还不够重视

习近平总书记强调，领导机关是国家治理体系中的重要机关，领导干部是党和国家事业发展的“关键少数”，对全党全社会都具有风向标作用。[①]做好行政复议工作，必须牢牢抓住领导干部这个“关键少数”。但是从我省实际来看，“关键少数”对行政复议工作还不够重视。一方面，政府主要领导将行政复议工作等同于司法局工作，没有充分认识到行政复议在推进法治政府建设中的重要作用，专题研究行政复议工作不够。常常认为本地行政复议纠错率高、行政诉讼败诉率高是司法局工作没有抓好、做实导致的。课题组就“本地人民政府主要负责人每年是否召开专题会议专门研究行政复议工作的次数”向市县 98 名行政复议工作人员进行了随机调查，调查结果显示，每年召开 1 次专题会议的，占比 34.7%，每年召开 2—3 次专题会议的，占比 30.6%，每年召开 3—5 次专题会议的，占比 10.2%，每年召开 6 次以上专题会议的，占比 3.1%，没有召开或者不清楚召开情况的，占比 23.5%。另一方面，机构改革后，部分司法局主要负责人对行政复议制度的功能作用认识不足，对于行政复议科室设置、人员调

① 2020 年 1 月 8 日，习近平在“不忘初心、牢记使命”主题教育总结大会上的讲话。

整等安排不合理，将行政复议工作等同于一般事务性工作来抓。课题组就“您所在单位主要负责人每年召开专题会议专门研究行政复议工作的次数”进行了问卷调查，调查结果显示，每年召开 3 次以下的，占比 57.1%，每年召开 3—5 次的，占比 27.6%，每年召开 6—10 次的，占比 10.2%，每年召开 10 次以上的，占比 5.1%。

3. 行政复议规范化建设相关制度规范缺失

2012 年贵州省人民政府行政复议办公室印发《关于开展全省行政复议工作规范化建设的意见》，明确各级行政复议机关围绕行政复议案件审理程序、审案规则、行政复议决定及指导监督等方面开展行政复议工作规范化建设。2015 年 12 月 21 日，贵州省人民政府行政复议办公室印发《关于进一步推动行政复议规范化建设的意见》，就加强和改进行政复议工作进一步予以明确。但是，从 2015 年至今，由于国家层面未出台行政复议规范化建设相关文件要求，贵州省也未结合机构改革和行政复议体制改革情况，就下一步推进全省行政复议工作出台一些创新性、指导性的规范性文件。由于缺乏省级统筹，全省各级行政复议机关十年来规范化建设效果参差不齐。课题组随机向 98 名行政复议工作人员进行问卷调查，结果显示，75 人所在行政复议机构开展了行政复议规范化建设，但效果不太理想，占比 76.5%，23 人所在行政复议机构尚未开展行政复议规范化建设，占比 23.5%。

4. 行政复议对下指导监督力度还不够

目前，从中央到地方，尚未建立一套完整、系统、规范的行政复议指导监督体系。就省级层面而言，一方面案件评查已经成为每年的“规定动作”，按照《贵州省行政复议案件质量评查办法》规定，全省各级行政复议机构根据案件质量评查工作需要，按一定比例对本级及下级行政复议机构已审结的行政复议案件进行定期评查；全省各级行政复议机构可根据行政复议工作实际，对已审结的某行政管理领域、某行政管理类别案件进行专项评查。另一方面积极组织行政复议人员参与培训。但是就调研情况来看，每年组织的行政复议培训均在省内，各地均反映，历次培训的方式过于单一，对行政复议案件审理指导意义不大。因此，总体来看，上级行政复议机构对下级指导监督还是不够系统规范。当下级行政复议机构面对共性、新型案件时，上级的审查标准不够及时、精准地传导下去，下级只能自行摸索，办案质量和效率都难以得到保证。

5. 行政复议工作经费保障力度还不足

行政复议规范化建设涉及办公场所、办案设备等规范化配置，经费保障力度切实关系行政复议规范化建设成效。按照相关规定，行政复议活动所需经费，应当列入本机关的行政经费，由本级财政予以保障。总体来看，全省行政复议工作经费预算保障力度还不够。一方面，基层财政经费普遍紧张，行政复议没有设置专项经费，大多数是从办公经费中列支。比如2020年遵义市播州区司法局有区本级专项资金30万元，其中人民调解工作经费5万元、社区矫正专项执法工作经费10万元、普法宣传专项业务经费5万元、聘请法律顾问经费10万元，行政复议经费并不在该专项经费之内，均从司法局日常运转经费中进行列支。另一方面，各地经费保障力度不均衡，比如遵义市汇川区司法局2022年行政复议办案经费仅2万元预算指标，2023年则无预算。又如南明区司法局，2020—2022年期间，每年经费大约20万元，但是，经费大部分用于聘请政府法律顾问。

四、推进贵州省行政复议规范化建设的对策建议

有序推进全省行政复议规范化建设工作，需要从总体理念、基本思路和具体方案三个维度出发，层层递进。构建行政复议规范化建设的总体理念，明确推进行政复议规范化建设的基本思路，优化行政复议规范化建设的具体方案，从而才能达到行政复议规范化建设工作的系统完善。

（一）坚持党的领导，切实强化政治思维

中国共产党的领导是中国特色社会主义最本质的特征。行政复议作为监督行政权依法公正行使，促进政府系统自我纠错，维护人民群众合法权益、化解行政争议的重要法律制度，要发挥行政复议公正高效、便民利民的制度优势和化解行政争议的主渠道作用，必须坚持和加强党的领导，确保行政复议工作沿着正确的方向前进。新修订的行政复议法亦将坚持中国

共产党的领导作为一项基本原则予以明确。

1. 充分发挥党总揽全局、协调各方的领导核心作用

党的十八大以来，习近平总书记多次强调，党政军民学、东西南北中，党是领导一切的，要“提高党把方向、谋大局、定政策、促改革的能力和定力，确保党始终总揽全局、协调各方”。党的十九届四中全会《决定》明确提出，坚决维护党中央权威，健全总揽全局、协调各方的领导制度体系，把党的领导落实到国家治理各领域各方面各环节。县级以上各级人民政府作为行政复议机关，党政主要负责人应当将行政复议工作同政府中心工作同谋划、同部署、同推进，切实提升“关键少数”对行政复议工作的重视程度，打破“行政复议是司法局的事，不是政府的事”的认识误区。司法行政机关作为法定行政复议机构，在推进行政复议规范化建设过程中，要积极向党政主要负责人汇报在推进行政复议规范化建设过程中面临的困难及问题，特别是编制、人员、办公场所等问题，争取党政主要负责人的支持，力争从政府层面予以协调解决，使行政复议工作在党的领导下，在职能配置上更加优化、在体制机制上更加完善。

2. 树立大局意识，切实增强行政复议能动性

新修订的行政复议法将“发挥行政复议化解行政争议的主渠道作用，推进法治政府建设”作为立法目的写进了法律。行政复议服务于党和国家工作大局与改革发展全局，全省各级行政复议机构必须进一步提高政治站位，深刻领悟“两个确立”的决定性意义，增强“四个意识”、坚定“四个自信”、做到“两个维护”，不断提高政治判断力、政治领悟力和政治执行力，自觉在思想上政治上行动上同以习近平同志为核心的党中央保持高度一致。同时，要将行政复议工作围绕省委、省政府中心工作来谋划、推进和落实，积极统筹调度各方力量、整合各类资源、运用各种手段，以全局视野和战略思维推动行政复议工作高质量发展。要充分发挥行政复议化解行政争议的主渠道作用，积极推动行政争议实质性化解，在行政复议案件办理过程中，努力实现政治效果、法律效果和社会效果的统一。

（二）加强统筹规划，切实建立系统思维

习近平总书记强调，“要发展地而不是静止地、全面地而不是片面地、系统地而不是零散地、普遍联系地而不是单一孤立地观察事物，妥善处理各种重大关系。”[①]行政复议规范化建设是一项系统工程，必须统筹兼顾、系统谋划、整体推进。

1. 完善行政复议规范化相关制度建设

“不谋万事者不足谋一时，不谋全局者不足谋一域”。行政复议规范化建设要取得实效，必须加强顶层设计、整体谋划，使各项举措相互配合、相互促进、相得益彰。目前来看，贵州省行政复议规范化相关制度机制建设还不够健全和完善，由于缺乏上级指导，使得各市州、区县行政复议规范化建设参差不齐。特别是新修订的行政复议法对行政复议制度进行了重新构建和完善，明确了行政复议化解行政争议主渠道的功能定位，进一步扩大了行政复议受案范围，对新时期的行政复议工作带来了巨大的挑战。省级行政复议机构应当切实强化责任担当，立足于我省行政复议工作实际，以新修订的行政复议法为出发点和落脚点，前瞻性思考、全局性谋划，研究制定我省行政复议规范化建设实施方案，对行政复议案件受理、审理、决定、监督、执行等流程明确相应制度规范，整体推进我省行政复议规范化建设。

2. 健全行政复议人员队伍培育体系

功以才成，业由才广。办好中国的事情，关键在党，关键在人，关键在人才。同理，行政复议法治人才是开展行政复议工作的基础性、战略性支撑。2021 年 12 月，习近平总书记在十九届中央政治局第三十五次集体学习时指出：“努力培养造就更多具有坚定理想信念、强烈家国情怀、扎实法学根底的法治人才”。就目前来看，我省行政复议人才队伍建设培育机制尚不健全。因此，我们建议，从省级层面进一步推进我省行政复议人员

---

① 《习近平新时代中国特色社会主义思想学习纲要》（2023 年版），学习出版社、人民出版社 2023 年版，第 301 页。

队伍专业化、职业化和正规化建设。

一是及时制定出台《贵州省行政复议人员统一职前培训规定》。新修订的《行政复议法》第 6 条第 2 款明确规定，行政复议机构中初次从事行政复议工作的人员，应当通过国家统一法律职业资格考试取得法律职业资格，并参加统一职前培训。因此，省级层面应该及时根据新法的规定，研究制定全省行政复议人员统一职前培训规定，明确职前培训是由市级统筹还是省级统筹，以便进一步规范行政复议人员队伍管理。

二是统一制发行政复议人员工作证，并统一着装。就目前来看，2018 年以前参加行政复议工作的人员，经过培训后，均持有省人民政府颁发的《行政复议人员资格证书》，2018 年以后就未继续颁发《行政复议人员资格证书》了。行政复议人员开展实地调查时，没有能够证明自己是行政复议机构工作人员的工作证件，只有司法行政机关的工作证，加上没有像公检法或者行政执法机关的统一服装标识，导致开展调查工作时，身份受到群众质疑，难以树立行政复议的权威性和公信力。因此，统一工作证件和着装，是提升行政复议人员形象、推进行政复议规范化建设的重要举措。

三是建立行政复议员任命制度。自行政复议体制改革以来，广西、安徽、浙江等省份都在探索"行政复议员任命"制度，并形成了一套比较完整的制度。贵州省也可以借鉴这些省份的成功经验，开展行政复议员制度试点工作，积极探索"省人民政府统一管理、各级人民政府分级任命"的行政复议员模式，创新实现行政复议员身份资格授予，制定行政复议员任命时宪法宣誓制度和激励机制，有效提高行政复议人员自身的职业认同感和自豪感，积极推进行政复议人员队伍正规化、专业化管理。

四是创新行政复议培训方式。培训是提升行政复议人员专业素养的重要方式。目前，贵州省从省级层面尚未形成完备的行政复议人员培训机制，除了常规性每年一次的全省行政复议业务培训外，偶尔安排个别行政复议人员锻炼学习外，尚未有其他的培育机制。且通过调研，大部分行政复议人员表示，培训的方式太单一、效果不理想，缺乏对行政复议案件办理的指导性和针对性。因此，需要创新培训方式，采取疑难案件专题研讨、案例评析、经验交流等方式，针对市县行政复议机构反映比较多的工伤认定、山林土地确权、投诉举报、行政协议等内容，提升培训实效性和针对性，推动行政复议培训往制度化和常态化方向发展，进而打造一支理论水平高、实务经验丰富、办案能力强的高精尖的专业行政复议队伍。

3. 创新行政复议宣传方式和载体

目前全省各级行政复议机关，除了在日常普法宣传时将行政复议纳入宣传内容外，有关行政复议的宣传报道少之又少，基层特别是偏远山区的老百姓，对行政复议的知晓度很低。随着新修订的行政复议法的出台，有必要创新行政复议宣传方式和宣传载体。因此，我们建议：一是从省级层面制定全省行政复议宣传计划，省级每年至少召开一次行政复议新闻发布会，通报当年行政复议案件办理情况，特别是纠错、调解和解情况，打破老百姓心中行政机关都是“官官相护”的错误观点，提高人民群众对行政复议工作的认同感。市县两级可根据实际情况，在官网、微博、微信公众号等渠道宣传行政复议动态，提高人民群众对行政复议工作的关注度和知晓度。二是定期发布行政复议典型案例。省本级每年开展行政复议典型案例评选，评选出对促进依法行政、维护群众权益、健全相关法律制度等方面具有典型性和代表性的案件作为典型案例，多渠道进行宣传，提高人民群众对行政复议的认同感和信任度，营造“大复议、中诉讼、小信访”的法治氛围。三是充分运用新媒体手段，在电梯、地铁、高铁等人流量大的密集场所，通过投放行政复议公益广告或短片、科普动画等形式，切实提升人民群众对行政复议的知晓率。

4. 加强行政复议数据融合分析运用

按照司法部办公厅《关于推广应用全国行政复议应诉工作平台的通知》要求，贵州省已停用自建的贵州省行政复议平台，全面推广使用全国行政复议平台。使用半年多来，行政复议工作平台已暴露出一些问题，比如省级能够看到全省的案件数量，但是市州看不到本辖区内区县行政复议机关办理的行政复议案件相关数据；行政复议数据除了统计分析用，尚未进行融合运用。贵州作为全国首个国家大数据综合试验区，应充分发挥大数据优势，积极同司法部对接，探索将行政复议数据导入行政执法平台（北京模式）或者将行政复议数据接入法治政府建设智能化一体平台（内蒙古模式），切实通过行政复议与其他执法数据的融合分析，发现行政执法的薄弱环节，找准行政机关在依法行政过程中的“痛点”和“难点”，以便“对症下药”。

（三）积极主动作为，切实增强创新意识

“必须坚持守正创新”是党的二十大报告提出的“六个必须坚持”中的一项重要内容，是习近平新时代中国特色社会主义思想的世界观和方法论以及贯穿其中的立场观点方法的重要体现。勇于创新者进，善于创造者胜。新形势下，行政复议工作任务艰巨，机遇与挑战并存，必须在行政复议工作中坚持守正创新，在“变”与“不变”中推进实践创新、制度创新，才能推进行政复议规范化建设向纵深发展。

1. 以成效为导向，发挥“关键少数”的“头雁效应”

司法行政部门是本级人民政府的行政复议机构，是代表政府履行行政复议职能。行政复议规范化建设作为一项系统而复杂的巨大工程，不是靠司法行政机关单打独斗就能完成的，而是需要财政、编办、人社等多部门支持才能实现。就目前司法行政机关在其他行政机关心中的地位来说，排位并不高，因此，司法行政机关想要得到其他行政机关在人财物方面的支持，相对比较困难。为打破这一僵局，我们认为，应以成效为导向，获得政府主要负责人的认同，反向争取其他行政机关的支持。即提高行政复议机关化解行政争议的能力和水平，积极推动行政争议在行政机关内部解决，避免进入司法程序引起败诉风险。政府主要负责人看到行政复议在推动源头治理、维护社会稳定等方面取得显著成效后，将会更加重视行政复议工作的开展。此时，再向其汇报行政复议面临的困难，很有可能得到政府主要负责人的重视。主要责任人重视后，部署下去，其他行政机关就得落实领导的指示要求，进而就会支持行政复议机构的工作，行政复议规范化建设的开展也将更加顺利。

2. 以问题为抓手，谋划破解难题的实招硬招

问题无处不在、无时不有。发现问题是前提，能不能正确分析问题并解决问题更为关键。各级行政复议机构要善于把问题作为打开行政复议工

作局面的突破口，聚焦新修订的行政复议法，积极正视问题、直面问题，提高解决问题的主动性，破除“等靠要”思想。

比如编制不够的问题，可以增设行政复议应诉事务中心，通过增设机构的方式增加事业编制人员，并将其作为行政复议人员的补充；也可以通过购买服务，采取由律师事务所派专人坐班的方式协助办理行政复议相关事务性工作，比如案件录入、装订、归档等。比如行政复议人员队伍不稳定的问题，一方面合理设置事业编制人员岗位，以专业技术岗为主，管理岗为辅，确保事业编制人员有晋升渠道和晋升空间，进而留得住人；另一方面，对在行政复议工作中做出显著成绩的单位和个人，及时按照国家有关规定给予表彰和奖励，激发行政复议人员的职业荣誉感。关于办公场所匮乏的问题，可以因地制宜，整合资源，将行政复议与公共法律服务等窗口进行整合，而不能一律被动等待。

以“主渠道”作用为核心和导向是我国对行政复议制度改革提出的新时代新要求。新修订的行政复议法亦将“发挥行政复议化解行政争议的主渠道作用，推进法治政府建设”作为立法目的写进了法律条文。行政复议规范化建设体现了行政复议工作的总体水平，不仅是行政复议体制改革的重要内容，还是发挥行政复议化解行政争议主渠道作用的必然要求。目前国家和地方尚未形成一个完整、规范的体系和具体标准。全国各地结合各自实际，相继在建立行政复议标准体系、规范行政复议办案机制、强化行政复议监督职责、优化行政复议办公场所、推进行政复议数字化建设等方面进行了积极的探索和实践。贵州省虽然在推进规范化建设方面取得了一定成效，但是也面临着人财物保障不足等困境。希望通过本文的研究，对推动全省行政复议规范化建设工作提供参考和借鉴，进而最大限度避免行政复议工作中的随意性，使不同层级、不同地区的行政复议人员执行统一规范的“操作指南”和“质检标准”，实现行政复议工作从“杂牌军”到“正规军”，从“各自为战”到“步调一致”的转变，这也是推动行政复议工作高质量发展的关键。

【参考文献】

1. 丰宇:《湖州精准发力提升行政复议规范化水平》，载《湖州日报》2022 年 9 月 27 日，第 1 版。

2.《广西壮族自治区人民政府办公厅关于深入推进行政复议规范化建设的意见》，载《广西壮族自治区人民政府公报》2021 年第 23 期。

3. 张琴琴、莫天新:《北京城市副中心行政复议规范化建设的探索与实践》，载《中国司法》2020 年第 8 期。

4. 邵慧萍:《行政复议书面审查制度规范化研究》，中南财经政法大学 2020 年硕士学位论文。

5. 李振宇:《“互联网 +”背景下行政复议规范化建设探析》，载《领导科学》2019 年第 6 期。

6.《苏州市人民政府办公室印发关于推进行政复议工作规范化建设的意见的通知》，载《苏州市人民政府公报》2013 年第 7 期。

7.《广西壮族自治区人民政府办公厅印发关于进一步加强行政复议工作规范化建设的实施方案的通知》，载《广西壮族自治区人民政府公报》2013 年第 6 期。

8. 高家伟:《论行政复议机关实质性化解争议的角色与功能定位》，载《法律科学（西北政法大学学报）》2023 年第 2 期。

9. 章志远:《以习近平法治思想引领行政复议法修改》，载《法学评论》2022 年第 6 期。

10. 王文礼:《行政复议实质性化解行政争议的功能定位与制度完善》，载《新余学院学报》2022 年第 5 期。

11. 岳小青:《徐州市 Z 区行政复议制度实践中的问题与对策研究》，中国矿业大学 2022 年硕士学位论文。

12. 丁国锋、张全连:《江苏行政复议紧盯“实质性化解”》，载《法治日报》2022 年 2 月 13 日，第 1 版。

13. 莫于川、杨震:《行政复议法的主渠道定位》，载《中国政法大学学报》2021 年第 6 期。

14. 章志远:《从“主渠道”到“实质性”：行政复议解决争议功能之

审视》，载《苏州大学学报（哲学社会科学版）》2021 年第 4 期。

15. 徐运凯:《行政复议法修改对实质性解决行政争议的回应》，载《法学》2021 年第 6 期。

16. 庞雷:《行政复议化解行政争议类型化初探》，载《中国司法》2020 年第 12 期。

贵州省数据交易流通制度建设研究

刘博涵*

摘　要：随着数字经济时代的到来，数据已经不仅是企业生产经营中产生的衍生品，也是企业发展中的重要驱动力，更是促进数字经济发展的关键要素。贵州省构建大数据交易流通制度的战略目标是培育发展新兴产业和新的经济增长模式，以实现经济社会发展模式的转型。为此，需克服数据产品开发标准不统一、数据金融体系发展不健全、数据产品交易服务能力较弱等限制因素，以整体性与公平性、开放性与灵活性、渐进性与双轨并行以及保护数据权利人利益作为发展数据交易流通制度的基本原则。当前，美国以充分市场化的立场发展数据交易、欧盟在保护数据权利的基础上加强数据流通立法，我国数据要素市场方兴未艾，多地出台地方数据条例，建设数据交易所，形成属地化的数据开发和治理新模式，推动地方数据走向资源化、资产化。贵州省以建设国家大数据（贵州）综合试验区为抓手，大力培育以数据为关键生产要素的数字经济，大数据交易的规范体系基本形成、大数据交易能力得到明显提升、积累了数据产品与数据交易服务的经验，但也存在价格机制的市场调节效用不明显、有为政府的市场行政效能不显著和市场主体培育不足等问题。对此，需完善数据产品的市场化定价机制，明确市场主体权利义务，丰富市场交易产品，拓展贵阳大数据交易所的数据交易衍生职能，建立健全数据要素市场治理的监督机制，同时协调数据交易流通市场的治理结构和监察机构。

关键词：数字经济　数据要素市场　数据交易流通　数据交易平台

**　刘博涵，贵州大学法学院副教授，硕士生导师，法学博士。

生产要素作为一个重要的历史范畴，随着经济社会的发展而不断演进，每一个新形成的生产要素都会驱动人类社会迈向更高的发展阶段。2020年4月9日，中共中央、国务院对外公布《关于构建更加完善的要素市场化配置体制机制的意见》，数据作为一种新型生产要素写入政府文件中，与土地、劳动力、资本、技术等传统要素并列为生产要素之一。作为第三次工业革命的一部分，数据的充分挖掘和有效利用，不仅优化了资源配置、提高了资源使用效率和全要素生产效率，而且深层次地改变了人们的生产生活和消费模式，推动了社会经济领域诸多重大而深刻的变革，对经济发展、社会生活和国家治理产生着越来越重要的作用。数据要素对于价值创造和生产力发展有着广泛影响，推动人类社会迈入一个网络化连接、数据化描绘、融合化发展的数字经济新时代。

贵州省自2016年获准举办全国首个大数据综合试验区以来，已成为中国大数据产业的排头兵。截至2023年5月，贵阳大数据交易所累计完成交易645笔，累计完成交易金额10.3亿元；入驻数据商587家，其中来自省外的数据商占53.8%；入驻数据中介机构34家，上架交易标的858个，其中数据产品564个，算法工具127个，算力资源167个。充分把握数据产权、流通、交易、使用、安全等基本规律，探索有利于数据安全保护、有效利用、合规流通的产权制度和市场体系是实现贵州省数字经济高质量发展的当务之急。2022年12月，贵州省大数据发展管理局出台《贵州省数据流通交易管理办法（试行）》，旨在明确数据流通交易流程和各参与主体的权利和义务，探索解决数据流通交易市场缺乏标准规范、交易价格不健全、交易安全难以保障等问题，引导市场主体合法合规开展数据流通交易活动，培育数据流通交易产业生态。在此基础上，未来还需结合数据要素交易流通的基础法理、基本规律和贵州省前期的有益经验，进一步建构、完善贵州省的数据交易流通法律制度。

一、数字经济发展与数据要素交易流通

要素流动是经济活动向一体化发展的体现。数据作为数字经济时代的新型市场要素，与劳动力、资本、技术等传统生产要素共同构成了推动

经济发展的重要资源。数据要素的市场化配置，是在发挥市场机制决定性作用的基础上，借助市场机制和政府调节的有机结合，实现资源的优化配置。我国数据流通交易市场总体上处于起步阶段，存在统筹规划不够、场外交易乱象丛生、生态培育严重不足、标准规范仍有缺失等问题。当前绝大多数交易均依靠“点对点”场外交易方式，缺乏统一数据要素流通场所作为依托，缺乏针对交易对手和数据产品的评估体系，数据质量难保障，交易各方缺乏基本信任。因此，明确数据作为生产要素的重要地位和作用机理，探析数据要素市场化配置的基本要求，阐释数据要素的法律性质和数据要素交易的法律关系，是探讨建设、完善贵州省数据交易流通制度的前提。

（一）信息与数据的概念阐释

信息、数据、数字化、智能化、数据交易……这些既清晰又模糊的概念正逐渐成为当下最流行的话题，媒体、学界的炒作或争论又使它们的真实含义若隐若现。随着人们认识世界与社会实践的不断深入，这些文字的概念也在发生着演变和进化。澄清这些概念的前世今生及其相互关联，揭示相关产业的内在联系，成为最先需要解决的问题。信息和数据作为信息科学的基本概念，既是以信息科学作为出发点的认识信息和数据之本质，又是信息科学阐明信息和数据的全程运动规律的过程，也是信息科学利用数据解决各种实际问题的归宿。

“信息论”是第一个以科学的方式谈及“信息”这个概念的学科，它将信息的传递作为一种统计现象来考虑，是专门研究信息的有效处理和可靠传输一般规律的科学。信息论首次为通信过程建立了数学模型，明确把信息量定义为随机不确定性减少的程度，将信息理解为“用来减少随机不确定性的东西”。对信息的理解存在本体论与认识论两个层次，本体论的信息是某个事物所呈现的运动状态及其变化方式；认识论的信息指认识主体从本体论信息所获得的关于该事物的运动状态及其变化方式，包括这种状态或方式的形式、含义和效用。考虑事物运动状态及其变化方式的外在形式、内在含义和效用价值的认识论层次的信息则称为“全信息”。

在“全信息”模型里面，首先主体能够感知事物运动状态及其变化方式的外在形式；其次它也具有理解能力，能够理解事物运动状态及其变化方式的内在含义。这里的“外在形式”可能是多种多样的，是由不同的“符号体系”所定义的规则组成的某种“表现形式”，这种表现形式就是“数据”，或者反过来说，“数据”就是“信息”的载体。根据《数据安全法》的规定，我国法律上的数据专指任何以电子或者其他方式对信息的记录。

随着新一代信息技术的不断涌现、信息化程度的不断提高、市场竞争的不断加剧及对管理水平要求的不断提高，人们越来越多地依赖能够掌握尽可能多的、及时的数据，以最大限度地了解用户，了解竞争者，了解市场环境，了解政策……从而因势利导，掌握主动权。面对这样迫切的需要，“大数据”技术诞生了。需要特别指出的是，“大数据”（big data）并不是一个十分严谨的“概念”，只能说是一个业内约定俗成的叫法。当面对的问题需要大量的（volume）、形式多样的（variety）、及时的（velocity）、可信的（veracity）和有用的（value）数据才能有效解决时，就可以说遇到的是一个“大数据问题”。

现代信息技术正在以越来越多的方式采集着越来越多的数据，并以尽可能快的速度处理着这些数据，以尽可能少的代价获得蕴含其中的尽可能大的价值。这些技术的统称就是所谓的“大数据技术”。每多出一种数据形式，就多出一系列的采集、传输、存储、分析和利用技术和系统。随着互联网、云计算以及物联网的广泛应用，信息感知无处不在，数据海量但价值密度较低，如何结合业务逻辑并通过强大的机器算法、算力来挖掘数据价值，是大数据时代最需要解决的问题。

（二）数据资源开发及其资产化

数据是对客观事件进行记录并存储在媒介物上的可鉴别符号或物理符号的组合，是一种对客观存在的反映。数据资源是数据“日积月累”的结果。早期的数据资源积累源自信息化系统的普遍使用。随着管理活动逐渐向信息化、流程化、精细化和智能化方向不断提升，人们在生产、管理和服务过程中大量使用各类 IT 应用系统（包含电商平台），在完成相应业务处理的同时，积累了大量的业务数据、管理数据和协同数据。针对这些数据的早期使用也仅限于做日常报表和进行统计分析。

数据资源急剧产生的另一种典型场景是用户生成内容（UGC）。随着互联网应用的发展，网络用户的交互作用得以体现，用户既是电商平台的消费者和网络内容的浏览者，也是网络服务的评论者和网络内容的创造者。由于互联网用户体量庞大，随着时间的推移，各互联网平台积累了巨量的数据资源。

近几年，物联网的普遍使用再一次加速了数据资源的膨胀。物联网是指通过各种信息传感器，如射频识别技术、红外感应器、激光扫描器等技术与各种装置，实时采集任何需要监控、连接和感知的物体状态或运动过程，采集需要的信息数据，通过各类可能的网络设施接入互联网，实现物与物、物与人的泛在连接，实现对物品和过程的智能化感知、识别和管理。随着物联网、云计算和大数据技术的发展，万物互联时代到来，更大规模的数据资源正以前所未有的速度聚集。

随着数字经济时代的到来，“数据即资产”的理念已经被广泛接受，数据已经不仅是企业生产经营中产生的衍生品，也是企业发展中的重要驱动力。数据正日益成为企业重要的战略性资产，数据对提高生产效率的乘数作用凸显，成为最具时代特征的新生产要素。数据资产是企业在提供服务过程中积累的或在交易过程中获取的、拥有数据控制权的、可用于价值实现的、能给企业带来经济利益的数据资源。数据资产管理是指规划、控制和提供数据及信息资产的一组业务职能，需要充分融合业务、技术和管理，以确保数据资产保值增值。数据之父维克托·迈尔·舍恩伯格提出，数据资产列入资产负债表不是能否问题，是迟早问题。关于欧洲某服务公司实施数据管理的案例显示，针对电器智能仪表的数据管理可能带来的年度节约资金为 1209 万美元；京东数据资产在 2014 年 12 月 31 日的估值为 439.63 亿—550.49 亿元，表明数据资产在电子商务企业中具有不菲的价值。可见拥有数据资产管理能力对企业来说十分重要。

数据资产管理能力的重要性不局限于单个企业，对于企业之间的数据流通也十分重要，数据流通是数据发挥最大利用价值，提高企业市场竞争力的重要手段。企业数据若不能进行流通，那每个企业看到的都是一个个数据孤岛，企业数据的价值无法得以体现。在数据流通市场上，对于数据拥有者来说，数据变现是数据资产化的过程，只有经过了资产化的数据资源才能进入交易市场流通；对于企业经营者来说，数据能为企业决策提供重要的支持，经营者有方便快捷购买、获取数据的需求。在如何建立交易规则，怎样交付数据资产内容，如何创造多元化的生态体系等方面，都需要数据资产管理能力的介入。

（三）数字经济的关键生产要素

大数据是促进数字经济发展的关键生产要素。数据所包含的信息能优化企业决策，促进生产；数据信息可以加速资源流转速度，使得特定资源在给定时间里有更多的产出。新经济时代，大数据使得企业对外围市场供给和需求的信息可得性大大提高，企业能根据这些信息进行更为精准的市场定位，创造更高的效益。企业掌握的关于其他企业的供给方信息，能够使企业更好地进行错位竞争，也能够更为迅速地了解其他企业的相关产品和技术信息，获得溢出效应。此外，企业掌握的关于消费者的信息，使得企业能够更好地进行产品定位，提高利润率。

数据是时间，能够加快企业自我识别的过程，加快资源流通速度，提高资源配置效率，促进企业成长与经济发展。企业进入市场和决定是否继续生产是基于对现有市场盈利状况及自身生产率水平进行判断，相对于传统经济，大数据信息能够使得企业更快更完整地获得市场信息，更快地对自身生产率水平做出识别并做出合适的生产决策。在传统的对企业全要素生产率水平的度量中，一个较大的不足就是对资源流通速度处理不够周全。如果生产相同产品的两个企业有相同的生产要素，而生产周期却差异非常大，则两个企业的生产率水平差异会非常大。传统经济理论对这类问题并没有做特别处理。新经济时代，资源流通速度、资源利用效率的问题会越来越重要，更加需要深入的研究。

数据的外部性对于数字经济的发展具有重要意义。互联网金融的开拓是发挥数据外部性的典型例子。由于拥有淘宝、天猫、支付宝等电商平台，阿里巴巴积聚了大量的商家交易和支付数据。阿里巴巴收集这些数据，一开始仅是为了完成网上交易的流水记录，2010 年开始，阿里巴巴逐渐意识到了这笔记录存在的潜在价值，阿里云总裁胡晓明率队开始研究如何利用这些数据。判断商家的资信，从而为其发放贷款，这就是“阿里小贷”的发源，是中国互联网金融领域开拓性的标志，也是蚂蚁金服成立的基础。在这个成功的基础上，阿里巴巴进而提出“一切数据都要业务化”，就是要把所有已经拥有的数据都利用起来，挖掘其外部性，让它们产生新的商业价值。同样，作为贵阳大数据交易所“明星产品”的气象数据，是对电塔和高压线区域的气温、水汽、降雨等气象监测和预报数据进行加工，经过脱敏脱密和产品化后形成的数据产品。气象数据有利于科学应对电线积冰风险，指导融冰工作。基于此，南方电网贵州电网公司购买电力调度气象数据服务产品，交易额达 130 万元。

数据的外部性具有正负性，数据的负外部性可能会危及国家安全，侵犯公民隐私。数据拥有者应当注重数据资产管理，提高数据资产管理能力，规范数据资产共享机制，减少数据负外部性的影响，发挥数据的正外部性。当前，如何将大数据变现已经成为业界探索的重要方向。变现是一种能力，数据变现就是把不同属性的数据应用到各个场景体现新价值的过程。在大数据已然成为一块“大蛋糕”的今天，我们也需要清楚数据本身并不直接创造价值，利用数据去解决现存问题才能创造价值，所以如何最大限度地发挥大数据的价值成为值得人们思考的问题。

（四）数据交易流通的市场形势

2020 年 5 月发布的《中共中央、国务院关于新时代加快完善社会主义市场经济体制的意见》提出，要加快培育发展数据要素市场，建立数据资源清单管理机制，完善数据权属界定、开放共享、交易流通等标准和措施，发挥社会数据资源价值。虽然各类数据交易市场已经十分活跃，但目前大多数的交易是在买卖双方之间、以项目的方式一对一讨价还价进行的，而我们所要探讨的“数据交易”是在平等、高效利用、透明、标准化和规模化的“开放”或“半开放”的各个专业市场中进行的。市场中的各类“交易中心”通常经营数据流通业务，也是新制度经济学所阐述的“优势市场”。从广义上来说，数据交易指基于数据的交易活动，鉴于这类交易的复杂性，可以从交易发生的“标的物”和“过程性”方面将数据交易分为数据流通、数据服务、数据代工和数据共享四大类。

数据流通类似于实物商品的交易，主要指作为商品的“数据”从卖方（或称供方）经过市场交易活动传递给了买方（或称需方），数据商品的交付方式通常是一次性的数据文件下载，或者是多次的数据接口（API）的读取。通常，我们把由产业链中直接承担产品生产、流通和消费功能的经济实体所构成的上下游关系称为“核心产业链”。在数据商品供给侧，数据资源提供方、数据衍生品加工方是数据产品的主要提供者。其中，数据资源提供方将自身生产经营活动中采集积累的反映现实世界的“数据资源”（经常被简称为原始数据）提供到流通市场中，使其成为数据市场的“原材料”。数据衍生品加工方从市场上获取“数据资源”是基于对数据消费者需求的理解和自身的数据分析和加工能力，将“数据资源”加工成“衍生的数据产品”（也经常被简称为数据产品），提供到流通市场中，以满足消费者的需要。

数据服务的核心是基于卖方所拥有的数据资源，通过互联网对外提供相应的“服务”，包括近期逐渐兴起的所谓“大数据”服务，如信息认证、征信（评价）、特征推荐、论文查重、趋势分析、舆情分析等，此类交易并不涉及大规模的数据转移，但经过精心设计和场景化开发，使买方可以从卖方基于数据的服务中获得所需的价值，做到“数不出户，服务天下”。作为高端的数据服务，其还包括利用自身数据搜集、汇聚、整理、加工和分析，在线提供细分市场的统计数据、分析数据或研究报告，以实现大规模、系列化、持续的“顾问式”在线服务，如各类基于金融交易的数据终端服务，其核心价值是伴随着具体的交易操作而开展的对市场的分析服务。

数据代工又称受托完成“数据处理”工作，这也是一个既传统又现代的数据交易门类，而且随着经济“数字化”和社会分工的进一步细化涌现出大规模、场景化、个性化和项目化的数据采集、整理、标注、清洗、处理与分析等“委托加工”服务。这里所说的数据代工主要是指数据处理者接受数据控制者的委托，完成对数据特别限定的处理工作，并将处理过的数据全数交还给数据控制者，通常代工者完成任务交付后应该将全部相关数据销毁或删除。数据代工与数据流通市场中的“数据产品加工者”的最大区别是数据代工的结果并不是直接用于市场流通的产品，即使是市场流通的产品也是归委托方所有并经营，数据代工者仅赚取代工服务费。

第四大类可以称为数据共享，如果数据共享发生在组织内部，我们并不将其纳入数据交易的范畴。但如果它发生在一个产业链的合作伙伴之间，或同一个集团的不同法人实体之间（由于紧密的业务合作，合作实体之间需要相互的“信息支持”），因为受到越来越严格的隐私保护和商业秘密等合规限制，合作各方不能将自己的数据直接交给对方，在这样的数据资源“合作共享”体之间使用“隐私保护计算”技术所建立起来的专有系统，能够实现无须交换数据就能获得数据中所蕴含的信息。

二、贵州省数据交易流通制度的战略目标、约束因素及基本原则

数据交易的基本原则是数据交易体系建构所遵循的基本准则和数据交易参与各方主体从事数据交易有关活动时必须遵守的基本准则。数据交易是基于法律拟制或多方主体共同合意自愿限制、约束自己的数据行为所产生的交易形态，本质上也必须遵循一般市场交易所秉持的公开平等、诚实守信、等价有偿等基本原则。但数据交易与一般市场交易的最大区别是交易标的产生和存在形态的特殊性。数据交易体系是数据要素价值化与市场因素的有机结合，数据交易的设计理念是希望利用市场交易的价格发现和价值发现功能创造数据要素的稀缺性，并利用金融工具的流动性创造实现数据要素的市场化。

作为科斯定律与现代金融完美结合的产物，数据交易机制的成功需要具备一定的科学、经济和政策条件，通过市场价格的传导参与到社会生产的全过程，并最终具体落实到企业的成本管理与生产决策中。这些条件

包括需要借助科学的数据处理和数据产品开发等技术手段，形成市场普遍接受的、具备推广应用条件的数据产品监测统计与核实认证的方法学，实现对数据价值精确量化的产权化创造，并便于数据的测算、报告、验证与信息沟通；数据产品是对人类社会容量资源的利用，在对社会容量资源价值产权化创造和精确量化的基础上，为实现要素资源的市场流通，借助政府的政策供给形成数据权利的稀缺性；稀缺性向有效市场需求的转换，需要金融介入进行流动性创造。如果说技术性和稀缺性是数据交易的必要条件，那么流动性就是数据交易的充分条件。流动性创造需要一个强大的激励机制，刺激市场形成对数据权利的多层次、多元化、多目标的需求，因为需求越旺盛，流动性越强，市场越稳定，市场的价值创造、价格发现、降低成本的功能发挥得越充分。

因此，数据交易制度设计的基本原则应服务于数据交易运行的流动性、稀缺性和技术性，从而系统建构数据交易体系运行所必需的制度环境和支撑条件。同时，我们还必须清醒地认识到，我国对数据交易机制价值和功能是建立在国际社会对全球数据一体化管理与控制的共识之上，国际条约约束和我国数据交易制度的设计应体现我国在保障国家安全的前提下促进数据要素自由流动的战略选择和政治目标，并维护国家发展空间和战略利益，从而有助于我国积极参与国际数据治理谈判、主动融入国际数据市场，服务于我国掌握数据交易规则谈判主动权和争夺国际数据交易规则制定话语权的战略需求。

（一）贵州省构建大数据交易流通制度的战略选择和政策目标

在经济层面上，贵州省构建数据交易制度的战略目标是希望通过一个行之有效、运转良好的数据交易体系，弥补贵州省数据要素政策工具市场化程度不高的缺陷，减少和降低经济发展过程中数据的负外部效应，并通过与其他管制型或市场型政策措施的有机结合、协调发展，以助于贵州省实现既定的数字经济目标，同时，培育发展新兴产业，以实现向经济社会的发展模式转型。

在政治层面上，贵州省构建数据交易制度的战略选择是保障贵州省的数据空间和发展权，满足贵州省经济社会发展对必要的数据的基本需求。贵州省发展数据交易，是在一个总体发展水平较低、区域发展很不均衡的经济环境下进行的。当务之急，贵州省应尽快适应经济的“新常态化”发展，从产业结构调整和新兴产业培育与发展中提升效益，增强数据要素发展韧性。因此，贵州省构建数据交易市场有四个层面的政策目标：

第一层面，提供一种灵活机制，推动数据生产要素化目标的完成。构建数据交易市场的目的和价值在于为数据需求企业和区域提供一个选择，减少数据行政管理过程中的僵硬与武断，鼓励和引导企业主动参与到数据要素化过程中的数据交易，不仅能通过价格引导实现数据资源的最佳配置和降低数据产品开发成本，还在一定程度上适应了数据管理社会化和市场化，以更多的“协商式”和“参与式”数据管理措施来改进数据行政管理绩效，减少和避免诸如“信息茧房”等故步自封状况的形成。

第二层面，构建国内数据市场，实现与国际数据市场的对接，为全球未来数据市场规则制定话语权和定价权。当前在发展国内数据市场时，应制定符合贵州省情的市场规则以保护贵州省优质的数据资产避免受制于人；与此同时，也可以通过弹性机制参与国际数据市场和其他区域数据市场，利用贵州省数据要素富集的庞大市场规模，对全球数据市场的供求和价格波动产生巨大影响，获得更大的话语权，并在与数据交易密切相关的实体经济格局中占据更高点。但需注意的是，国际数据市场的利益相关者对数据要素金融的热衷并非出于对实体经济的关注，而更多的是投机需要。

第三层面，推进贵州省经济发展实现低碳转型。低碳经济是以低耗能、低排放、低污染为基础的经济模式。它是碳生产力和人文发展均达到一定水平的一种经济形态，旨在实现控制温室气体排放的全球共同愿景。数据交易机制并不是促进低碳发展唯一重要的机制，也不必然是环境效益最优的减排机制。数据交易机制的实施需要较高的市场环境、技术支撑和政策条件，其减排效益的发挥取决于交易支撑条件和政策环境的良性互动，只有在一个生产要素市场化程度较高、技术条件成熟、政策预期稳定透明的市场环境中才能取得最大的低碳经济效益。

第四层面，发展和维护本省的发展权，加大国际数据流通谈判的筹码。国际数据流通谈判已经超出单纯的经济或科学技术领域，成为一个跨越多重利益关系的国际化命题。数据流通谈判中各方利益集团的形成与分化、各利益集团的博弈、各方所持有的政治观点，无一不是各方背后利益集团的话语表达。数据流通谈判本质上是对国际数据资源主导权的争夺，对数据领域国际行动竞争规则与游戏规则制定权的争夺。数据流通谈判也是各国数字经济发展实力的展现和政治意愿的表达。

通过发展数据交易，积累交易经验，探索交易规则，有助于形成一套符合本国利益和公平理念的数据权分配方案和灵活机制，有效弥补贵州省在数据管理能力建设方面的短板。贵州省需要构建符合贵州省省情的、体现贵州省产业结构发展特性与产业演化方向的数据产品及数据要素管理体制，走出一条数据产品有序开发、交易、流通的“贵州道路”，增强贵州省在数据流通规则制定中的话语权。

（二）贵州省大数据交易流通制度设计的约束因素

贵州省数据交易制度的设计，起步于较为薄弱的技术条件和不完全成熟的金融市场环境。而国际数据市场和国外数据市场发展的经验告诉我们，数据交易体系建立的前提条件非常苛刻。而当前，伴随着贵州省数据交易市场的逐渐活跃，贵州省数据交易机制施行遇到了严峻的挑战。数据产品开发方法和标准的不统一、数据产品标准的各自为政、数据产品脱密标准的不确定性、数据金融机构的踌躇不前、数据金融工具的缺乏、数据产品投资途径的匮乏和单一、数据管制信息的不确定性等，无一不构成贵州省数据交易制度推行的阻力。当前影响和制约贵州省数据交易制度制定与实施的因素主要包括：

第一，数据产品开发标准不统一带来的市场分割。标准化的数据要素监测、统计和报告是开展数据要素核实、核证与数据比较的基础。贵州省如果要建立统一的数据交易市场，就必须让市场在数据价值发现、数据价格形成中发挥基础性作用，让市场引领社会主体挖掘数据价值。而市场机制功能的发挥，离不开一套坚实、完整且具有可比性的数据要素监测、统计与报告制度，也离不开数据要素监测技术体系。在国际数据市场上，数据产品开发往往是推出国家推行数据产品开发技术，借以引领国际数据市场的工具。贵州省数据市场的发展如果完全采用国外数据产品标准，将不可避免地被标准制定国所设定的产品框架和交易模式所绑定，在产品技术发展和数据交易发展模式上受制于他国。而制定和采用贵州省自行制定的数据产品标准，将有效实现"以市场换话语权"的减排战略，凭借贵州省巨大的数据储备和数据市场，在国际数据市场中发出自己的声音参与国际数据交易规则的制定，在国际数据流通谈判中争取主动，提升中国在全球应对气候变化领域的地位。数据产品开发标准的制定和实施，是衡量我省数据要素管理水平的重要指标，也是经济发展模式转型建设的重要内容，推广贵州省自主研发的数据产品开发标准，有利于转变经济发展方式，建设生态文明，走可持续发展道路。

第二，数据金融体系发展与数据市场潜力极不匹配。数据金融，旨在推动数据要素参与社会经济活动的各种金融制度安排和金融交易活动，既包括数据产品及其衍生品的交易、数据密集项目开发的投融资，也包括银行的数字经济信贷以及其他相关金融中介活动。在数据交易机制下，数据价格信号引导市场主体把数据利用成本作为投资决策的重要因素，促使环境外部成本内部化。成熟金融环境下的数据交易，将沿着项目化市场、商品化市场、金融化市场的发展趋势迈进。即随着数据市场的扩大和数据货币化程度的提高，数据产品将逐渐衍生为具有流动性的金融资产。数据金融能够提高数据开放成本收益转化功能、数据风险管理和转移功能，成为沟通、连接数据要素市场与金融投资主体的关键桥梁。

第三，数据产品交易服务能力较弱。当前，我省数据核查核证机构和能力发展缓慢。市场中少量存在的数据管理咨询和服务机构对数据核查核证技术规范、行业准则、工作程序并不熟悉，对数据来源核查核证的风险难以把握，不利于我国数据核查核证行业的健康发展。同时，我国对从事数据核查核证业务的准入资格、从业人员培训和工作程序也没有专门规定，使得数据核查核证机制完善和机构发展没有可供遵循的依据。出于贵州省的数字经济战略和数据交易发展的长远考虑，迫切需要发展本土化的数据核查核证机构，并出台专门性规范，使其能力获得大幅度提升，实现专业化发展。另外，贵州省的数据咨询和数据服务行业刚刚起步，对数据交易的运作模式和机制设计缺乏深入的了解，难以给交易双方提供有价值的数据资产管理和经营建议，也难以有效应对数据交易过程中数据权经营、期权投资、项目开发等环节出现的法律风险和履约风险。从业人员素质参差不齐，专门化知识缺乏，也没有专门的从业规范，亟待培育高素质的从业人员以使我省数据咨询和数据服务行业得到专业化发展。

（三）贵州省数据交易流通的基本原则

数据交易的基本原则，是数据交易体系建构所遵循的基本准则和指导数据交易参与各方主体从事数据交易有关活动时必须遵守的最基本的准则，是数据交易机制运行过程中各主体、各交易环节设计所必须遵循的基本精神和理念。通过分析贵州省构建数据交易制度的战略目标和约束因素，我们认为，当前贵州省发展数据交易应遵循以下基本原则：

第一，整体性与公平性原则。整体性原则源于数据产品开发、交易活动在全国经济效益上的整体性，经济效益的整体性思想又来源于全国经济的相互关联性和内在一体性。整体性原则要求在进行数据交易的机制设计时，不仅要考虑到全国经济效益的整体性，主动适应整体性原则对全国数据市场相互连接的内在要求，确保经济量的真实、保守和额外性，而且要求充分认识到数据交易实施过程中隐私泄漏和数据转移的风险，合理确定数据利用的边界。公平的市场经济意味着高密度的数据使用行业必须采用最准确的监测方法，低密度数据使用行业则可以选择较宽松的监测方法，前提是替代的方法学在经济效益上是保守的，并且信息泄露风险不会被低估。公平性原则同时也意味着无论数据产品需求量的高低，每一监测方法的质量保证要求对所有采用此方法的数据利用终端都一视同仁。

第二，开放性与灵活性原则。开放性是维持数据产品交易生命力的基石。开放性，是指我国数据交易机制设计要留有与国际数据交易以及其他经济体数据交易机制相互对接的出口。开放性的目的是使交易对象在各交易体系中能够被相互认可，流通具有相同的法律效力。数据权交易的开放性设计，使得根据不同覆盖区域、经济特点、行业特点设计的不同数据产品交易体系，能够在不同时间、区域间实现市场对接，数据要素相互融通、抵消、储备，从而降低价格的波动性，限制数据要素转移，稳定市场价格。灵活性又称为弹性，指在不影响数据权交易体系，数字经济效益完整性的前提下，通过创新性的储存或借贷机制，降低被管制数据要素的产品开发成本，降低隐私泄露风险所进行的制度设计。灵活性对于数据交易机制在实践运行中的作用非常关键。

第三，渐进性与双轨并行原则。贵州省数据交易制度的建立，应紧密结合贵州省的制度基础和现实背景。在此基础上，遵循市场机制的基本原则，结合贵州省应对经济转型、发展数字经济的主要任务和目标，设计贵州省数据交易发展之路。在当前数据交易流通的起步阶段，贵州省数据交易应遵循渐进性和双轨并行的原则。渐进性指贵州省数据交易市场的建立，必然要经历区域性试点阶段、全省统一标准市场阶段等发展历程。所谓双轨并行，指贵州发展数据交易、建立数据要素市场，必须坚持集中性数据市场与场外性数据市场并行、数据泄露防控机制与数据泄露补救机制相结合的发展思路。其中，集中性数据市场是数据交易制度建构的主体和基干，场外数据市场则是集中性数据市场有益的、必不可少的补充，并起到调剂数据产品“蓄水池”的作用。

第四，保护数据权利人利益原则。数据交易本质上是权益资本交易，遵循着权属边界法律拟制、权属流转价值法律创造的模式。不容置疑的是，数据产业、数字经济发展正在重塑企业的市场竞争和经营理念，随着数据权利监管的加强和企业面临的数据约束不断加大，企业的数据权经营能力和数据利用能力将成为企业未来经营的核心竞争力。保护数据权利人的利益就需要合理界定数据产品开发者对其开发行为的权利和利益，法律要建立企业数据资源收集、数据产品开发与数据资产之间资金流动的通道，明确规定数据要素来源渠道、数据权利产生渊源，保护数据权利人的核心利益，鼓励各种数据权利人和市场参与者利用市场创造和开发数据产品。同时，政策和法律应从降低交易成本、简化流程入手，便利数据要素利益的实现。

三、数据要素的市场化配置及其交易流通的法律实践

资源配置包括两种基本方式，一是市场化配置，二是行政化配置。市场化配置下资源通过市场机制实现竞争性配置，突出市场决定作用和市场需求偏好；行政化配置下资源通过政府的行政权力和宏观调控手段来实现配置，反映政府的意志和偏好。合理的数据要素市场化配置可以实现物尽其用，使数据资源配置在最需要的使用领域和使用方向，引导其他生产要素和资源围绕数据而进行配置，从而发挥各资源要素的最大效用，避免资源的重复投入和闲置浪费，提高全要素生产率。数据要素的市场化配置旨在发挥市场决定性作用，通过市场机制实现数据生产要素在不同领域、不同行业、不同部门和不同主体间的竞争性和公平性配置。

（一）世界主要经济体数据交易流通的市场、法律实践

全球市场对数据的需求正在增加，企业越来越多地需要使用高质量的用户数据进行个性化服务。2017 年，全球数据市场价值达到 189 亿美元；2020 年，全球数据市场的价值超过 410 亿美元；2021 年，由于受疫情影响，增长速度有所放缓，同比增长近 20%；到了 2022 年全球数据市场增长超过 26%。美国是目前世界上最大的数据市场，其市场规模在 2020 年达到 247 亿美元。2020 年，欧洲数据市场规模为 63 亿美元。2020 年，中国数据市场的增长率达到 32.3%，是世界第三大数据市场，规模达到 54 亿美元。针对数据要素市场的发展，世界主要经济体的法律进行了不同的回应。

1. 美国进行充分市场化的数据交易

美国发达的信息产业提供了强大的数据供给和需求驱动力，为其数据交易流通市场的形成和发展奠定了基础。美国在数据交易流通市场构建过程中，制定了数据交易产业推动政策和相关法规，这些政策法规又进一步规范了数据交易产业的发展。

首先，建立政务数据开放机制。美国联邦政府自 2009 年发布《开放政府指令》后，便通过建立“一站式”的政府数据服务平台 Data.gov 加快

开放数据进程。联邦政府、州政府、部门机构和民间组织将数据统一上传到该平台，政府通过此平台将经济、医疗、教育、环境与地理等方面的数据以多种访问方式发布，并将分散的数据整合，数据开发商还可通过平台对数据进行加工和二次开发。

其次，发展多元数据交易模式。美国现阶段主要采用 C2B（消费者对企业）分销、B2B 集中销售和 B2B2C（企业对企业对消费者）分销集销混合三种数据交易模式，其中 B2B2C 模式发展迅速占据美国数据交易产业主流。所谓数据平台 C2B 分销模式，是指个人用户将自己的数据贡献给数据平台以换取一定数额的商品、货币、服务、积分等对价利益，著名的平台如 Personal.com、Car and Driver 等；数据平台 B2B 集中销售模式，即以美国微软 Azure 为代表的数据平台以中间代理人身份为数据的提供方和购买方提供数据交易撮合服务；数据平台 B2B2C 分销集销混合模式，即以数据平台安客诚（Acxiom）为代表的数据经纪商收集用户个人数据并将其转让、共享给他人的模式。

最后，平衡数据安全与产业利益。在涉及数据安全保护等方面，目前美国尚没有联邦层面的统一数据保护立法，数据保护立法多按照行业领域分类。虽然脸书、雅虎、优步等公司近些年来均有信息失窃案件发生，但美国联邦在个人数据保护上进展较为缓慢。这与美国致力于发展数字经济，保持算法科技在世界领先地位的国家政策紧密相关。

2. 欧盟加强数据保护与流通的立法

欧盟委员会希望通过政策和法律手段促进数据流通，解决数据市场分裂问题，将欧盟打造成统一的数字交易流通市场；同时，通过发挥数据的规模优势建立起单一数字市场，摆脱美国“数据霸权”，回收欧盟自身“数据主权”，以繁荣欧盟数字经济。

首先，建立数据流通法律基础。2018 年 5 月，《通用数据保护条例》（GDPR）在欧盟正式生效，其特别注重“数据权利保护”与“数据自由流通”之间的平衡。这种标杆性的立法理念对中国、美国等全球各国的后续数据立法产生了深远而重大的影响。但由于 GDPR 的条款较为苛刻，该法案推出后，欧盟科技企业筹集到的风险投资大幅减少，每笔交易的平均融资规模比该法案施行前的 12 个月减少了 33%。

其次，积极推动数据开放共享。2018 年，欧盟提出构建专有领域数字空间战略，涉及制造业、环保、交通、医疗、财政、能源、农业、公共服务和教育等多个行业和领域，以此推动公共部门数据开放共享、科研数据共享、私营企业数据共享。

最后，完善数据市场顶层设计。欧盟基于 GDPR 发布了《欧盟数据战略》，提出在保证个人和非个人数据（包括敏感的业务数据）安全的情况下，有"数据利他主义"意愿的个人可以更方便地将产生的数据用于公共平台建设，打造欧洲公共数据空间。2020 年 12 月 15 日，欧盟委员会颁布了两项新法案——《数字服务法》和《数字市场法》，旨在弥补监管漏洞，通过完善的法律体系解决垄断以及数据主权的问题。《数字服务法》为大型在线平台提供了关于监督、问责以及透明度的监管框架。《数字市场法》旨在促进数字市场的创新和竞争，解决数字市场上的不公平竞争问题。

3. 中国数据交易流通市场的发展现状

据国家工业信息安全发展研究中心测算数据，2020 年我国数据要素市场规模达到 545 亿元，"十三五"期间市场规模复合增速超过 30%。预计在"十四五"期间，这一数值将突破 1749 亿元。

在数据开放共享方面，截至 2022 年，国家电子政务网站接入中央部门和相关单位共计 162 家，接入全国政务部门共计约 25.2 万家，初步形成了国家数据共享平台。31 个国务院部门在国家共享平台注册发布实时数据共享接口 1153 个，约 1.1 万个数据项国家共享平台累计为生态环境部、商务部、税务总局等 27 个国务院部门、31 个省（自治区、直辖市）和新疆兵团提供查询核验服务 9.12 亿次，有力地支持了网上身份核验、不动产登记、人才引进、企业开办等业务。其他各类数据开放平台达到 142 个，有效数据集达到 98558 个。

国内数据交易机构起步于 2015 年，截至 2022 年底，已有近百家各种类型的数据交易平台投入运营，较为知名的如北京国际大数据交易所、贵阳大数据交易所、上海大数据交易中心、华东江苏大数据交易中心、中原大数据交易中心、优易数据网等。除上述专业数据交易平台外，与国外类似，国内互联网头部企业亦在构建各自的数据交易平台，例如阿里云、腾讯云、百度云各自旗下的API市场，以及京东万象、浪潮天元等。其中API技术服务企业聚合数据已经沉淀了超过500个分类的API接口，调用次数已经达到3亿次，合作客户逾120万家，涵盖智能制造、人工智能、5G应用等领域。2021年，在国家政策的大力支持下，贵州、深圳、上海等地根据自身特点，出台地方“数据条例”，建设数据交易所，从而形成属地化数据开发和治理新模式，推动地方数据走向资源化、资产化。

（二）贵州省大数据交易法律实践的成就、问题及应对策略

近年来，贵州省委、省政府深入贯彻落实习近平总书记的重要指示精神，把大数据战略作为贵州实现弯道取直、后发赶超的三大战略行动之一，以建设国家大数据（贵州）综合试验区为抓手，把发展大数据作为守住两条底线、加快转型跨越的战略选择，大力培育以数据为关键生产要素的数字经济，走出了一条有别于东部、西部其他省份的发展新路。经过不懈努力，贵州大数据产业发展指数、大数据发展政策环境指数、数字经济增速、数字经济吸纳就业增速、电信业务总量、收入增速、省级政府数据开放指数、省级政府网上政务服务能力等指标均在全国名列前茅。

1. 贵州大数据交易流通法律实践的成就

贵阳大数据交易所在贵州省政府、贵阳市政府的支持下，于2014年12月31日成立，2015年4月15日正式挂牌运营，是我国乃至全球第一家大数据交易所。截至2023年8月，贵阳大数据交易所入驻数据商、数据中介近千家，已接入1237个优质数据产品，经脱敏脱密的可交易数据涵盖三十多个领域，数量超150PB，交易总数达1078笔，交易总额更是高达16.8亿元，已成为综合类、全品类数据交易平台。目前，贵州的大数据交易流通在以下三个方面初现成效：

首先，大数据交易的规范体系基本形成。国内外的实践表明，大数据交易市场是由政府通过立法而创建的旨在通过产权交易机制发展数据产业的工具，其不能像菜市场那样自发形成。大数据权的界定、分配和供需机制均离不开政府的干预，而政府的干预需要依法适度。当前，《贵州省

数据流通交易管理办法（试行）》《贵州省数据流通交易促进条例》的出台以及《贵阳市大数据交易所702公约》《贵阳大数据交易所数据交易规范》为将来进行全国性大数据交易立法和我省创建国家级大数据交易市场奠定了基础。

其次，大数据交易能力得到明显提升。大数据交易能力包括管理能力、技术能力和服务能力三个方面。贵州省大数据交易行政管理体制基本成型，即由省大数据发展管理局作为主管部门，金融、统计等部门为协管部门的管理体制，各部门之间的职责划分较为清晰。贵阳大数据交易所已开始了实质性的大数据交易，积累了较有实操性的数据交易技术支撑和软性服务能力，为我国将来建立统一的大数据交易市场奠定了基础。

最后，积累了数据产品与数据服务交易的经验。数据产品和数据服务分类交易的方法对于大数据交易流通制度的形成具有重要作用，贵阳大数据交易所的做法提供了多种探索，这对于总结试点经验，形成适合我国国情的数据交易模式具有积极作用。

2. 贵州省大数据交易流通存在的问题

当前，贵州省的大数据交易流通虽然取得了一定成绩并走在全国前列，但在价格机制、政府行政和市场主体培育等三个方面都存在不同程度的缺失。

首先，价格机制的市场调节效用不明显。价格机制是市场机制中的基本机制，也是市场机制中最敏感、最有效的调节机制。当前，贵州省的数据交易流通市场尚处在非常早期的初级阶段，数据产品的生产和销售成本难以测算；同时，数据的价值认同在不同消费者之间存在很大的差异。在我省当前的数据交易流通市场中，初始产品的标准化程度低，末端产品的场景化针对性强，交易的价格透明度低、可参考性差。同时，多数数据产品的价值随时间的推移而降低，如何把握这一波动规律也常常成为交易双方的争议焦点。所有这些因素都直接导致了价格传导机制的“失灵”，对市场的供需关系和资源配置无法起到应有的调节作用。

其次，有为政府的市场行政效能不显著。政府采取的所有市场干预手段均应源自对市场的充分了解，目前对于新兴的、散发的数据交易活动而言，尚没有系统性的信息采集与分析活动，政府对于“数据交易流通市场”仍处于严重“信息不对称”状态。同时，由于数据流通市场的高技术性和专业性，为避免陷入盲目指挥状态，政府各部门通常以“宽容”的态度任由市场自由发展。另外，数据流通市场中的产品内容遍及所有行业，政府不同职能部门对这一新兴的特殊市场认知不统一、职责不明确，尚难于实施有效的监管。但长此以往，数据流通市场将呈现出“无门槛、无标准、无监督”的三无状态。

最后，市场主体培育不足。目前我省的数据市场可供交易的产品大多是“原始数据”（或称数据市场的大米和面粉），仍然没有大量有专业能力和市场眼光的“数据加工者”，可以面对形形色色的市场需求，加工出适销对路的“数据商品”。同时，当前的市场建设者严重忽视了消费者在数据产品开发过程中的决定性作用。以为只要搭建起了平台就自然会有人来交易；只要拥有了一定规模的数据，就不愁没有买家上门。但是现实是消费者们自身的条件各不一样，目的和要求也不尽相同，甚至许多需求消费者自己也讲不清楚，或者即使把一大堆数据摆在面前也不知道如何使用。

3. 贵州省大数据交易存在问题的应对策略

有效市场与有为政府的相互协作是发展市场经济的不二法门，当前贵州省大数据交易流通市场在市场机制、政府效能和市场主体培育等方面均存在明显不足，下面将从宏观层面探讨贵州省大数据交易市场的应对策略，具体的制度建构将在第四部分展开。

首先，保障数据经营者自由平等参与数据流通利用的权利，促进市场机制在数据资源配置中的决定性作用。第一，要严格规制数据不正当竞争行为。一方面需要利用现有的不正当竞争规制手段来对数据不正当竞争行为进行规制，例如司法实践中常采用的商业秘密条款和不正当竞争法一般条款；另一方面需要优化不正当竞争法的规制路径以适应数字经济背景下的数据竞争。第二，需要合理界定和规制数据垄断行为，打破数据壁垒，保障数据自由流通。

其次，完善数据权利相关立法。我国尚缺乏数据流通和保护的统一立法规定。有关于大数据的规定散见于个人信息保护法、网络安全法、数据安全法、民法典等法律规范中。可以通过地方立法，在以下三个方面的立法先行先试。第一，适当丰富个人数据权利，但同时应当注意防止个人数据权利的滥用；第二，尝试引入特定情形下的“选择退出”机制，为数据收集处理中出现的新情形提供一定的过渡缓冲，避免规则过于僵化；第三，结合现实的数据市场发展程度和科学技术水平确定一定时期内匿名化的标准，以使匿名化数据的自由流通成为可能。

最后，通过交易平台搭建信任关系，培育市场主体。数据交易相比于一般商品的交易具有诸多特殊性，这种特殊性使得数据交易相比于传统的商品交易需要有更多的保障。因此，需要一个具有权威性的第三方机构来搭建交易双方信任的桥梁，以促成数据交易的顺利开展，大数据交易平台应运而生。贵阳大数据交易所作为国内第一家大数据交易所，已通过挑战杯全国大学生系列科技学术竞赛等一系列活动培育市场需求和数据产品供给，未来还需要继续通过一系列赛事和激励政策培育数据要素市场主体。

四、贵州省大数据交易流通法律制度的完善

目前，贵阳大数据交易所的相关数据交易规则内容较为全面，在全国范围内都具有相当的示范作用，但也存在一定的局限性。在激励政策和地方立法文件方面，《贵州省数据流通交易管理办法（试行）》和正在公开征求意见的《贵州省数据流通交易促进条例（草案）》对省内的数据交易流通活动进行了初步规范，从现有的文本来看，建议从以下几个方面加以完善：

（一）完善市场主体权利义务，丰富市场交易产品

在整合现有各大数据交易所交易规则的基础上，从可交易数据范围、可参与数据交易的主体、数据交易参与方权利义务三个方面进一步完善。

第一，在可交易数据范围上，尝试在保证数据权属和个人隐私的情况下逐步放开对基础底层数据的交易。不进行底层基础数据交易固然可以缓解隐私保护和数据所有权界定的问题，但一刀切的规定也意味着放弃了对基础数据潜在价值的挖掘，不利于数据价值的充分激发和释放。因此，需

要加强数据权属界定、数据产权和个人隐私保护的制度建设，解决底层数据交易的逐级前提问题，在此基础上可以尝试分类分步地开放底层数据的交易，以实现对数据价值的充分激发和对数据资源流通的促进。

第二，在可参与数据交易的主体上，尝试在交易制度和交易条件逐步成熟的情况下允许个人主体参与数据交易所的交易。就目前数据交易所的实践而言，贵阳大数据交易所和上海数据交易中心两个具有代表性的数据交易所均不允许个人主体参与数据交易，如此规定一方面是考虑到数据收集和加工处理的成本高而个人对数据的需求量小，个人主体的数据交易无论对于数据交易所还是对于个人而言在成本收益上均不经济，即使向个人主体开放数据交易，参与者也可能寥寥无几；另一方面是考虑到个人在数据分析处理和价值挖掘方面的能力有限，个人购买数据在多数情况下可能是为了短期投机而不是应用开发，且个人在数据安全保护和数据合规使用上也缺少专业设施和技术的保障，在数据交易和流通机制尚未健全的情况下允许个人数据交易主体的大量涌入可能给数据交易市场的秩序带来冲击。但应当注意的是，随着数据行业技术和规则的发展。数据收集和加工处理的成本将不断降低。数据交易和流通制度也将更为完善，此时应当逐步放开个人主体参与数据交易所的交易，否则可能错失体量庞大的个人数据交易主体给数据交易市场带来的增长红利。

第三，明确数据交易参与各方的权利义务，为数据交易流通全过程提供保障。数据交易过程中的参与主体可以分为四类，即数据供应方、数据需求方、数据运营方和数据监管方。数据供需双方的权利义务在数据交易流程的不同阶段应当清晰明确，以便于认定供需双方是否已履行相应的给付义务，同时为可能出现的数据交易纠纷提供权利义务界定的依据；数据运营方和数据监管方应当根据数据交易流程履行相应的数据服务支持义务和数据交易监管义务，以保障数据交易的公平有序和高效开展。

（二）拓展贵阳大数据交易所的数据交易衍生职能

针对贵阳大数据交易所的业务范围，应当在发挥核心职能的基础上，拓展其在公共数据开放、数据服务业务和大数据相关金融工具设计方面的相应职能。

第一，发挥数据交易所基础的核心职能，组织和撮合数据交易，促进数据要素的流通和利用。在数据交易规模和交易频率尚不高的情况下采取做市制度以增加数据交易市场的流动性，在数据交易规模、交易频率和交易参与者逐渐增多后可以尝试采取竞价交易制度或者竞价交易与做市商交易并存的“混合交易制度”，以增加数据交易市场的流动性、满足客户即时成交的要求，同时保证交易市场的公平和安全。

第二，拓展数据交易所作为公共数据开放平台的职能。数据交易所作为数据交易和流通的平台，汇集众多的数据供需方，是数据交换活动最为活跃的场所，公共数据作为数据资源中占比最大、价值较高的数据种类，借助数据交易所的平台能够得到更为充分和有效地利用，因此应当尝试将公共数据开放作为数据交易所的职能之一，进一步发挥数据交易所在数据资源汇集和融通方面的作用。

第三，尝试拓展数据交易所在数据服务业务方面的职能。数据服务属于营利性业务，一方面可以借助数据交易所的设备和技术优势为市场主体提供更为丰富的数据服务，提高数据交易所的市场吸引力；另一方面也可以实现数据交易所的创收，为交易所的持续运营提供一定的资金支持。但需要注意的是，数据服务业务中数据交易所将作为数据交易的直接参与方，同时具有数据交易中介和数据交易当事人的双重角色，也同时成为数据交易监管方和数据交易被监管主体，可能造成利益冲突和数据交易监管的不公，应当把握营利性和公益性的边界，设置业务隔离，防止利益冲突，确保数据交易所公平公正地履行相应职责。

此外，可以尝试拓展数据交易所在大数据相关金融工具设计方面的职能，通过数据期货、数据融资、数据质押等方式实现对数据的资本化，一方面可以拓宽数据的变现途径，吸引市场主体参与数据利用活动；另一方面可以打通数据要素和资本要素之间的联系，充分激发数据要素的价值。

（三）协调数据交易流通市场的治理结构和监察机构的设置

对于贵州省数据交易流通市场的治理模式，应当在监察机构的设置和治理结构的协调上作出完善。

第一，优化数据交易所监察机构的设置。在贵阳大数据交易所会员大会的治理模式中，理事会具有较强的主导地位，其不仅作为交易所的决策机构，还作为日常事务管理者的领导机构，实际上掌握着数据交易所治理的最大话语权。从贵阳大数据交易所的治理规则来看，对理事会的监察仅由理事会下设的监察委员会来进行，作为下设机构的监察委员会在体制上要受到理事会的领导，难以发挥对理事会的监察实效，也无法独立地开展对于数据交易所高级管理人员和其他工作人员、对数据交易所财产情况的监察。应当将数据交易所的监察机构作为独立的机构或至少与理事会平级的机构，以实现对理事会和其他数据交易所相关事务有效监督，形成合理的内部治理机制，保证数据交易所的有序运营。

第二，协调交易所公司制的法人属性和会员大会的治理结构之间可能出现的不适应。贵阳大数据交易所登记为有限责任公司，在公司的内部治理上采取的是三会一层的治理结构，但在数据交易平台的治理上却采取了会员大会的治理结构。在公司内部治理中股东会为最高权力机构，在数据交易平台的治理中会员大会为最高权力机构。两者之间可能存在职能范围的交叉和决策效力的掣肘，公司股东利益和交易平台会员利益之间也可能存在难以避免的冲突，此时需要设置合理的协调机制，理顺公司内部治理和数据交易平台治理之间的关系，平衡公司股东和数据交易平台会员之间的利益，进而实现数据交易所的有序运营。

（四）完善数据产品的市场化定价机制

数据定价规则是数据交易规则的重要部分，数据价格的公开化和交易的透明化是数据交易市场健康发展的重要条件，合理的价格不仅能够建立起数据供需方对于数据交易市场的认可，还能够激发数据变现的能力，吸引数据主体参与数据交易，促进数据资源的流通利用和配置。此外，数据价值的评估对于数据产权的划分也有重要的影响，探索数据的价格形成机制能够分析不同主体对数据价值所做出的贡献与投入的程度，由此来作为数据权属划分的参考依据之一，因此数据定价机制的研究也将有利于数据权属划分规则的探索。

贵阳大数据交易所采取平台预定价的模式对数据进行定价，根据交易所制定的各项数据资产评价指标对数据价格进行评估后由系统自动定价给出数据参考价格，数据供需方结合交易所给出的参考价格协商后确定最终的成交价格。这一市场实践在数据定价上取得了一定的经验，但仍存在一定的问题。数据交易所提供的数据参考价格不具有决定性效力，最终数据成交的价格仍然由数据供需方根据实际需求和双方协商来确定，可能超出数据交易所提供的数据参考价格范围，因此平台预定价本质上仍然是数据协商定价，其与协商定价一样存在缺陷，由于供需双方出于对对方低价的小心试探可能导致整个数据成交价格的协商过程过于漫长，双方付出的时间和精力成本高，在数字经济时代大规模的数据交易背景下，较难满足交易效率上的要求。此外，协商定价过程中还可能因为某一方占有市场优势而对于定价拥有更大的话语权，双方定价话语权的不平等可能造成一方对于另一方的肆意掠夺甚至价格欺诈，使数据价格偏离正常水平。

数据定价一方面需要体现数据本身的价值和数据交易双方的合意，要求定价的准确性；另一方面需要满足数字经济背景下对于大规模快捷数据交易的需求，要求定价的效率性，为此需要研究确定科学合理的数据定价评估机制，兼顾数据定价准确和效率两方面的价值追求。

首先，明确可进行数据定价评估的数据是经过预处理的数据。未经处理的数据不仅不具备可供交易的商品属性，还可能存在泄露隐私、侵犯他人合法权益和国家利益的风险。经过预处理的数据不仅可以使数据具备商品属性，还可以在一定程度上消除数据的异质性、保护相关主体的隐私和元数据的安全，便于数据的定价和交易流通。

其次，区分不同场景和不同类别对数据定价。不同类别的数据具有不同的效用特征，应当对各项评估指标赋予不同的权重或采取特殊的价值评估标准，还应结合数据具体的应用场景来评价数据可能产生的预期效益，以确保数据价值评估的准确性。

再次，研究确定合理的数据资产定价指标。数据资产定价指标是评估数据价值的重要依据，是数据交易所提供数据参考价格的核心标准，因此需要结合市场实践和相关的理论研究确定科学合理的数据资产定价指标为数据的合理定价提供标准支撑。待数据交易的市场厚度和流动性达到一定的程度后，可以采用集合竞价等市场化的方式将数据价格交由市场来确定。

最后，建立数据价格的反馈机制。鼓励用户在使用一段时间后对数据的质量和效用进行反馈，数据定价机构根据用户的反馈对数据价格进行一定的调整，从而实现数据定价机制的不断优化，但具体的反馈时间、反馈的客观性检验价格调整的幅度和标准等相关问题仍然需要进一步的研究。

（五）建立健全数据要素市场治理的监督机制

数据治理监管体系的完善关乎数据要素市场的稳定有序发展，不仅需要加快填补数据流通利用和治理监管相关的法律法规空白，还要健全政府的数据治理监管制度和体系，此外还应注重发挥市场层面数据自律治理监管的功效。

首先，加强相关法律法规的配套建设，为数据流通利用和治理监管提供统一明确的依据。大数据产业技术迭代的快速性使得相关法律法规的制定存在一定难度，应当在保障规则相对细化的同时兼顾规则的原则性和稳定性，既要避免过于超前难以被市场接受，也要防止过于保守与产业脱节，确保法律法规的安定性、权威性和可操作性。

其次，明确政府对于数据治理监管的监管主体和职责范围，探索凝聚各地方政府关于数据治理监管的共识并逐步形成统一的监管体系和标准。在跨部门、跨行业的数据治理监管问题上，应当统筹协调，形成监管合力，由贵州省大数据发展管理局协调发改委部门、网信办部门和其他行业主管部门，发挥各自专业优势，采取综合性治理监管措施。对于一般性和日常性的数据治理监管问题，各部门应当形成相应的监管事项清单明晰各监管机构之间的监管界限和监管职责，形成高效科学的监管分工。

再次，充分发挥数据交易所、大数据行业协会等社会性市场监管主体的自律管理作用。为发挥数据交易所和大数据行业协会的自律管理作用，一是应当优化数据交易所和大数据行业协会的内部治理结构，健全内部治理机制。只有在保证自身良好运营的情况下，才能确保自律管理的公正性，发挥自律管理的实效，具体包括内部治理结构的选择、自律性管理章程的拟定、数据交易规则的拟定、行业标准的拟定等。二是应当确立数据交易所、大数据行业协会的自律管理法人地位、赋予其一定的自律管理权限，形成与政府监管相配合的“回应性监管模式”。

最后，在加强政府治理监管职能，充分发挥自律监管的同时，还应当注重发挥政府治理监管和市场自律管理的协同作用。数据交易所和大数据行业协会等社会性市场监管组织本身由经营者组成，其重点维护的利益之一即为组织自身及其成员的利益，因此不可避免地具有自利性的内在倾向，在实行自律管理时可能偏重市场效率及组织成员的利益，而忽视对市场公共利益的兼顾。为此，应当明确数据交易所和大数据行业协会的主管部门，由主管部门基于公益和公正的价值追求对其自律管理进行监管，及时纠正其限制竞争、破坏市场秩序或损害其他市场主体权益的不当管理行为，确保自律管理的有序开展，明确自律管理和政府监管的权限和边界，形成行业自律、政府干预的双重监管模式，更好发挥行业自律和政府监管的协同作用。

【参考文献】

1. 贵州省信息中心:《国家大数据（贵州）综合试验区发展报告 2022》，贵州人民出版社 2023 年版。

2. 贵州省信息中心:《国家大数据（贵州）综合试验区发展报告 2021》，贵州人民出版社 2022 年版。

3. 贵州省信息中心:《国家大数据（贵州）综合试验区发展报告 2020》，贵州人民出版社 2021 年版。

4. 贵州省信息中心:《国家大数据（贵州）综合试验区发展报告 2019》，贵州人民出版社 2020 年版。

5. 于施洋、王建冬、黄倩倩:《论数据要素市场》，人民出版社 2023 年版。

6. 司亚清、苏静:《数据流通及其治理》，北京邮电大学出版社 2021 年版。

7. [德] 塞巴斯蒂安·洛塞等编:《数据交易：法律·政策·工具》，曹博译，上海人民出版社 2021 年版。

8. 张铭慎:《完善我国数据开放、流通和交易制度》，载《宏观经济管理》2022 年第 4 期。

9. 高富平:《数据流通理论：数据资源权利配置的基础》，载《中外法学》2019 年第 6 期。

10. 刘金钊、汪寿阳:《数据要素市场化配置的困境与对策探究》，载《中国科学院院刊》2022 年第 10 期。

11. 李依怡:《论企业数据流通制度的体系构建》，载《环球法律评论》2023 年第 2 期。

12. 欧阳日辉:《数据要素流通的制度逻辑》，载《人民论坛·学术前沿》2023 年第 6 期。

13. 何培育、王潇睿:《我国大数据交易平台的现实困境及对策研究》，载《现代情报》2017 年第 8 期。

14. 赵需要、姬祥飞、郭义钊:《创新激励目标下数据交易平台运行影响因素模型构建研究——以贵阳数据交易平台为例》，载《现代情报》2023 年第 4 期。

15. 高富平、冉高苒:《数据要素市场形成论——一种数据要素治理的机制框架》，载《上海经济研究》2022 年第 9 期。

16. 卢黎歌、李婷:《我国数据要素统一大市场构建目标、存在问题与对策分析》，载《理论探讨》2022 年第 5 期。

贵州省青少年法治教育问题及对策研究 *

龙正凤 **

摘　要：贵州省重视青少年法治教育，统筹推进青少年法治教育；以学校为主阵地，构建了政府、司法机关、学校、社会和家庭共同参与的教育格局；强化青少年法治教育阵地建设，创新线上线下青少年法治教育载体，助力青少年法治教育提质增效。然而，贵州省缺乏专门的青少年法治教育实施规划，未全面落实《青少年法治教育大纲》的规定和要求；对青少年法治教育的重要地位和作用认识不足，还未从根本上形成政府、司法机关、学校、社会和家庭共同有效参与的青少年法治教育新格局；青少年法治教育的针对性和实效性还有待提高；教育队伍专业化建设有待加强；教育资源及其使用机制不健全，缺乏有效的青少年法治教育效果评价机制。实践中贵州省应加强青少年法治教育的顶层设计，深化对青少年法治教育的地位和作用认识，多举措形成政府、学校、社会、家庭有效共同参与的青少年法治教育新格局；采用线上线下相结合的方式创新性开展青少年法治教育；加强青少年法治教育师资专业化建设；选用青少年法治教育教材，丰富青少年法治教育资源；建立健全青少年法治教育效果评价机制，确保青少年法治教育落到实处。

关键词：贵州省　青少年法治教育　问题　对策

---

*　本文系贵州省司法厅 2023 年度法治理论与实践研究课题“贵州省青少年法治教育问题及对策研究”（fzkt202316）成果。

**　龙正凤，凯里学院马克思主义学院教授，硕士生导师。

青少年法治教育不仅是青少年成长成才和发展的需要，更是建设有中国特色社会主义法治体系的内在要求。党的十八届四中全会首次强调把法治教育纳入国民教育体系，在中小学设立法治知识课程。《青少年法治教育大纲》对青少年法治教育的指导思想、工作要求、教育目标、教育内容、教育实施路径和教育保障等内容进行了规定，为开展青少年法治教育提供了教育依据和根本遵循。《法治社会建设实施纲要（2020—2025 年）》明确全面落实《青少年法治教育大纲》，把法治教育纳入国民教育体系。为了全面、深入了解贵州省青少年法治教育现状、存在的问题和有针对性地提出加强青少年法治教育实效的措施，采用了线上问卷（包括青少年家长问卷①、青少年问卷②、大中小学校领导和教师问卷③）和线下实地调研（包括深入各级人民法院、人民检察院、教育局、人大、大中小学校、妇联、团委等调研）等方式进行调查与研究，进而为政府、有关部门、各级学校推进《青少年法治教育大纲》的有效落实和贵州省青少年法治教育工作的有效开展提供决策参考和对策建议。

一、贵州省青少年法治教育的现状

（一）重视青少年法治教育，统筹推进青少年法治教育的有效开展

1. 制定了《贵州省法治宣传教育条例》《贵州省法治宣传教育第八个五年规划》，为加强青少年法治教育工作提供了总的要求和具体实施路径

《贵州省法治宣传教育条例》明确了法治宣传教育的责任主体、主管部门和接受法治宣传教育的对象，明确规定各级人民政府及有关部门应当对未成年人加强权益保护相关法律法规的宣传教育，帮助其提高依法维护自身合法权益的能力。《贵州省法治宣传教育第八个五年规划（2021—

① 有效问卷 11137 份。问卷调查对象为贵州省 12—22 岁青少年的父母或者其他监护人。

② 有效问卷 12388 份。问卷调查对象为贵州省 12—22 岁的青少年，主要以在校青少年为调查对象。

③ 有效问卷 3328 份。问卷调查对象为贵州省大中小学学校领导和教师。

2025 年）》的通知，明确要全面落实《青少年法治教育大纲》，多形式建立健全贯穿各学龄阶段的法治教育体系，将必要的法律常识纳入不同阶段学生学业评价范畴，增加法治知识在中考中的内容占比；加强法治教育教师队伍建设；通过法治教育活动、青少年法治教育实践基地建设、办好家长学校等方式，加强与未成年人有关的法律法规的宣传教育，构建政府、司法机关、学校、社会和家庭共同参与的青少年法治教育新格局。

2. 与未成年人有关的省级地方性法规为青少年法治教育的有效推进提供了有力的法治保障

（1）《贵州省未成年人家庭教育促进条例》明确了家庭教育的责任主体、家庭教育的原则、家庭教育的内容和法律责任等。第 5 条明确父母是家庭教育的直接责任人，应当依法履行家庭教育责任，其他家庭成员应当予以协助。父母死亡或者无监护能力的，未成年人的祖父母、外祖父母和有监护能力的兄、姐是家庭教育的直接责任人；第 14 条明确父母或者其他家庭成员应当根据未成年人成长规律，对未成年人进行遵纪守法、安全知识等内容的教育。

（2）《贵州省未成年人保护条例》对未成年人家庭法治教育、学校法治教育和性侵害防范教育以及网络安全教育等内容都进行了规定。在家庭保护中将法治教育作为未成年人父母或者其他监护人应当履行的监护职责内容予以规定。在学校保护中明确学校要对未成年学生开展法治教育；学校应当组织开展形式多样的法治宣传教育，不得以其他课程取代法治教育课程。学校应当聘请法治副校长或者法治辅导员指导开展法治宣传教育；学校、幼儿园应根据未成年人的年龄及身心发展规律，对未成年人进行性安全教育与性侵害防范教育。在网络保护中明确学校应当定期开展预防未成年学生沉迷网络、识别网络不良信息、保护个人隐私、预防网络欺凌等宣传教育。

（3）《贵州省预防未成年人犯罪条例》对法治教育的责任主体、经费保障、师资、课时和教材等内容都进行了明确的规定。第 4 条明确规定县级以上人民政府及其有关部门应当将预防未成年人犯罪教育纳入本行政区域的法治宣传教育规划和年度计划；第 6 条明确规定县级以上人民政府教育行政部门应当协调落实学校预防未成年人犯罪教育的经费、师资、课时和教材。第10条明确未成年人的父母或者其他监护人应配合学校对未成年人进行预防犯罪教育。第12条明确学校应当将预防犯罪教育纳入学校教学计划，聘任从事法治教育的专职或者兼职教师，并将预防犯罪教育计划告知未成年学生的父母或者其他监护人；学校应多举措指导教职员工、未成年学生的父母或者其他监护人有效预防未成年人犯罪。第13条明确县级教育行政部门应当会同公安机关、人民检察院、人民法院、司法行政部门完善法治副校长、校外法治辅导员的管理机制和运行机制，确保各类中小学校法治副校长、校外法治辅导员有效全覆盖。第14条明确了法治副校长、校外法治辅导员的岗位职责以及每学期应至少开展2次专题法治宣传教育。

（二）以学校为青少年法治教育主阵地，基本构建了政府、司法机关、学校、社会和家庭共同参与的青少年法治教育新格局

1. 学校法治教育以学校开展多种形式的法治宣传教育为主

贵州省各级学校非常重视法治教育，首先以学校开展法治教育活动的方式予以开展，学校法治教育基本实现了在校学生全覆盖。在对大中小学校领导和教师的问卷调查结果显示，超过95%被调查者认为学校非常重视法治教育，把法治教育工作作为学校年度工作重点来抓。超过92%被调查者认为当前学校学生接受法治教育的主要途径是班会、法治副校长专题讲座、法律知识竞赛、辩论赛、演讲比赛、模拟法庭、组织学生参加青少年法治教育基地等，其次是社会法治宣传教育活动和学校课堂教学，分别占比65.2%和63.67%。超过94%的被调查者认为所在学校常态化地开展了法治教育，学校法治教育覆盖率超过了93%。针对青少年[①]的问卷调查结果显示，超过97%青少年认为有必要开展学校青少年法治教育，超过90%青少年一年内接受过学校以班会、课程教学、专题讲座、法律知识竞赛、模拟法庭等形式开展的法治教育，超过86%的被调查者认为学校法治教育

---

① 乡镇青少年54.5%，县级及以上城市青少年45.5%。

实现了学生的全覆盖，超过 94% 的被调查者认为教师在课堂上讲授过法律知识。

2. 司法机关参与青少年法治教育的方式包括选派法治副校长和开展法治进校园活动

贵州省各级司法机关大多严格按要求选派了政治素质高、业务能力精、熟悉青少年工作的工作人员担任幼儿园、中小学的法治副校长，要求其定期深入幼儿园、中小学开展法治宣传教育工作，并根据人员变动情况进行法治副校长的及时充实和调整，比如某县 274 所幼儿园、中小学均实现了法治副校长聘任全覆盖，县教育局负责法治副校长人员的遴选，县全面依法治县委员会办公室下文聘任，并根据工作情况对法治副校长聘任进行调整，法治副校长每月至少进校开展一次法治宣传教育活动。同时，司法机关还多形式开展法治进校园宣传活动，开展了“关爱明天、普法先行”青少年法治教育宣传教育活动、“民法典宣传月”主题活动，以及在“3·15 消费者权益日”“6·26 国际禁毒日”“12·4 国家宪法日”等重要时间节点，以专题讲座、发放法治宣传小册子、庭审进校园等方式开展了法治进校园宣传活动。

3. 各级团委创新青少年法治宣传教育方式，多举措开展青少年法治宣传教育工作

（1）利用主题教育活动和重要时间节点，联合有关单位开展法治宣传进校园活动。近年来，团省委联合省检察院、省律师协会、省志愿者协会等到麻江县第二、第三小学和六盘水市的六枝特区、钟山区、水城县、盘州市开展“为了明天·青春护航益起来”法治精神进校园示范讲座；六枝特区团委也联合特区检察院邀请法治副校长到特区部分学校开展“为了明天·青春护航益起来”法治精神进校园宣传教育活动；共青团瓮安县委联合县关工委、县司法局、县人民医院到瓮安八小开展瓮安县“青春自护——健康法治知识进校园”活动。共青团铜仁市委以“4·15 国家安全日”“6·26 国际禁毒日”“12·4 国家宪法日”等重要时间节点，常态化地开展“法治基层行”“为了明天·青春护航益起来”等法治精神进校园活动。

（2）组织青少年参加法律知识竞赛活动。近年来，贵州省各级团委主

要通过组织青少年参加“全国青少年学法用法网上知识竞赛”“贵州省青少年学习民法典知识竞赛”等竞赛活动开展法治宣传教育，进一步增强了青少年的法治意识和规则意识，为推动形成良好的普法、学法氛围，优化未成年人成长环境，更好地维护青少年合法权益、预防青少年犯罪营造了浓厚的氛围。

（3）培育社会组织实施青少年法治教育志愿服务活动。近年来贵州省各级团委主要通过培育社会工作中心、公益中心、青年普法志愿者等社会力量合力开展青少年法治教育工作。共青团铜仁市委指导帆锦社会工作中心实施“禁毒小飞侠”项目，聚焦青少年拒毒防毒意识提升等活动，指导铜仁市各县建立法律志愿服务队伍，开展青少年法治教育志愿服务活动。全省各级团委经常性联合贵阳市彩艾阳光公益中心开展法治宣传流动课堂活动、禁毒防艾宣讲活动。贵阳市团市委、团区委、贵阳市彩艾阳光公益中心就经常性联合开展禁毒防艾进校园、进村宣传活动。

（4）充分发挥“12355”青少年服务平台优势作用，开展青少年普法和权益维护工作。2023 年 3 月贵州省“12355”青少年服务平台首家法律援助站在贵州瀛黔律师事务所公益法律事务中心挂牌成立，推动了“12355”青少年服务平台法律援助服务工作有效落实。目前，贵州省各级团委主要依托“12355”青少年热线开展“12355 青少年自护　有你有我”“12355 青少年自护教育”“12355‘青春自护·暑期安全’关爱行动 24 小时守护不打烊”“12355 青春自护·防溺水专项活动”等对青少年开展防性侵、防溺水、防诈骗、防校园欺凌等内容的自护教育，引导青少年提高安全意识和能力。

（5）依托大学生暑期“三下乡”社会实践活动助力青少年法治宣传教育工作。大学生暑期“三下乡”法治宣传活动主要通过共青团贵州省委联合贵州省宣传部、贵州省精神文明办、贵州省教育厅等联合下发《贵州省大中专学生志愿者暑期文化科技卫生“三下乡”社会实践活动的通知》的方式予以开展。2023 年贵州省大学生“三下乡”社会实践团队中涌现出一批法治宣传团队，贵州财经大学国际学院“普及法律知识，构建美好乡村”实践团、贵州大学经济学院的“微光拂尘，春晖同行”实践队、铜仁学院学生社团部组织开展的“百团宣讲，千人行动，万人普法，暑期‘三下乡’社会实践活动”、贵州工程职业学院“与法同行　平安相伴”实践团队等，通过发放法律宣传资料、入户宣讲、座谈交流、法律问题解答等方式开展法治宣传活动。

4. 民政、妇联、关工委等有关单位和社会组织，结合工作职责和服务对象，深度参与青少年法治宣传教育工作

（1）积极助力部署青少年法治宣传教育工作。遵义市关工委先后召开会议和印发通知，部署法治宣传教育工作。全市各级关工委在市关工委的部署下，结合“4·15 国家安全日”“6·26 国际禁毒日”“12·4 国家宪法日”等重要时间节点，组织“五老”深入学校、社区、乡村开展法治宣传教育，教育引导青少年树立尊法、守法、用法意识，依法维护合法权益。2022 年，全市各级关工委组建法治宣讲团 382 个，共 1227 名宣讲人员。“五老”面向青少年开展法治宣传教育 2129 场，受教育青少年 57 万人次。红花岗区关工委法治宣讲团通过“线上 + 线下”“订单式 + 菜单式”相结合的方式，开展法治宣讲 118 场次，受教育青少年 5 万余人次。

（2）与有关单位联合开展法治宣传活动。省民政厅与团省委、省委政法委、省消防救援总队共同举办“青春自护·有你有我”2023 年贵州省未成年人暑期关爱保护行动。铜仁市江口县团县委 2023 年 7 月 19 日联合县检察院、县妇联到梵瑞社区开展普法宣传活动，为梵瑞社区中小学生及家长开展法治宣讲以及“三防”安全教育。

（3）开展法治宣传进校园活动。利用“开学第一课”深入各级学校开展法治教育活动。2023 年 2 月三穗县武笔街道妇联、桐林镇妇联就在开学之际，分别深入城关三小、吉洞小学、桐林镇中小学等学校，采用发放宣传单、展板展示、以案说法、以例释法等方式，向广大青少年儿童重点宣传、讲解道路交通安全、食品安全、禁毒等方面知识和相关法律法规。在第 36 个国际禁毒日来临之际，民革遵义市委法律服务中心、民革遵义市第一支部联合遵义强制隔离戒毒所、遵义市九三学社农林支社、遵义市九三学社遵义医专支社等分别在遵义市丰乐小学、遵义市第二十六中学开展禁毒法治宣讲暨青少年法治教育活动。

（三）强化青少年法治教育阵地建设，创新青少年法治教育载体，助力青少年法治教育提质增效

1. 强化青少年法治教育基地建设

贵州省高度重视青少年法治教育基地建设，早在2016年纳雍县就建成了规模最大、功能最齐全的青少年法治教育基地。2021年省司法厅、省法宣办开展了第一批贵州省法治宣传教育基地申报命名工作，包括贵阳市南明区青少年法治教育基地、贵阳市花溪区青少年法治教育基地等50个基地入选。2021年5月遵义市红花岗区青少年法治教育基地落成，成为贵州省三级检察机关首家青少年法治教育基地；2021年12月贵州省检察院青少年法治教育基地在安顺市检察院建成；2023年5月30日黔东南州首个青少年法治教育实践基地在三穗县启用。

2. 成立特色工作室开展青少年法治教育

贵州省具有影响力和具有青少年法治教育功能的特色工作室主要有江口县人民检察院“茜姐”工作室、剑河县人民检察院“仰阿莎”姐姐工作室。近年来，江口县人民检察院团支部以“茜姐”工作室为阵地建设成立青年之家，形成以党建带团建，由检察长带领“茜姐”工作室的党员干警们担任法治副校长和法治宣传员，深入乡镇、村寨、学校、社区、易地扶贫安置点等，利用春秋开学季、六一儿童节、“6·26国际禁毒日”等节点，开展《未成年人保护法》《预防未成年人犯罪法》等法律法规志愿普法宣讲。剑河县人民检察院“仰阿莎”姐姐工作室创新打造未成年人“检察+”普法新样本。“仰阿莎”姐姐牵头，联合县教育、团委、妇联、民政、文广等部门，通过“检察+机关”①“检察+社区”②“检察+学校”“检

---

① “仰阿莎”姐姐工作室建立部门联席会议制度，由“仰阿莎”姐姐工作室牵头，多部门联动协作，强化业务对接和问题会商，汇聚多方力量参与普法工作，形成一家领办、多家联办的工作格局。

② 在仰阿莎街道幸福社区挂牌成立黔东南州首个“家庭教育指导站”，聘任检察官作为家庭教育辅导员，组建家庭教育志愿者队伍。同时由检察部门与属地政府合力推动，针对未成年人开展多元化教育活动。

察+家庭”[①]等多渠道、多方式开展未成年人普法宣传工作。“检察+学校”全面推行法治副校长制度，检察官参与“开学第一堂法治课”“宪法进课堂”“青少年法治文化大讲堂”等学法普法教育活动，推行“早安三分钟”校园普法新模式，充分利用模拟法庭、“仰阿莎”姐姐进学校等形式开展互动式法治教育。

3. 成立“校园法官工作室（站）”

校园法官工作室（站）是深化院校联动，化解校园矛盾纠纷、预防未成年人犯罪、提升学校师生法治意识的综合载体。旨在通过积极开展普法宣传、法治课堂、家长面对面等普法活动，引导学校师生做好校园欺凌、校园伤害等事件的防范应对工作，构建校园法律问题常态化解机制。贵州省各地人民法院高度重视“校园法官工作室（站）”的建设并发挥积极作用。2022年9月安顺市首个“校园法官工作室（站）”在西秀区启动新学校揭牌；2023年7月贵州省遵义市播州区人民法院和红花岗区人民法院、赤水市人民法院、习水县人民法院、凤冈县人民法院先后进驻学校授牌成立校园法官工作站。

4. 成立少年警校

少年警校有利于拓展校内校外互为补充、有机联动的法治教育实践基地，有利于实现青少年法治教育的专业化、组织化、系统化教育。2019年5月都匀六小就开展了“少年警校”活动，主要通过未成年人对现代国防知识、军事技能、安全自护知识的了解和掌握，对其进行爱国教育和国防教育。2022年7月25日，贵州省首家“少年警校”由铜仁市妇联联合市公安局、团市委在铜仁市第一所成立，该“少年警校”办有青少年学生警校夏（冬）令营、社会青少年警营文化体验班。2022年8月16日印江团县委、县妇联和县公安局联合成立了“少年警校”，通过普法宣讲、道路交通安全与防范、反恐防控宣传、禁毒知识宣传、防范电信诈骗、警营文

---

① 出台《关于联合开展家庭亲职教育工作实施意见（试行）》，对涉案未成年人的生活环境、家庭教育、监护人监护履职情况等进行摸排，对家庭监护情况进行审查、督促、帮教，创造五年来在涉案未成年人接受处罚教育后无再犯罪的纪录。

化体验六大项课程培训，进一步提升少年儿童的法治素养和安全意识。

5. 成立未成年人保护律师服务团，助力青少年法治教育

未成年人保护律师服务团既是青少年合法权益的维护者，也是青少年法治教育的重要载体。2022年贵州省司法厅、贵州省民政厅、共青团贵州省委、贵州省妇女联合会共同组建了贵州省未成年人保护律师服务团。2007年共青团贵州省委和贵州省律师协会共同发起了法治精神进校园活动。律师志愿者通过讲故事、举例子、以案释法、现场互动等方式，深入浅出地解读《未成年人保护法》《预防未成年人犯罪法》等基本法律知识和行为道德规范，增强青少年自护意识和自护能力。目前，六盘水市、铜仁市等地都成立了未成年人保护律师服务团，主要采用互动式教育方式，开展公益性青少年法治教育。

（四）创新青少年法治教育线上载体，利用网络信息技术有效开展青少年法治教育

1. 建设省级“法治宣传在线”云平台，推动普法治理工作深入开展

贵州省法宣办联合法宣在线创新利用“大数据+法治宣传”模式，率先开通使用贵州省法治宣传教育云平台，实现了全省优质普法资源线上集约共享，省市县乡四级法治宣传教育工作在线考核管理，推动了“谁执法谁普法”普法责任制的有效落实。该平台具有普法资源在线阅读、搜索、共享、下载等功能，法律法规平台包含规范、系统齐全的法律法规和规范性文件，面向国家工作人员和省内公众免费开放。同时，为适应全国依法治国形势下法治宣传教育的新要求，充分发挥评估在普法工作中的引导、引领和推动作用，依托“法治宣传网上考核平台”，推动了普法工作线上绩效考核工作。

2. 构建青少年智慧普法新模式

近年来，贵州省各地着力运用网络新技术，搭建“智慧普法”线上宣传平台，助力青少年法治教育取得实效。一是建设青少年普法E站试点，打造青少年法治教育新载体。盘州市司法局会同市教育局结合青少年法治教育的新要求，设定智慧普法模块，采购青少年普法一体机，安装在试点

学校，为学生提供法律法规查询、案例学习、法治知识学习等。二是推动人工智能进校园，开启校园“智慧普法”新模式。2019 年盘州市司法局采购了贵州省首台多功能应用型法律机器人“盘小律”。普法机器人依托强大的云端数据库支撑，设置了 5 万多个智能法律问答，涵盖了宪法、民法典、未成年人保护法等知识，为青少年提供了更加人性化的交互式专业法律服务。三是利用“智慧普法”线上宣传平台，以人工智能为载体，开展青少年法治教育。在“盘州司法”微信公众号上开通了“智慧普法”法律服务，包括“小律咨询”和“留言咨询”两个咨询专栏，以及专题普法、解决方案、法治资讯、法治宣传等专栏。

3. 在线直播未成年人法治公开课

未成年人法治教育课程直播和庭审直播是法治公开课的主要表现形式。2022 年 5 月 30 日，共青团贵州省委、贵州省人民检察院、贵州省少工委共同开展了贵州省未成年人法治公开课暨检察开放日活动，为未成年人讲授了民法典、未成年人保护法、预防未成年人犯罪法等法律，解答了“未成年人违法是否需要承担责任、父母能不能花孩子的压岁钱、能不能拿同学的照片做表情包、哪些行为是不良行为、如何预防性侵害”等未成年人关心的常见法律问题。近年来，贵州省法院大力推进庭审直播常态化工作，把庭审放到网上，让群众在监督审判工作中接受法治教育。

4. 开发“守未联盟”未成年人司法保护云平台，推动青少年法治宣传教育走深走实

“守未联盟”是毕节市检察机关以互联网 + 新理念，研发的未成年人综合保护云平台，建立“守未联盟”PC 端管理平台、App 软件、微信小程序三个数字应用工具。设置云上基地、强制报告、云课堂、课程中心等多个版块，打通与教育、民政、公安的数据壁垒，覆盖市、县、乡管理人员 2798 人，实现强制报告配合协同一体化。打破法治教育地域化限制，整合全市 7 个法治教育基地资源，建立青少年法治教育云上基地。同时，毕节市检察院与毕节市教育局在“守未联盟”云平台上联合开展未成年人保护“开学第一课”系列法治讲座，涵盖未成年人保护法、预防未成年人犯罪法、预防性侵害、预防学生欺凌、预防毒品犯罪等内容，还依托“守未联

盟”云平台，开展云课堂、法治比赛等活动。

二、贵州省青少年法治教育存在的问题

（一）缺乏专门的青少年法治教育实施规划，未全面落实《青少年法治教育大纲》的规定和要求

1. 缺乏专门的青少年法治教育实施规划，青少年法治教育整体上缺乏科学性、系统性和规划性

贵州省青少年法治教育主要依赖于《贵州省法治宣传教育条例》《贵州省法治宣传教育第八个五年规划》等有关规定予以实施。《贵州省法治宣传教育条例》明确了法治宣传教育的范围、原则、责任主体、基本任务、任务落实、不履行责任的承担方式等。《青少年法治教育大纲》第23条明确规定了县级以上人民政府教育行政部门应当根据职责分工，将法治教育纳入国民教育体系，推进学校落实法治教育经费、师资、课时和教材，指导、监督学校开展法治教育。各级各类学校应当组织开展多种形式的法治宣传教育，增强学生法治观念和参与法治实践的能力。中小学校应当聘请法治副校长或者法治辅导员指导学校开展法治宣传教育。《贵州省法治宣传教育第八个五年规划》明确要全面落实《青少年法治教育大纲》，建立贯穿各学龄阶段的法治教育体系。这些规定都是原则性的，没有具体明确青少年法治教育的责任主体、牵头实施部门、教育主体、不同学龄阶段青少年法治教育的教育内容和教育形式、教育效果评估评价体系、考核要求和结果运用等，导致青少年法治教育缺乏统筹规划、整体推进的教育格局。

2. 未全面实现《青少年法治教育大纲》规定的教育目标和教学内容及相关要求

《青少年法治教育大纲》明确规定了青少年法治教育的总体目标和阶段性目标，阶段性目标包括小学阶段、初中阶段、高中教育阶段、高等教育阶段等各学龄段青少年法治教育的具体目标；明确了青少年法治教育的总体内容和分学段的教育内容与要求。分学段的教育内容及要求包括

义务教育阶段（其中义务教育阶段包括小学阶段和初中阶段。小学阶段又将1—2年级作为小学低年级、3—6年级作为小学高年级予以明确具体的教育内容）、高中阶段、高等教育阶段的教育内容和要求。贵州省青少年法治教育课程教学主要依托大中小学《道德与法治》课对学生进行法律知识的讲授，受课程教学学时、教学内容和思政课教师专业背景的局限，教师未能根据《青少年法治教育大纲》有关青少年法治教育目标和教学内容要求开展法治教育。青少年法治教育进校园的活动内容主要以宪法、民法典、未成年人保护法、预防未成年人犯罪法的法律知识宣传教育为主，并有针对性地开展防溺水、防诈骗、防性侵、交通安全、禁毒防艾、防校园欺凌、毒品犯罪预防教育等内容。无论从当前学校对青少年法治教育的内容，还是从开展法治教育的实施路径等方面分析，都未能实现《青少年法治教育大纲》规定的各学龄段青少年法治教育的目标和内容要求。

（二）青少年法治教育的重要地位和作用认识不深刻，未从根本上形成政府、司法机关、学校、社会和家庭有效共同参与的青少年法治教育新格局

1. 青少年法治教育还处于普法宣传教育阶段，法治教育效果有待提高

贵州省青少年法治教育主要以学校开展形式多样的法治教育和法治进校园活动为主。法治进校园活动主要通过法治副校长进校开展法治讲座、发放宣传小册子等方式予以开展。同时，各级团委、法院、教育局、关工委、社会组织等也经常性利用重要的法治宣传教育时间节点，进校园、进社区、进街道开展法治宣传教育活动。在青少年法治教育工作推进中，不少学校尤其是私立学校的领导和有关负责人对开展青少年法治教育的重要性认知不足，存在不配合或者以各种理由推迟、拒绝法治宣传进校园活动。同时，贵州省青少年法治教育缺乏专门的实施规划，有关单位履行法治教育义务时，无论是单位还是个人大多还停留在完成工作的层面，法治教育的内容和方法手段具有随意性。在开展法治教育活动中，各单位缺乏

统筹和信息互通，从而在一定程度上出现不同单位为了完成法治教育任务，扎堆到同一所学校开展同一内容法治教育的情况，师生疲于应付，法治教育效果不佳。

2. 学校青少年法治教育未实现课程化教学，课程法治教育格局未形成，课堂教学主渠道作用未得到充分发挥

根据《青少年法治教育大纲》的有关规定，青少年法治教育不仅要实现课程化教学，还要将法治教育贯穿于所有课程的教学之中，实现课程法治教育格局。当前学校法治教育还处于普法宣传教育阶段，还没有实现课程化教学和课程法治教育格局。学校领导和教师对学校法治教育的地位和重要性的认识还不到位，59.7% 的学校领导和老师认为学生接受法治教育的最佳方式是学校通过班会、专题讲座、校园文化活动等形式开展教育，仅有 17.63% 的领导或者教师认为应专门开设法治教育课；92.85% 的学校领导和老师认为所在学校学生接受法治教育的主要形式是学校开展形式多样的法治教育活动，85.26% 的学校领导和教师认为加强学校法治教育主要在于学校要重视法治教育，将法治教育纳入学校年度工作重点，其次是充分发挥学校、家庭法治教育的合力，占比为 82.07%，以及构建学校、家庭、社会一体化的法治教育体系，占比为 72.97%。同时，91.94% 的青少年认为学校有必要根据不同学段开设专门的法治教育课程。青少年了解法律知识的主要途径是电视媒体、父母教育、学校开展的法治教育和网络，分别占比 68.21%、66.59%、61.45% 和 61.19%。这在一定程度上说明，青少年对专业系统的法治教育有强烈的需求。

3. 法治副校长的选派未实现全覆盖，法治副校长任前培训和履职、考核等工作未全面有效落实

（1）中小学法治副校长未配齐。根据《中小学法治副校长聘任与管理办法》第 8 条规定，每所学校应当配备至少 1 名法治副校长，师生人数多、有需求的学校，可以聘任 2 名以上 5 名以下的法治副校长。目前，在贵州省范围内，中小学法治副校长的选派未能实现全省中小学全覆盖。通过对贵州省中小学领导和教师的问卷调查结果显示，24.32% 的被调查者认

为所在单位没有法治副校长。同时，对中小学学生的问卷调查结果显示，27.16% 的学生认为所就读学校没有法治副校长或者法治辅导员。实践中，县城以及周边的中小学具有地理条件优势，法治副校长的选派和履职情况比较好；偏远的农村学校尤其是村小学，由于交通不便，学生人数偏少，法治副校长的选派困难，被选派的法治副校长也基本没有履行岗位职责。

（2）法治副校长任职条件审核和任前培训未有效落实。《中小学法治副校长聘任与管理办法》第 6 条明确法治副校长要遴选具有较丰富的法律专业知识与法治实践经历，且了解教育教学规律和学生的身心特点、关心学生健康成长的，具有较强的语言表达能力、沟通交流能力和组织协调能力的工作人员担任。第 12 条明确教育行政部门应会同派出机关制定法治副校长培训方案和规划，并纳入教师、校长培训计划，安排经费对法治副校长任职前进行不少于 8 学时，包括政治理论、未成年人保护、教育法律法规、心理健康等方面内容的培训。目前，各地教育行政部门会同有关派出单位对法治副校长进行了遴选，由于有关派出单位工作人员有限，大多数情况下只是为了满足数量的要求，并不能完全按照遴选条件选派法治副校长。同时，法治副校长任职培训工作有的由派出机关组织培训，有的由县委依法治县办联合县教育局组织培训，法治副校长的任职前培训未完全落实培训内容和学时的要求，甚至有的地方没有落实任前培训。

（3）对法治副校长岗位职责认知不清，法治副校长未全面履行岗位职责。《中小学法治副校长聘任与管理办法》第 5 条明确规定法治副校长履职期间要协助学校开展法治教育[①]、保护学生权益[②]、预防未成年人犯罪[③]、参

---

① 每年在任职学校承担或者组织落实不少于 4 课时的、以法治实践教育为主的法治教育任务。

② 参与学校学生权益保护制度的制定、执行，参加学生保护委员会、学生欺凌治理等组织，指导、监督学校落实未成年人保护职责，依法保护学生权益。

③ 指导学校对未成年学生进行有针对性的预防犯罪教育，对有不良行为的学生加强管理和教育。

与安全管理①、实施或者指导实施教育惩戒②、指导依法治理③和指导、协助学校履行法律法规和规章规定的其他职责。目前，法治副校长主要利用重要时间节点，比如开学、寒暑假前、法治宣传日、安全教育日等进校园以法治讲座、发放法治知识宣传手册等方式开展法治教育活动，有的法治副校长还参与学校的师德师风建设工作。法治副校长在保护学生权益、预防未成年人犯罪、实施或者指导实施教育惩戒等工作的参与度不高。主要源于法治副校长对岗位责任的重要性认知不足，履职尽责意识不强；学校领导和教师对法治副校长的岗位职责认知不到位，认为法治副校长主要是履行开展法治教育、参与学校学生权益保护的制定和执行、参加学生保护委员会和学生欺凌治理等工作的，分别占比为91.8%、86.58%、81.29%，仅有56.67%和65.02%的学校领导和教师认为应包括协助实施或者指导实施教育惩戒和指导学校依法治理。

（4）学校和派出机关未对法治副校长工作进行有效地监督和考核。《中小学法治副校长聘任与管理办法》第16条、第17条明确有关学校应建立法治副校长工作评价机制，派出机关应对法治副校长工作纳入考核，并作为晋职、晋级和立功受奖的重要参考。第18条明确地方教育行政部门应定期对法治副校长的履职情况进行考评，对工作突出的法治副校长应当予以表彰和奖励或者会同派出机关联合予以表彰和奖励。目前，贵州省未建立全省适用的中小学法治副校长工作评价机制，教学行政部门因法治副校长人事关系问题没有进行有效的履职考评，派出机关和有关学校未建立有效的法治副校长评价机制。有的派出机关制定了法治副校长工作管理

① 指导学校完善安全管理制度，协调推动建立学校安全区域制度，协助学校健全安全事故预防与处置机制，主持或者参与学校安全事故的调解协商，指导学校依法处理安全事故纠纷，制止侵害学校和师生合法权益的行为。

② 协助学校、公安机关、司法行政部门按照法律和相关规定对有不良行为、严重不良行为的学生予以训诫或者矫治教育。根据学校实际和需要，参与建立学生教育保护辅导工作机制，对有需要的学生进行专门的辅导、矫治。

③ 协助学校建立健全校规校纪、完善各类规章制度，参与校规校纪的审核，协助处理学校涉法涉诉案件，进入申诉委员会，参与处理师生申诉，协助加强与社区、家庭及社会有关方面的沟通联系。

办法，比如《黔南州中级人民法院关于法官及法官助理担任法治副校长工作的管理办法》的通知，具体规定了法治副校长推荐或者委派程序以及承担的工作内容、法治副校长的条件、法治副校长培训、法治副校长工作的考核和表彰等内容，但其规定大多数内容都是原则性的，法治副校长的培训没有具体的内容和学时要求，法治副校长的考核和表彰没有明确考核的内容、考核的评价方式和考核结果的运用等内容。

4. 家校合力开展青少年法治教育的作用未充分发挥，学校对家长缺乏青少年法治教育指导

（1）家长对开展青少年法治教育缺乏责任意识和主体性意识。家长对开展青少年法治教育的责任意识和主体性意识不强。青少年家长问卷调查结果显示，94.91% 的家长认为有必要对孩子开展家庭法治教育，但对承担法治教育的责任认识存在偏差，56.16% 的家长认为学校应当对青少年开展法治教育承担主要责任，32.39% 的家长认为家长应当对青少年法治教育负主要责任，5.22% 和 2.25% 的家长分别认为社会和政府应对青少年法治教育负主要责任。另外，3.99% 的家长无法确定青少年法治教育的责任主体。家长开展青少年法治教育的主体性意识不强，42.11%的家长经常性对子女开展法治教育，49.58%的家长只是偶尔对青少年子女开展法治教育，8.31% 的家长没有对青少年子女开展过法治教育。家长最重视对青少年子女开展交通安全教育、违法犯罪教育、预防校园欺凌教育和预防网络诈骗教育，家长对青少年子女开展性知识和性侵害防治教育的比例偏低。

（2）家校青少年法治教育未进行有效衔接，未有效形成家校共同开展青少年法治教育的合力。学校和家庭未形成青少年法治教育合力，学校未常态化地通过法治家长会、家长学校等帮助家长正确认识和行使对青少年的监护、抚养与教育职责，未有效指导家长分析校园欺凌、校园性侵等严重违法案件发生的家庭环境、家庭教育的诱因，引导青少年增强自我保护意识和安全意识。家长主要是通过家长群、家长会和孩子主动告诉等方式了解学校开展青少年法治教育情况，分别占比为 69%、55.64% 和 48.92%；家长对学校开展青少年法治教育情况表示特别满意和一般满意的占比分别为 69.38% 和 28.7%，学校近一年来未通知家长参加青少年法治教育活动的

占比为18.02%，通知家长参加1次的为26.97%，通知家长参加2次以上的为55%。同时，在校学生遭受校园欺凌、打架斗殴和家庭暴力侵害的比例相对较高，最容易遭受校园欺凌、打架斗殴的伤害。这在一定程度上说明家校在合力开展青少年法治教育工作中还存在信息不对称、家长参与度不高、教育效果不理想等问题。

（三）青少年法治教育的方式方法有待创新，教育的针对性和实效性有待提高

1. 青少年线下法治教育方式传统单一，未根据不同年龄青少年的身心特点开展形式多样的教育

贵州省青少年线下法治教育主要依托《道德与法治》课、全省性或区域性的法治教育主题活动、校园文化活动、学生党团社团活动、社会实践活动以及重要法治教育时间节点、开学法治第一课、毕业典礼等活动，以法治专题讲座、观看法治教育节目或者视频、发放法治教育宣传资料、开展法律咨询、举办模拟法庭、庭审进校园等多形式开展青少年法治教育。其中，除了《道德与法治》课常态化地、有针对性地开展课堂法治教育外，无论是法治教育专题讲座、发放法治宣传教育手册，还是举办模拟法庭、庭审进校园等活动，其活动覆盖的青少年人数有限，法治教育的内容和手段与不同年龄青少年的身心发展特点和接受能力的匹配度不高，法治教育效果也难以评估。比如，法治宣传资料大多是晦涩难懂的文字，很难保证青少年尤其是低龄青少年能够自觉翻阅、认真学习和理解运用。

2. 青少年法治教育内容和方式的网络化程度不高，不能满足信息网络化时代青少年法治教育的需求

据《青少年蓝皮书：中国未成年人互联网运用报告（2022）》显示，未成年人网络使用的普及率高达99.9%，未成年人使用互联网主要集中在娱乐、学习和社交，未成年人使用短视频类应用软件的比例高达65.3%。未成年人QQ软件使用的频率偏高，66.6%初、高中青少年接触QQ平台时间超过3年，78.3%青少年拥有QQ上网设备。目前，贵州省各地对青少年法治网络教育工作进行了有效探索，建设了贵州省法治宣传教育云平台，

引进智慧普法机器人、微信公众号开通“智慧普法”法律服务、检察机关开发“守未联盟”、举办在线直播未成年人法治公开课等。贵州省法治宣传教育云平台主要用于国家工作人员学法用法及考试，没有设置专门的未成年人法治教育栏目。青少年智慧普法新模式、“守未联盟”App 等线上普法载体具有地域性，未在全省范围内进行推广，在线直播未成年人法治公开课未常态化开展。贵州省青少年法治教育网络化程度不高，未开发专门的青少年法治教育网络平台，未有效利用青少年使用率高的 QQ 软件、短视频类应用软件开展法治教育。

（四）青少年法治教育主体的数量和质量都未能满足新时代青少年法治教育的需求

1. 青少年法治教育主体数量不足

（1）学校从事青少年法治教育的专业师资数量严重不足。目前，各级学校法治化课程教学主要依托《道德与法治》课，思政课教师是法治教育的主要师资。《道德与法治》课的重要性地位相对主科一度被弱化，任课教师大多是兼职教师。近年来，国家越来越重视大中小学思政课一体化建设工作，特别是贵州省各地先后将《道德与法治》由中考开卷改为闭卷考试，思政课教师队伍建设也受到了相应的重视，但是中小学思政课教师在数量上还是处于严重不足状态。贵州省某州委教育工委 2022 年对全州 1227 所中小学思政课教师队伍统计结果显示，全州中小学校思政课教师 7644 人，专职思政课教师 1563 人，占思政课教师总数的 20.45%；兼职思政课教师 6081 人，占思政课教师总数的 79.55%，这在一定程度上说明贵州省中小学青少年法治教育师资的数量是严重不足的。

（2）中小学校法治副校长的数量不足。在推进中小学法治副校长的选聘工作中，虽然各地教育行政部门会同当地人民法院、人民检察院、公安机关、司法行政机关进行了法治副校长的推荐或者委派，但在具体落实时，法治副校长在数量上还存在没有实现辖区内中小学全覆盖，尤其是偏远的农村学校即使在形式上配齐了法治副校长，法治副校长也未真正履行岗位职责。

（3）社会人员参与青少年法治教育的专业化队伍数量不足。青少年法治教育的有效开展离不开社会人员的参与，包括党员干部、公益组织、社工队伍等的参与，社会力量参与主体主要是利用工作之外的时间兼职参与法治教育宣传活动，且一般是在社区、街道等单位相关工作人员的牵头、组织下参与法治教育工作，整体上还没有形成数量充足的可遴选的社会力量法治教育人员库。

2. 青少年法治教育主体的专业化水平不高，法治教育效果有待加强

（1）学校青少年法治教育师资队伍的专业化水平有待提升。《道德与法治》任课教师大多是兼职教师，缺乏法律专业背景，不少教师也没有参加过专门的法治教育培训。相关的思政课教师培训缺乏青少年法治教育内容，或者有相关的法治教育培训内容，受培训时间和培训内容安排的限制，培训效果难以保障。贵州省“国培计划（2023）”农村中小学三科统编教材骨干教师小学道德与法治培训班的培训内容包括党的二十大精神宣讲、师德师风与职业道德、廉政教育、新课标解读、课程开发、课程教学与创新等专题，没有专门的法治教育相关的专题。贵州省小学思政课课堂教学问题与改进研讨培训班（2天），包括了法治教育、学科协同育人、教师专业素养提升、专家引领四个板块的培训内容，但仅有一个专题培训内容，难以实现思政课教师法律素养的实质性提升。

（2）选派的法治副校长缺乏教育教学技能，影响法治教育的效果。法治副校长虽然具有法律专业背景和丰富的从业经验，但缺乏系统的教育教学技能训练。尽管各地按要求对法治副校长进行任职前培训，但不少地方法治副校长岗前培训没有满足基本的培训学时要求，或者培训内容对法治副校长针对不同学龄青少年开展法治教育的技能提升指导意义不大。

（3）社会参与法治教育的人员专业素养不高，法治教育能力不强。社会参与法治教育的人员中，无论是党员干部，还是西部计划志愿者、寒暑假返乡大学生、社会工作者等大多数缺乏法律专业背景和知识储备。在参与法治宣传工作前，一般也没有接受专业的、系统的法律知识和宣传教育技能的培训，有关单位和组织在接收社会工作人员参与法治教育时，一般也未对工作人员的专业背景和从业背景等进行审核，这也在一定程度上说

明拥有法律专业背景和知识储备的社会参与人员的数量是非常有限的。

（五）青少年法治教育资源及其使用机制不健全，未能充分发挥教育资源的实效

1. 各级学校未选用专门权威的青少年法治教育教材对学生进行教育教学

贵州省各级学校除了依托《道德与法治》教材及课堂教学对学生进行法治教育外，无论是大学，还是中小学校都没有选用专门的法治教育教材对学生开展系统专门的法治教育，更没有针对性地开发校本法治教育教材，对学生进行特色性的法治教育，从而使青少年法治教育内容缺乏科学性、系统性和针对性，导致青少年对不良行为的认知不足，对于自身易遭受侵害的认识不到位，缺乏安全防护意识和知识。青少年认为无故不归家、离家出走，沉迷手机、游戏，校园欺凌，出入歌舞厅、结交社会具有不良习性的人，参与打架斗殴，参与赌博，收听观看色情音像制品等是不良行为的比例均不到90%；青少年认为自身最容易遭受的侵害是校园欺凌、拐卖拐骗、打架斗殴和诈骗，仅有3.84%的青少年认为容易遭受性侵害，0.98%的青少年认为容易遭受网络性侵害。实践中，青少年遭受校园欺凌、打架斗殴和家庭暴力的比例相对较高，不可忽视的是4.01%和4.06%的青少年认为自己遭受过性侵害和网络性侵害。同时，青少年遭受不法侵害后，绝大多数的青少年会选择告诉家长、老师、寻求有关机关工作人员的帮助和报警，但也有部分青少年不想告诉任何人和不知道向谁寻求帮助。

2. 青少年法治教育基地未实现全覆盖，没有充分发挥其对青少年的法治教育作用

贵州省青少年法治教育基地未实现州、市、县、乡的全覆盖，现有的青少年法治教育基地也没有得到充分的利用。部分青少年法治教育基地开放次数少，接待的青少年人数有限，甚至处于资源闲置状态。针对青少年的问卷调查结果显示，青少年通过青少年法治教育基地接受法治教育的占比仅为32.03%，青少年通过青少年法治教育基地了解未成年人保护法、预

防未成年人犯罪法的占比为44.18%，了解宪法、刑法、民法典等相关法律知识的占比为41.69%。这在一定程度上说明青少年法治教育基地还未成为青少年法治教育的主要载体，青少年法治基地的教育资源未得到充分利用。

3. 缺乏可供全省青少年法治教育使用的网络资源和平台

贵州省对青少年进行网络法治教育主要使用的网络资源平台是教育部全国青少年普法网，71.57%的青少年关注过教育部全国青少年普法网。同时，也通过开展省级法治微视频竞赛的方式，遴选优秀法治作品作为法治教育网络资源，通过微信公众号等方式进行展播，“黔微普法”微信公众号在我国第九个国家宪法日和第五个“宪法宣传周”之际就展播了第十八届全国法治动漫微视频优秀作品。同时，省检察院也通过收录各地方检察院创作的青少年普法视频优秀作品，以开通专门的微信公众号的方式对视频作品进行展播。但通过公众号的方式进行推送，需要关注公众号、拥有上网电子设备才能持续了解推送的视频，受教育对象具有不特定性，缺乏专门针对青少年法治教育的、覆盖全省青少年群体的网络教育资源和平台。

（六）青少年法治教育效果的评价机制不健全，法治教育效果难以保障

1. 法治教育主体实施青少年法治教育效果的评价机制不完善

贵州省青少年法治教育的评价主要停留在法治教育的条件保障和法治教育实施的层面。在条件保障方面，责任主体对青少年法治教育的重视程度，法治教育主体数量上是否满足要求，弱化了法治教育主体的职业素养，比如中小学校思政课专职教师是否配齐，中小学校法治副校长是否按要求进行选派。经费保障方面主要考核是否纳入年度经费预算，实践中，青少年法治教育实施主体所在单位一般都没有专门的青少年法治教育专项经费。针对青少年法治教育责任主体的监督考核大多停留在是否按要求开展了法治教育，是否按时提交了开展活动的佐证材料。有关青少年法治教育的内容和方式是否符合各年龄段青少年的身心发展特点和接受能力，是

否全覆盖、有针对性地、有效地开展了青少年法治教育，是否实现了各年龄段青少年法治教育目标等没有明确的评价指标。

2. 青少年接受法治教育的效果评价机制不健全

贵州省青少年法治教育效果评价，除了学校依托《道德与法治》课程，考核青少年对课程相应的法治知识的掌握和运用情况外，以其他形式开展的法治教育效果情况没有具体明确的评价指标。青少年法治教育不仅要让青少年掌握与其身心发展相适应的法律知识，具有预防犯罪和防治犯罪侵害的知识和能力，更要引导青少年树立规则意识和法治信仰，培育青少年的现代法治意识和法治精神，近一年学校青少年违法犯罪和遭受违法犯罪侵害的比例分别为 10.6% 和 9.34%。有学者就主张从法治意识、法治常识、法治思维、法治能力和法治实践五个维度分别对不同学龄段青少年设置不同的标准进行评价。从青少年接受法治教育效果的角度分析，需要进一步落实《青少年法治教育大纲》有关青少年法治教育的目标和教育内容，细化不同年龄青少年接受法治教育效果的评价指标，构建科学合理的评价体系。

三、贵州省青少年法治教育问题的解决对策

在推进贵州省青少年法治教育工作中，应着力强化对青少年法治教育的重要性认识，加强顶层设计，统筹推进青少年法治教育工作；强化青少年法治教育在师资建设、教育资源、教育经费等方面的条件保障；还要强化青少年法治教育的专门化、系统化教育，实现课程法治化教育；充分开发和利用法治教育网络化平台和资源，建构科学、合理的青少年法治教育效果评价机制。

（一）加强贵州省青少年法治教育的顶层设计，确保青少年法治教育目标的实现

1. 制定专门的青少年法治教育实施规划，保障青少年法治教育内容的科学性、规划性和系统性

贵州省青少年法治教育的有关要求只是散见于《贵州省法治宣传教育

条例》《贵州省法治宣传第八个五年规划》《贵州省未成年人家庭教育促进条例》《贵州省未成年人保护条例》《贵州省预防未成年人犯罪条例》等有关的规定之中，没有专门的青少年法治教育实施规划。应以国家宪法、民法典、教育法、未成年人保护法等法律为依据，结合《青少年法治教育大纲》《贵州省法治宣传教育条例》等制定专门的青少年法治教育实施规划，具体规定贵州省青少年法治教育目标、法治教育内容、法治教育实施路径和保障措施以及法治教育效果评价指标等内容。在青少年法治教育过程中，还要对青少年进行依法治国、执法为民、公平正义、服务大局、党的领导五个方面的社会主义法治理念教育；党的领导、宪法至上、人民主权、人权保障、权力监督和制约、程序正义等法治原则教育；立法、执法、司法以及权利救济等社会主义法治制度教育。

2. 全面落实《青少年法治教育大纲》的要求

《青少年法治教育大纲》是开展青少年法治教育的总纲和基本遵循。按照《青少年法治教育大纲》规定的青少年法治教育指导思想和工作要求，落实大中小学校青少年法治教育的内容，构建学校、家庭、社会多方协同的法治教育新格局。强化法治教育的制度保障、师资队伍建设，健全法治教育的评价机制，丰富法治教育资源，最终实现大中小学青少年法治教育的目标。青少年法治教育的内容要覆盖青少年法治教育大纲规定的法律基础知识、法律意识、法律运用、法律伦理等方面内容，强化课堂教学的主渠道作用，开设专门的法治教育课，选用权威的法治教材，制定科学的教学实施计划，对学生进行系统的法律知识教育和法治意识及法治观念的培养；注重法治教育实践活动，经常性组织学生参加法律咨询、法律竞赛、参观青少年法治教育基地等活动；加强家校合作，学校要指导家长对青少年进行有针对性的法治教育；充分挖掘和整合社会法治教育资源，注重法治教育的实效性和针对性；从青少年掌握法律知识的程度、运用法律解决问题的意识和能力、青少年的法律素养等方面进行法治教育效果评估，强化青少年法治教育评估结果的运用。

（二）深化青少年法治教育的重要地位和作用认识，充分发挥学校主导作用，与社会、家庭密切配合，真正形成政府、学校、社会、家庭有效共同参与的青少年法治教育新格局

1. 深化青少年法治教育的重要性和紧迫性认识，在国民教育体系中凸显青少年法治教育的重要地位和作用

青少年是国家的希望和未来，加强青少年法治教育工作，使广大青少年从小学法、懂法、用法、守法、护法，树立法治意识，培养法治思维，形成遇事找法、用法解决问题的思维意识和行为习惯，是全面实现依法治国，建设社会主义法治国家的基础工程；青少年法治教育是在青少年群体中有效深入开展社会主义核心价值观教育的重要途径；全面贯彻党的教育方针，是促进青少年健康成长、培养德智体美劳全面发展的社会主义事业建设者和接班人的客观要求。当前，建设社会主义法治国家的宏伟目标，对加强和改善青少年法治教育提出了现实而迫切的要求，政府、学校和有关部门要高度重视青少年法治教育工作，将法治教育纳入国民教育体系，作为学校教育的重要内容。深化对青少年法治教育本质和内涵的认识和理解，法治教育不仅仅是普法宣传教育和对青少年进行法律知识的传授，更要通过系统专业的法治教育，培养青少年的法治观念和法治思维，弘扬社会主义法治精神，传承优秀传统法律文化，引导全体青少年做社会主义法治的忠实崇尚者、自觉遵守者和坚定捍卫者。

2. 学校开设专门的法治教育课程，学科教学融入法治教育，实现法治宣传教育向课程化教学转变，充分发挥课堂法治教育的主渠道作用

（1）开设专门的法治教育课程，有计划地、系统地、循序渐进地对青少年开展法治教育。贵州省青少年法治课程教育主要依托思政课[①]中涉及的法律内容对不同年龄青少年进行法治教育，思政课教材的法治教育内容未覆盖大中小学校所有年级和学期，缺乏法治教育的连续性与系统性。小

① 小学教材为《道德与法治》，中学教材为《道德与法治》，高中教材为《思想政治》，大学教材为《思想道德与法治》。

学六年级《道德与法治》上册以法律专册的形式进行教育，初中一至三年级法律知识的内容集中在七年级下、八年级上、八年级下和九年级上的《道德与法治》教材之中，高中《思想政治》教材中有关法律的内容是以“法律与生活”专册作为选择性必修课予以开设的，大学在大一新生中开设《思想道德与法治》课程。为了有效开展青少年法治教育，应在各级学校开设专门的法治教育课程，设置固定的课堂教学学时，选用专门的青少年法治教育教材，由专业的师资进行教学。

（2）在大中小学校的学科教学中融入法治教育，开展课程法治教育，实现学校课程全过程法治教育的新格局。课程法治教育是落实青少年法治教育大纲的要求，全面提升青少年法治素养的重要途径。课程法治要紧紧抓住学校教师队伍“主力军”、课程法治“主战场”、课堂教学“主渠道”，使课程法治与专门的法治课程教学同向同行，形成协同法治教育效应。学科课程教师要充分认识到学科课程中融入法治教育的重要性，充分挖掘所教学科蕴含的法治教育元素和资源，将规则、纪律、秩序、诚信、团结合作、冲突解决等内容融入教育教学之中。同时，大中小学校要注重学科教师的课程法治教育教学能力提升的培训工作，鼓励各地开展法治教育集体备课活动、法治教育公开课等多形式提升学科教师的课程法治教育素养和能力。

3. 中小学按要求配齐配强法治副校长，加强对法治副校长任前培训和考核工作，真正发挥法治副校长的岗位作用

（1）中小学配齐配强法治副校长。县级以上地方人民政府、教育行政部门要主动对接本地中小学法治副校长聘任需求，积极会同人民法院、人民检察院、公安机关、司法行政机关做好本地区学校法治副校长聘任工作，确保每所学校至少配备 1 名法治副校长。县级以上地方人民政府要将教育行政部门、人民法院、人民检察院、公安机关、司法行政机关选派法治副校长工作开展情况纳入年度工作考核指标，考核内容应至少包括是否按需要遴选了法治副校长、是否严格按遴选机制规定的条件推荐和聘任了法治副校长、是否制定了法治副校长工作考核机制并按规定开展了考核工作，从而确保全省中小学法治副校长既配齐又配强，真正把法治副校长遴

选和聘任工作落到实处。

（2）制定并落实法治副校长任前培训和工作考核办法，确保法治副校长培训和考核有切实可行的依据。县级以上教育行政部门要会同法治副校长派出机关制定法治副校长培训方案和规划，纳入教师、校长培训计划。明确法治副校长任前培训的牵头部门、培训方式、培训内容、最低培训学时、培训考核评价等内容，建立法治副校长任职期间的常态化业务培训机制。县级以上教育行政部门要会同法治副校长派出机关制定法治副校长工作考核制度，明确考核的具体内容、考核的评价方式和考核的结果运用等内容；县级以上教育行政部门、派出机关和中小学要协同定期开展法治副校长履职尽责情况的考核工作，确保法治副校长工作考核结果及结果运用科学、有效。

（3）切实落实法治副校长任前培训和工作考核办法，确保法治副校长工作落到实处。县级以上地方人民政府教育行政部门要会同法治副校长派出机关，对选聘的法治副校长严格按照任前培训内容、学时要求和岗位职责内容开展培训。还要对各级学校领导和教师开展法治副校长遴选条件、岗位职责等有关内容的培训工作，推动各级学校在习近平法治思想学习宣传、学生权益保护制度的制定和执行、落实未成年人保护职责、预防未成年人犯罪、学校安全管理、实施学生教育惩戒和依法治校等工作中，充分发挥法治副校长的作用。在全省范围内开展优秀法治副校长评选和表彰活动，县级以上地方人民政府教育行政部门要牵头按照法治副校长考核办法定期开展工作考核，及时在本地区范围内开展表彰活动，营造良好的法治副校长工作氛围。

4. 充分发挥家校协力开展青少年法治教育的作用，提升家长开展青少年法治教育的主体性责任意识和教育能力

（1）强化对家长开展法治教育的法律义务和法律责任的教育。父母对未成年人开展法治教育既是法律责任，也是法律义务。《未成年人保护法》第 5 条明确规定家长应当对未成年人开展法治教育，《预防未成年人犯罪法》第 10 条明确规定未成年人的父母或者其他监护人对未成年人的法治教育负有直接责任，《家庭教育促进法》第 14 条明确规定父母或者其他监

护人应当树立家庭是第一课堂、家长是第一责任人的责任意识，承担对未成年人实施家庭教育的主体责任。第16条明确规定未成年人的父母或者其他监护人应当针对不同年龄段未成年人的身心发展特点，教育未成年人遵纪守法，培养其法治意识。《青少年法治教育大纲》明确家庭教育是青少年法治教育的实施途径之一。教育行政部门、学校、社区等要多形式对青少年家长开展有关家长承担青少年法治教育的责任和义务的法律规定的宣传教育，强化家长开展法治教育的主体性责任意识。

（2）政府应统筹构建家庭法治教育指导服务体系，提升家长开展家庭法治教育的能力。家庭法治教育的实施需要政府的支持、社会的协同、学校的指导。各级政府教育行政部门、司法机关应整合力量及时根据国家青少年法治教育的要求，制定相应的家庭法治教育指导措施，建设家庭法治教育服务平台和指导机构，提供政策、资金、人才等支持。各级人民政府应根据《青少年法治教育大纲》的规定，组织有关部门、专家、学者编写适合家长和不同年龄段青少年的家庭法治教育指导手册，制定相应的家庭法治教育指导服务工作规范和评估标准。同时，还应统筹建设家庭法治教育信息化共享服务平台，开设公益性的家庭法治教育家长网校，提供线上家庭法治教育指导服务。组织建设家庭法治教育指导服务专业化队伍，建设家庭法治教育指导机构，切实提升家长开展家庭法治教育的能力。

（3）家校青少年法治教育进行有效衔接，形成家校协同有效开展青少年法治教育的合力。依托学校构建从幼儿园到高中的一体化家长学校，配备专业的家庭法治教育指导师资，或者由法治副校长担任家长学校的家庭法治教育指导教师，定期组织家长开展家庭法治教育相关内容的培训，实现各级学校不同年龄学生家长家庭法治教育指导的全覆盖；学校与家长要协力对青少年开展法治教育。学校在开展青少年法治教育时，应侧重选取与青少年家庭中重要权益保障相关的内容和案例，让青少年了解和掌握被抚养、教育和保护权，获得良好家庭教育权等关键人身权益的内容与保护方法。学校要通过“家长学校”“法治家长会”等方式，帮助家长正确认识和有效履行监护、抚养、教育职责，还要聚焦亲子关系中的“子女隐私保护”“家庭暴力”“家长监护失职”等热点难点问题，引导父母与子女共同处理好亲子关系中涉及子女财产权、人权权利的保护问题。中小学在对违规违纪学生进行教育惩戒时，应根据学生违纪轻重程度，引入家长参与对学生的教育惩戒过程，有效形成家校协同的青少年法治教育格局。

（三）采用线上线下相结合的方式创新性开展青少年法治教育，增强法治教育的覆盖面、针对性和实效性

1. 加强学校信息化建设，通过线下青少年法治教育、线上同步直播相结合的方式，解决青少年法治教育未能全覆盖的问题

学校青少年法治教育除了依托《道德与法治》课堂教学能够对全体青少年进行全覆盖法治教育外，其他包括法治教育专题讲座、庭审进校园、模拟法庭、青少年法治教育基地实践教育、少年警校等形式开展的法治教育活动，受活动形式和场地的影响，都不能实现青少年法治教育的全覆盖。为解决青少年法治教育活动的全覆盖问题，各级政府要高度重视学校，尤其是偏远乡镇、农村中小学的信息化建设，积极探索“互联网＋线下教育”深度融合与创新，推动实施全省范围内优质法治教育资源的共享，加快推动偏远农村地区网络、数字教育资源的全覆盖，创新偏远乡镇、农村中小学教师和学生法律知识、法治意识和法治理念智慧成长的新模式，实现数字法治教育资源的全覆盖。

2. 建设法治教育教师线上集体备课平台，采用线上线下相结合方式开展集体备课，以增强青少年法治教育内容和教育方式的针对性

贵州省各种形式的法治教育活动主要存在教育内容和教育方式未针对不同年龄青少年身心发展特点予以设计和开展的问题，甚至存在不同单位到同一学校开展法治教育内容雷同的情况，而且教学方式单一，导致青少年学习兴趣不高，学校不愿意配合的情况，直接的后果就是青少年法治教育效果不佳，不能实现预期的教育目标。要建立覆盖全省法治教育师资队伍的线上集体备课平台，定期组织不同学段的法治教育师资开展线上集体备课活动，邀请法治教育专家针对不同学段师资定期进行备课和授课指导。同时，要经常性组织不同学段的法治教育师资开展线下的集体备课活动、法治教育改革研讨活动，以及法治教育精品课和法治教育示范课展示

和交流活动，以改变传统单一的法治教育方式，增加法治教育的实效。

3. 开发线上青少年法治教育平台，提高法治教育内容和方式的网络化程度，以适应新时代青少年对法治教育方式的新需求

为满足青少年对法治教育网络化的需求，应着力开发全省性的线上法治教育 App，整合全省甚至是全国性的青少年法治教育资源，为青少年及时提供法治资讯、最新的法律内容、典型案例、法治课堂等学习内容。依托 App 在线直播全省性甚至是全国性的法治教育示范课、精品课，开设连续性的、系统性的主题鲜明的线上法治课堂；依托 App 开展青少年智慧普法、青少年法律咨询服务等。同时，还要创作、研发青少年法治教育的微视频、微课堂等。依托社交软件中青少年使用频率高的 QQ、微信、快手、抖音等有针对性地开展青少年法治教育。

（四）加强青少年法治教育师资队伍建设，建立青少年法治教育师资遴选机制和完善师资培训体系，缓解法治教育队伍数量不足和专业化水平不高的问题

1. 多举措加强青少年法治教育队伍建设，建立青少年法治教育师资遴选机制，着力解决法治教育师资严重不足的问题

（1）重视学校法治教育师资队伍引进工作，着力解决学校法治教育师资数量不足和专业化水平不高的问题。加强青少年法治教育，必须牢牢守住学校是青少年法治教育的主阵地，青少年法治教育课堂教学的主渠道作用。学校青少年法治教育的质量和效果很大程度上取决于法治教育师资力量。在贵州省大中小学未开设专门的法治教育课程，而是主要依托《道德与法治》课对青少年开展法治教育，且中小学思政课教师数量普遍不足的大背景下，县级以上教育行政部门，要高度重视思政课教师队伍的建设工作，加大各级学校尤其是中小学思政课教师的引进力度。特别要引进一定数量的具有法律专业背景的思政课教师，以适应学校青少年法治教育的需要。

（2）加强中小学法治副校长遴选工作，实现中小学法治副校长全覆盖。县级以上教育行政部门要会同法治副校长派出机关做好法治副校长遴

选工作，配齐配强乡镇中小学法治副校长。要采取一定的激励措施，比如提高工资档次、给予经费支持、享受在岗津贴奖金和职务晋升、评优评奖优先推荐等，支持人民法院、人民检察院、公安机关、司法行政机关选派政治素质高、专业能力强、热爱教育事业的工作人员担任乡镇中小学法治副校长，使乡镇中小学青少年享有同等地接受法治教育的机会。

（3）建立“省州市县四级法治教育专家和师资数据库”，加强青少年法治教育专家和师资储备。各级教育行政部门要研究制定青少年法治教育专家和师资数据库的入选原则、条件要求、遴选对象、遴选程序和工作职责等，建立“省州市县四级法治教育专家和师资数据库”。青少年法治教育专家负责青少年法治教育线上线下教育资源的研发编制、青少年法治教育师资的培训、青少年法治教育中热点难点问题的研究与解决、青少年法治教育重点研究项目的可行性论证、青少年法治教育工作的考核评估等。青少年法治教育教师负责本辖区范围内青少年法治教育活动的组织与开展、参加各级青少年法治教育师资培训和技能竞赛等工作。

2. 完善青少年法治教育师资培养、培训体系，着力提升青少年法治教育师资的专业能力和教育水平

（1）构建青少年法治教育师资培养体系。青少年法治教育不是简单地传授法治知识，更重要的是要对学生进行法治思维和法治能力的培养。法治教育教师只有通过系统、专业的职业训练才能具备法治教育的专业知识和职业技能。大学是培养专业法治教育师资的主要场所，在推进贵州省青少年法治教育师资培养过程中，要落实《贵州省法治宣传教育第八个五年规划（2021—2025 年）》提出的探索建立“法学 + 教育学”双学士学位人才培养项目，也可以探索在高校增设法学教育本科师范专业或者招收学科法学硕士研究生，以满足大中小学法治教育专业师资的需求。

（2）强化青少年法治教育师资培训的顶层设计，构建科学、系统的培训体系。构建省级法治教育师资重点培训、各州市县教育行政部门法治教育师资主要培训和各级各类学校法治教育师资日常培训的常态化、制度化培训机制。省级师资重点培训主要从全省抽调优秀的法治教育骨干教师进行培训，参训骨干教师负责培训和指导辖区内各层级学校的骨干法治教

育教师开展法治教育工作。各州市县教育行政部门法治教育师资培训主要负责辖区范围内各中小学校法治教育骨干教师的培训和工作指导，参训教师负责所在学校的法治教育师资培训和工作指导。各级各类学校负责对学校的法治教育教师进行常态化的法治教育能力提升培训。法治教育师资培训，不仅要实现岗前培训全覆盖，还要实现在岗法治教育师资的轮流培训，确保法治教育师资的教育教学、教研能力能够实现可持续提升。

（3）构建青少年法治教育师资培训的内容体系，强化法治教育教研和实践指导。青少年法治教育师资培训不仅要强化法律理论知识的培训，更要强化法治教育、教学和教研能力的培训，强化法治教育培训课程的实践性，采取范例分析、情景模拟、专题讨论、经验交流等多种方式开展培训，充分实现法治理论知识与实践知识的融合，着力帮助法治教育教师提升科学处理教学内容的能力和提升教学实效性。同时，还要强化网络法治教育师资培训平台和培训课程的开发与使用，尤其要建设一批网络法治教育培训精品课程和示范课，以微信公众号、法治教育 App、线上云课堂等方式开展法治教育师资培训，以实现全省法治教育师资培训资源的共享。

（五）选用青少年法治教育教材，丰富青少年法治教育资源，增强法治教育资源的使用成效

1. 选用科学的青少年法治教育教材，增强青少年法治教育内容的科学性、完整性和系统性

大中小学校《法治与道德》教材中有关法律知识的内容没有实现所有年级的全覆盖，法律知识点过于笼统和抽象，在我省大中小学没有专门开设青少年法治教育课程，而且大多数学校对青少年开展法治教育没有使用专门教材的情况下，可以由县级以上政府的教育行政部门指导各大中小学选用适合各学龄段青少年的法治教育教材，开展专门化课程教学，或者作为《法治与道德》课的辅助教材或者中小学法治副校长开展法治教育的指导性教材，通过组织《法治与道德》课教师和中小学法治教育校长进行教材培训后，有针对性地开展青少年法治教育。

2. 加强青少年法治教育基地的均衡性建设工作，注重青少年法治教育基地的使用管理和实效考核

青少年法治教育基地实现均衡性建设，强化对青少年进行体验性、实践性的法治教育。制定青少年法治教育基地使用管理办法，明确法治教育基地工作人员的任职条件，加强对基地工作人员的专业培训；强化教育基地与当地学校、社区等的合作，明确教育基地每年必须完成的面向青少年及其家长开放的次数和接待的参观、学习人数；建立畅通有效的青少年法治教育基地反馈机制，精准对接青少年及其家长对法治教育的需求，及时调整青少年法治教育基地的教育内容和教育方式，优化教育效果。青少年法治教育基地的主管和建设单位，要定期对青少年法治教育基地的工作开展情况进行检查、评估、考核，提高青少年法治教育基地的使用率和教育实效。

3. 建设全省性的青少年法治教育网络平台，加大现有网络平台青少年法治教育资源建设和推广力度

（1）加强全省性的青少年法治教育网络平台建设，以适应青少年对网络法治教育的需求。在信息网络时代，信息技术改变了人们的生活场域和学习方式，网络已经成为青少年学习生活的重要场所，网络契合了青少年在学习、休闲娱乐、人际交往等方面多元化的需求。青少年主要通过电视媒体、父母教育、网络平台、学校开展的法治课、学校开展的法治教育活动等方式了解《宪法》《刑法》《民法典》《未成年人保护法》《预防未成年人犯罪法》等重要法律和与未成年人有关的法律法规。这在一定程度上说明需要针对青少年法治教育的现状，结合青少年对法治教育方式的需求，以及青少年网络使用程度高和使用偏好的特点，建设青少年法治教育网络平台，丰富网络法治教育资源，以适应青少年网络法治教育的时代需求。

（2）加大现有网络平台青少年法治教育资源建设和推广力度。贵州省司法厅开通上线的“黔微普法”微信公众号，组建有新媒体律师服务团在微信平台负责解答群众法律咨询和提供“以案释法”案例；建立了“黔微普法”云平台，以微信端为窗口服务群众，设有专栏、专项活动、法律咨询三个功能模块窗口；“黔微普法”微信公众号还利用国家安全日、禁

毒日、“12·4”国家宪法日等重要时节开展线上法治宣传活动；联合贵州省主流新媒体组织开展“微信有奖竞答”“宪法朗读者”“小小法治宣传员”评选等法治宣传活动。但该微信公众号没有设置专门针对青少年法治教育的服务窗口，大部分青少年不了解“黔微普法”微信公众号及其功能。在“黔微普法”微信公众号可以增加专门的青少年法治教育功能模块窗口，专门为青少年开展法律知识教育、举办网络法治教育活动和提供法律咨询服务等。同时，司法厅可以联合教育厅、各地教育行政部门，共同利用“黔微普法”面向全省大中小学青少年常态化地开展法律竞赛活动、开学法治第一课、青少年主题法治教育活动等，形成全省学校开展青少年法治教育，青少年学法、用法主要依托“黔微普法”的青少年网络普法新格局。

（六）建立健全青少年法治教育效果评价机制，确保青少年法治教育落到实处

1. 健全法治教育主体实施青少年法治教育效果的评价机制，切实发挥法治教育主体的教育实效

法治教育主体实施青少年法治教育的效果评价应从法治教育的条件保障、法治教育的实施、法治教育的效果三个方面进行综合评价。

（1）法治教育的条件保障指标。有关法治教育责任单位是否将青少年法治教育纳入单位总体发展规划和年度工作计划，青少年法治教育队伍建设的总体数量和专职人员数量，青少年法治教育所需经费是否纳入单位年度预算。特别要考核青少年法治教育队伍的数量是否充足，具有专业背景的专职法治教育工作人员是否能够满足青少年法治教育的需要，青少年法治教育经费年度预算是否专款专用，有没有合理、有效地进行经费开支。

（2）法治教育的实施指标。各级各类学校是否开设专门的法治教育课程，青少年法治教育的方式和手段是否多样化，学科课程青少年法治教育化的落实情况，是否开展形式多样、丰富多彩的青少年法治教育主题活动，青少年法治教育阵地建设情况，青少年在法治教育中的主体性作用是否得到有效发挥，是否注重青少年法治实践教育，是否有效利用各种信息

网络平台开展青少年法治教育等八个方面的考核内容。

（3）法治教育的效果指标。根据《青少年法治教育大纲》具体设定不同学段青少年法治教育的效果指标。小学阶段的青少年应初步形成国家观念，遵守规则意识和树立诚信观念。初中阶段的青少年应了解国家法律体系，树立宪法至上、法律面前人人平等的法治观念；了解个人在学习、生活和与人交往中所必备的基本法律常识，能够正确识别生活中常见的不良行为、违法行为和犯罪行为；了解自身应享有的法律权利和应履行的法律义务，具备运用法律维护自身合法权益和依法参与社会活动的能力；具备一定的权利保护意识和避免自身合法权益遭受违法和犯罪侵害的意识；高中阶段的青少年应较为全面地了解中国特色社会主义法律体系的基本框架、基本制度以及基本法律规定；强化守法意识，增强法治观念，初步具备参与法律实践，正确维护自身合法权益的能力；大学阶段的青少年应牢固树立法治观念，形成法治思维，充分认识全面依法治国的重大意义，坚定走中国特色社会主义法治道路；增强对法治理念、法治原则和重要法律的认识和理解，具备常用的法律知识，具有以法治思维、法治方式维护自身权益，参与社会生活、化解矛盾纠纷的能力。

2. 健全青少年接受法治教育的效果评价机制，保障青少年法治教育目标的实现

青少年接受法治教育的效果评价应包括法治意识、法治常识、法治思维、法治能力和法治实践五个维度。不同年龄青少年同一内容维度的评价标准的设定应有所不同，以适应不同年龄青少年接受法治教育的认知能力和理解水平。

（1）小学阶段的青少年。在法治意识维度应形成法治至上意识、规则意识、权利平等意识和初步的自我保护意识；法治知识维度应了解学生守则的内容，未成年人保护法、预防未成年人犯罪法、义务教育法等与未成年人密切相关的法律内容；法治思维维度应具备规则意识，自觉遵守并维护规则的权威性；法治能力维度应能依规则解决和处理与学习、生活相关的问题；法治实践维度应能自觉以学习和生活中的规则作为自身的行为规范并自觉地遵守。

（2）初中阶段的青少年。在法治意识维度应形成权利和义务统一意识，形成自觉行使权利，维护自身合法权益的意识；在法治常识维度应了解宪法、民法典、刑法、未成年人保护法、义务教育法等与未成年人相关的法律知识；在法治思维维度应树立法律底线意识，自觉遵守并维护法的权威性；法治能力维度能够依法处理学习、生活中遇到的法律问题，解决日常生活中的矛盾纠纷，初步具备运用法律维护自身权益的意识和能力；法治实践维度能够以法律作为自身行为规范，正确识别不良行为、违法行为和常见的犯罪行为，运用法律手段保护自己，避免自身遭受不法和犯罪侵害。

（3）高中阶段的青少年。在法治意识维度应具备理性的法律意识和民主法治观念；法治常识维度应具备法律思辨的能力和掌握法律逻辑的方法，除初中阶段应掌握的法律知识外，应全面掌握刑事、民事等方面的法律知识；法治思维维度应具备权利保护和契约精神思维，法的自由、平等、公正的法律价值思维等；法治能力维度能够依法处理社会和生活中较为常见的法律问题，用法律的方式解决矛盾纠纷，依法履行法律义务，维护法律权利；能够用法律进行自我保护；法治实践维度能够以法律规范自身行为，自觉将法律融入学习和生活中，自觉抵制不良行为，不做违法犯罪行为。

（4）大学阶段的青少年。在法治意识维度应具备规则、程序、平等和权利等意识；法治常识维度应掌握中国特色社会主义法学理论体系的基本内涵和法治国家的基本原理，了解全面推进依法治国的战略目标、道路选择和社会主义法治体系建设的内容和机制，中国特色社会主义法律体系中的基本法律原则、法治制度及民事、刑事、行政法律等重要、常用的法律概念、法律规范等；在法治思维维度应树立理性平等的权利思维、依法办事的程序思维、自觉主动的法律责任思维等；法治能力维度应具备依法处理工作和生活中的法律问题，能够用法律知识和通过法律手段解决纠纷、维护合法权益，依法履行法律义务；法治实践维度应以法律为行为准则，自觉遵守法律，守住法律底线，主动参与法治建设实践等。

青少年法治教育对于提升公民法治素养，建设社会主义国家具有先导性、基础性的重要意义。为贯彻落实《青少年法治教育大纲》，加快推进贵州省青少年法治教育工作，增强青少年法治教育的针对性、系统性和实效性，贵州省应加强青少年法治教育的顶层设计，制定专门的青少年法治教育实施规划，保障青少年法治教育内容的科学性、规划性和系统性，实现青少年法治教育目标；深化青少年法治教育的重要地位和作用认识，充分发挥学校主导作用，开设专门的法治教育课程，在学科教学中融入法治教育；与社会、家庭密切配合，真正形成政府、学校、社会、家庭有效共同参与的青少年法治教育新格局；采用线上线下相结合的方式创新性开展青少年法治教育，加强学校信息化建设，建设法治教育教师线上集体备课平台、开发法治教育线上载体，提升青少年法治教育的覆盖面、针对性和实效性；加强青少年法治教育师资队伍建设，健全青少年法治教育师资遴选机制和师资培训体系；选用青少年法治教育教材，丰富青少年法治教育资源，增强法治教育资源的使用成效；从青少年法治教育主体实施法治教育和青少年接受法治教育的双向角度建立健全青少年法治教育效果评价机制，确保青少年法治教育落到实处。

【参考文献】

1.《青少年蓝皮书：中国未成年人互联网运用报告》，载中国青年网，2023年9月22日。

2. 田甜:《青少年QQ持续使用意向影响因素实证研究》，河北大学出版社2019年版。

3. 金娣、张远增:《青少年法治教育效果评价的维度、标准及实施》，载《江西社会科学》2018年第3期。

4. 郭开元:《网络社会化视阈中青少年法治教育的问题及对策》，载《中国青年社会科学》2022年第5期。

贵州省推进数字政府建设研究 *

——以司法行政系统数字化建设为视角

依胜贵 **

摘　要：现代数字科技已经成为政府深化治理结构、提高治理能力的重要引擎，数字化已从原来的“支撑保障”作用向“驱动引领”方向快速发展转型，只有加快数字政府建设，才能在数字时代推进中国式现代化。司法行政系统数字化建设同样是政府数字化履职体系中不可缺少的部分，准确把握司法行政规律推动信息化建设，共织数字化小网络，推动数字政府的大治理是司法行政数字化的主攻方向。贵州省司法行政系统坚持科技是第一生产力，以“大数据、大格局、大服务”理念推动互联网数字技术不断创新，坚持数据聚通用，力图破除信息化技术壁垒，打通信息孤岛，在数据精准性和扩展性上下功夫，为实现更高水平的数字化建设注入新活力。在两方面取得成效：一是在信息网络基础设施建设固本培元。持续加强与各政法单位、其他部门之间数据互联互通，建设具备数据监测、分析挖掘和数据可视化等功能的大数据管理平台。二是在搭建智能化平台上守正创新。深度应用互联网、大数据、区块链、云计算等技术，推动司法行

---

*　本文系贵州省司法厅2023年度法治理论与实践研究课题“贵州省推进数字政府建设研究”（fzkt202305）成果。课题主持人：依胜贵，贵州省法治研究服务保障中心研究实习员。课题参与人：李兴星，贵州省法治研究服务保障中心研究实习员；唐瑞秸，贵州省法治研究服务保障中心工作人员；邹易材，贵州省法治研究服务保障中心副主任，副研究员，法学博士；伍欣，贵州省法治研究服务保障中心副科长；黄河，贵州省司法厅信息技术处副处长；李林炼，贵州省法律援助中心助理工程师；路正红，贵州大学法学院硕士研究生。

**　依胜贵，贵州省法治研究服务保障中心研究实习员。

政工作全流程向数字化、智能化转变。

通过对数字化建设历程与成效梳理，贵州省司法行政系统数字化建设过程中存在顶层设计与发展需求不匹配、技术滞后且专业人才配置少、数据共享共用机制有待进一步完善、在数字化过程中数据安全保障措施存在漏洞四个方面的短板，这也是推进数字政府建设过程中存在的共性问题。针对以上问题，我们建议：第一，以优化顶层设计、完善法律法规制度为核心；第二，加大数字化人才队伍建设力度、拓展财政增收新路径，为数字化建设提供坚实后盾；第三，规范数据共享开放管理机制，以数据开放共享为目的，为数字化建设积聚更多优势和动能；第四，探索数字化安全的可行方式，保障信息网络安全，为推动贵州省数字政府建设保驾护航。

关键词： 数字政府建设　司法行政系统　数字化建设　数据治理

在经历了两次工业革命后，以电子计算机技术为标志的第三次信息时代革命给人类带来了新的发展方向，产业技术不断更新迭代，也拉开了第四次工业革命的帷幕，以物联网、大数据、5G 通信技术、区块链、量子信息科学等新一轮信息技术为象征，人类社会进入了数字时代。在解放了大量生产力的同时也为国家治理提出了新的命题和挑战。随着全球各国数字政府的陆续推进建设，我国也面临政府治理方式转型的现实需求。数字政府建设是一个顶层设计、全局定位、统筹协调、多方发力的治理任务，是数字技术与国家发展和治理的深度融合，需要政府、市场和社会等各主体的共同努力，看到各个领域数字化转型的困境和难题，把握数字化建设带来的机遇与挑战，探索出具有中国特色的数字化转型之路。

党的十八大以来，以习近平同志为核心的党中央围绕实施网络强国战略、大数据战略等作出一系列重大部署，不断推进数字政府建设。2022 年 4 月 19 日，习近平总书记在中央全面深化改革委员会第二十五次会议上发表重要讲话，强调要全面贯彻网络强国战略，把数字技术广泛应用于政府管理服务，推动政府数字化、智能化运行，为推进国家治理体系和治理能力现代化提供有力支撑，为加强数字政府建设指明了方向。随着大数据、云计算、人工智能等新一代数字技术融入数字政府建设，我国数字政府建设稳步推进，数字政府服务效能显著提升。一体化政务服务和监管效能大幅度提升，“一网通办”“最多跑一次”“一网统管”“一网协同”等服务管理新模式广泛普及，数字营商环境持续优化，在线政务服务水平跃居全球领先行列。《2020联合国电子政务调查报告》显示，中国电子政务发展指数排名提升至全球第45位。截至2020年底，省级行政许可事项实现网上受理和“最多跑一次”的比例达到82.13%，全国一半以上行政许可事项平均承诺时限压缩超过40%，群众办事更加便捷高效。实践表明，数字政府建设是推进国家治理体系和治理能力现代化的有效手段，能够更好满足人民群众对政务服务越来越高的需求。

贵州省在数据信息时代把握住了发展风口，成为首个国家大数据综合试验区，在近十年来奋起直追大力发展数字经济，狠抓数据和技术，实现了大数据创新从实验走向示范，成为中国大数据发展的孵化基地和产业区。作为大数据产业发展中心，贵州省拥有成熟的数据产业与丰富的数据资源。2021年贵州省印发了《贵州省“十四五”数字政府建设总体规划》，按照全省“一体化”“一盘棋”思路，围绕基础设施一体化、数据资源一体化、业务应用一体化、运营管理一体化等方面，深入推进协同、治理、服务一体化的数字政府建设。2023年5月国家信息中心对贵州数字政府建设成效进行评估后的报告指出，通过坚持省级统筹、平台联通、数据集中、业务协同的思路，贵州信息化集约建设机制推动数字政府建设取得显著成效，实现了数据汇聚、数据打通、数据高效利用的云平台建设目标，政府管理、社会治理和民生服务水平明显提升，数字政府建设水平稳居全国前列，贵州在数字政府建设方面取得了不俗的成绩。

司法行政系统的信息化与数字化建设程度是数字政府建设成效的体现。在贵州推进数字政府得天独厚的建设条件下，贵州司法行政系统结合2022年司法部与科技部印发的《“十四五”司法行政科技创新规划》文件要求，以“智慧法治，数字司法”的推进建设为背景，运用云计算、大数据和人工智能等新技术开展“数字法治、智慧司法”信息化体系建设，在构建司法行政系统科技赋能、创新驱动、深度融合、全域覆盖的“智慧法治”科技创新新格局中，不断找准贵州司法行政信息化数字化的新起点、新定位，有效发挥科技创新在国家治理体系和治理能力现代化中的积极作用。

一、数字政府概念与理论基础

（一）数字政府概念

数字政府这一理念的提出最早可追溯到美国20世纪90年代提出的数字地球这一概念，后被运用到各行各业，并相继衍生出数字国家、数字城市、数字政府等概念。数字政府实际上是多个学科交叉的研究主题，因此从不同的视角出发就会对数字政府的概念产生不同的理解。随着数字化时代的发展，国内外专家学者对数字政府的研究也不断深入，提出了许多颇具研究性意义的论断。SchorrH 和 StolfoSJ（1998）就客观全面地阐述了美国政府引进信息技术后对政府工作方式和工作效率的提升作用，认为“这是一种新模式，有效地以新技术的应用加强了政府部门与普通民众之间的沟通交流”，该论断间接推动了数字政府的快速发展。国内学者梁木生（2001）从道德、制度和法律三个角度出发，论述了数字政府的特征以及基于数字政府的智能化属性而衍生出的规制手段，即传统的道德法律等规制手段已经不足以制约数字政府，而需要对技术规制加以重视，使数字政府在三者的规制下，实现自身运行过程中公正与效率双重价值目标的协调与统一。为国内数字政府的研究和发展提供了研究思路和方向，被认为是国内研究数字政府的起源。

数字政府的概念有广义和狭义之分。前者的覆盖面较广，包括政务信息化、政府治理数字化改革的全过程、“互联网+政务服务”等。刘淑春（2018）强调，政府治理凭借大数据信息技术的融合嵌入，极大地优化完善了政府治理体制机制，推动了政府全方位的数字化转型。鲍静（2020）等从治理主体、对象、技术、范围、理念等多个层面比较了数字政府与电子政务、智慧政府的区别，认为数字政府的内涵更为丰富、边界更为宽广[①]；张成福（2020）等认为，在大数据时代数字政府是政府数字化转型的

---

① 鲍静、范梓腾、贾开:《数字政府治理形态研究：概念辨析与层次框架》，载《电子政务》2020年第11期。

必然结果，其核心要义在于政府充分运用信息技术来创造公共价值；黄璜（2020）从我国数字政府的实践出发，通过梳理相关政策，认为数字政府的概念可以从技术和组织两个层面重新界定，即政府运用数字技术以更有效分配信息，从而进行政府组织的赋能、协同与重构①；马亮（2022）通过分析不同建设程度的地方政府政务服务数据，得到了数字政府能够转变传统政民互动形式、有利于重塑社会关系的结论，认为建设数字政府是构建廉洁型、服务型政府的有效途径。通过梳理国内外与数字政府相关的研究成果发现，数字政府是政府治理和数字信息技术深度融合的产物。

（二）理论基础

数字治理理论于20世纪90年代在数字时代的大潮中应运而生，此时，信息技术日趋完善，新公共管理日趋衰落，因此，要求政府要通过数字技术的融合，重塑公共机构的管理流程，以提升政府的效率与效能，并以此为基础进行数字化转型，为社会公民提供更加便捷和高效的公共服务与产品，有效实现了公共机构管理工作重复化与碎片化的去除。彼时大多数西方国家面临着经济负增长及财政赤字的问题，加剧了社会信任危机、管理危机和社会风险，以客户需求为导向的市场化新公共管理使社会治理更加碎片分散化。同时信息技术的快速发展影响了政府部门的服务流程，改变了公民的社会治理参与方式，政府部门顺应时代发展主动适应社会管理模式的创新并满足公众需求而进行数字化改革，主要目的是解决新公共管理所带来的政府内部割裂等问题。

Patrick Dunleavy 在《数字时代的治理》一书中，从发展脉络的角度系统全面地梳理了信息社会中的公共管理，并概括了数字治理理论的优点。这加速了数字治理理论的发展，也推动了整体性治理理论在实践层面的发展。他主张政府在管理过程中要引入信息技术进行政府变革，即把传统政府服务与数据、技术深度融合，进而实现政府服务供给、组织架构以及治理理念和信息共享等各方面的数字化升级，这种升级有利于推动物理层面

① 黄璜:《数字政府：政策、特征与概念》，载《治理研究》2020年第3期。

的政府服务向网络空间拓展，进而实现公共利益最大化。其核心主张有以下三方面：首先，政府部门要再次梳理各自职责，优化单一、割裂的政府部门，以提升行政服务能力；其次，要重建新的政府组织，改进方式，强化与公众的互动；最后，利用数字技术推进政府部门互联网数字化改造，进一步优化企业政务服务工作过程，提升政府服务效果。因此，数字治理是一种基于治理理论的实践，它旨在通过引入公民、企业等主体参与社会管理，充分利用信息技术的优势，改变政务内部存在的信息孤岛和信息碎片化等问题，从而进一步提高部门的管理工作效果和管理水平。①

根据 Dunleavy 的三大理念，数字治理理论的核心内容包括：一是重新组织和整合公共部门的资源，即重新分配资源、权力和责任，以提供高品质的服务；二是以需求为基本的总体理论，即公共部门领导者应积极维护和改善服务的整体性；三是数字化改革，除广泛应用新技术外，还要对政府组织结构、文化以及公民行为全方位改造。②

数字治理理论深刻影响了我国电子政务、数字政府建设进程，我国在 21 世纪初逐步开展电子政务建设，政府数字化诞生于理论与信息技术的结合，最早政府门户信息网站只具有信息发布功能，随后逐步强调政民互动，以数字技术为基础提升政务服务的便利度。直到 2013 年“互联网 +”战略提出要进一步促进新技术与传统产业的结合，并以此为基础构建新的生产发展模式。

数字治理理论的根本目的在于借助数据以及信息技术实现对社会与政府之间关系的重塑，以满足公众的需求，改变政府的运作模式和服务流程，从而实现社会治理的革新。站在政府角度来说，数字政府的建设与完善不仅要依靠科学的管理制度和顶层设计，还要通过信息数字技术创新来实现数据共享，以提供更优质的一站式公共服务和政府、公众间的双向互动，能更及时有效地回应公众诉求。因此，在本文中，数字治理理论的内

---

① Patrick Dunleavy, Digital EarGovernance.IT Corporations, the State, and E-government, Oxford University Press, 2006, p.227-229, 234, 237.

② Dunleavy Margetts H, Bastows, et al.Digital era governance: IT corporations, the state and e-government, Oxford University Press, 2008, p.228.

涵与数字政府建设的内容具有一定的一致性，数字治理理论在本文也有一定的适用性，能够为贵州省数字政府建设在数据治理等方面提供理论支持，为完善司法行政系统数字化建设提供理论对策指导。数字政府建设是一种基于数字治理理论的实践性行动，它不仅能够提高政府的效率和透明度，还能为社会带来更多的福祉。

随着信息技术的飞速发展和“新公共管理运动”[①]的普及，政府部门管理的碎块化问题变得越来越突出，令人担忧，治理理论不断推陈出新，其中以碎片化为对立面的整体性治理理论最具代表性，它是由整体性政府逐渐演变而来的，目的是解决新公共管理运动中的弊病。新公共管理运动促进了服务供应者有序、多样化竞争，提升了公共部门处理公共事务、提供公共服务和产品的质量水平。新公共管理这种管理理论逐步显现出特有的弊端，在这种管理理论下，市场分权化会对政府机构产生较大的负面影响，政府机构更加碎片化大幅提升了政府决策难度。整体性治理理论则更加关注政府部门以及政府组织与非政府组织之间的协同与整合机制的综合运用，目的是实现治理主体的合作协同以为公众提供无缝隙的公共服务[②]。

整体性治理理论经历了三个发展阶段：其代表人物佩里·希克斯于1977年首次提出。佩里·希克斯与戴安娜·叶在1999年进一步完善该理念，认为整体性治理是解决政府间沟通协调不足、碎片化现象严重的最佳途径；2002年该理论的概念、运作模式被首次明确提出并逐渐发展成型。其核心理念就是政府提供的公共服务应该高度契合并满足公众需求，主张从政府内部的整体性出发，重点关注各部门在工作过程中的协调配合与互相信任以及各部门自身的责任感。利用现代信息技术解决政府治理中的碎片化问题，为政府治理工作的协同以及整体化发展奠定基础。通过政府管理结构的优化，为其职能的高效履行以及公私关系的有序发展提供支撑，以及提供更加全面、便捷的服务，促进公民能得到无缝服务的整体性治理

---

① 20世纪80年代以来的新公共管理运动给东西方一些国家提供了当代公共部门管理的新模式。

② 韩瑞波:《整体性治理在国家治理中的适用性分析》，载《吉首大学学报（社会科学版）》2016年第6期。

模式的形成。具体表现在对部门层级、职能等分散问题的有机整合来建设服务型、整体型政府，以信息技术作为治理手段进一步加强政府工作效率与透明度。

整体性治理理论为数字政府在新社会背景下的深入发展指明了方向，即在开展数字政府建设的过程中政府应当将自己定义为向整个社会提供公共服务的角色，从这一视角出发，政府的主要作用是整合协调数字政府建设过程中的碎片化、不平衡现象，发挥监督引导的作用，防止部门间出现各自为政、低效分散的情况，这不仅会造成公共资源的浪费，还会降低政府提供的公共服务质量[①]；也将进一步实现政府在治理目标上对公共利益的追求，进一步实现组织设计结构上的扁平协同化以及推动公共服务供给主体上的多元化合作。根据整体性治理理论的指导，可以有效地解决数字政府建设过程中存在的数字资源分散碎片化等问题，进而加强部委间的协调配合，破除行政各政府部门在运转过程中所面临的部门边界障碍以及“信息孤岛”等难题，推动实施精准有效、合规公正的无间隙的整体服务型人民政府的建设，从而更好地完善数字政府建设。

Haken（1976）指出，协调理论研究是一种重要的概念，它涉及协同效应、伺服机制和原理等多个方面。协同治理理论是一种将协调理论应用于社会管理的新方法，它重视了各个参加市场主体内部的作用和影响，涉及政府部门、非政府组织、中小企业和全体公民社会个人等。这种理论是旨在通过协同合作来提高社会治理效率，促进社会发展，最终从无序形成有序的社会治理模式。协同治理理论要求从系统的角度看待社会发展，使政府摆脱了单方面运作的弊端，在政府运作模式、解决治理难题等方面提供了一种全新的科学理论分析框架和政策指导工具。[②]协同治理的关键在于建立一种多方参与的机制，以确保各方能够达成一致的行动，并获得更高的认可度。其中信任和合作是协同治理的基础，它们对于实现有效的治

① 唐兴盛:《政府“碎片化”：问题、根源与治理路径》，载《北京行政学院学报》2014 年第 5 期。

② 王伟、张海洋:《协同治理：我国社会治理体制创新的理论参照》，载《理论导刊》2016 年第 12 期。

理结果至关重要。作为一种跨越多元主体的集体行为过程，它为社会治理中多方协调进程提出了重要的思想支撑。

从协同治理理论来看，数字政府建设的方向就是将各个参与主体有效地融入数字政府建设过程中，不仅能打破公共部门、社会组织、企业、公众之间的壁垒，还能营造政府治理过程中跨部门、跨层级、跨区域的联动治理生态，消除各方信息鸿沟，在各治理主体之间达到均衡协调的状态，从而形成目标的一致性，即为了实现公共利益最大化而协同合作，能够有效地推动数字政府建设。

（三）数字政府特征

数字政府建设是数字化时代政府打破原有僵化的科层制，破除旧有观念，对施政理念、方式、内容、流程和工具等用数字化思维进行整体重塑，全方位变革的过程。数字政府致力于形成上下一体、横纵发力、高效协同、响应迅速的政府整体改革的新范式，具有以下特点：

1. 数据赋能治理

传统的科层制政府结构是社会关系秩序严格的体现，表现为分级、分部门、职责细化的组织结构。但科层制根据职能划分部门的组织结构意味着当面对突发情况以及外界变化时难以有效地做出响应并及时解决，容易出现内部信息传递慢，拖沓推诿的情况。面对日益错综复杂的外部环境，要求政府主动适应数字化时代的变化，转变观念，让数字技术与政府治理深度融合，使数字技术赋能政府治理使政府组织结构逐渐趋向于扁平化，进一步优化重构政府职能。与过去“一窗办一事”不同，数字政府以公众需求为导向，主动转变提供公共服务的方式，构建一体化线上线下政务服务平台。通过整合政务前端职能、设立特定机构统筹负责线上线下服务集成中心的建设运营，积极推动政府职能转变与业务流程重塑。通过构建赋能共享的业务数据平台，改变以往条块分割的科层结构，发挥市场机制的功能，构建多方主体参与，合作共生的体系，积极探索与企业、新兴科技公司、各大高校等主体的开放合作，逐渐形成职责明确、制度透明、结构灵活的网络化职能部门。

2. 整体协同理念

数字政府作为新的治理形态，不仅只是实体政府在网上运作，也是政府在线上的延伸和强化，但数字政府并不是单纯的网上政府和虚拟政府，而是以公共服务和社会治理需求为导向，在信息资源共享和数字化业务协同基础上的线上、线下政府有机互动和深度融合的一站式政务服务。政府的数字化运作离不开线下的实体政府建设，特别是线下政府为资源整合统一、业务协同所进行的事项清单梳理、统一标准建设、业务协同模型探索以及统一的服务接口管理等基础工作，这些基础性工作是实体政府实现在网络空间以整体性政府形式运行并为公众提供个性化服务的前提所在。同样，基于网络空间层面的跨部门、跨行业的资源系统整合和数字化、动态化、流程化智能在线服务则驱动着实体政府进行更深层次的改革。因此，政府数字化转型需要在数字化环境中通过线上线下的有效互联和相互驱动，以线上公共事务的处理推动线下政府的职能整合和扁平化组织结构转型，以数字政府智能化的高效运作方式实现政府线上线下深度融合和有机衔接，从整体性提升治理效能。

3. 坚持服务导向

坚持以人民为中心是数字政府的核心理念，为人民提供更好的服务也是其核心要素之一。要在数字政府规划、建设的全过程中紧紧围绕这一核心理念展开，通过数字化技术赋能提供优质高效的公共服务以满足人民的需求。“以人民为中心”标志着数字政府不能是简单地提供信息、平台或者等待服务对象找上门，而是主动优化，建立互动机制为公民提供更加精准可靠的服务。换言之，应当以提高人民群众的参与感和满足感为标准，运用信息技术建立多方位反馈机制向政府提出问题和服务需求，减少公众与政府的沟通成本，让人民群众切实参与到政策制定、权力监督以及评估反馈的过程中，让不同群体都享受到符合自身需要的公共服务设计。

4. 数据开放共享

政务数据是政府开展行政管理和政务服务积累得到的重要数据资源。当前普遍存在的政务“数据孤岛”严重阻碍了国家治理体系和治理能力现代化的进程，制约了政府为人民服务转型的进程，因此，政务数据的共享开放成为数字政府建设的应有之义。政务数据作为政府开展行政管理和政务服务沉淀得到的数据，是十分重要的数据资源。在开发运用、整合共享社会数据资源，推进以数据驱动经济发展的过程中，政务数据的共享开放具有基础性和先导性作用。数据的共享开放包含共享和开放两个方面。数据共享主要是指政府内部之间的数据汇聚及共享；数据开放主要是指政府数据向社会公众开放，公众可基于开放的数据进行开发利用。数据共享充分是数据开放的基本前提，而数据开放则有利于数据价值的挖掘，可以进一步促进数据共享，两者是相互联系相互作用的有机整体。

二、司法行政系统数字化建设现状

“一云一网一平台”是贵州推进数字政府建设的总方针，围绕“3+2+8”的数字政府总体架构，打造“一网通办”“一网统管”“一网协同”的政府治理和服务新格局。结合现有政策，贵州省司法行政系统在信息化工作上加大工作布局力度，在数字化建设上取得了一定成效。

（一）现有政策梳理

1. 国家层面政策梳理

我国信息化建设开始较早，发展较快，为适应信息化发展要求，2016年就出台了《国家信息化发展战略纲要》《“十三五”国家信息化规划》，全面规划了信息化发展方向。2017年7月，司法部印发了《“十三五”全国司法行政信息化发展规划》《司法部关于进一步加强司法行政信息化建设的意见》，正式启动司法行政系统信息化建设，随后印发了《关于司法行政信息化人才队伍建设的意见》为推进司法行政信息化提供人才保障的指南方针。

2022年2月，司法部与科学技术部联合印发了《“十四五”司法行政科技创新规划》提出要建立多学科交叉融合的“智慧法治”统一框架理论，突破“智慧法治”知识融合和安全保障共性技术，推进行政立法、行政执法监督和复议应诉、监管防控、矫正戒治、公共法律服务、精准普法、法律援助、司法鉴定、协同治理等领域的专项技术与装备研究，开展“智慧法治”创新应用示范，加强科技创新平台建设，形成政产学研用相结合的“智慧法治”协同创新格局。同年4月，司法部再次发布了《“十四五”司法行政网络安全和信息化发展规划》，进一步指出要突出数据赋能。深化跨层级、跨领域、跨部门、跨系统数据整合汇聚，推进与其他单位的数据资源交换共享，增强司法行政大数据分析应用能力，赋能业务管理与服务创新，打造数据驱动下的业务发展新生态。在两次规划中可以看出国家层面对于将大数据、人工智能、物联网等新兴电子信息技术运用到司法行政各个职能，推进业务流程创新，破解体制机制障碍，着力推进“智慧法治”有效建设。

国务院在2022年印发《关于加强数字政府建设的指导意见》明确了数字政府建设的七方面重点任务。其中要将数字技术广泛应用于政府管理服务，推进政府治理流程优化、模式创新和履职能力提升，构建数字化、智能化的政府运行新形态，充分发挥数字政府建设对数字经济、数字社会、数字生态的引领作用，促进经济社会高质量发展，不断增强人民群众获得感、幸福感、安全感，为推进国家治理体系和治理能力现代化提供有力支撑。要积极推动数字化治理模式创新，持续优化利企便民数字化服务，强化生态环境动态感知和立体防控，加快推进数字机关建设，推进政务公开平台智能集约发展，创新行政管理和服务方式，全面提升政府履职效能。

2. 省级层面政策梳理

2018年，贵州省政府发布了《促进大数据云计算人工智能创新发展加快建设数字贵州的意见》，其中明确要将大数据、云计算、人工智能与政府治理深度融合，促使政府管理、公共资源配置和宏观决策能力明显提升。建成全省政府一体化政务数据中心体系，基本实现跨层级、跨地域、跨系统、跨部门、跨业务的协同管理和服务，行政审批和公共服务事项基本实现一站式办理，“零跑腿”政务服务事项达到50%以上。同年12月发布了《贵州省“一云一网一平台”建设工作方案》，提出要围绕解决企业群众“办事难、办事慢、办事繁”等问题，以消除“信息孤岛”“数据烟囱”为重点，加快提升政府管理、社会治理和民生服务水平。

2020年发布了《贵州省大数据标准化体系建设规划（2020—2022

年）》《加快推进政务服务“跨省通办”工作方案的通知》《贵州省数据开放共享条例》等；2022 年，贵州省人民政府办公厅下发了《关于“十四五”时期深化一体化办公平台应用推进数字政府建设的通知》，省大数据发展局发布《贵州省“十四五”数字政府建设总体规划》的通知，从制度方针到标准体系和具体工作的细化，进一步明确了数字政府建设思路与方向。

贵州省人大常委会通过的《贵州省信息化条例》《贵州省信息化基础设施建设条例》结合贵州省实际情况，从推进信息化的总则方针、规划实施、信息资源的开发利用、工程建设、信息安全保障和法律责任等都作了详细规定，明确各主体责任和地位，对信息化建设提供了法律保障和依据，也为进一步推进数字化奠定了基础。

（二）贵州省司法行政系统信息化工作布局

2018 年，随着司法部“数字法治 智慧司法”信息化建设体系的出台，贵州司法行政以“一切业务数据化、一切数据业务化”建设目标，围绕数字化建设和大数据汇聚，将完善信息化基础设施和信息系统建设、聚力大数据汇聚应用建设、探索智能化助力支撑建设整合推进，形成贵州省司法行政信息化“三位一体”的同步推进模式。贵州司法行政与加强数字政府建设和构建新一代司法信息化体系高度保持一致，坚持以“实用、实战、实效”三个目标为引领，重视全省信息化顶层设计，制度构建，以大数据为抓手建设“法治贵州云”，构建司法行政“1136”智慧体系，统筹推进司法行政七大业务板块信息化工作，筑牢司法行政信息化建设的全新信息化工作布局。

（三）贵州省司法行政系统数字化建设情况

贵州省司法行政系统的数字化建设大致分为三个阶段，分别是基础建设时期、快速发展时期、叠加推进时期。2011 年，贵州省司法厅设立信息技术处，负责推进行政办公系统信息化建设和发展规划，进行监狱、戒毒系统的服刑罪犯、强制隔离戒毒人员信息数据库等数字化建设工作。至

2015 年，推进了全省专网和线上视频会议的平台建设，建成覆盖省、市、县、乡四级机构的司法行政专网，为全省司法行政指挥调度、视频巡查和信息化应用提供基础支撑，在刑释解戒和社区矫正方面进行了刑事执行的信息化改造。2016 年后加大了信息化改造力度，进入快速发展时期，全省专网和律师公证、司法鉴定、社区矫正信息化提上了日程，在网络平台开通公共法律服务，提高公共法律服务覆盖面和工作效率。进一步改造升级专网和视频通信设施，形成基本的指挥调度能力。2019 年至今，在原有的信息化工作成果上，进入业务数字化建设应用深入时期，以贯彻落实“智慧司法”理念为指导，深化行政立法、行政执法、智慧矫正、智慧监狱、智慧戒毒、公共法律服务“三台融合”。探索大数据统筹建设路径，持续推进“法治贵州云”大数据建设应用，提升全系统智能化水平，建成一系列政法智能化应用，为推进“智慧法治”提供有力支撑，筑牢“数字基石”。

1. 在信息网络基础建设上固本培元

数字化推进过程离不开大规模铺开的基础设施建设。贵州省司法厅近年来不断加大信息化建设运维资金保障力度，《“十三五”全国司法行政信息化发展规划》印发以来，省司法厅信息化新建项目投入近一亿元，较“十三五”时期之前增长 150%，运维服务累计投入 2300 万余元，增长 176%，为推进信息化的快速发展和持续稳定运转提供了有力支撑。其中包括推动电子政务外网骨干扩容升级和双链路智能化建设，加快 IPV6 改造，使省监狱局在 2013 年监狱信息化一期 1.4 亿元投入的基础上，积极筹集 1.5 亿元资金完善“智慧监狱”一期项目建设。省戒毒局 2015 年完成劳教强制戒毒工作模式转化后，获得财政资金支持 950 万余元，先后建成指挥中心、监控视频联网系统和戒毒大数据综合业务等关键系统设施。“十三五”时期以来，贵州省司法行政平台系统建设数量从 20 余个提升至 50 余个，较“十三五”之前增长 150%，覆盖近 90% 的核心业务。网络通信畅通率从 58% 提升至 98.8%，增长 40%。音视频通信调度能力从省市两级 50 余个机构延伸覆盖至省、市、县、乡四级 1500 余个机构，增长 29 倍。数据积累从不足 50 万条提升至 5000 万余条，增长近百倍。政府法制云平台、公共法律服务、业务数据聚通用等一批大平台建设的集约共享格局基本形成。“智慧监狱”“智慧矫正”“智慧戒毒”等一系列大系统的共享共治建设能力显著增强。

在时间和经费紧张的背景下，贵州省司法厅探索建设全国司法行政系统首个省级小型信息系统云上敏捷开发平台，以“搭积木”的方式构建我省司法行政信息化的“一云设计开发、一云部署运用”体系，大幅降低司法行政信息化建设经费投入成本和时间成本。目前，已利用该工具快速搭建厅机关 2021 年度综合考核系统、贵州省法治政府示范创建申报系统、贵州省市州政府规章备案审查信息平台等三个小型信息系统，缩短近一半开发时间，节省投入近 80 万元，为适应工作高质量发展的快速需求变化，创新了低门槛、低投入、高效率的小型信息系统建设新模式。

2. 在智能化平台搭建上守正创新

（1）司法行政信息系统。2013 年至今，部省陆续建设并投入使用系统中涉及区县司法局（含司法所）应用的司法行政信息系统共计 9 个，主要包含：智慧矫正系统、基层工作管理信息平台、法宣云平台、刑释解戒、贵州法律服务网、远程会见系统、视频会议系统、视频点名系统、司法部相关统计系统等，基本覆盖了基层司法行政的主要业务工作。截至 2023 年 4 月，司法行政四大职能各业务条线的信息化建设覆盖率近 95%，核心业务数据累计超过 2000 万条，刑事执行、公共法律服务、律师、行政复议等数据质量大幅提升。

同时，近几年随着“数字法治 智慧司法”的不断推进，各级司法行政机构围绕管理服务职能，持续增强信息化服务基层意识，信息化建设应用取得显著成效。一是有力推进省市县乡四级行政专网与电子政务外网迁移融合，基层司法所网络宽带将从 2 兆提升至 50 兆，在观山湖区、开阳县等区县创新试点使用 5G 司法行政专网，缓解基层网络带宽和经费保障不足的问题。在此基础上，为节约成本、提升司法所工作效率，黔西南州、遵义等市州充分利用远程视频会见设施，推进市、县、乡视频会议系统建设，解决司法所工作人员往返跑的问题。二是以运行于贵阳市律师视频会见中心为基础，积极推进律师远程会见系统建设，在贵阳市试点的基础上，完成六盘水市、黔东南州和铜仁市三地律师会见系统建设，实现跨市州互联互通，累计完成律师会见 8312 次，公检法远程视频提讯 7311 次，统筹管理并保障律师权利，保证律师会见效果质量。三是创新推进指挥体系建设，黔东南州司法局以“共建共治共享”为理念，围绕“一体化运行、集成化调度、信息化支撑、扁平化指挥”，与公安、综治等部门信息化平台联动，打造“天网工程”“雪亮工程”。

（2）搭建公共法律服务信息化平台。贵州省司法行政系统以贵州法律服务网、贵州省公共法律服务管理平台和 12348 公共法律服务热线平台为依托，充分融合窗口、热线和网络三大平台服务能力，构建一体化、全方位的公共法律服务体系。

法律工作基层人手不足，基础设施配备不齐，提供公共法律服务动力不足一直是老大难问题。为进一步优化资源配置，解决公共法律服务资源和服务能力城乡区域不平衡不充分的问题，省司法厅按照统一规划、统一标准、统一服务，建立一体化呼叫中心系统，于 2019 年 5 月正式上线 12348 公共法律服务热线平台。通过建设省级 12348 公共法律服务热线中心，将全省 12348 热线号码集中接入省级中心，借助省会城市在全省占比超过 44% 的丰富律师资源，组建热线律师服务团队，在省级层面统一解决服务经费，为全省群众提供统一的法律服务。2023 年第一季度，12348 累计接起量为 63412 通，接通率为 98.44%，日均呼入量为 786 通，日均接起量为 773 通，整体满意度为 99.21%。其中，接听贵州省内话务量为 41193 通，占比 63.95%，接听贵州省外话务量为 23222 通，占比 36.05%。有效解决了基层热线服务因律师资源少、财政经费支撑不足带来的热线值守难问题。

同时，2019 年上线运行的贵州法律服务网和贵州省公共法律服务管理平台的团队咨询服务系统，借助互联网 + 的空间覆盖能力，组建中国法网咨询服务团队、贵州省律协法援委公益律师服务团队和黔微普法公益律师服务团队三大线上服务团队，为线上咨询服务提供全面支撑，累计在线解答法律问题 7892 起。进一步优化了公共法律服务资源配置，提升了供给侧服务能力，进一步减轻了基层公共法律服务的压力。

（3）业务数字化建设。围绕“一切业务数字化”，省司法厅按照部省信息化发展的总体要求，在信息化建设各领域同步推进信息化基础建设，不断完善业务数字化覆盖能力，与省大数据局等机构共商共建，推进信息化资源共建共用，大幅减少信息化建设重复投入，提升信息化建设应用成效。一是实现通信调度全覆盖。推进省、市、县三级和监狱戒毒场所指挥中心建设，实现监控视频联网、视频点名、视频会议功能全覆盖，累计汇聚监狱戒毒场所、社区矫正中心和公共法律服务窗口41700余路监控视频，实现全量汇聚，形成全省安防监控一体化视频调度能力。省监狱局建成安防集成平台，以轿子山等10所监狱布局调整为契机，按照建设标准推进监狱安防系统建设，建成系统完备、功能齐全的安防体系，全系统汇聚安防监控33000路。省戒毒局建成局指挥中心，汇聚戒毒全系统9000路视频监控。为全省司法行政安全稳定、指挥调度、警务督察、社矫远程督察等工作提供有力支撑。二是为有效缓解监管和服务压力，解决疫情防控期间监狱亲情会见难的问题，全面推进建成了省市县三级、监狱戒毒单位全覆盖的罪犯远程视频会见系统1000套终端，为罪犯家属提供网上预约、审批、会见，疫情暴发以来为监狱罪犯改造发挥了重要作用，每月会见量在3000次左右。三是开展系统集约化建设，开发“智慧矫正”系统、建成监狱业务数据汇聚平台、减假暂智能辅助办案平台、罪犯计分考核等系统，其中“智慧矫正”系统以“一个平台、两个中心、三大支撑体系、四个智慧化融合”为体系架构设计开发，功能模块涵盖社区矫正工作全流程，在2021年入选政法智能化建设智慧法治创新案例，被评为2021年度贵州省省级数字治理示范项目。

3. 坚持数据汇聚共享

数据共治共享是数字赋能政务流程的前提，贵州省司法厅充分利用省政府数据共享交换平台、政法跨部门大数据办案平台等服务资源，坚持推进政务政法协同共享，激发执法办案大数据价值与活性，全面提升执法办案、办事服务网上协作效能。

一是推动行政执法数据归集治理。坚持共建共治共享，与省国家发展改革委、省政务服务中心等部门协调联动，推动行政执法监督与“双公示”“互联网+监管”行政执法数据的统一归集，在建设阶段主动将司法厅建设的行政执法“三项制度”工作平台纳入整合至“互联网＋监管”体系，为消除权责事项清单差异，打通各级政府部门执法数据共享最后一道屏障，联合云上贵州积极探索法律法规统一编码标准化，为减轻各级政府执法部门基层多头重复数据采集压力，助力建设贵州省“互联网＋监管”“1+6+N”一体化监管体系，推动全省行政执法数据的统一归集贡献司法行政应有的力量。

二是推进刑事戒毒领域执法办案跨部门协同共享。刑事执行方面，优化升级执法办案系统，依托政法跨部门大数据办案平台，打通与公、检、法的执法办案系统，推进网上单轨制协同，截至 2022 年上半年累计实现罪犯收监交付执行、减假暂案件流转、矫正调查评估、入矫接收等跨部门业务协同 15.99 万件，其中单轨制协同 3.79 万件，大幅减少基层数据采用工作的时间和人力投入，从根本上解决了司法行政基层数据采集难，重复采集数据准确度不高的问题。构建与公安机关的社区矫正监管信息共享体系，实现强制措施、出入境、航班、户籍、交通购票信息等信息数据的信息化核查，彻底改变我省社区矫正对象监管长期信函沟通协调的低效监管模式，进一步提升了社矫监管跨部门联动协作效率。戒毒执法方面，全面打通戒毒业务跨部门协同，与省公安厅联合下发《贵州省强制隔离戒毒网上协同管理办法（暂行）》，建立网上协同工作机制，实现了戒毒收治、解除强戒、延长戒毒期限、考核评估、变更执行方式、所外就医等往来业务的网上业务协同和数据共享，戒毒人员信息无须再重复录入，进一步减轻民警工作负担，提升办事效率，符合司法行政戒毒工作高质量发展的需求。

三是推进办事服务跨部门共享。积极梳理数据共享开放资源，在保证数据安全的前提下，主动扩充共享开放内容，超标完成共享开放上架任务，2022 年共计上架共享数据资源 246 个，较 2021 年增加 15 个，上架开放数据资源 76 个，较 2021 年增加 12 个。提升政务共享数据开发利用能力，依托省政府数据共享交换平台构建融合查证系统，实现户籍、婚姻、不动产、无犯罪记录、企业信息、收养登记等 10 多项政务数据共享，累计为公证办证等法律服务提供跨部门信息查证 10453 次，有效减少当事人公证办理过程中的各类证明事项材料。

4. 强化数据安全保障

数据开放共享的安全问题是推进数字化建设的保障。贵州省司法厅以数据构建省级网络安全态势感知平台，落实日常安全巡检处置相关机制，不断完善本地、云上各区域网络安全设施建设，强化外部服务应用级安全防护能力，如2019年贵州法律服务网就成为全国首个采用超文本安全传输协议（HTTPS）的公共法律服务网络平台，构建全站信息敏感词监测系统和代码监测系统，完善跨部门信息共享查证短信验证、数字水印和全数据加密传输存储等各项安全措施，为公共服务信息数据安全搭建保护区。

同时，2021年《基于人工智能、区块链技术的行政执法全流程与跨部门信息查证技术研究与应用》《大数据挖掘分析辅助法治政府建设工作应用研究》《人工智能辅助行政立法和行政规范性文件智能审查、比对分析、采集及要素抽取技术研究》等3个科技创新课题获得省科技厅科技支撑计划支持，为我省“智慧法治”建设的核心技术攻关提供了有力的科技支撑保障。完成“法治贵州云”大数据中心和司法行政18个系统的信息迁移工作，数据安全防控能力进一步增强。推进全省司法行政系统数据安全体系建设，起草编制《贵州省司法厅数据分类分级规范》，将数据分为全面依法治省、行政立法、刑事执行、公共法律服务和综合保障六个一级子类，并对数据进行分类分级治理。起草编制《贵州省司法厅数据安全建设实施方案》，开展数据安全风险测评、风险管控、安全支撑等相关工作。

三、贵州省司法行政数字化建设存在的问题及其成因

习近平总书记强调：“过不了互联网这一关，就过不了长期执政这一关。”[①] 因此，加强数字政府建设是创新政府治理理念和方式的重要举措，对加快转变政府职能，建设法治政府、廉洁政府、服务型政府具有重大意义。《国民经济和社会发展第十四个五年规划和2035年远景目标纲要》提

① 2019年1月25日，习近平总书记在十九届中央政治局第十二次集体学习时的讲话。

出了“迎接数字时代，激活数据要素潜能，推进网络强国建设，加快建设数字经济、数字社会、数字政府，以数字化转型整体驱动生产方式、生活方式和治理方式变革”的新要求。近年来，贵州省司法行政系统在推进数字化建设和应用方面取得了显著的成效，但是在顶层设计、管理体制和实践应用等方面仍然存在一些问题和短板。根据分析，存在的问题和矛盾主要有以下几点：

（一）顶层设计与发展需求不匹配

1. 缺少全局性战略规划

对于司法行政系统的数字化升级改造国家层面缺少统一的整体性、跨域性、全局性战略规划，中央政法机关和国家有关部委对于网络、信息系统的建设和数字化推进的规划和设计各有特点和要求。贵州省司法行政机关的信息化顶层设计都是基于中央部委部门级的方案。例如贵州省司法厅是根据司法部在“十三五”“十四五”时期发布的《司法行政网络安全和信息化发展规划》进行相关工作的开展。这种方式侧重于行业内指导，在协同配合的规划上缺乏前瞻性和统筹性，导致多个不同领域的智能化建设分别进行，单干、封闭、独享的思维和方式比较突出，地区分割、系统林立、部门各自为战等问题不同程度地存在，进一步导致了数据融合和应用面临政策层面解禁和技术层面突破两大难题，给跨部门智能化建设、改造增添了阻碍。

2. 统筹性政策供给不足

智能化是信息化发展的必然趋势，打好信息化建设的基础，夯实信息化基础设施建设，深入推进智能化发展，是当前和今后一段时期司法行政信息化工作的一项主要任务。总体上来看，全国司法行政信息化相对其他政法机关发展起步晚、底子薄，贵州省司法行政的科技创新和信息化能力建设在框架设计、系统建设、服务支撑上还存在不足，顶层设计的系统性、连续性还不够强，并没有形成统筹规划和指标评价体系，前瞻规划能力有待提高，缺少提升信息化应用能力的整体谋划，未能很好整合资源，个别系统之间存在数据交换困难，数据获取方式单一的情况。缺乏统一谋划和标准建设会加重“数据孤岛”、治理条块林立的现象，与推进数字政府建设的目标背道而驰。

3. 法律法规保障不足

在数字时代高速发展的今天，现有的制度机制并不能完全发挥保障作用，智能化系统建成后配套制度不健全、机制更新不及时、业务内容不适配，阻碍了系统的深入应用和广泛实践。如现行法律法规和规章制度缺少对网上办案的规范要求，文书材料网上传输、电子卷宗送达时间、电子签章法律效力等问题仍然属于探索阶段；各系统之间的信息数据有很多限制规定，制约了信息数据的互通共享；线下流程与线上电子化衔接过程中，与传统的规章制度存在冲突，例如对于信息资源的收集、归纳、整理、研判及使用缺少明确的管理规章制度，人为地设置了信息壁垒，造成了部门间的信息数据产权化、部门化，提升了信息数据整合的难度，阻碍了数字化建设的进程。

（二）技术滞后与专业人才缺失

1. 数字技术应用不足

大数据、人工智能、区块链等新一代信息网络技术在司法行政领域的深度应用还有待加强，当前还处于比较简单、技术含量不高的数字化阶段，挖掘深度应用、促进产学研深度融合、有效转化成果的难度较大。新技术在各司法行政机关之间的建设应用有发展不平衡、不充分的情况，智能化平台建设与推进都是由省部级机关牵头打造，包括市（州）级以下的行政单位并无显著能力建设，只能在上一级机关的指示下优化使用，导致协同管理落地不一，业务流程重塑进度不一致等。

2. 平台设计与实际应用场景不匹配

部分系统的建设水平较低，系统的稳定性、实用性、使用感受与其他市场智能化应用差距较大，且界面单一，管理模式传统等问题仍然存在。例如贵州法律服务网微信小程序的开发，虽然具备了咨询、办事、知识服务等功能，但基层法律服务、村居顾问等基本信息仍存在大量空白，并没有真正发挥作用。已规划建设的司法行政协同系统缺乏实际应用场景，部分功能与实际需求不匹配，面向的群体目标使用意愿不强。如有监狱工作人员反映监狱的信息化建设水平较低，“智慧监狱”的建设达不到预期效果，主要是专业人才数量不足、现代信息技术手段与监狱管理需求没有深度融合、监狱信息化标准不统一，各地监狱基本处于信息孤岛的状态，平台建设使用率低，反而增加了基层民警工作难度与负担。

3. 财政经费制约，专业人才配备不足

推进数字化进程是一个长期、复杂、专业化程度高的过程，且不管是前期建设还是后续运营维护、升级改造都需要大量经济投入。贵州作为经济欠发达地区，在财政投入上始终不占优势，这是制约政府数字化转型的现实因素。财政因素进一步导致目前贵州省司法行政机关信息化专业队伍建设滞后，数字化方面的杰出人才、管理人才、技术人才资源匮乏，各级司法行政部门信息化科技人才占比较低，有工作经验、了解司法行政工作重点又懂技术建设的复合型人才匮乏。加上人才引进渠道单一，编制配备岗位有限，职务职级上升通道有限，与互联网企业相比在经济待遇和激励表彰方面呈现劣势，人才队伍建设不稳定，人才流失现象时有发生，比如贵州省司法厅设置了信息技术处专门负责统筹推进信息化、数字化建设，但是人员配置有限，信息化建设工作繁重，导致业务推进缓慢。

（三）数据共享共用机制不健全

1. 行业部门壁垒，边界权责不清

“条块分离”是我国目前数字政府建设存在的问题之一，各职能部门依据条形结构纵向运行业务流程已成固定模式。专业化程度越高的部门，业务流程就越规范，主动公开和共享部门数据的意愿就越弱。无论是横向上部门间的资源共享，还是条块上的数据对接，都难以使部门内生出数据共享的驱动力。“数据孤岛”逐渐生成“数据烟囱”，并成为政务数据“聚通用”的最大阻碍。虽然近年来出台了《政府信息公开条例》《促进大数据发展行动纲要》《贵州省政府数据共享开放条例》《贵州省大数据安全保障条例》《贵州省政法机关数据共享和安全管理办法》等制度机制，促进了各行政机关政务数据的开放共享，司法行政系统内部也积极响应政策，主动进行数据的融聚汇通，但是内部并没有建立完整的法律依据和制度保障，对数据共享的权利义务、权属关系、责任划分、监督体系等仍缺少具体规定。各级部门既受上级主管部门业务指导，又归属于本地政府管理，政务数据管理权责模糊，数据共享的范围、内容、过程以及供需对接方式的不明晰都导致了数据整合共享分工协作不合理，一些部门出于保密或者业务特殊性也不敢共享不能共享，大量的数据堆砌，不能形成高效共享的局面。

2. 数据资源庞杂，收集标准不一

目前我国的政务数据在技术上存在三个问题难于归统：第一，没有统一的技术标准、数据标准、接口标准，加上政务系统代码不一、质量参差，难于实现数据统一标准的格式化归统；第二，政府部门内部大量非结构化数据以及过去累积的纸质化和零散化的历史数据难以实现数字化归统；第三，“条块分离”的行政体制及政务服务专业化程度不同造成公共治理数据难以实现融合化归统。作为我国行政体制中固有的问题，政务数据标准化与政务服务标准化的双重缺失在数字政府建设过程中愈发凸显。虽然贵州省已于2016年在全国率先颁布了政府数据分类、资源目录和脱敏的地方标准，但这些标准目前并不能涵盖庞杂的政务数据，而“数据孤岛”的客观存在使得标准制定面临着各种困难及不确定因素。目前，区域差异、部门差异和治理复杂性使得我国政务数据“国标”的出台充满阻碍，而地方政府对于政务数据“标准化”制定的争夺却愈演愈烈。标准化的分异势必造成各系统“条数据”上“块数据”的双重隔离，“数据孤岛”问题势必进一步恶化，例如司法行政工作有多个板块和内容，各部门之间职能和业务流程各有侧重，数据收集标准多样，各个系统累积的数据分布在各专网信息系统数据库上，数据储存结构、技术标准不一，资源分布离散，维护更新周期较长，系统之间数据很难兼容对接，标准化成为司法行政数据共建共享的制约因素。

（四）网络安全存在风险漏洞

1. 相关法律法规不完善

近年来我国高度重视网络安全问题，相继发布了网络安全法、数据安全法、个人信息保护法等法律规范，初步形成了涉及网络安全方面的法律体系。但高屋建瓴的网络安全法律体系研究成果还未见报道，有关配套法律法规体系建设也刚刚起步，亟须解决的问题不仅仅局限于涉网部门权责不统一、建立和维护网络空间安全的人才培养和运行监管模式，均需相应的法律法规做保证和支持。法律自身的稳定性和滞后性，与网络发展高节奏、快速率构成了鲜明对照。尤其是近年来受到疫情冲击，网络空间中健康码、行程码等新生事物层出不穷，更新改造过快导致管理部门很难迅速做出反应。即便目前我国网络安全立法领域已具备基础性法律及其他部分支撑性法律等，但法律规范数量仍不足以适应保障网络安全的实际需要，网络安全领域法律体系建设出现“规则饥渴”问题。一些行政单位存在网络安全隐患，线上系统没有做等保测评等保障措施。

2. 考核督查机制不完善

建立科学的法治建设指标体系和考核标准并有效实施是法治保障体系的运行保障。将这一法治要素投射到网络安全下司法行政系统数字化建设中，即建立常态化考核机制，将数字化的网络安全维护工作作为绩效考核的重要内容，将考核结果当作对领导班子及相关领导干部进行综合考核评价时的主要依据。构建完善的数字化网络安全指数评价体系，确立正确的评估导向，着重对数据安全保障等做分析与评价，保证评估结果科学、客观。要强化跟踪分析与督促指导，对重大问题要及时请示上级单位，推动数字政府建设继续健康推进。然而，贵州省司法行政系统在实践中许多区域数字建设缺乏科学化、系统化评估标准，建设过程中对网络安全保障不够重视，还未将其纳入绩效考核当中去，评价体系中还缺乏人民满意度这一指标。数字化建设有多大作用、效果有多好，评价体系需标准化、规范化，从而找出不足以利于随后修正，否则，数字化建设可能流于形式。缺乏科学有效的考评标准的现状，不利于进一步维护数字信息系统的发展。

3. 对信息化合作企业的安全管理不规范

司法行政系统由于自身技术力量的限制，在数字化建设上依赖和相信合作的新兴科技企业，但对于合作过程中的检查监管没有予以重视。有将安全排查整改全部交给运营人员，核心数据防范力度不够等现象发生。据不完全统计，目前贵州省直政法单位信息化合作企业超过450人，而与省司法厅合作的超过86人，虽然这些工作人员都签署了保密协议，但是由于人员流动性较大，大量的敏感数据没有得到有效保护，有泄露风险，存在一定的安全隐患。

四、完善贵州省司法行政数字化建设的策略与建议

要实现司法行政系统数字化的整体推进，必须将数字化建设作为完善公共服务、建设新型服务型政府的一项系统性工程，发挥党委政府的主导作用，明确数字化建设实施的主体责任，完善制度建设、对象范围、数据机制、保障措施等政策制度。

（一）加强顶层设计规划

1. 以全方位政策供给满足数字政府建设需求

为了更好地实施国家和省域的政策规划和行动方案，擘画数字政府建设的蓝图，必须抓好顶层设计。司法行政系统数字化整体协同、团结协作的总体要求不可或缺，承担着落实国家级、省级政策规划和行动方案的压力，而且还要立足于本行政区经济、法治、社会的实际情况，制定具有本土特色的数字化建设纲领，紧扣《“十四五”国家信息化规划》《贵州省“十四五”数字经济发展规划》《“十四五”司法行政网络安全和信息化发展规划》的部署要求，遵循全局性和垂直一体化原理，全面推进司法行政系统的数字化建设，努力实现数字化治理的可持续性。进行全面规划、综合布局，以实现数字化建设的最佳效果。司法行政系统应当立足全省发展实际，制定出一套全面协同、统分结合的数字政务体系建设计划，深入推进跨部门协同、执法监督等各项政法智能化工作任务的落地落实，出台符合实际情况的数字政务体系建设计划。在“一盘棋”为工作思路的基础上，结合完整性和垂直一体化原则，制定一份完整的数字化建设工作指导性文件，通过业务梳理和系统重构，细化责任分工，提升政务管理信息系统的系统化水平，为技术兼容性和数据信息流动资源共享保驾护航，打造纵向垂直贯通、横向水平融合的业务机制，以此管理和数据信息资源共享

工作，达到更有效的运行流程，形成政法范围内的协同合作，与数字政府建设更加紧密地结合在一起，共同推动发展。

2. 及时出台地方性行业性信息化规划纲要

在数字政府建设开展如火如荼的今天，不少省份都发布了关于推进数字政府建设的规划纲要，但贵州省在数字政府规划纲要的发布与落实上存在时间上的不足，因此，制定公众策略就变得尤为重要，它不仅可以指导政策的执行和评估，还可以帮助策略分析和改进。为了实现“十四五”发展计划及2035年前景任务，必须加速数字化开发，促进数字经济社会的发展及政府数据部门的建立，进一步提高服务和经济社会管理的智能化水平。《“十四五”推进国家政务信息化规划》于2021年11月在全国范围内推行实施，“加快建设数据政府部门，进一步提高政务服务能力”被明确提出，以促进数据政府部门建立，并将其作为国家战略的组成部分，以实现更加高效的管理和服务。当今时代，数字化建设的重要性和意义已经被广泛认可，尤其是省级部门在“领头羊”方面发挥了关键作用和“层级性”功能，其公共政策具备“起好头、开好端、布好局”的特点，为数字化建设打好基础。因此要加速完善数字政府建设规划政策，贯彻落实省级数字政府建设规划相关文件，聚焦省内外司法行政智能化发展实例，积极出台相关政策文件以完善规划纲要、政策体系的建设。应积极响应国家号召，结合本地实际情况，充分利用现有政策文件，加快完善数字化发展管理办法等政策体系，弥补政策短板，推动数字政府发展，提高政务服务水平。

（二）加大数字化人才队伍建设力度

立足贵州省情，与省内高校加大合作来往力度，挖掘人才并加大培训力度，关注网络安全相关数字科学的学科建设，为高校中的优秀教师团队做学术研究提供良好的政策环境，多提供相关专业研究立项名额以及资金支持。高校里还可以通过设立校园与互联网各大企业合作的学生实习基地，提升数字化人才的社会实践能力，实现培养机制的市场化，人才培养的梯度化；同时，多让学生走出校门，学校还可以与网络安全政府部门建立合作，安排学生到政府部门一线参与相关工作，联合培养出更加符合实践需求的应用型人才。此外，学校还可以开设网络安全相关法律知识学习的必修课，注重培养既掌握技术素养又拥有法律素养的全能型人才。

1. 优化数字法治复合型人才培养机制

司法行政部门可以创办多种多样的形式来培养公务人员的数字技术技能以及法律素养，通过办理线上与线下相结合的公开课培训相关专业知识，开线上课程时可以注重理论知识的培训，线下课程注重实务技能的培训。此外，可以多多邀请网络安全以及法学方向的专家来开展交流讲座或者开展案例剖析等课程，增加公务人员与专家的沟通学习以促进公务人员专业知识水平的提高，继而增强业务能力。还可以对参与培训的相关部门公务人员进行考察，巩固他们的学习成果；提升工作人员利用新技术进行工作，解决问题的技能与水平。

2. 优化引才、选才、留才、用才的保障措施

加大高层次人才引进力度要建立专业技术精湛、法律素养过硬的数字法治复合型人才队伍。首先，相关政府部门在招聘时就要提高准入门槛。维护数字政府网络安全的执法人员所从事的工作对他们有极高的素养要求；所以在招聘时应当从严把关，考核时要遵循高要求。除了考察是否具有网络安全维护技能，还需要考察对相关法律知识的了解程度，以便他们能更好地处理入职后面临的各种困难的工作。其次，优化网络安全特殊人才引进机制，为网络安全高端人才队伍注入源源不断的活力。政府部门面对市场竞争激烈的现实，可以增设从事数字政府网络安全维护工作的编制岗位，对应地提高复合型人才的工资收入以及福利待遇，为高精尖人才提供顺畅的晋升通道，以此提高对高素质复合型人才的吸引力。最后，还可以提出对数字法治复合型人才的人才引进计划，并加大对人才引进计划的政策以及资金支持，让党政机关能招得出，用得上，留得下精通网络安全技术又掌握法律知识的专业人才。完善数字法治复合型人才引进政策扶持，制定数字法治复合型人才需求名录，拓宽人才选任渠道、创新选贤任能方式。为高精尖复合型人才的引进推行绿色通道聘用的手段，设立特岗，吸引高素质、高层次的复合型人才。持续优化人才激励机制，以结果为导向，增加优秀人才成果、项目奖励及特殊津贴的资助强度，健全优秀

人才的支持和激励体系，源源不断地吸引高素质复合型人才。为高素质、高层次的复合型人才提供特殊专项的政策服务，因地制宜、因人而异地解决其困难，比如提供人才公寓等；真正做到人才引得进并且留得住，发挥人才的关键作用，不断推动数字化建设的前进步伐。

（三）健全数据共用共享机制

1. 完善数据标准，厘清权责边界

健全完善数据标准，构建物理分散、逻辑统一、管控可信、标准一致的数据资源体系库，推动司法数据资源向数据资产转化，最大限度发挥数据汇聚的价值。进一步优化数据质量，完善数据治理体系，抓好数据资源生产、获取、存储、共享、维护、应用等全生命周期质量管理，保证数据资源的规范性、准确性，提高数据资源的利用率，并按照“谁收集，谁负责”原则，厘清各部门在多个环节数据质量管理的边界和责任，对数据质量全程实时监控，定期检查考核。

2. 整理数据资源，编制数据目录

各行政系统进行数据共用共享的前提是有足够的数据资源，因此有必要明确数据资源底数，建立相应的司法数据目录，支撑跨地域、跨系统、跨业务的数据有序流通和共享应用。与此同时，要实现数据目录清单化管理，支撑各部门注册、检索、定位、申请数据资源，及时开展数据资源鉴别、数据分类分级并自查安全性、可用性、合规性，完成数据资源注册，建立“目录—数据”关联关系。目录更新后，利用大数据平台进行实时同步更新共享。

（四）强化网络信息安全建设

1. 落实网络安全责任制

将网络安全工作纳入各级司法行政机关职能中，进一步完善网络安全工作责任制体系，加强对司法网络安全和数字化工作的统一领导。逐级确定政法各部门网络安全第一责任人和直接责任人，明确网络安全责任、工作任务，细化工作方案，统筹推进各项工作。进一步明确政法信息化支撑部门和业务部门在网络安全、数据安全方面的职责分工，落实建设应用主体部门和信息化支撑部门数据安全的监管责任。在安全与应用同规划、同建设、单独验收方针的指导下，制定有关软件工程建设规范制度，切实做好安全评估，将零信任的理念落实到数字软件开发的全过程。

2. 搭建网络安全纵深防护体系

加快构建以数据为中心，贯穿数据采集、传输、存储、使用等全生命周期，覆盖边界、网络、主机、应用、数据等环节的纵深防护体系，达到“外部进不来、进来拿不走、拿走看不懂、溯源跑不掉”的保护效果。健全数据安全常态化监管，加强日常动态巡检，实时监测安全漏洞，及时整改维护。对各级司法行政机关及信息化合作企业相关人员常态化开展安全保密教育培训，加强对网络安全法律法规、内部规章制度的宣传和了解，普及安全知识，增强网络安全意识和防护能力。加强网络安全专业技术人才培养和储备，完善网络安全、数据安全事件应急响应预案，常态化开展渗透测试、应急演练，以练促改，提高应急处置能力。

3. 完善合作企业及人员管理制度

首先要建立司法行政信息化合作企业统一备案审查制度，定期全面排查参与数字信息化建设运维的合作企业、合作项目、合作事项及相关运维保障人员，确保安全合规。其次紧紧围绕项目建设运维全流程，与企业合作的各个环节，建立对信息化合作企业及人员全环节监管制度，以严密的监管措施确保数据安全闭环管理。

数字政府建设既是推进“数字中国”建设的重要内容，也是促进国家治理能力现代化的必由之路。作为“数字中国”的重要组成部分，数字政府建设致力于打造服务型政府，实现政务服务的数字化、网络化、智能化。实践证明，打造高效率、智能化的服务型数字政府离不开国家治理体系的整体化升级。司法行政内容多是基础性、先导性的工作，所起作用没有公、检、法工作那样看得见、摸得着，但所起的作用不可替代，尤其是当前经济、社会快速发展，基层社会矛盾较多且容易激化，司法行政工作是稳定和治理社会的重要基石。这也意味着推进司法行政系统数字化迫在眉睫，数字化建设将打破司法行政工作的时间、地域限制，拓宽共治维度，推动政务信息的深度融合和共享，增强政务服务的协同性，提升决策的科学性和准确性。数字化能够有效解决因层级间信息控制、信息系统碎片化、地方本位主义导致的顶层设计不完善、地方建设创新能力不足、各系统之间建设协同合作水平较低、数据信息资源利用效率低、数据安全问题突出等难题。因此要强化顶层设计，构建跨层级统筹建设管理体制与整体联动机制，推进数字化建设制度化、程序化。要重视专业人才队伍的建设，夯实技术支撑，推动司法行政系统数字化建设创新实践，健全数据共用共享机制，完善数字化信息服务体系和安全保障体系。

【参考文献】

1. 张洪雷:《生成式人工智能参与数字政府建设的技术跃迁、目标导向与可行路径》，载《南昌大学学报（人文社会科学版）》2023 年第 4 期。

2. 王艳艳、李樑:《政府治理数字化转型路径探析》，载《中共银川市委党校学报》2023 年第 4 期。

3. 沈费伟、胡紫依:《数据生产力驱动数字政府建设的实践逻辑与优化路径》，载《西安交通大学学报（社会科学版）》2023 年第 5 期。

4. 蔡聪裕:《地方数字政府建设的政企合作实践样态与运行机制——基于广东省“粤省事”平台的扎根理论研究》，载《电子政务》2023 年第 11 期。

5. 马长山:《数字法治政府的机制再造》，载《政治与法律》2022 年第 11 期。

6. 杜专家:《新时代我国数字政府建设的实践经验、逻辑机理和完善路径研究》，载《北京邮电大学学报（社会科学版）》2022 年第 24 期。

7. 彭邕:《国内外数字政府建设中大数据应用的经验与启示》，载《国土资源导刊》2022 年第 3 期。

“三权分置”背景下宅基地使用权的权利构造

潘　越*

摘　要：党的二十大报告指出：“深化农村土地制度改革，赋予农民更加充分的财产权益。”国务院印发《关于支持贵州在新时代西部大开发上闯新路的意见》指出：“深化农村资源变资产、资金变股金、农民变股东‘三变’改革，推进息烽、湄潭、金沙等农村宅基地制度改革试点。”土地是乡村最重要的生产要素，也是助力乡村振兴的重要资源。宅基地作为农村土地制度改革的重要内容，不仅能够促进农村资源变现，更能助力乡村振兴。同时，“宅基地使用权”作为“三权”中的核心，是盘活宅基地的重要载体，剖析宅基地使用权的权利构造对于农户实现收益具有重要作用。本文拟对目前宅基地改革有益经验进行分析，在此基础上总结“宅基地使用权”的权利构造，以期为宅基地制度的改革从理论层面提供一些思考。

关键词：宅基地所有权　宅基地资格权　宅基地使用权

一、农村宅基地制度改革的背景

随着农村劳动力转移规模扩大，新型农业经营主体不断发展，农村土地流转面积呈逐年增长趋势。在城乡二元结构的背景下，大量农民迁居城市并在城镇购置了房产，使得农村的房屋被闲置。而在城市里，房地产市

---

*　潘越，贵州省司法警官学校四级主任科员。

场蓬勃发展，城市商品房价格不断增长，许多城镇居民将购房的目光转向城镇周边的农村。为了适应社会发展的需要，盘活农村闲置资产、促进乡村产业振兴、吸引人才回流乡村，农村宅基地制度改革孕育而生。

2018年中央一号文件正式提出探索宅基地“三权分置”，所谓“三权”指的是宅基地所有权、使用权和资格权。[①] 宅基地所有权归属农村集体经济组织，农村集体经济组织成员对宅基地享有集体所有权。宅基地“三权分置”制度改革赋予农户享有宅基地使用权和资格权，农户在让渡部分或全部使用权后，仍然享有宅基地资格权，并且使用权的让渡是有一定期限的，待期限届满后，农户享有的宅基地使用权又恢复到圆满状态。这种模式不仅可以保障农户的居住利益，还能让农户获得经济效益，更加合理地配置农村土地资源，使宅基地发挥其最大的作用。

为助力乡村振兴，近年来我国在土地制度改革方面做了大量的工作，例如，实践中农村承包地“三权分置”制度的改革已经取得成效，“三权分置”相关制度也被写进了2018年新修订的农村土地承包法中，农村承包地改革成果相关条款为宅基地制度改革提供了法律依据。然而，因为宅基地与承包地的性质不同，而且涉及宅基地上的住房问题，所以宅基地制度的改革并不能照搬承包地的模式。怎样在保证农户住有所居的情况下激活宅基地使用权的“收益”权能是宅基地制度改革的重点。

早在2015年，我国就开始了宅基地改革试点工作，在全国范围内选取33个试点县开展宅基地改革，其中我省湄潭县就是改革试点县之一。2020年，在33个试点县（市、区）的基础上，又增加了一批重点地区开展新一轮农村宅基地制度改革试点，试点地区达到了100多个县，贵州省息烽县、金沙县也成为宅基地制度改革试点县。目前，宅基地“三权分置”改革已经扩展到100多个试点区域，作为保障农民安居乐业和农村社会稳定的重要基础，加强宅基地管理，探索宅基地“三权分置”制度改革，总结宅基地改革试点有益经验，尽快推广至全国，对于保护农民权

---

① 张卉林:《“三权分置”背景下宅基地资格权的法理阐释与制度构建》，载《东岳论丛》2022年第10期。

益、盘活农村集体经济财产、推进美丽乡村建设和实施乡村振兴战略具有十分重要的意义。

二、贵州省湄潭县宅基地制度改革的实践探索

2022年1月，国务院《关于支持贵州在新时代西部大开发上闯新路的意见》中明确指出，要推进“湄潭”等农村宅基地制度改革试点。贵州省湄潭县先行先试，以农村改革为主线，全力推进农村宅基地改革试验，在“收、分、退、转”等方面探索盘活农村宅基地的路径和方法，取得了一系列制度和实践成果，加快了农村综合改革步伐。

（一）湄潭县提出“收、分、退、转”四部曲改革措施

1. 聚焦“收”，严格规范一户一宅

一方面，在城市化的进程中，大量农民涌入城市，有的农户已经在城市安家落户，不再返回农村。由于宅基地具有身份属性，其流转受到了极大的限制，目前农村有大量的宅基地被闲置，未能发挥其财产价值。另一方面，由于历史遗留问题，有的农户事实上不止拥有一处宅基地，这些农户可能通过私下交易等行为拥有多处宅基地，“一户多宅”现象在农村屡见不鲜。因此，对这部分土地进行有偿征收能够有效解决土地闲置问题，湄潭县积极鼓励在城市定居的农户有偿退出宅基地，通过农户向集体经济组织提出申请，经协商一致，确定好合理的价格后，由集体经济组织收回宅基地。

案例一：湄潭县兴隆镇龙凤村针对部分村民长期外出就业，以及在新农村建设过程中有的村民已经“选新址建房”等情况，导致原有的宅基地被闲置的，兴隆镇龙凤村对有经济价值的地上建筑物或构筑物根据本村实际给予一定补偿后，将这部分闲置的宅基地收回集体经济组织所有。这样既能保障群众利益，也使得这部分闲置的土地能够被再次利用。兴隆镇龙凤村通过此方式，收回宅基地15宗，面积达3.6亩。

案例二：湄潭县鱼泉街道针对已经在县城和集镇购买商品房的农户，若这些农户在农村还有宅基地或者宅基地上建有房屋，鱼泉街道对其采

取有偿收回。具体由农户自愿提出申请，经过村集体同意后，由村集体收回闲置的宅基地并给予补偿，收回的宅基地所有权仍然属于村集体。在短短几个月的时间内，湄潭县鱼泉街道总共收回宅基地 95 宗，面积达到 49.8 亩。

2. 着眼“分”，激活宅基地权能，增加农民财产收入

一是制定规范性文件，提供政策指导。开展研究宅基地“三权分置”实施办法，制定《农村宅基地“三权”分置实施办法》《农村宅基地资格权认定管理办法》。着眼“分”，即将“三权”中的宅基地使用权进行流转，宅基地使用权流转后农户仍然享有资格权，待到流转期限届满后，宅基地使用权又恢复到农户手中。这样不仅实现“巩固村集体所有权、落实集体成员资格权、放活宅基地使用权”的“三权分置”模式，还有效推动了农村土地资源的有效配置，在保障农户资格权的同时，激活闲置土地使用权能，赋予宅基地使用权人经营、收益等权利。打破了农村宅基地流转的法律制度障碍，盘活了闲置资源，还吸引了外村人员进村创业，为乡村引入人才，推动乡村发展注入动力。

二是规范分置管理，研究制定农村宅基地及农房使用权流转管理办法。首先，在宅基地使用权流转过程中，村集体经济组织对宅基地享有所有权，因此村集体经济组织应当对宅基地使用权人进行监督和管理，防止投资人将宅基地用作其他用途。如果农户要流转宅基地使用权，按照《农村宅基地资格权认定管理办法》规定，要经过村集体经济组织同意后方可进行。其次，如果宅基地上建有房屋，农户需要将宅基地使用权和农房一并流转，受让方可以向县不动产登记中心申请颁发宅基地经营权证书，证书上载明权利类型为“宅基地和房屋使用经营权”，并明确使用的范围及期限等内容，这样能够更好地保障投资者的合法权益。

案例一：湄潭县湄江街道金花村通过引进乡创云公司，与该公司签订协议，公司负责把流转的农房打造成高端民宿，村民以参股或者收取流转费用等方式获得财产性收入，最终湄江街道金花村共流转了 13 栋民房，这些民房在公司的帮助下不仅实现了财产效用，也助力了乡村旅游业的发展。

案例二：“户晓民宿”投资者张某在湄潭县鱼泉街道新石居偏岩塘组通过流转取得宅基地使用权，成为取得首本湄潭县宅基地经营权证的投资者。据了解，在“户晓民宿”带动下，目前新石居已有农家乐57家、民宿20余家、床位400多个，助力了乡村旅游业的发展，游客旅游不再担心住宿的问题。

3. 鼓励“退”，腾退闲置宅基地，盘活土地存量

“一户多宅”现象在农村也比较常见，首先，由于各种历史因素导致农户有多余的宅基地，而这些宅基地在他们手里不能被充分利用。其次，由于农村生活方式的原因，有的猪圈、厕所等占地都属于宅基地，这会浪费宅基地本有的居住或财产价值。因此，湄潭县通过给予合理补偿的方式，鼓励这部分农户腾退闲置宅基地，盘活土地存量。2019年全湄潭县腾退闲置宅基地737.06亩，开展宅基地有偿使用151户。[①]在腾退宅基地时，有步骤地开展以下工作：

一是明确宅基地退出的范围。在农村，村民除了在宅基地上建住房外，在房屋周围也会建造许多附属设施，例如在住房附近建猪圈、牛圈、柴屋等，很多附属设施已经闲置，还占用了土地资源。为此，湄潭县制定农村宅基地退出及节余建设用地调剂使用管理办法，鼓励村民在住有所居的前提下，退出闲置的宅基地，包括猪圈、牛圈、柴屋等。

二是明确腾退宅基地方式。退出方式有两种，一种是永久性退出，另一种是暂时退出，两种方式由村民自由选择。两种退出方式由村民提出申请并给予补偿，申请暂时性退出的，会保留其宅基地资格权，在后期利用该宅基地时村民还可以以流转使用权方式获得收益。这种方式最大限度保障了农户利益，也盘活了沉睡资源，释放了土地价值。

三是明确集约利用腾退宅基地。对农村集体经济组织收回的宅基地，实行统一规划，并按照“宜耕则耕、宜农则农、宜建则建”的原则统筹安排使用。对于腾退的宅基地，可以统一进行规划，用于建造民宿等。对于不能利用的将会进行综合整治，将宅基地复垦后可用于建设用地指标调剂

① 《湄潭县探索农村宅基地改革路径》，载《中国乡村发现》2022年第2期。

使用，这样能够有效缓解集体建设用地入市的指标要求。这种方式不仅能解决村庄整治的资金需求，还能将闲置的宅基地集约利用，一举两得。

案例一：8 月 3 日，湄潭县茅坪镇举行农村宅基地有偿退出签约仪式，该镇桂花村农户骆科顺向桂花村股份经济合作社递交了《不再申请无偿使用宅基地承诺书》，并交回《农村集体建设用地使用证》。桂花村股份经济合作社与骆科顺签订了《湄潭县农村宅基地自愿退出协议》，骆科顺完全自愿放弃宅基地使用权、资格权。桂花村股份经济合作社按每平方米 60 元给予骆科顺一次性补偿共计 10181.40 元，成为湄潭县茅坪镇第一宗农村宅基地有偿退出的案例。

案例二：湄潭县天城镇德荣村胡家寨利用腾退的宅基地实施村综合整治复垦行动，复垦项目总面积达到 24.81 亩，涉及宅基地 9.16 亩（户均 469.74 平方米）。其中，0.26 亩用于修建村庄内串户路，预留 1 亩用于后期村民建房和基础设施建设，节余指标达到 4.36 亩，解决了土地存量紧张的问题。

4. 探索“转”，采取一系列配套措施，推动宅基地入市，提高土地利用效率

一是集体主导，流转宅基地。明确规定宅基地使用权流转的程序，村民流转宅基地使用权的，必须经过村集体经济组织同意方可进行，村民未经同意私自转让宅基地使用权的，不得申请宅基地经营权许可证书，实施农村集体经济组织主导以及后期管理的制度，宅基地制度改革各项工作有序进行。湄潭县 25 个试点村通过召开村民代表大会，制定《宅基地管理公约》，按照县宅基地制度改革领导小组办公室的要求对宅基地资格权进行认定，只有经认定的村民才能申请，并按照程序经村集体经济组织同意后才可以流转宅基地使用权。

二是有偿使用，取得宅基地。为了放活宅基地使用权能，盘活农村闲置宅基地资源，提高土地利用效率，湄潭县研究制定农村宅基地有偿使用管理办法。管理办法中规定了宅基地使用权流转的程序，例如在签订宅基地使用权转让合同时，双方当事人应明确用途以及年限等。如湄潭县兴隆镇龙凤村规定，在本村生产生活满 3 年以上的非本村人口，可以通过有偿

缴纳相关费用而获得宅基地使用权。

三是转变土地性质，盘活宅基地。在腾退的宅基地中，由村民自愿申请，按照实际用途或者规划用途，在符合城乡规划的前提下，将退出的宅基地转变为集体经营性建设用地，转变性质后的土地可以按照法定的程序组织入市。这样不仅盘活了闲置的宅基地，而且还增加了集体经济收入。

案例一：湄潭县兴隆镇龙凤村作为茶叶种植基地，有大量的外来茶产业工人在该村居住。2019 年 7 月，来自务川县的王某在龙凤村生产生活已达 10 年，经集体经济组织的同意，并向宅基地使用权人支付合理价款，取得了 200 平方米的宅基地 50 年的使用权。[①] 王某成为贵州省宅基地制度改革实施以来，首例非户籍地有偿取得存量农村宅基地的农民。在龙凤村，像王某一样的外来人员有将近 200 人，有的已经在本村生活数十年，这部分人可以通过有偿获得宅基地使用权，解决了他们的住房需求。

案例二：湄潭县兴隆镇居民刘某在镇上拥有一处宅基地，但刘某想将部分宅基地做经营性用途，在保障自有住房的前提下，将多余的宅基地分摊面积用于建造门面。于是刘某便申请将自有住房与门面分割登记，并书面承诺不再申请宅基地建房，这样宅基地上建筑物（含一间门面和一套住房）就可以分别入市交易，不仅盘活了闲置的资产，而且刘某的门面也能合法转租并获得收益。

（二）建章立制，规范管理

1. 制定规范性文件，改革于法有据

2017 年 12 月，中央全面深化改革领导小组决定将湄潭县作为宅基地制度改革的试点单位之一，2020 年中央深改委审议通过了《深化农村宅基地制度改革试点方案》。湄潭县作为改革试点单位积极探索，贯彻中央相关文件精神，先后研究出台了《湄潭县农村宅基地制度改革试点实施方案》《湄潭县农村宅基地和农房建设管理办法》，建立由农村集体经济组织

① 林超、吕萍：《农村宅基地资格权实现形式及其理论解释——基于义乌、湄潭、余江改革案例》，载《中国土地科学》2022 年第 1 期。

主导实施的有偿使用制度等，为农村宅基地“三权分置”制度改革提供规范性指导依据。

湄潭县作为全国新一轮农村宅基地制度改革试点县，在集体经营性建设用地入市中探索了“定组织明确入市主体、定地块明确产权归属、定途径明确入市方式、定平台明确交易市场、定比例明确效益分配”的“五定五明”等改革工作经验，省自然资源厅通过视频培训、加强宣传等方式总结推广湄潭县工作经验，并印发《贵州湄潭县集体经营性建设用地入市改革文件汇编》供各地学习借鉴。

2. 对农村闲置宅基地进行综合整治

首先，湄潭县将闲置土地分门别类，通过采取复垦、复绿等措施，对农村闲置宅基地进行综合整治。农村宅基地基数大而且在管理上比较混乱，有的村民甚至不清楚宅基地的用途只能用于建造住宅，认为在宅基地上可以随意建造各种设施。因此，湄潭县相关工作人员通过入村走访入户宣传土地管理法以及宅基地制度改革相关政策，先从思想上提高村民的认识以便后期改革能够得到支持。其次，为了方便管理，对于许多宅基地被丢荒，四界不清等现象，湄潭县组织相关工作人员对宅基地面积进行测算，将土地复垦、复绿，确定宅基地权属关系后，建立全县宅基地资源数据库以方便查询。通过对宅基地进行综合整治，为农村建设、乡村产业和城乡融合发展等提供土地要素保障。最后，宅基地制度改革过程中面临许多问题，例如宅基地所有权的归属、一户多宅、宅基地使用权流转程序等，但管理部门工作人员还不熟悉业务流程以及相关规范性文件。因此，湄潭县农业农村局联合相关部门及科技公司，分别围绕农村乱占耕地建房、宅基地日常管理、“一图一表一说明”村庄规划、住房安全质量、黔北民居风格、宅基地基础信息调查及管理信息系统等内容对工作人员进行培训。

（三）湄潭县建立村级宅基地协管员管理机制

2022 年，湄潭县在全县范围内成立了一支 119 人的队伍，作为所在村的宅基地协管员，全县 119 个村全部配备宅基地协管员，这在贵州省属于首创。同时，湄潭县政府牵头组织了“农村宅基地改革管理业务培训班”，邀请专家对宅基地协管员进行指导以及开展系统的培训。

2020 年 5 月，湄潭县农业农村局制定了《湄潭县村级宅基地协管员管理办法》，明确了村级宅基地协管员职责、选聘、日常管理、考核办法等，建立了村级宅基地协管员管理机制，形成了县、镇（街道）、村三级农村宅基地“网格化”监管体系。

宅基地协管员队伍及相关工作由镇（街道）统一实施管理，在每村设置一名宅基地协管员，原则上由村干部兼任。根据村级宅基地协管员的选聘条件，人员经村级组织推荐后，分别由各镇（街道）进行聘任，报县农业农村局备案，每届村级宅基地协管员的聘期为 5 年。经过组织推荐、镇（街道）聘任的选聘程序，全县 119 个村（社区）全部配备宅基地协管员。

为加强全县农村宅基地管理工作，进一步推进农村宅基地管理步入规范化、法治化轨道，7 月 25 日至 8 月 5 日，湄潭县委改革办、县农业农村局组织专职人员，采取送课下乡的方式，到 15 个镇（街道）分别举办宅基地改革管理暨村级协管员培训班，全县各镇（街道）宅基地改革管理业务人员、村支书和村级协管员共计 298 人参加了培训。授课人员分别就农村宅基地村级协管员职责、日常巡查报告机制、宅基地改革管理、村庄规划、农户建房等内容开展培训，引导规范广大村级协管员正确地履行监督管理职责，全面快速地提升协管员现场综合处置能力，助力乡村振兴。

湄潭县村级宅基地协管员管理机制的建立，将充分调动村级宅基地协管员的积极性，强化农村宅基地和建房管理，提前预防和化解农村宅基地管理各类违法行为和信访纠纷，有效保护资源和保障发展，促进乡村振兴。

三、农村宅基地制度改革进程中的问题检视

宅基地制度改革进程中，湄潭县大胆创新探索宅基地所有权、资格权、使用权“三权分置”实现形式，为其他地区提供了参考依据，例如“收、分、退、转”四部曲改革措施，湄潭县县政府出台的相关管理规范性文件，为全省改革提供了有益经验。但改革不是一蹴而就的，湄潭县作

为贵州省宅基地制度改革的试点县，在改革进程中遇到的问题也应引起重视。因此，有必要对这些问题进行总结和检视，以管窥豹，促进宅基地制度改革经验能够有效推广。

（一）宅基地制度改革过程中容易忽略的问题

以湄潭县为例，在收回宅基地后，如何使这些土地发挥其财产效能是难点问题，对闲置宅基地进行统一管理只是宅基地制度改革的一部分，最重要的是通过土地资源为农民带来利益，在实践中可能会出现以下问题：

1. 宅基地有偿退出的问题

《湄潭县乡村宅基地制度改革试点方案》中宅基地资格权利的确定仍以“一户一宅”为基本准则，这一原则虽然确定了成员在本集体经济组织内的基本权利，但同时也限制了成员必须在转让宅基地后再从他处申报，这在一定程度上变相地把集体经济组织成员权利绑定在了宅基地房屋上。《湄潭县乡村宅基地制度改革试点方案》在实施 1 年左右之后，湄潭茅坪镇开始出现第一宗农村宅基地有偿退出的案例，在该案例中，桂花村集体经济组织按 60 元 /m^2 给予骆某一次性补偿共计 10181.40 元，有偿退出村宅基地后，骆某承诺不再申请无偿使用宅基地，并交回《农村集体建设用地使用证》。从该案例中我们可以发现，按 60 元 /m^2 对骆某进行补偿，是一个比较低的价格，按照现有规定，骆某的宅基地一旦被收回，他面临的是无法在本村申请宅基地了。

2. 对宅基地流转的风险缺少有效的监管措施

《湄潭县乡村宅基地制度改革试点方案》主张探索宅基地使用权流转方式。一方面，在理论上宅基地使用权可以用于投资入股公司，在司法实践中如出现公司解散、破产或面临法人人格否认等情形时，宅基地将难以被执行，债权人的利益难以得到保障。另一方面，集体经济组织对宅基地使用权投资入股的公司缺少必要的审查制度和持续监管的制度，使得农民失地风险也大为增加。

3. 利用宅基地使用权进行融资的效果不理想

《湄潭县乡村宅基地制度改革试点方案》积极探索农村宅基地产权抵押担保的方法路径，探讨赋予农民房屋物权（含宅基地使用权）的质押融资功能。如果将宅基地使用进行抵押，当抵押权人行使抵押权时，是不能对宅基地进行强制执行的，只能拍卖宅基地使用权，这可能使抵押权人失去积极性。实践中虽然还没有具体的案例，但是我们可以想象，作为抵押权人，首先会选择有一定偿还能力的抵押人或者价值相当的抵押物，但是由于宅基地使用权难以执行或者价值不高的原因，抵押权人也许不会接受以宅基地使用权来作为抵押，这也是宅基地使用权难以实现其财产价值的一个原因。

（二）农村宅基地权属不明晰

1. 部分宅基地使用权人仍未进行统一确权登记

对宅基地使用权进行确权登记是宅基地制度改革的前提条件，也是宅基地制度改革能够有序进行的基础，因此除了试点地区之外，其他地区也应当做好宅基地使用权的确权工作。早在 2008 年，国土自然资源部就下发《关于进一步加快宅基地使用权登记发证工作的通知》，要求对农村宅基地进行确权登记。到目前为止，某些地区仍未对宅基地进行确权登记。在很多农村地区，虽然他们住在宅基地上建造的房屋里，但是他们并没有进行相关登记或取得宅基地使用权证书。例如，笔者了解到，毕节市赫章县某村只有两户农民持有宅基地使用权证，而且这两份宅基地使用权证书是在 1995 年颁布的。该村土地承包经营权证也是 2021 年才进行统一确认并颁发证件，也就是农村土地承包制度改革以后一段时间后才进行的确权。笔者认为，确权工作本身就是保障农民财产权益的一项基础性工作，并不是伴随着制度改革才有增加的工作。因此，不仅仅是宅基地制度改革试点地区，全国范围内要加强宅基地确权工作，并且这项工作要提前做好准备，以保证宅基地制度改革能够顺利进行。

2. 宅基地使用权非法流转，导致权属争议

发生在农村土地非法流转的案例屡见不鲜。笔者以“房屋买卖合同、

宅基地”作为关键字在中国裁判文书网上进行检索，仅2023年就有248份裁判文书。这些案例中大部分是关于宅基地上房屋买卖合同的效力认定问题，因受让人主体的不同房屋买卖合同的效力不同。例如，如果是同一村集体成员内部转让，转让合同是有效的。如果受让人为村集体成员以外的人，不同地区对合同效力的认定会有不同。

那么，在宅基地制度改革的背景下，首先是要对宅基地进行确权，那么对于非法流转的宅基地，我们应当怎样认定其权属呢？这也是目前确权工作中的一个难题。例如，20年前，村民甲将自己名下的宅基地转让给村集体成员以外的乙，并且签订了买卖合同，现在土地增值了，甲又想要回自己的宅基地。如果我们在确权过程中遇到类似“非法转让”的宅基地，我们应当如何确权仍然值得思考，如果不妥善处理好类似情况，可能会导致发生纠纷。

根据土地管理法相关规定，宅基地使用权人禁止将宅基地使用权转让给第三人。在宅基地制度改革之前，许多农户通过与第三人签订合同而转让宅基地使用权，因权属争议发生争执起诉到法院时，法院会根据“违反法律强制性规定”而判决宅基地使用权转让合同无效。[①]那么，在宅基地制度改革后，是否对之前的交易行为具有溯及力也是一个值得商榷的问题。

3. 宅基地资格权内容不明确

首先，宅基地资格权的内容如何界定？当农户将宅基地使用权转让给第三人时，除享受收益权外，是否对该宗土地享有管理权？管理权的范围如何界定？例如，宅基地使用权人擅自改变宅基地用途，是否可以行使管理权对其予以阻止或者寻求其他救济方式等，因为这关系到农户重获宅基地使用权后，实现居住保障的需要。其次，宅基地使用权的内容如何界定？当宅基地使用权进行转让、出租、入股等流转时，是否需要登记，以

① 公茂刚、伊珂萱：《农村宅基地“三权分置”改革进展及策略研究——基于山东省改革试点地区的田野调查》，载《山东理工大学学报（社会科学版）》2022年第5期。

及登记后的对抗效力如何？除此之外，因为宅基地资格权的存在，如果宅基地使用权的受让人将部分期限的使用权转租给第三人时，需要符合哪些规定？发生争议如何解决？在改革过程中这些问题仍需进行考量。

4. 对于“超出面积”的农户确权仍是一个难题

在农村，一户多宅、宅基地上建房面积不符合规定、未按用途使用宅基地等问题时有发生。按照新出台的《贵州省土地管理条例》规定，对宅基地的面积有限制，但由于历史原因，在宅基地使用管理制度方面还比较欠缺，所以出现一户多宅，或者房屋建筑面积超过了规定等问题。目前，对于一户多宅的现象，实践中是将多余的宅基地收归集体，但是对于超出规定面积的宅基地如何处理有不同意见，采取“老人老办法”还是补偿后收回还未形成统一的意见，如果采取补偿的方式，对于当地的财政压力是很大的。对这些“超出部分”如何处理仍然是一个难题。

（三）放活宅基地使用权的“度”如何把握

1. 立法上未明确宅基地使用权的权利范围

目前，宅基地制度改革主要是依据中央的文件精神进行的，还未在法律制度上形成统一的规定。民法典关于宅基地使用权流转的规定采取“适用土地管理的法律和国家有关规定”，也就是说，民法典关于宅基地使用权的流转是采取保留意见的。同时，2019 年修订的土地管理法也只是规定了宅基地的管理以及获取宅基地的条件等，并未对宅基地使用权的流转作出具体规定。对于宅基地使用权如何行使以及如何转让等具体规定可能会采取制定行政法规以及部门规章等形式，目前相关法规也还未出台。

重大改革必须于法有据，这是全面依法治国的应有之义。宅基地制度改革已经进行了很多年，需要在立法层面提供依据，特别是对于宅基地使用权流转的相关规定。因为宅基地的特殊属性，目前宅基地使用权的流转是否完全适用物权流转仍不明确。例如，将宅基地使用权进行抵押，由于宅基地所有权人与使用权人分离，那么，在进行抵押的时候是否要经宅基地所有权人同意？宅基地使用权进行抵押时，抵押权人行使抵押权的顺位如何等问题还有待在法律上作出明确的规定。

2. 放活的“度”如何把握

土地作为农民最重要的财产，而宅基地制度又是作为保证其基本生存权利的制度。宅基地制度改革的背景下，要求放活宅基地使用权要把握好“度”，要坚持审慎经营的原则，要避免农民失地的现象发生。

在政策执行过程中，难免会出现机械执行的情况。政策的目的是让农民增收，但有的地方可能会为了完成指标，以极低的价格要求农户退回宅基地、强制农户转让宅基地使用权等情况。实践中，也有地方政府为了实现土地价值的最大化，会将农村的土地腾退出来的建设用地置换城市郊区用地，以保证“结余指标”，规避国家土地用途的管制，这与“三权分置”制度背道而驰。

放活宅基地使用权的目的在于增加农民的收入，通过激发土地利用价值增强农村发展活力。但是实践中，城镇人的目光投向农村宅基地并不考虑为农户带来利益，而是通过建造私人会馆、大别墅等来供自己享受。因此，放活宅基地使用权应该把握好度，是否可以对农村集体经济组织成员以外的人转让？对于村集体经济组织成员内的转让宅基地用途的考量等仍需要作出规定。

（四）关于宅基地制度改革相关政策宣传力度不够

2020年，农业农村部印发了《农村宅基地管理法律政策问答》（以下简称《问答》），《问答》总共56条，从基本政策、宅基地取得、宅基地利用、宅基地流转等方面为地方进行宅基地管理提供了辅助参考。从这些问答中，可以为宅基地制度改革提供指引方向。在法律法规尚未进行规定的背景下，各级土地管理行政部门要宣传好诸如《问答》等文件精神，让农户知道什么是宅基地制度改革以及改革的目的等。

宅基地制度改革过程中首先要做好宣传工作，让农民了解什么是“三权”，讲清楚改革的目的是开展改革工作的前提。“三权分置”属于比较学理化的概念，如果不经解释很难理解其背景意义，通俗来讲就是农户把自己的地租出去，租赁期限届满后宅基地使用权仍然属于农户。但是对于宅基地使用权如何流转的程序以及风险等是农户需要清楚的，例如在宅基地使用权抵押贷款时，就要给农民讲清楚风险，如果还不上款银行是可以对宅基地使用权进行拍卖等法律风险。

2021 年 8 月，省政府已经出台《贵州省农村村民住宅建设管理办法（试行）》（以下简称《办法》），该《办法》对农村宅基地管理进行了规定，诸如宅基地申请条件及面积标准、规划管控、申请审批程序、宅基地的退出、调整等。该《办法》的出台对农户来说是一件重大利好的事情，农户可以依法依规取得宅基地使用权。如果政策宣传不到位，或是相关工作人员对政策的理解程度不到位，都会导致宅基地制度改革进程受到阻碍。

总之，宅基地“三权分置”制度改革的前提是宅基地的管理规范得当，如果农户不了解相关政策，或躺在权利上“睡觉”，都会影响“三权分置”改革的推进。

四、“三权分置”背景下宅基地使用权的权利构造

假如把宅基地制度改革工作分为“前端”与“后端”，“前端”工作指的是宅基地确权、登记、腾退、集中等工作，“后端工作”就是如何盘活宅基地的利用价值，为农户带来实际的收入。而盘活宅基地最重要的就是激活宅基地使用权，目前宅基地制度改革还属于试点阶段，关于“宅基地使用权”的内容还没有法律的规定，各地在改革过程中属于“摸着石头过河”阶段，关于宅基地使用权的流转主要依据政府出台的一些规范性文件，这些规范性文件目前仍缺乏上位法的支撑。宅基地使用权从法律属性上来讲属于物权，对于该物权的属性以及权利范围应该有一个明确的规定。因此，笔者试图在“三权分置”改革经验成果的基础上，对宅基地使用权的权利构造进行剖析，以期能够更好助力宅基地制度改革取得实效。

（一）明晰宅基地使用权的权利构造

1. 坚持居住权底线

宅基地制度的设计初衷就是为了保证农户能够无偿的、无期限地享有使用的权利，该使用权的内容就是农户可以在宅基地上建造居住的房屋。因此，宅基地使用权的流转过程中，政府及其相关部门要采取谨慎的态

度，做好审核和监管工作，防范农村宅基地使用权抵押或者流转过程中导致农户“流离失所”问题出现。在利益的驱动下，农民很有可能以失去居住的权能来进行利益交换。

确保农户“住有所居”是宅基地使用权流转的前提条件。在宅基地使用权流转过程中，村集体经济组织要进行把关，对于流转使用权后导致不能保证基本居住条件的，应作出不同意流转的决定。在实践中，为了解决流转宅基地使用到部分农户无房居住的问题，大理市银桥镇计划由村合作社出资建设农民公寓，让无房居住的农民采取“一户一房”租赁方式保障农户的居住权。这种方式有一定的借鉴意义，但是也有一定的风险，因为农民对自有住房十分重视，为了流转宅基地获得利益不惜采取租房的方式来解决居住权，农户在观念上可能难以接受。“三权分置”制度改革的目的主要是盘活闲置宅基地，笔者认为通过租房解决居住问题也违背了宅基地制度设计的初衷。

因此，在宅基地使用权流转过程中，要坚持农户居住权底线，对于流转宅基地使用权可能导致“流离失所”等问题的，政府及其相关部门要严格把关，对流转期限以及流转用途等都要进行审核，涉及投资入股等重大事宜的可以通过召开村民代表大会以及村委会集体讨论决定。

2. 积极探索宅基地使用权流转方式

在限定流转范围、期限、用途的前提下，探索通过转让、抵押、互换、出租、入股等方式流转宅基地使用权，区分不同流转方式制定相应的管理政策。探索宅基地“三权分置”条件下，宅基地使用权流转后，确保各方享有的具体权利，适度放宽宅基地和农民房屋的使用权。针对目前农村宅基地闲置的情况，提出多种方案来改变这种现状。鼓励农民和农村集体经济组织依法依规利用闲置宅基地和闲置农房，发展符合乡村特点的休闲农业、乡村旅游、餐饮民宿、文化体验、民俗展览、创意办公、康养服务、电子商务等新产业、新业态。通过多种政策，恢复宅基地的使用，使得农民的宅基地稳步发展并因此受益。只是在政策实施中要因地制宜，遵循政策的指导，在合理的程度上、合法的范围内灵活使用宅基地，为农民的经济带来稳步的增长。

（1）转让。首先，不能为农户转让宅基地使用权设置条件。有观点认为，农户要想转让其宅基地使用权，前提是该农户自己名下有房产，能够保证自己住有所居；还有观点认为，对于宅基地上房屋规定的面积部分不得转让。对于这些观点，笔者持否定态度。原因有以下几点：一是现在农村大部分农民都外出务工，有的村落甚至一半的人都在外打工，他们有的在外打工已经数十年，虽然在城市里没有购置房产，但是如果限制他们的宅基地使用权明显不符合改革的目的。实际上他们在农村的房子是闲置的，如果为这部分人设置转让条件为名下必须拥有房产会导致财产资源浪费；二是根据房地一体原则，农户的房屋属于不可分割的物体，整体使用才能实现它的价值，如果仅仅因为房屋超过面积而限制其转让，会导致合法部分也不能转让。因此，应当采取有利于转让方以及受让方原则，尊重双方当事人的意见，将宅基地上的房屋一并转让，而不用房屋面积超标而限制其转让。其次，宅基地使用权与集体所有权利益分配问题应当如何处理？追溯到宅基地制度产生的背景，在第二轮农村土地制度改革过程中，宅基地由农村私有转变为集体所有时并未向农民支付对价，但农民享有无偿、无期限的使用权，这样的“两权”模式对集体以及农民个人几乎没有多大影响。现在，流转宅基地使用权按理也不必向宅基地所有权人及村集体支付相应的对价。但是，三权分置制度改革过程中，村集体作为宅基地所有权人负有审核以及管理监督的责任，因此，笔者认为在转让宅基地使用权时应当向村集体支付一定的“管理费”，而且需要统一标准。同时宅基地使用权转让一般伴随着宅基地上房屋的转让，虽然村集体只享有宅基地的所有权，对宅基地上的房屋不享有权利，但是支付“管理费”的计算标准应当将农民房屋一体评估计算其市场价值。

（2）抵押。根据农业农村部印发的《农村宅基地管理法律政策问答》规定，“除全国人大常委会授权开展农民住房财产权抵押贷款试点的地区外，其他地方农村宅基地和农房不能抵押”。也就是说，目前在试点区是可以不适用民法典以及土地管理相关法律法规关于宅基地不得抵押的规定。“三权分置”制度改革后，农民如果可以将其宅基地使用权进行抵押，笔者认为这将是农民进行融资的主要手段。因为农民首选的融资手段就是向银行贷款，如果自己的宅基地能够进行抵押，将是他们融资最主要的渠道之一。

在宅基地制度改革之前，农民只能将宅基地上的房屋进行抵押，受制于房地一体原则以及宅基地使用权交易的法定限制，导致宅基地上房屋也很难实现其融资功能。宅基地制度改革后，宅基地使用权抵押成为农民的重要渠道，就试点地区义务为例，[①]仅一年时间，该市24家金融机构累计发放农民住房财产权抵押贷款7029笔，贷款金额34.09亿元。

首先，宅基地使用权进行抵押不像流转，按照现有规定，流转只能发生在本集体成员之内，但是在宅基地上设置抵押权后不影响农民行使其使用权，农民仍然可以占有宅基地，因此受让人可以不受集体的限制。但需注意的是，宅基地所有权属于村集体，在宅基地上设置抵押时应当征得村集体的同意方可进行。其次，设定抵押的前提是不能违反农民的基本住房保障，这是为了防止抵押权人在行使抵押权时可能导致农民“流离失所”情况的发生，当然，这种限制条件可能会影响宅基地的抵押率，但可以大大降低农民的风险。

（3）出租。宅基地使用权一般不涉及出租的问题，出租主要发生在宅基地上建有房屋的情况，承租人租房是不可避免地占有宅基地。此时，如果承租人用于居住，并且签订了租房合同，还需要经过村集体同意吗？笔者认为是不需要的，首先，宅基地所有权虽属于村集体，但是承租人基于居住的目的占有宅基地，并未改变宅基地原有的用途，因此不需要经过村集体的同意。这意味承租人不享有宅基地使用权，因此承租人不得将宅基地使用权进行流转，那么出租人将宅基地使用权进行流转时也应当适用“买卖不破租赁”的规定，并且享有优先购买权。但需要注意的是，如果出租农房，其租赁期限应当符合民法典的规定，租赁期限不得超过20年。租赁期限届满后，当事人可以再协商是否续租。其次，目前除全国人大常委会授权开展农民住房财产权抵押贷款试点的地区外，其他地方农村宅基地和

---

① 焦富民：《乡村振兴视域下宅基地“三权分置”改革的法律制度设计》，载《江海学刊》2022年第4期。

农房不能抵押。我国实行“房地一体”原则，如果在宅基地上建造房屋的，在房屋抵押过程中，原则上应当将宅基地上的房屋一并抵押。关于宅基地使用权能否再转让问题，宅基地使用权人转让使用权应当征求宅基地所有权人的同意，在村集体组织内部进行。

（4）继承。关于宅基地是否能够继承的问题，要区分情况，如果符合民法典关于继承有关规定的，宅基地上的房屋是可以继承的，但宅基地不能单独继承。即使在三权分置背景下，宅基地所有权、宅基地使用权和房屋所有权也是相分离的。如果是户内成员死亡，农户继续存在的情况，按照民法典规定当然不发生继承的情况；如果户内成员均死亡的情况下，如果有继承人，因房屋所有权与宅基地使用相分离，房屋作为遗产按照法律规定是可以继承的。由于房地无法分离，继承人可以使用宅基地，但并不意味着继承人取得了宅基地使用权，只是享有占有宅基地的权利，待占有的条件消失时，宅基地使用权恢复到村集体，由村集体集中管理。[①]

3. 拓宽宅基地经营用途，释放发展红利

近年来，发展乡村农业、乡村旅游、餐饮民宿、文化体验、创意办公、电子商务等新产业、新业态旅游经济成为助力乡村振兴战略的重要举措。从榕江“村超”的火爆到台盘村的“村 BA”以及全国和美乡村篮球大赛，我们可以发现，乡村旅游其实有很大的挖掘潜力。其中，宅基地也是重要资源之一，如果能够充分利用宅基地资源，将会推进乡村旅游业的发展以及农村三产融合的综合效应。

无论是村超还是村 BA，我们发现一票难求的不是赛事入场券，而是酒店住宿，就榕江县城来说，只要举办赛事，在整个县城范围内是订不到酒店的。大多游客不惜驾车几十公里跑到隔壁的县城寻找住宿，有的游客甚至寻找附近的居民，希望能够在居民家借宿一晚。但是，若没有办理正规住宿手续，随意留宿他人是违反相关法律法规的。那么，是否可以发挥宅基地使用权能，将闲置的房屋改造成民宿？

---

① 于霄：《农村土地流转：政策性概念到规范性概念》，载《法制与社会发展》2023 年第 5 期。

根据2019年文化和旅游部出台的《旅游民宿基本要求与评价》（以下简称《评价》）（LB/T 065—2019），旅游民宿是指利用当地民居等相关闲置资源，对于利用宅基地发展旅游民宿的，应当符合《评价》标准。首先，经营用房不超过4层，如果有设置其他非经营性用房，例如仓库洗衣台等不在范围内，但是总的建筑面积也不得超过800平方米。其次，应符合本市县国土空间总体规划，这就要求民宿的经营场地要按照土地利用规划进行建设。再次，经营民宿应符合治安、消防、卫生、环境保护、安全等有关规定与要求。我们都知道，农村房屋很多都是自己规划，请农村施工工人来建造的，在改造成民宿进行经营时，要特别注意安全方面的问题，按照一般住宿经营者的要求进行查验后方可颁发相关证件。最后，根据相关法律规定，城镇居民、工商资本等租赁农房居住或开展经营的，也要严格遵守民法典关于租赁合同期限的规定。

（二）坚持适度的要求

1. 宅基地使用权流转应坚持遵守“三项原则”不动摇

宅基地“三权分置”改革进程中，应坚守“土地公有制性质不变”“耕地红线不突破”“农民利益不受损”这三项原则。[①] 首先，农村宅基地是农民生活的必需品和生活的保障，而且宅基地属于农村集体经济组织，不允许投资者以投资的方式私自购买农民的宅基地，更加不允许非法的改变土地的性质，进行非法种植或者建设。旨在保护农民的权益不受损，农民的生活有保证。其次，根据土地管理法规定，更不允许在未经批准的情况下占用农业用地，进行非法建设，如有发现将追究刑事责任。在宅基地制度改革推行的过程中，要尊重农民的意愿，保障农民的权利，不可强迫农民退出宅基地等。

2. 不损害集体所有权的实现

农村土地集体所有权制度是宅基地制度改革不可逾越的底线，适度放

---

① 刘明卿、任金生等:《鄄城县农村宅基地“三权分置”改革试点视角下土地资源盘活路径探索》，载《中国农机监理》2022年第9期。

活宅基地使用权必须在落实宅基地所有权归集体的前提下进行。首先，在流转宅基地使用权时要经过村集体的同意，以保证其履行监督与管理职能。其次，村集体也有义务加强对宅基地的管理，对于本村集体所有的土地进行集中管理，对于与其他村集体有争议的部分应当及时处理，报请当地政府参与协商处理。总之，集体所有权发挥着农民财产蓄水池的作用，一旦其受到损害就是集体利益的损害，因此适度放活宅基地使用权必须有度，这个度以落实集体所有权为前提。

3. 保障农民合法权益是关键

制度改革的初衷是为了保障农民的合法权益，在追求宅基地使用权财产化的过程中应当尊重农民的意愿，不得为了追求改革成果而忽视农民自身的想法。就适度放活宅基地使用权而言，应当注意以下几点：

一是要保障农民的基本居住条件。就 2021 年全国人口普查的数据来看，我国农村人口仍有 5 亿多，对于这么庞大的群体，住房问题不可忽视，保障其基本的居住权仍然是一项重大的民生工程。宅基地“三权分置”制度改革涉及宅基地居住功能的转移，容易发生为了追求利益而忽视其居住属性的情况。因此，在改革过程中，不能以牺牲农民基本的居住权来激活宅基地使用权的实现。一方面，要征求农户的意愿，有的农户即使在外务工，自己的宅基地闲置数年，甚至有的已经在城镇购买了房产，但他们仍然不想失去自己的“老宅”，有的想退休后“告老还乡”，在这种情况下，只要不违反“一户一宅”的规定，应当遵循他们的意愿，不得强制收回其宅基地或者房屋。另一方面，村集体要做好把关，对于那些为了追求利益，不惜失去唯一的住房来换取利益的，村集体应当进行审核，在保证其居住基本保障后才能同意宅基地使用权的流转。

二是对于符合宅基地申请条件的，应当及时办理。目前在农村想要申请建房不是一件容易的事情，一方面，我国加强对农村土地用途的严格管理，因为历史原因，乱拆乱建问题比较突出，目前农村正处于整治土地阶段，想要新建房屋必须经过严格的手续；另一方面，宅基地指标余额不足，“三区一线”的划定使得再增加宅基地面积指标变得困难。按照土地管理法规定，对于因子女结婚等原因确需分户而现有的宅基地低于分户标准的符合申请宅基地的条件，但是实践中却难以申请到宅基地，或是以各种理由被推迟申请。宅基地制度改革的目的是放活宅基地使用权的财产属性，有的村民嗅到了商机，会一窝蜂地去申请宅基地，此时相关部门“收紧”审批权可以理解，但是对于那些符合条件的却被拒之门外令人难以理解。因此，相关部门应响应宅基地制度改革的号召，依法依规行使审批权，保障农民基本居住权。

4. 严格落实一个“不得”和“两个严格”

《关于实施乡村振兴战略的意见》（以下简称《意见》）中明确指出：“不得违规违法买卖宅基地，实行严格的土地用途管制，严禁利用农村宅基地建设别墅大院和私人会馆。”随着宅基地制度改革的不断深入，如今宅基地的价值越来越高，不少城镇居民或者商人把目光投到了农村宅基地，他们有的借发展农村的美名变相改变农村土地用途，小产权房屡见不鲜，甚至有的商人选择环境优美的地方以低价购买农村成片的宅基地，用于建私人会馆或是用作其他商业用途，这明显违反了宅基地使用权不得向村集体以外的成员转让的规定。他们与农民签有协议，并且在宅基地上已经建造房屋，拆除可能会导致多方利益受损，因此这部分房屋也保留到现在。例如在重庆市，小产权房现象比较突出，因为地理原因，重庆城市中心附近的有很多城乡接合部，这些所谓的农村距城市可能就十几公里，很多城市户口的居民在这些郊区买卖宅基地建房的现象比较明显，所以出现许多所谓的小产权房。《意见》中再次强调不得违法买卖宅基地正是基于历史的原因，但是仍然有投资者通过各种途径非法买卖农村宅基地，因此，土地相关部门要加大排查力度，及时发现违规买卖土地线索并处理。

（三）明晰宅基地使用权归属

1. 加快推进宅基地使用权登记发证工作

首先，在全国土地调查工作中，将宅基地使用权的调查纳入重点范围，查清现有宅基地存量、权属以及面积等，为宅基地使用权的登记发证提供地籍调查成果。其次，对于有争议的土地，应当依法、及时处理，避免因确权引发矛盾。因历史遗留问题以及非法转让等原因，大量农村宅基地有权属争议，对于这些土地管理部门应联合当地村委会及时进行调查、处理、解决。最后，对于农户新申请的宅基地，在申请审批的时候同时申请登记，住宅建成之后由国土资源行政主管部门实地检查合格后，报人民政府核发土地权利证书。

2. 开展宅基地资格权认定和登记工作，明确宅基地资格权的权利属性①

宅基地资格权是一种权利，而不是一种状态。农户是否具有宅基地资格权首先得看是否有“资格”，目前来讲国家在法律层面还没有明确的规定，主要依据的是各地方政策，但是村民在确定自己是否拥有资格权的时候需要考虑户籍状况和生活生产关系，是否享有村民权利，履行村民义务与资格有密切的关系。完善宅基地分配制度，按照一户一宅、限定面积的原则，以户为单位，制定取得宅基地的具体条件和实施办法。在“明成员定主体、明地块定权能、明途径定方式、明平台定市场、明比例定分配”的工作路径基础上，为宅基地“三权分置”制度改革打通堵点。其次，还要探索通过分配宅基地之外的其他方式实现宅基地资格权的可行性。探索一定条件下宅基地资格权的保留和重获机制，以此来改变农村宅基地浪费现象，使得宅基地进一步流转或者复垦，增加土地的使用率。

3. 完善宅基地使用权审批制度，规范宅基地审批和建房全过程管理

按照村级初审、镇（街道）级审批、县级监管的原则，改革宅基地审批管理方式。探索建立一个窗口对外受理、多部门内部联动运行的农村宅基地和建房联审联办制度，方便农民群众办事。探索进一步简化宅基地审批程序的具体措施。农村宅基地确权涉及千家万户，确权工作量大且烦琐，要依法规范宅基地审批和建房全过程管理，从根本上解决农村建房“多、大、空、杂、违、乱”等问题，以此激发农村发展活力，进一步壮大村级集体经济，推动宅基地管理再上新台阶。在清产核资的基础上，结合农村集体土地确权登记颁证，将宅基地所有权确权到不同层级的农村集

---

① 屈茂辉、张媞：《三权分置下宅基地发展权的法权结构与实现路向》，载《河北学刊》2022 年第 5 期。

体经济组织成员，并依法由农村集体经济组织代表集体行使所有权。

（四）加大宅基地制度改革政策宣传力度

土地资源可以说是农民最重要的财产，宅基地改革涉及农村千家万户，关系到广大农民群众的切身利益。在宅基地改革过程中，要通过多种形式，加大宣传和工作力度，争取广大农民群众和社会各界的理解和支持，要注重宣传改革的目的，讲清楚改革是为了给农民谋福利，解决他们的疑虑。结合“全国土地日”以及“八五”普法等活动，宣传宅基地制度改革的背景以及国家出台的相关政策法规，农业农村部印发的《农村宅基地管理法律政策问答》，从基本政策、宅基地取得、宅基地利用、宅基地流转等方面为地方进行宅基地管理提供了辅助参考。要通过集中培训、实地走访等宣传上级相关政策，做好实地调研工作，摸清农户的困难，解决他们的顾虑。

（五）加快宅基地领域立法步伐，做到重大改革于法有据

近年来，国家陆续出台相关政策文件规范宅基地管理，如2020年中央全面深化改革委员会出台的《深化农村宅基地制度改革试点方案》，为宅基地管理提供了政策指引。各省也积极探索宅基地制度改革，2021年8月贵州省政府出台《贵州省农村村民住宅建设管理办法（试行）》，对农村宅基地申请条件、面积标准、规划管控、申请审批程序、宅基地的退出、调整等作出了具体规定。

但是不难发现，目前关于宅基地“三权分置”制度的法律法规比较少，即使是民法典以及土地管理法也只是作了概括性规定，可操作性并不强，有待相关部门在立法方面进行细化完善。实践中，关于宅基地使用权流转等问题各个试点地区有不同的做法，并且纷纷出台规范性文件，但由于都是地方制定的，可推广性并不强。笔者认为可以制定相关行政法规或者部门规章，对宅基地制度进行细化，特别是涉及宅基地使用权的流转等问题的规定。使改革实践于法有据，也能更好地指导宅基地制度改革的进程。

做好顶层设计的同时，在具体实施过程中应注意以下几点：首先，政

府及其相关部门要指导农村集体经济组织根据国家规章制度制定宅基地管理章程，规范集体管理行为，明确管理要求，将政策文件落实到实际工作中。其次，要完善村民会议或村民代表大会会议决定宅基地重大程序事项，健全宅基地相关矛盾纠纷解决机制。最后，农村集体经济组织应建立宅基地使用收益分配以及监督管理等制度，建立矛盾纠纷解决机制，保障农户合法权益。

【参考文献】

1. 申惠文:《农村集体成员与集体成员关系的规范分析与司法裁判》，载《中州学刊》2023 年第 9 期。

2. 于霄:《农村土地流转：政策性概念到规范性概念》，载《法制与社会发展》2023 年第 5 期。

3. 李璇:《宅基地市场化改革的逻辑生成与规则选择》，载《山西农业大学学报（社会科学版）》2023 年第 6 期。

4. 房光磊:《“三权分置”视域下宅基地使用权流转立法实现探析》，载《农业经济》2023 年第 8 期。

5. 徐建平、邹艺璇:《宅基地有偿使用的实践困惑与制度构建探析》，载《社科纵横》2023 年第 4 期。

6. 魏晖:《农民宅基地财产权的实现形式探究》，载《社科纵横》2023 年第 4 期。

7. 魏良希、袁晨蕊、马育:《宅基地使用权继承的困境与破局——基于司法案例的实证分析》，载《农村经济与科技》2023 年第 13 期。

8. 黄小莹、史卫民:《“三权分置”下宅基地使用权利用主体多元化的路径探索》，载《新疆农垦经济》2023 年第 7 期。

9. 刘淑秀:《“三权分置”背景下宅基地使用权继承问题研究》，载《乡村科技》2023 年第 13 期。

10. 孟盼盼、程怡诺、范胜龙:《基于农户需求的建瓯市宅基地使用权流转意愿及影响因素研究》，载《浙江农业科学》2023 年第 8 期。

11. 张勇、江学祺、李忠林:《试点地区宅基地流转的实践探索与推进路径——基于安徽省东至县的考察》，载《农业经济问题》2023 年第 9 期。

12. 梁建忠:《农村宅基地使用权流转困境与出路》，载《合作经济与科技》2022 年第 23 期。

13. 叶子涵、苏思娴、王浩琦:《农村宅基地使用权抵押法律问题探讨》，载《合作经济与科技》2022 年第 24 期。

14. 李会勋、刘荣强:《宅基地使用权收回制度路径完善研究》，载《华北理工大学学报（社会科学版）》2022 年第 6 期。

15. 余伟生:《宅基地使用权适度盘活下收益权能的补全与实现形式》，载《中国集体经济》2022 年第 32 期。

16. 陈吉栋:《论处分限制与宅基地三权分置》，载《暨南学报（哲学社会科学版）》2022 年第 10 期。

17. 彭诚信、龚思涵:《宅基地房屋买卖的困境破解：以占有保护为核心》，载《东岳论丛》2022 年第 10 期。

18. 王杨、杜腾舟:《“三权分置”背景下我国宅基地退出法律制度研究》，载《黑龙江工业学院学报（综合版）》2022 年第 10 期。

19. 曹红:《中国宅基地制度：现状、挑战与变革》，载《贵州师范大学学报（社会科学版）》2022 年第 5 期。

20. 杨旭:《我国农村宅基地制度的演变逻辑与发展路径研究》，载《法制与经济》2022 年第 4 期。

贵州省家暴目睹儿童权益救济研究

钱 婧 郑 红 于 越 许 乐 赵昌龙*

摘 要：家暴目睹儿童是一个数目庞大而又隐蔽的群体。全国妇联2015年的调查表明，2.7亿个家庭中约有30%存在家庭暴力。按每个家庭平均一个孩子计算，中国约有9000万儿童生活在存在暴力的家庭中①。然而，我国目前尚无任何法律明确对家暴目睹儿童进行保护和救济，社会各界对这一群体甚至是一种忽视的状态，导致受到家庭暴力影响的目睹儿童难以得到有效救济。所以，当前提供家暴目睹儿童权益救济问题迫在眉睫，本文将以贵州省作为观察样本，就家暴目睹儿童权益救济的相关问题进行分析，透过现象探析目前家暴目睹儿童权益救济困难的根本原因，以期为家暴目睹儿童权益保护和救济体系的建立和完善提出有效建议。

关键词：家暴目睹儿童　家庭暴力　救济困境　法律救济

一、家暴目睹儿童概述

近年来，不管是学界还是实务界都开始积极研究和关注家庭暴力的相关问题，关于家庭暴力的研究成果非常丰富，但对于家暴目睹儿童这一特殊群体的研究成果则相对较少。儿童因目睹家庭暴力所受到的伤害是客观

---

* 钱婧，贵州省司法警官学校，监狱业务教研室四级主任科员；郑红，贵州省司法警官学校，教学与教务科科长，四级调研员；于越，贵州省司法警官学校，监狱业务教研室四级主任科员；许乐，贵州省司法警官学校，狱（所）内侦查业务教研室四级主任科员；赵昌龙，贵州省司法警官学校，监狱业务教研室副主任，二级主任科员。

① 赵丽：《广东拟立法明确未成年人目睹家暴也是受害者》，载《楚天法治》2019年第36期。

存在的，这便要求我们加大对家暴目睹儿童的保护力度。全面了解目前家暴目睹儿童的研究背景，清晰界定家暴目睹儿童的概念，研究如何用法律手段维护家暴目睹儿童的合法权益，就成为本文研究的起点。

（一）家暴目睹儿童的研究背景

家庭是社会的细胞，是国家的最小单元，是社会的重要组成部分。个人的家庭关系是否和谐稳定直接关系到他的初始社会化的成果，也是维护社会稳定的重要因素。家庭关系还会影响到儿童行为方式、行为习惯以及认知模式的形成，并且对他们日后建立自己的婚姻家庭关系也有着极为重要的影响。家庭暴力是有一定延续性的，家暴家庭中成长的儿童在日后的婚姻生活中仍然会受其影响，所以，家庭暴力随着婚姻的缔结和延续逐渐演变成历史性的困扰和世界性的难题，即便大众文化教育程度普遍提高，现代文明发展迅速，但是家暴案例仍然屡见不鲜。因此，家庭暴力被称为“现代化社会的毒瘤”。

众所周知，在家庭暴力中必然存在施暴者和受暴者，但是有一类群体也大量存在并且隐蔽性较强，极易被社会和各类救助组织忽视，他们就是家庭暴力的目睹者。最高人民法院在2020年曾对家暴事件进行统计，发现我国大概有30%的家庭在不同程度上存在家庭暴力的情况。但是家庭暴力行为隐蔽性较强，国人又多受中华传统思想观念当中“清官难断家务事”“家丑不可外扬”等思想的影响，部分家庭也不愿将此事公之于众，因此实际存在家庭暴力的家庭应该多于最高人民法院统计的数据。若按照这一数据保守估计，我国每年至少会有四千万个家庭存在家庭暴力行为，若按照平均每个家庭有1个儿童来计算，我国每年有大量儿童生活在暴力环境中，这些儿童不仅有可能目睹父母或者监护人的家庭暴力行为，甚至有可能直接成为受暴者。

对家暴受暴者和目睹者的各类救济多年来一直困扰着理论界和实务界，对目睹家庭暴力儿童的相关定义、理论研究以及各类救济更是始终处于模糊地带。据世界银行的调查统计数据显示，20世纪全球高达25%—50%的女性曾遭受过特定关系人的身体虐待；全国妇女联合会一项抽样调查显示，调查样本中有16%的女性表示遭受过配偶家庭暴力，14%的男性表示对配偶实施过家庭暴力[①]；同时，据2017年公安部公开数据显示，同年自杀女性高达15.7万人，其中源于家庭暴力的比例高达60%。截至2019年12月底，各级法院因家庭暴力签发人身安全保护令达到5749份[②]。联合国通过的《2013暴力侵害儿童全球调查报告》指出，每年存在1.33亿—2.75亿名目睹过家庭暴力的儿童；全国妇联2015年调查统计显示，2.7亿个家庭中就有超过30%的家庭存在暴力问题，如按每个家庭拥有一个孩子计算，则有超过9000万个儿童目睹家庭暴力[③]。在儿童的成长过程当中，目睹家庭暴力的危害相比于直接遭受家庭暴力所受到的伤害有过之而无不及。可是在理论和实践当中，人们却甚少提及，并未出现明确的针对目睹儿童的立法规定和专门救济。

近年来，我国逐渐开始重视反家暴领域相关内容的研究，以反家庭暴力法为代表的各类立法相继出台，学者们的研究也愈加重视这一领域，公众舆论也对家庭暴力说“不”。然而在这些研究当中，普遍受到关注的是直接遭受家庭暴力侵害的人，对于目睹者却关注甚少。目睹儿童是有暴力行为的家庭中必然存在的部分，我国却并没有专门针对家暴目睹儿童保护和救济的立法，现有的宪法、民法典、未成年人保护法、反家庭暴力法、刑法、预防未成年人犯罪法以及妇女权益保障法等各类法律也仅仅是从第三方的角度赋予未成年人生存和发展的权利，并没有涉及对家暴行为中目睹儿童的特殊保护，更遑论救济途径的探讨。

另外，我国对家暴问题的相关研究开始的并不算早，各类反家暴制度并不完善，社会性干预更是较全球迟到近三十年。目前家暴问题的救济和干预手段也是比较单一，仅在于法律调解、政策援助以及妇联宣传等相对浅显的层面，几乎没有心理干预、个别化干预等深层干预，这还是对于受

---

① 《家庭暴力问题现状分析》，载找法网，https://china.findlaw.cn/info/hy/jiatingbaoli/135278.html。

② 《反家暴法律体系：新时代人权法治发展重大成就》，载《中国妇女报》2021年3月9日，第5版。

③ 赵丽：《广东拟立法明确未成年人目睹家暴也是受害者》，载《楚天法治》2019年第36期。

暴者这一显性群体，而目睹家庭暴力的儿童因为不存在明显的外伤，以及不易察觉的特征，在目前以受暴者作为主要服务对象的情况下，家暴目睹儿童往往被划分为次级受害者群体甚至直接被忽略，成为隐性群体。然而此类群体却深受家暴之害，目睹儿童所受到创伤的心路历程与受暴者高度相似。研究发现，在目睹暴力场景之后，儿童可能出现行为认知失调、创伤后压力症候群（PTSD）或认知行为发育迟缓等情况，产生焦虑、恐慌等不良情绪，进而引发心理疾病，极易出现反社会人格和暴力型人格，对其日后的健康成长有着极其恶劣的影响。一个比较典型的例子就是发生在云南的家暴纵火烧妻案。在这个案件中，受害人禹某某不仅常年遭受丈夫陈某卫家暴，最后更是因陈某卫故意纵火而丧命。除去对犯罪行为实施者陈某卫残忍行为的愤怒，以及对被害人禹某某的同情外，最让人印象深刻的是被害人与行为人之子陈某雨的态度。陈某雨不止一次态度坚决地要求判处陈某卫死刑，并且表达了多年面对父亲对母亲家暴，他想过反抗、自残，甚至自杀。可以看出，常年作为陈某卫家暴禹某某的“见证人”，陈某雨的身心受到了很深的创伤，而且这些创伤极有可能伴随他的一生。

但是目前关于保护和救济家暴目睹儿童的各项规定和措施，却处于严重的供需不平衡状态。回顾历年来社会各个层面对于家暴目睹儿童相关问题的研究，尽管以社会帮扶救济的角度分析家暴目睹儿童越来越多，但总体来说，对于家暴目睹儿童的相关救济依然是处于资源少、环境差、缺乏科学指导的状态，对于家暴目睹儿童的救济措施缺乏针对性和专业性，服务极其分散，进而也导致了目前在对家暴目睹儿童进行社会干预时，其得到的效果不明显。

（二）家暴目睹儿童的概念

目前学界对于家暴目睹儿童这一概念并没有明确的界定。早期的学者一般就采用字面意思进行定义，认为家暴目睹儿童就是家庭暴力的直接观察者或者是目击者。[①]而后美国学者乔治·霍顿将上述概念扩充为“暴

---

① Holden G W, Ritchue K L, Linking extreme marital discord, child rearing and child behavior problems, Child development, 1991(62), p.311–327.

露在家暴环境中的儿童”。国内在处理家庭暴力问题时更多地将目光放在了受暴者上，涉及儿童则是受暴儿童这一显性群体，而家暴目睹儿童作为家庭暴力的隐形受害者并没有得到更多的关注，相关学者也没有明确其定义。笔者认为，仅仅“目睹”并不是家暴对儿童造成负面影响的唯一方式。施暴者的侮辱谩骂、受暴者的哭喊求助、摔东西的声音、撕裂的声音、击打的声音；受暴者身上的伤痕、凌乱的房间、父母间微妙的氛围；甚至儿童放学回家时邻居的一句“今天你爸爸又打你妈妈了”，都可以给儿童留下相当深刻的印象，从而对其产生负面影响。故本文拟将家暴目睹儿童界定为：看到或者听到家庭成员之间实施身体或精神等侵害行为过程或侵害结果的未成年人。

（三）家庭暴力对目睹儿童的危害

家庭暴力作为一种隐蔽性较高的暴力行为，受“清官难断家务事”以及“家丑不可外扬”等传统文化的影响，经常被人们所忽视。尤其是在新冠疫情发生后，长期的封控管理更是给了家庭暴力生长的土壤，家庭暴力导致的犯罪案件层出不穷。但是目前不论是学界还是民众，在此类案事件中更多地会将注意力放在施暴者和直接受暴者身上，往往忽略了此类案事件对于家暴目睹儿童这一群体的危害。

1. 对目睹儿童身心健康的危害

家庭暴力对目睹儿童的身体健康会产生很大的危害。家暴目睹儿童长期处于极不稳定的家庭环境当中，心理的压力会反馈给身体，形成外化表现——疾病。国际临床调查发现儿童在目睹家庭暴力之后极有可能出现应激性创伤后精神障碍（PTSD），比如患暴食症、抑郁症等疾病。并且，受到“一切为了孩子”等传统观念的影响，家暴目睹儿童也会出现自责等情绪，认为受暴者无法脱离施暴者是因为自己，进而做出自残等行为；或者是出现对父母家庭爱恨交织，既憎恶自己的家庭，又渴望正常家庭生活的矛盾情绪，从而导致其注意力难以集中、认知能力下降、性格古怪难以接近等问题。此外，还有众多研究认为，目睹家庭暴力将导致儿童智力、语言等发育迟缓，出现头痛、抵抗力下降、厌食暴食交替出现等症状，带来种类繁多的负面生理影响。

同时，家庭暴力对目睹儿童心理健康的伤害也是不可忽视的，和身体健康相比，心理健康受到的伤害更为隐蔽，会产生更加深层的影响，若无外界干预，这些心理伤害或将伴随他们一生。家暴目睹儿童长期处于高压环境当中，长期被恐惧、焦虑、无助等负面情绪支配，极易产生心理问题。陈晶琦等人通过调查发现，目睹儿童容易出现抑郁、焦虑、敌对、偏执和其他精神病症状。①

2. 对目睹儿童行为模式的影响

目睹家庭暴力还会使儿童产生一系列的行为问题。长期目睹家庭暴力的儿童更容易表现出攻击行为，会认为暴力是解决问题的正确途径，故其遇到问题时也有极大的可能性使用暴力解决，从而引发校园暴力行为；在其他人际交往中，也容易模仿其父母的行为模式，使用暴力以达到支配他人的目的。在其成年后，这一行为则可能发展为更加严重的暴力行为，打架斗殴，扰乱社会治安，甚至发展为暴力犯罪。

此外，家暴的代际传递也是需要注意的问题。观察学习在整个童年时期都是至关重要的学习方式，儿童最初行为模式的养成就是来自对父母的模仿。长期暴露在家暴环境下的儿童在其成年可能会产生家暴的模仿或者重复行为。值得注意的是，目睹家庭暴力针对不同的性别产生的影响截然不同。如果在一个家庭中父亲是施暴者，那么家中的男孩成年后在家庭中常扮演施暴者的角色，而女孩长大后则更容易成为受虐者。②

二、家暴目睹儿童救济现状

如前文所述，家庭暴力带给目睹儿童的危害体现在方方面面，因此，针对家暴目睹儿童开展一系列有效救济就是我们不能忽视的问题。基于此，本文将从立法和实践两个维度出发，对于目前域外以及域内，尤其是

---

① 陈晶琦、梁艺怀等:《青少年童年期目睹暴力经历回顾性调查》，载《中国心理卫生》2006年第4期。

② 柳娜、张亚林:《家庭暴力施暴行为的代际传递》，载《中华行为医学与脑科学》2012年第11期。

贵州省针对家暴目睹儿童开展救济的现状进行有针对性地了解和分析，进而引发对于家暴目睹儿童救济困境的思考。

（一）立法现状

对于未成年人的保护和救济，尤其是对遭受了家庭暴力的未成年人保护和救济立法一直都是世界范围内重点讨论和研究的法律问题。那么，家暴目睹儿童作为遭受了家庭暴力的未成年人群体中的一个重要组成部分，自然也成为世界不同国家和地区在进行未成年人保护和救济立法上的重点关注对象，具体可以从以下三个方面来看：

1. 域外

域外不少的国家和地区普遍制定了通过反对家庭暴力进而保护家暴目睹儿童的法律及法规，比如联合国在1959年和1990年分别出台了《儿童权利宣言》和《儿童权利公约》，从国际层面上，为各个国家和地区对于家暴目睹儿童的保护和救济立法提供了可供参考的遵循。

除联合国之外，诸如美国以及日本等发达国家，对于家暴目睹儿童的立法救济体系建设都十分关注，分而论之：

美国作为法治化程度较高的发达国家，很早便建立起了相对成熟的未成年人保护和救济立法体系，进而形成了较为完整立体的家暴目睹儿童立法救济体系。联邦层面首先从保护未成年人的宗旨出发，出台了《儿童福利法》《儿童安全保护法案》《预防虐待儿童法》以及《儿童保护及猥亵执行法案》等一系列针对未成年人的法律，为家暴目睹儿童立法救济体系的建立提供了坚实的法律基础。2010年，联邦制定了《家庭暴力预防和服务法案》，该法案明确了家暴目睹儿童属于其适用对象，并且强调了联邦将拨付专门的资金用于提升家暴目睹儿童的服务质量，从而加强家暴和虐童联合防止计划的实施力度。此后，美国各州便以此为基础不断进行细分和完善，进而形成了现在美国较为完整和立体的家暴目睹儿童立法救济体系。

作为法治化进程起步较早的国家，针对未成年人的保护和救济，日本同样出台了多部专门的法律及法规。主要的立法有《防治儿童虐待法》

《儿童福利法》《日本少年法》以及《家庭暴力防止法》等，通过这些法律法规对未成年人进行全方位的保护和救济。在2004年修订的《防治儿童虐待法》增加了目睹家庭暴力者属于受虐者范畴，在2007年的《防治儿童虐待法》修正案中，日本正式将家暴目睹儿童作为法律救济的对象，逐步建立起其家暴目睹儿童立法救济体系。

2. 中国

关于域内针对家暴目睹儿童的救济立法，本文将选取具有代表性的省份进行阐述。目前在全国的层面尚未有直接关于家暴目睹儿童的救济之立法。换言之，目前我国并未以全国性立法的形式明确规定家暴目睹儿童属于其保护之对象，保护和救济家暴目睹儿童的相关法律依据缺失。以《反家庭暴力法》为例，作为一部全国性的法律，不可否认《反家庭暴力法》在救济家暴目睹儿童中发挥着重要的指导作用，但该法并未明确其保护主体，规定家暴目睹儿童属于其保护的范围；相比于针对直接遭受家庭暴力的受害者的保护，对于间接遭受家庭暴力的受害者，在保护方面的法律救济仍处于空白状态，无法真正救济和保护家暴目睹儿童。

具体到各省份，我国目前仅有广东省、陕西省、海南省[①]以及台湾地区明确将家暴目睹儿童纳入了家暴受害人的范畴。以广东省为例，广东省在2020年通过了《广东省实施〈中华人民共和国反家庭暴力法〉办法》[②]（以下简称《办法》），在《办法》中，广东省创设性地将保护对象进行了扩大，首次明确将家暴目睹儿童作为家庭暴力的受害人，并将其纳入了保护范畴。我国台湾地区为了向遭受家庭暴力的未成年人提供有效的保护，亦设立了一系列的制度。其中，在所谓的“家庭暴力防治法”的第五次修

---

① 《海南省实施〈中华人民共和国反家庭暴力法〉办法》第32条指出，目睹家庭暴力的未成年人，参照使用家庭暴力受害人的有关规定；《广东省实施〈中华人民共和国反家庭暴力法〉办法》第50条指出，目睹家庭暴力的未成年人是家庭暴力受害人；《陕西实施〈中华人民共和国反家庭暴力法〉办法》第36条指出，目睹家庭暴力的未成年人是家庭暴力受害人，依法予以帮助和保护。

② 《目睹家暴的儿童易被忽视，有地方已立法明确该群体也是受害者》，载腾讯网，https://view.inews.qq.com/k/20220730A03Q2Q00?no-redirect=1&web_channel=wap&openApp=fals。

正案中，首次将家暴目睹儿童纳入该法的保护范畴，并且对“目睹家庭暴力”进行了明确的界定。

3. 贵州省

如上文所述，由于国家层面尚未出台统一的关于保护和救济家暴目睹儿童的法律，全国绝大多数省份关于家暴目睹儿童的救济立法基本也处于空白状态。目前仅有海南、广东以及陕西等少数几省通过地方性法规明确将家暴目睹儿童作为其保护对象，而诸如贵州、湖北[①]等省份则是通过反家庭暴力条例间接承认了家暴受害人包括家暴目睹儿童。就贵州省而言，其在《贵州省反家庭暴力条例》第31条将家暴目睹儿童列为妇联等反家暴机构进行心理辅导或者心理矫治的对象之一，间接将家暴目睹儿童纳入了其保护的范围内。但此后，针对家暴目睹儿童的保护和救济，截至本文截稿，贵州省在立法上亦未进一步明确家暴目睹儿童的受保护地位、细化家暴目睹儿童的救济途径，也并未有其他相关的针对家暴目睹儿童救济和保护的配套措施出台。

（二）实践现状

与关注立法现状一样，关注家暴目睹儿童救济和保护的实践现状同样是不可忽视的重要部分。本文欲通过清晰且有针对性地了解目前域内外对于家暴目睹儿童救济和保护的实践现状，透过现象看本质，进一步探析产

---

① 《贵州省反家庭暴力条例》第31条规定：“工会、共青团、妇联、残联以及村（居）民委员会等应该根据各自的服务对象，重点关注下列人员的心理健康，组织进行心理辅导或者心理矫治：（一）因家庭暴力遭受严重侵害的；（二）遭受家庭暴力的未成年人、老年人、残疾人、孕期和哺乳期妇女、重病患者；（三）目睹家庭暴力的未成年人；（四）长期实施家庭暴力的；（五）其他因家庭暴力行为影响，需要接受心理辅导或者心理矫治的。”

《湖北省反家庭暴力条例》第30条规定：“出现下列情形之一的，工会、共产主义青年团、妇女联合会、残疾人联合会以及村（居）民委员会应当结合工作特点，为家庭暴力受害人、加害人提供心理辅导，对加害人进行法治教育：（一）因家庭暴力造成较重侵害后果的；（二）加害人长期、多次实施家庭暴力的；（三）受害人为未成年人、老年人、残疾人、孕期和哺乳期妇女、重病患者的；（四）未成年人、老年人、残疾人、孕期和哺乳期妇女、重病患者虽未直接遭受家庭暴力，但因目睹家庭暴力造成精神伤害的。”

生这些现象的原因。

1. 域外

相较于我国目前的反家庭暴力法律救济机制，美国和日本的相关机制明显具有更强的实践性和可行性，而这些方面的实施机制亦可以借鉴、运用于我国家暴目睹儿童的保护行动中来。

如前文所述，美国目前已经建立起了全面且立体的家暴目睹儿童立法救济体系，在此基础上，美国建立起了强制报告制度、民事保护令制度以及紧急救助和临时监护制度，在实践层面建立起了较为系统完善的保护和救济体系。此外，美国还成立了“儿童福利局”这个专门的机构来受理儿童家暴案件，同时进一步明确了作为强制报告的主体，若是不作为将受到严惩的机制，很大程度上提升了各强制报告主体对于家暴儿童，尤其是家暴目睹儿童进行特别保护的重视程度。

在实践层面，日本在保护和救济家暴目睹儿童方面的做法同样值得我们学习和借鉴。具体来说，首先是日本重视综合防治机制的构建。日本现行的《儿童福利法》明确规定了政府职能部门以及民间保护组织对儿童负有保护义务，通过法律的规定和授权，该机制进一步强化了政府相关职能部门的行政权力，为其及时发现和制止儿童家庭暴力提供制度支撑。此外，通过机制的建立，相关政府职能部门与民间保护组织共同构建起了对于家暴儿童的安全保护网，这对于家暴目睹儿童的保护和救济亦起到了十分积极的作用。其次，为了适应保护儿童利益的需要，日本依据《儿童福利法》，设立了全国性、专业化的儿童保护机构——儿童商谈所。儿童商谈所具有提供咨询、介入调查、申请调查许可以及临时监护等行政职能。对于儿童商谈所发现的儿童家暴案件，其可以及时进行调查和干预，为家暴儿童，包括家暴目睹儿童权益保护和救济提供了坚强保障。

2. 中国

域内不同省份和地区针对家暴目睹儿童的救济实践各有差异，本文将选取具有代表性的省份进行阐述。如前述，广东省是我国为数不多明确通过立法将家暴目睹儿童纳入保护对象的省份。其在实践上亦有诸多有益探索。比如说，在家暴目睹儿童介入方面，2010 年广东省在广州市实施了国内首个专门介入家暴目睹儿童的社会性计划，成立了“鹏兴家庭暴力防护中心”，开展儿童零暴力成长救助计划。之后，广东省积极开展了诸如“小喜羊的教室——关爱家暴目睹儿童”等计划，构建起了家暴目睹儿童社会救济网，在对家暴目睹儿童救助方面起到了积极作用。

我国台湾地区则是通过家暴通报制度、家暴当事人的帮扶和处遇计划、民事保护令制度以及监护权和探望权的剥夺和限制等一系列制度为家暴目睹儿童提供了行之有效的救济和保护。所谓家暴当事人帮扶和处遇计划，包括对于受家暴未成年人的帮扶计划以及对于施暴人的处遇计划两个方面。前者是指除了对遭受家暴侵害的未成年人提供的常规救济措施外，相关部门和机构还应当对该未成年人的安全、安置以及家庭情况等进行定期回访，对该未成年人进行心理矫治和帮助，并且将后续帮扶实施建档追踪，以便更好地保护家暴未成年人的健康成长；后者则是针对家暴案件施暴人实施心理干预和行为矫治，希望通过科学规范的强制治疗和辅助手段，扭转施暴人的不良思想和行为模式，重塑施暴者的精神健康和心理健康，这也有助于家庭关系的快速恢复，从根源上入手，避免家暴事件的再次发生。

3. 贵州省

贵州省作为西部地区为数不多间接承认了家暴目睹儿童是家暴受害者身份的省份，其在实践层面上对于家暴目睹儿童的救济情况如何，对于我们进一步了解西部欠发达地区家暴目睹儿童保护和救济现状有着重要的意义，也有助于我们进行有针对性的分析，从而提出家暴目睹儿童保护和救济的有效建议。基于此，本文采取问卷调查的方式，通过对贵阳市某小学五至六年级的275名学生问卷调查数据的分析，管中窥豹地探索目前贵州省在家暴目睹儿童保护和救济的实践情况。

（1）难以得到有效救济。在接受问卷调查的275名学生中，当被问及“假设你目睹了家庭暴力行为，你是否会寻求帮助？”时，有约82%的学生表示“会寻求帮助”，但是，在接受问卷调查的学生中，选择了“目睹过”家庭暴力的学生中，在被问及“你目睹家庭暴力行为后有没有寻求过帮助”时，仅有24%的学生选择了“有寻求帮助”。这在一定程度上说明了目睹了家庭暴力的儿童是有寻求救助的需求和欲望的，但是囿于自己所知的救济途径匮乏而没有寻求救济的选择和行动，换言之，家暴目睹儿童难以得到有效救济。

（2）选择的救济主体单一，尚未形成社会救助网络。在接受问卷调查的 275 名学生中，当被问及“你认为向谁寻求帮助最有用？”时，六成以上学生均选择了“警察”，对于如村（居）委会工作人员等其他可寻求帮助的对象，学生的认可程度则大为降低。这也从侧面反映出，目前在家暴目睹儿童的救济实践层面，村（居）委会、邻居等社会力量的存在感较低，其发挥的作用甚微。

（3）对家暴目睹儿童关注度低，相关法律宣传不到位。作为儿童获取知识和连接外界的重要一环，学校扮演着不可或缺的角色。但是，根据调查问卷的第 14 题可知，选择“在学校，老师或者相关课程中未提及‘目睹儿童’”的人数占比高达 73.45%，说明目前学校对于家暴目睹儿童救济的宣传教育是不够的，这也侧面反映出目前社会层面对于家暴目睹儿童这个群体的关注是比较少的。此外，根据调查问卷的第 13 题和第 15 题也可以看出，目前学校在关于反家庭暴力的相关法律法规以及课程的宣传方面并不到位，侧面反映了目前社会层面上对于反家庭暴力的相关活动或者计划仍不够深入，这将使前述的法律法规对家暴目睹儿童的救济和保护实效大打折扣，某种程度上很难起到其立法的目的和初旨。

三、家暴目睹儿童救济困境

通过对域内外，特别是贵州省关于家暴目睹儿童救济和保护现状的了解，我们可以看到，目前无论是域外还是域内，发达地区或是欠发达地区，都关注到了家暴目睹儿童这一特殊弱势群体，并且从立法和实践层面积极开展了救济。但从前文分析的结果看，目前国内，尤其是贵州省对于家暴目睹儿童的保护和救济情况却不甚理想，而探析其中的原委，有助于我们走出家暴目睹儿童的救济困境，构建有效的家暴目睹儿童救济体系。

（一）立法层面

前文述及，目前我国对于家暴目睹儿童群体的关注度较低，因此也进一步导致了目前在家暴目睹儿童立法救济层面存在以下困境。

1. 立法规定缺失

如前文所述，目前我国尚未有直接关于家暴目睹儿童救济之立法。即目前我国并未以法律的形式明确将家暴目睹儿童列为其保护对象，保护和救济家暴目睹儿童缺乏法律依据。首先以反家庭暴力法来说，该法在结构上并没有就遭受家暴的未成年人设置专章，全文提及“未成年人”的规定仅有五条，并且这些条文的分布较为零散，也并未明确提及“家暴目睹儿童”；同时，这五条规定的内容原则性较强，并不具有实操性。因此，即便立法上明确规定了应当对未成年人给予“特殊保护”，但是目前在相关立法上确实少有关注到家暴目睹儿童这个未成年人中更加需要“特殊保护”的群体，若参照反家庭暴力法中的“特殊保护”来对家暴目睹儿童进行救济和保护，就会产生在执法过程中缺少可供依据的法律基础，如何算是“特殊”难以把控，相关的执法人员也很可能面临着无法可依的尴尬境地。其次，未成年人保护法是以保护未成年人的利益为宗旨设立的专门法，是一部较为系统全面的保护未成年人利益的法律，在我国未成年人利益保护方面发挥了不可或缺的作用。但是，该法并未将家暴目睹儿童这类利益遭到侵害的未成年人作为其保护的对象，而且该法总体上在有关遭受家暴未成年人部分的规定，依旧属于僵硬的原则性规定，实操性较差，并未对家暴目睹儿童问题有足够的重视，作出有针对性的差异化规定。此外，就刑法的规定来说，为了更好地保护未成年人的权益，《刑法修正案（九）》修改了虐待罪的追诉条件，案件在满足一些条件时便不再是自诉案件，国家公诉机关将介入，案件将由自诉案件转为公诉案件，这对于正在遭受家庭暴力的未成年人，无疑是十分有利的好消息。但是，关于虐待罪的受害人中，是否包括家暴目睹儿童刑法上亦未明确，当家暴目睹儿童遭受了家暴行为侵害时，是否也能以此为依据来寻求刑法层面的救助确实是一个会引起争议的问题，而这也可以视为缺少家暴目睹儿童保护和救济的全国性立法所产生的连锁反应。

因此，从客观的角度出发，在立法上确实需要专门界定家暴目睹儿童这个特殊的群体，让执法者以及公众对于家暴目睹儿童有一个清楚的了解，以法律为基础唤醒家暴目睹儿童的保护和救济认知。

但是，不得不提的是，前述的立法针对家暴目睹儿童的救济和保护方式与一般的主体并无区别，考虑到家暴目睹儿童具有受害间接性、主体特殊性以及自救欠缺性的特点，就贵州省而言，其关于家暴目睹儿童的立法规定明显缺乏差异性和针对性。具体来说，《贵州省反家庭暴力条例》第31条中规定有关部门要对目睹家庭暴力的未成年人进行心理辅导或心理矫治。但是，该条例并未对“有关部门”做清晰的指定，工会、共青团、妇联等都是相关部门，这种指向性不明的规定，极易出现各部门相互推诿的问题；同时该条款亦未明晰对于家暴未成年人的心理辅导或矫治应当如何展开，具体的程序、流程不明，实践操作性不强；此外，该条款仅规定了对于家暴未成年人心理方面的救济，对于其他方面如临时庇护所等救济手段是否可以适用都未言明，保护手段仍然比较单一。而上述问题也进一步导致了目前在家暴目睹儿童保护方面缺乏可供操作的法律基础。

2. 缺乏针对性的法律保护机制

如前文所述，家暴目睹儿童作为未成年人群体中特殊的弱势群体，立法上应给予他们更特殊的关注和保护，对他们的救济也应当具有明确的针对性，将其同其他遭受家暴的受害人区别开来。但是，很遗憾的是，目前由于针对家暴目睹儿童救济和保护的法律基础相对缺乏，我国现行的法律法规中并没有做上述区分，更遑论专门针对家暴目睹儿童设立有效的法律保护机制了。

举例来说，作为反家庭暴力法的亮点之一，人身保护令制度在保护家暴受害人以及震慑家暴施害者方面具有明显的效果。但是，根据《反家庭暴力法》第23条、第24条以及第29条关于申请人身保护令的形式、主体范围以及救济内容的规定，申请人身保护令适用于遭受家暴或者面临家暴现实危险时的条件是较为严格和苛刻的，具体体现在符合申请人身保护令的主体范围相对狭窄、救济内容相对比较单一等方面。比如说，根据

《反家庭暴力法》第23条的规定，申请人身保护令的主体必须为受害人、近亲属或者其他组织，这样一来，若家暴的受害人是无民事行为能力人或者是限制民事行为能力人时，其就无法自己提出申请，这就在一定程度上剥夺了儿童的自救权；同时，近亲属作为核心家庭关系的重要参与者，其本身也有可能成为家暴的施暴参与者或者旁观者，出于对自身利益的考量以及在中国家庭本位和“家丑不可外扬”的传统思想影响下，其不会主动提出申请，也没有为家暴受害人申请人身保护令的动力；而法条中所提及的“相关组织”，作为排除在家庭这个相对亲密的关系外的第三者，其实是很难第一时间发现家庭暴力行为的，而且由于法律中关于“相关组织”的职能以及责任规定的模糊，导致了相关组织之间存在相互推诿或者在了解情况后，出于种种案事件外的因素考虑，其也不愿意代家暴受害人起诉，进而导致了无人代家暴受害人申请人身保护令的情况出现，在一定程度上架空了人身保护令制度。同样，《反家庭暴力法》第14条，在设置强制报告主体的范围上，同样忽略了如何最大限度地来保护包括家暴目睹儿童在内的家暴未成年人问题。

再如临时庇护所制度，该制度首创于英国，其主要是为遭受到家庭暴力侵害的妇女提供临时的生活场所，以此保障妇女的人身安全，之后，这一制度也为世界各国所采纳。在我国，《反家庭暴力法》第18条①、《贵州省反家庭暴力条例》第30条②、《湖北省反家庭暴力条例》第27条③等规定中，从立法上提出了设立临时庇护所的要求，但是，对于临时庇护所的保护对象上，上述法律都没有给予明确的界定。因此，在实践中临时庇护

① 《反家庭暴力法》第18条规定：“县级或者设区的市级人民政府可以单独或者依托救助管理机构设立临时庇护场所，为家庭暴力受害人提供临时生活帮助。”

② 《贵州省反家庭暴力条例》第30条规定：“县级人民政府应当单独或者依托救助管理机构在本辖区内设立至少一所临时庇护场所，或者通过政府购买服务的方式，为家庭暴力受害人提供临时帮助。乡镇人民政府、街道办事处（社区服务管理机构）可以为辖区内家庭暴力受害人提供应急庇护救助服务。”

③ 《湖北省反家庭暴力条例》第27条规定：“县级以上人民政府应当单独或者依托救助管理机构设立临时庇护场所，或者通过政府购买服务等方式，提供临时庇护场所，为家庭暴力受害人提供临时生活帮助。”

所基本上是以接纳妇女为主，儿童为辅，全国并没有单独的儿童临时庇护所，也更遑论针对家暴目睹儿童提供临时庇护场所了。

可以说，目前在家暴目睹儿童的保护和救济方面，我国缺乏具有针对性的法律保护机制，尤其是针对家暴目睹儿童的帮扶和持续关注类的制度更是处在空白状态。本文认为，相较于对家暴目睹儿童所采取的即时性救济和保护手段，持续性的关注和帮扶对于家暴目睹儿童摆脱家暴阴影、健康成长同样具有不可替代的作用，我们亦不可忽视。

3. 立法救济理论支持不够

理论来源于实践，通过前文对家暴目睹儿童立法救济现状的分析，不难发现，目前在家暴目睹儿童的保护和救济领域开展的研究相对较少。尽管美国和日本等国家已经将家暴目睹儿童明确为法律保护的对象，并且也有相对应的救济保护机制，但是，这些救济保护的法律法规以及相对应的法律制度更多是笼统地归附于对受家暴未成年人的救济和保护的规定及制度中的，其针对性和差异化方面仍然不够突出；而我国甚至尚未在国家层面明确家暴目睹儿童为家暴受害人的身份，更不用说有针对家暴目睹儿童救济和保护的法律制度了。而这样的一种现实境况，作为家暴目睹儿童立法救济相关理论研究的现实基础，其可供进行理论研究的现实数据太少，不太有利于为开展相关方面的理论研究提供丰富的现实土壤，这也直接导致了目前学界关于家暴目睹儿童的救济问题研究甚少。

同理，因为理论反作用于实践，且指导实践的发展。那么相对薄弱的理论研究又导致了在家暴目睹儿童的保护实践中缺乏足够的理论支持。在国内，尤其就贵州省而言，经本课题组成员的搜索和查找，目前贵州省内公开发行的著作或刊物中，暂时没有发现关于家暴目睹儿童相关话题的作品。作为家庭暴力问题研究的一个不可忽视的分支，家暴目睹儿童问题的研究往往因家暴目睹儿童受害的间接性、隐蔽性、主体的特殊性以及缺乏必要的自救能力等特点而导致立法与现实需求无法有效衔接，进而也导致贵州省在开展关于家暴目睹儿童立法救济等方面缺乏明显的理论支撑。那么，这便要求我们要进一步围绕对家暴目睹儿童这一特殊主体展开研究，从受害的间接性、隐蔽性以及缺乏必要的自救能力等维度来进行分析，剖析家庭暴力的行为对目睹儿童、家庭以及社会所带来的危害，以期为家暴目睹儿童救济和保护立法提供行之有效的理论支持。

（二）实践层面

相较于传统意义上的家暴受害者，家暴目睹儿童的救济和保护亟须更多的关注。但是，目前对于家暴受害者在实践层面的救济和保护仍存在一些空白地带，社会普遍的观念认为只有直接遭受了家庭暴力的对象，才是受害者。而家暴目睹儿童更像是一个旁观者，因此也容易被忽视。这也进一步导致了家暴目睹儿童社会实践更加薄弱。

1. 社会对家暴目睹儿童保护认知不足

在反家庭暴力法颁布实施后，通过公检法司等政府职能机构、社会组织以及新闻媒体的不断宣传和普及，社会公众对于家庭暴力所造成的危害以及反家暴的法律意识不断提升，反对家庭暴力的法治观点开始深入人心。但是，家暴目睹儿童由于受害的间接性以及隐蔽性的原因，易被社会所忽视。虽然家暴案事件的报道屡见于报端，但是社会公众的关注点更多是在家暴案事件受害者所遭受的侵害以及施暴者的加害行为上，对于因目睹了家庭暴力行为所导致的伤害缺乏足够的重视。换言之，社会仅仅对家暴当事人有道德及法律评判认知，而对于家暴目睹儿童这类并非家暴直接当事人的群体则缺乏直接的关注，在社会公众朴素的意识里，需要得到公力和社会保护救济的家暴受害人仅包括直接遭受家暴侵害的、有身体伤害的人，而并不包括只是目睹了家暴行为过程或是侵害结果，但是身体却并未直接受到伤害的人，这说明了目前社会公众对于家暴目睹儿童的保护和救济的认知相对不足。

此外，受我国家丑不可外扬、家暴是家事等传统思想的影响，很大一部分家暴直接受害者认为家暴只是家庭内部的“私事”，若非万不得已，其实是不愿意寻求公力救济的，而旁观者们在面对他人家庭暴力时，也保持着“多一事不如少一事”的冷漠态度，并没有通过法律以及其他社会力量介入来解决家暴问题的意识。相较言之，一是没有家暴目睹儿童属于家暴受害人的立法规定；二是家暴行为对于目睹儿童所造成的间接伤害很难取证，难以对家暴施暴人进行有针对性的处罚，这些都使得社会公众更加难以关注到家暴目睹儿童这样一个特殊的群体，进而导致了社会对于家暴目睹儿童的保护和救济认知较为薄弱。

2. 缺乏专门针对家暴目睹儿童救济的社会机构

目前我国在关于家暴目睹儿童的救济方面尚无专门、独立之机构。虽然《反家庭暴力法》第 3 条明确规定“反家庭暴力是国家、社会和每个家庭的共同责任”;《未成年人保护法》第 6 条亦明确了依法设立的社会组织可参与保护未成年人。但是，上述法律的规定过于原则，在实际执行操作层面上，就涉及诸如缺乏具体的负责主体，在保护和实施救济家暴目睹儿童的过程中，易异变为不同的主体之间相互推诿，进而导致行政执法主体虚设，从而无法真正有效救济家暴目睹儿童等一系列的问题。

此外，由于不同职能部门之间缺乏足够的整合力度，各部门之间的职责划分不甚明确，尽管目前我国已经设立了教育、民政、国务院儿童少年工作协调委员会等不同领域的部门对保护和救济未成年人负有职责，但在具体政策的执行中，常因上述职能部门的职责侧重点不同的原因，而导致政策的执行存在重复、缺位以及错位等问题，对家暴目睹儿童保护和救济便难以落到实处。

综观我国针对特殊主体服务方面的经验，为了保证服务的准确性和有效性，均采用成立一个专门的社会机构或社会组织，以便于为该特殊主体提供专项的服务。比如，为了更好地保障和服务残障人士，我国成立了残疾人联合会；又如，贵州省于 2023 年 7 月 11 日成立了首家“蓝枫港法检联合工作室”，专门针对遭受家暴的弱势群体提供一个依法维权的“绿色通道”。[①] 该工作室的成立是贵州省反家暴工作的一个有益探索，对贵州省保护和救济家暴受害人具有积极作用。但是，值得注意的是，该工作室并没有明确家暴目睹儿童属于其保护和服务的对象，其也并非专门保护和救济家暴目睹儿童的专门机构。而上述这些问题，一定程度上也增加了家暴

① 《贵州首家反家暴“蓝枫港”法检联合工作室挂牌成立》，载微信公众号“平安紫云”，2023 年 7 月 12 日。

目睹儿童保护和救济的难度。

3. 相关职能部门履职被动，社会参与度低

由于家暴目睹儿童自救性弱的特点和现实情况，对于家暴目睹儿童的救济更多需要公安、妇联、学校、医院、福利机构以及社会救助机构等相关职能部门主动履职，最大限度地保障家暴目睹儿童的合法权益。但是，目前不管是反家庭暴力法还是配套的地方性法规，对于相关的职能部门应当如何主动履职、若未主动履职或者是履职不到位者应当如何惩处，承担如何的法律责任尚未有明确的规定。举例来说，《贵州省反家庭暴力条例》第22条①规定，幼儿园、学校、村（居）民委员会、医疗机构、救助管理机构等职能部门在发现家庭暴力时，应当及时报案。尽管该条文中使用的是“应当”，但是第四章“法律责任”部分，并未对上述机构不执行条文规定的后果进行明确，即在第35条②中，虽然也规定了造成严重后果的，将予以处分，但是如何处分，处分的具体内容尚未明确规定。过于模糊的法律规定很大程度上易造成上述职能部门和机构放松警惕，这容易造成相关职能部门在履职过程中出现消极履职或不作为现象的发生，进而无法有效满足作为特殊群体的家暴目睹儿童对于法律救济需要③。

优化执法环境，让更多的社会组织、社会公众参与到家暴目睹儿童的保护和救济中来是实现立法目标的关键要素。因此，不难发现无论是上

---

① 《贵州省反家庭暴力条例》第22条规定：“幼儿园、学校、村（居）民委员会、医疗机构、社会工作服务机构、救助管理机构、福利机构、临时庇护场所及其工作人员在工作中发现无民事行为能力人、限制民事行为能力人遭受或者疑似遭受以下家庭暴力的，应当及时向公安机关报案，并提供保护和帮助：（一）忽视基本生活需要、未提供基本生活保障等严重影响其生存和身心健康的；（二）故意以体罚、有病不治、冻饿等方式，给其身心造成严重伤害的；（三）强迫或者唆使乞讨、从事危险性表演等的；（四）其他严重影响身心健康的行为。”

② 《贵州省反家庭暴力条例》第35条规定：“幼儿园、学校、村（居）民委员会、医疗机构、社会工作服务机构、救助管理机构、福利机构、临时庇护场所及其工作人员，违反本条例第二十二条规定，未向公安机关报案，造成严重后果的，对直接负责的主管人员和其他直接责任人员依法给予处分。”

③ 秦静：《家庭暴力目睹儿童法律救济研究》，西南财经大学2021年硕士学位论文。

位法的反家庭暴力法，还是下位法的地方性法规，在保护和救济家暴受害者方面均积极倡导社会力量的介入，但是在实践层面上，这样的倡导是否起到了作用却是存疑的。例如，通过前文分析，就贵州省而言，尽管贵州在其反家暴的条例中做了社会力量介入的积极倡导，但是在家暴目睹儿童的救济实践层面，村（居）委员会、邻居等社会力量的存在感较低，其发挥的作用甚微，也侧面证实了目前贵州省在家暴目睹儿童的保护和救济方面，社会的参与度较低。

四、家暴目睹儿童救济体系的完善

以域内外研究成果以及对家暴目睹儿童法律救济的经验为基础，结合前文关于我国，尤其是贵州省家暴目睹儿童救济现状以及存在困境的分析，遵循未成年人保护法中最有利于未成年人的原则，本文以立法和实践为视阈，从弥补法律空白、完善法律机制、建立专门的法律救助机构等多维度展开探讨，力求构建起一个科学、合理、行之有效的家暴目睹儿童权益救济体系。

（一）立法层面

如上文所述，目前我国，特别是贵州省在家暴目睹儿童权益保护的救济立法上主要存在缺乏可依据的法律、没有针对性的法律保护机制等问题，本文将结合域内外先进经验以及我国的实际情况，提出有针对性的建议。

1. 将家暴目睹儿童纳入法律保护的范畴

面对当前家暴目睹儿童作为法律救济主体身份不明确的问题，本文认为应当从源头上来解决，即通过立法的形式，将家暴目睹儿童纳入法律保护的范畴，明确家暴目睹儿童为家暴受害人的身份，使保护和救济家暴目睹儿童有法可依。

近年来，随着我国法治化程度不断提高以及未成年人保护事业的不断发展，对于未成年人法律保护的要求也越来越高。目前，我国已逐步形成了以宪法为基础，民法典、未成年人保护法、反家庭暴力法以及妇女儿童权益保护法为核心的未成年人法律保护体系，为未成年人的权益保护和救济提供了法律依据。但是，值得注意的是，上述法律体系中的法律更多是作为一种宏观性的指导出现，在保护诸如家暴目睹儿童这类需要特殊关注的群体时，这些法律就会因缺乏差异化和针对性的规定而显得力不从心。因此，本文建议，我们应当出台专门法律来保护家暴未成年人，并以立法的形式将家暴目睹儿童纳入家暴未成年人的范围内，并通过法律明确界定家暴目睹儿童的定义，规范家暴目睹儿童的认定标准，以便在实务工作中能清晰确定保护对象。同时，针对家暴目睹儿童受害间接性、主体特殊性以及自救欠缺性的特点，有针对性地将保护和救济措施规定到法律中，尽可能使法条的规定不再原则模糊，而是切合实际，具有更强的操作性。

当全国性的法律出台之后，各地在保护和救济家暴目睹儿童的方面便有了可供参考的依据，如贵州省可以结合本地区的实际情况，遵循家暴目睹儿童保护和救济的法律规定，上行下效，不断细化和完善贵州省关于家暴目睹儿童保护和救济的法规，出台相应的配套措施来保证法律及法规的实施，进一步提高其保护和救济家暴目睹儿童的力度。这也有助于我们在全国范围内建立起一个从上至下、从法律到法规再到相应配套措施、完整且立体的家暴目睹儿童权益保护和救济的法律体系，这将更好地整合政府以及社会资源为家暴目睹儿童提供具有针对性的救济和保护，使得家暴目睹儿童的权益不受侵害，从而健康快乐地成长。

2. 建立健全家暴目睹儿童法律保护机制

（1）完善人身保护令和强制报告制度。不同于成年人，家暴目睹儿童一则因不具有完全民事行为能力而无法根据反家庭暴力法来主张其权益的救济和保护；二则因家暴目睹儿童并非直接遭受家暴行为的受害人，其并不符合现行的人身保护令申请和强制报告主体的条件。换言之，目前我国的人身保护令和强制报告制度在主体的范围上，存在着忽略了如何最大限度地来保护包括家暴目睹儿童在内的家暴未成年人问题。基于此，本文认为：

首先，扩大人身保护令的申请以及强制报告的主体范围。目前，我国的人身保护令的申请主体与强制报告主体范围并不一致[①]，而且这些主体并非能随时都在儿童身边，所以其并不能清楚了解儿童所处的境况，因此这些主体可能无法及时发现和判断该儿童是否属于家暴目睹儿童、是否受到了侵害，而这样便无法为家暴目睹儿童提供全面的保护和救济。因此，本文建议，在通过立法的形式将家暴目睹儿童纳入法律保护的范围内后，我们应及时修改涉及家暴受害人，尤其是家暴未成年人的相关配套制度的规定，结合前述存在的问题，根据最密切联系原则，将最常接触到儿童的完全民事行为能力人以及相关的组织、机构等都纳入人身保护令申请以及强制报告主体范围内，即本文建议将儿童的近亲属、保姆、家政、邻居等与其有密切联系、长期接触的人员及儿童住所地的村（居）民委员会等组织、机构明确纳入人身保护令申请和强制报告主体范围，以便家暴目睹儿童在遭受家暴侵害后第一时间能被发现和救济。

其次，根据联合国《儿童权利公约》第 12 条的规定，有主见能力的儿童是有权对影响其本人的一切事项自由发表意见的，而对于其发表的意见，应当根据该儿童的年龄以及成熟情况予以适当对待。那么，具体到我国，在处理涉及儿童事项时，不应当以该儿童不具有完全民事行为能力为由剥夺其主张自己权利的机会，而应当本着最有利于未成年人的原则，适当听取该儿童的意见。从这个层面来说，本文认为在人身保护令的申请主体上，还应当包含家暴目睹儿童，法律应当赋予其保护和救济自己的权利。

（2）建立家暴目睹儿童法律救济回访机制。由于家庭暴力行为具有持续性、隐蔽性等特点，对家暴目睹儿童的救济并非一蹴而就，本文认为有必要在全国层面建立家暴目睹儿童法律救济回访机制。所谓家暴目睹儿童法律救济回访机制，指对目睹家庭暴力儿童实施法律救济以后，通过电话、上门回访等方式，了解被法律救济个体身心影响情况及发展状况，为

---

① 《反家庭暴力法》第 14 条、第 23 条是关于强制报告主体及人身安全保护令申请主体的规定，对于家庭暴力当事人是无或限制行为能力人的，则强制报告主体有学校、幼儿园、医疗机构、居民委员会、村民委员会、社会工作服务机构、救助管理机构、福利机构及其工作人员；人身安全保护令代为申请主体有近亲属、公安机关、妇女联合会、居民委员会、村民委员会、救助管理机构。

目睹家庭暴力儿童提供更优质的法律服务。[①]

具体来说，我国目前采取的回访机制大多是定期回访，但是考虑到家暴目睹儿童并不具备完全的认识与表达能力，若仅仅采用定期回访的方式，则容易为家暴当事人提前引导家暴目睹儿童做出虚假反馈提供时间上的便利，导致回访结果缺乏真实性，回访机制形同虚设。故本文建议采取定期回访与不定期回访相结合的方式，针对个案情况制定个性化回访方案，并且通过前期调研以及结合当地妇联、社区以及家暴目睹儿童救助机构等部门的建议，提前确定好有针对性的回访提纲，从而确保能够科学、全面地掌握被救济儿童的真实情况，以保证回访机制的效果。此外，我们还应当建立有效的家暴目睹儿童法律救济档案，为更加有效的法律援助提供支持。

3. 加强相关理论研究

先进的理论将更好地指导实践。目前我国，尤其是贵州省关于家暴目睹儿童权益保护和救济的理论研究相对比较薄弱，这也是造成关于家暴目睹儿童权益保护和救济立法空白的原因之一。因此，本文也希望通过此文能够引起学界对于家暴目睹儿童权益保护和救济问题的关注。本文亦建议成立关于家暴目睹儿童权益保护和救济研究组，着重研究家暴目睹儿童权益和救济保护的相关问题。就贵州省来说，根据《贵州省法治政府实施方案（2021—2025 年）》文件精神，该研究组可由贵州省司法厅牵头，借助贵州省行政法学会的学术交流平台，积极邀请贵州省妇联、教育厅、公安厅、民政厅、高级人民法院、省检察院等单位中负有未成年人保护和救济职责的部门共同组成贵州省家暴目睹儿童权益保护和救济研究组，有针对性地研究贵州省内家暴目睹儿童权益保护和救济的相关问题，并努力创造出丰富的理论研究成果，以期为贵州省家暴目睹儿童权益救济的立法与实践提供具有参考性的建议，进而为贵州法治社会建设提供智力支持。

---

① 夏吟兰：《中国反对家庭暴力立法进路之回顾与展望》，中国社会科学出版社 2011 年版。

（二）实践层面

如前文所述，当前国内，尤其是贵州省的家暴目睹儿童权益保护因社会对家暴目睹儿童保护认知不足、缺乏专门针对家暴目睹儿童救济的社会机构以及相关职能部门履职被动，社会参与度低等问题，在实践层面的救济和保护效果甚微，基于此，本文将结合域内外有益经验以及我国国情，提出有效建议。

1. 加强家暴目睹儿童保护宣传，增强社会保护意识

如前文述及，目前社会公众对于家暴目睹儿童的保护和救济的认知相对不足，一定程度上导致在家暴目睹儿童权益保护上社会的参与度低，不利于我们更好地保护家暴目睹儿童。结合前文日本综合防治机制的先进经验，整合全社会的力量才是保护家暴目睹儿童的核心关键所在。因此，当前仅仅依靠妇联、公安、民政以及司法等部门来保护和救济家暴目睹儿童是不够的，我们需要引导更多的社会主体关注和参与其中，而这就要求我们加强家暴目睹儿童保护的宣传，增强社会保护和救济家暴目睹儿童的意识。

首先，本文建议通过加大关于家暴目睹儿童保护和救济的宣传教育力度，增强家暴目睹儿童自身以及其他社会公众对其的法律保护意识。具言之，结合我国人口数量庞大、人口流动性强的国情，通过学校开展反家庭暴力的课程来宣传普及关于家暴目睹儿童保护和救济相关知识的可行性很强。学校的老师是儿童们除了监护人外接触最多的人，其更容易及时掌握儿童的情况。而从前文对于贵州省的实践情况分析来看，当前学校在关于反家庭暴力的相关法律法规以及课程的宣传方面并不到位。因此，通过在法律中明确教育机构负有反家庭暴力的教育义务，在教育体系中增加家暴目睹儿童保护的相关课程，将有利于增加保护家暴目睹儿童的可能性以及反家庭暴力的可行性。其次，本文建议通过抓先进典型、树立有代表性榜样的方式来鼓励社会公众积极主动地参与到保护家暴目睹儿童的行动中来。树立反家庭暴力的榜样，这种榜样一方面包括参与到目睹家庭暴力儿童救济的人员，对此可以借鉴江苏常州实行的将举报家暴行为纳入见义勇

为范畴[①]，以此激励社会公众参与到保护家暴目睹儿童的队伍中来；另一方面则包括对被救济的儿童成长进行长期的追踪，并以此设立成长标杆，进而给予儿童摆脱家庭暴力阴影的信心。

此外，在自媒体时代到来的今天，公检法司以及妇联等对于保护儿童健康成长负有义务的主体也应当利用好这些新兴媒体传播及时、受众广泛的特点，明确其呼吁保护家暴目睹儿童的宣传义务，及时、全面地让社会公众了解家暴目睹儿童因家庭暴力所受到的伤害，进而认识到保护家暴目睹儿童的必要性和紧迫性；同时，上述主体通过对家暴目睹儿童保护和救济方式的宣传，让儿童群体也认识到其目睹了家庭暴力之后是可以得到法律救济的，也了解了应该采取什么样的途径来获得相关部门的法律救济，从而懂得如何利用法律来维护自己的合法权益。

2. 设立专门法律救助机构

如前文建议，若在立法上将家暴目睹儿童纳入法律保护的范围，那么我们便可以此为法律依据，针对家暴目睹儿童设立专门的法律救助机构，从而及时对其进行救济和保护。

结合我国目前共建共治共享的社会治理模式以及各省实际情况，笔者建议，可以在市级层面设立家暴目睹儿童救助机构。以贵州省贵阳市为例，依据《贵州省法治政府建设实施方案（2021—2025 年）》文件精神，可由贵州省司法厅牵头，设立贵阳市家暴目睹儿童救助中心，并在下属各区县设立救助站。该站在发生家庭暴力案事件的第一时间即可向目睹了家庭暴力的儿童提供紧急救助以及临时庇护，并为儿童提供必要的心理救助、医疗服务和基本生活所需，以帮助儿童尽快摆脱家庭暴力的侵害。

家暴目睹儿童救助机构采取“主导责任制”，即公安、社区、妇联等相关部门一旦接到涉及家暴目睹儿童的家庭暴力相关案事件，则应立即与该机构取得联系，并由该机构承担家暴目睹儿童的法律救济的主导责任，若该机构消极履职或不作为逃避责任，则应对相关负责人进行失职惩处。

---

① 《举报家暴纳入见义勇为奖励范畴》，载《中国妇女报》2021 年 3 月 15 日，第 3 版。

3. 联防联控，多领域合作

家暴目睹儿童的救助并非专门机构的孤军奋战，而是全社会的共同责任。笔者建议，应建立由家暴目睹儿童救助机构牵头，公安、医院、妇联、学校以及相关社会组织共同参与的联防联控体系，加强各部门间的跨领域合作，以便全方位、多角度对家暴目睹儿童进行有效救济。

以贵州省为例，作为全国大数据领跑省份，贵州省可以充分发挥这一地域优势，结合国务院印发《关于支持贵州在新时代西部大开发上闯新路的意见》加强公共大数据发展建设的要求，建立家暴目睹儿童法律救济信息库，由家暴目睹儿童救助机构实时监控数据变化，对全省救助资源进行统筹管理和集中调配，在实际救助过程中，综合分析研判该目睹儿童的具体需求，并联合公安、妇联、医院等相关部门进行救助，实现全省信息共享和救助资源优化分配，从而为家暴目睹儿童法律救济提供技术支撑，提高保护家暴目睹儿童的质量和效率。

此外，为了使联防联控体系能发挥应有作用，不能忽视的就是，组成联防联控体系的各部门作为保护家暴目睹儿童的义务主体，存在易因当前过于模糊的法律规定造成其在保护家暴目睹儿童过程中放松警惕，出现消极履职或不作为的现象。本文认为我们应当进一步明确上述相关义务主体不履行或者怠于履行其保护家暴目睹儿童义务时应承担的法律责任。本文建议，结合我国国情，在《反家庭暴力法》第五章关于法律责任的部分中，进一步明确和细化“相关责任人员”“职责组织”“职责机构”的法律责任。以强制报告制度为例，当学校、医疗机构、救助管理机构等强制报告义务主体没有履行强制报告义务的案件数量累计超过五件或者因没有及时履行强制报告的义务而造成严重后果的，应由上级主管部门给予直接责任人以及直接负责的主管人员降职处分，并要求其进行为期一个月的脱产再教育，以此来引起相关责任主体对于保护和救济家暴目睹儿童的重视，消解相关责任主体中存在的消极履职或不作为的现象，进而更加精准有效保护和救济家暴目睹儿童。

习近平总书记指出，儿童健康事关家庭幸福和民族未来。儿童的成长需要一个安全、稳定、健康、温馨的家庭环境，其监护人之间的暴力行为无形之中对儿童的身心健康都造成了极大的伤害。因此，对于儿童中的特殊弱势群体，我们应当给予更多的关注。我们的研究只能说是管中窥豹，希望借由我们的研究能让更多的人、组织、机构关注到家暴目睹儿童这个特殊群体。救济和保护家暴目睹儿童，未来仍需要我们更加持续深入的研究和努力。通过本文的分析，建立健全家暴目睹儿童权益保护和救济的法律体系，建立家暴目睹儿童专门救助机构是救济和保护家暴目睹儿童行之有效的方式。但是一切的救济措施和手段只能是扬汤止沸的权宜之计，事后的补救永远不及事前的预防，建立健全家暴预防机制才是真正解决家暴目睹儿童问题的治本之策。因此笔者呼吁相关部门应当积极履职，加强对家暴施暴者的教育和矫治，并在社会层面广泛开展关于反家庭暴力的宣传教育，开设公共课程和讲座，介绍家暴的危害和后果，普及相关法律法规，从根本上减少家暴行为的发生，用法律维护祖国的未来，让青春梦想快乐飞翔。

【参考文献】

1. 吕频：《中国反家庭暴力行动》中国社会科学出版社 2011 版。

2. 吴用：《儿童监护国际私法问题研究》，对外经济贸易大学出版社 2009 年版。

3. 夏吟兰：《中国反对家庭暴力立法进路之回顾与展望》，中国社会科学出版社 2011 年版。

4. 荣维毅、黄列：《家庭暴力对策研究与干预——国际视角与实证研究》，中国社会科学出版社 2002 年版。

5. 薛竑：《暮色中的微光：美国联邦人身安全保护令研究》，载《比较法研究》2014 年第 6 期。

6. 吴鹏飞：《我国儿童虐待防治法律制度的完善》，载《法学杂志》2012 年第 10 期。

7. 陈郑之：《家庭暴力中目睹儿童代际传递的研究现状综述》，载《社会工作与管理》2018 年第 18 期。

8. 刘衍玲、廖方新、郑凯等:《家庭暴力代际传递：类型、理论和影响因素》，载《重庆大学学报（社会科学版）》2016 年第 6 期。

9. 翟高远:《论我国儿童家庭暴力防治体系的合理构建》，载《东南大学学报（哲学社会科学版）》2020 年第 22 期。

10. 于晶:《父母对未成年子女的家庭暴力防治探究》，载《中国青年社会科学》2017 年第 3 期。

11. 谢娜、蔡迎旗:《家庭暴力受害儿童的求助及其承接问题研究》，载《当代青年研究》2017 年第 2 期。

12. 张智辉、蔡国河:《儿童家暴社会工作介入的伦理困境——基于深圳鹏星家庭暴力防护中心的实践》，载《当代青年研究》2016 年第 1 期。

13. 柳娜、陈琛、曹玉萍等:《家庭暴力严重躯体施暴行为的代际传递——目睹家庭暴力》，载《中国临床心理学杂志》2015 年第 1 期。

14. 王启梁:《法律新范式：通过法制建设社会——台湾家庭暴力防治立法的文本与体系分析》，载《思想战线》2015 年第 2 期。

15. 张荣丽:《家暴致离婚案件子女抚养权归属审判研究——从儿童保护法律视角对调研结果及典型案例的分析》，载《妇女研究论丛》2017 年第 1 期。

16. 柳娜:《家庭暴力中严重躯体施暴行为的代际传袭：从心理—社会—精神病理—遗传学角度探讨》，中南大学 2011 年博士学位论文。

17. 罗杰:《家庭暴力立法与实践研究——以民事法律规制为中心》，西南政法大学 2012 年博士学位论文。

18. 娜仁图亚:《家庭暴力对儿童社会化的影响——以蒙古国乌兰巴托为例》，吉林大学 2014 年博士学位论文。

19. 刘昱辉:《公权力介入家庭暴力的法理思考》，中共中央党校 2016 年博士学位论文。

20. 张琪:《受暴女性的司法困境探析——女性主义视角下的涉家暴离婚案件研究》，吉林大学 2020 年博士学位论文。

贵州省村（居）法律顾问作用发挥调查研究*

秦开洪**

摘　要：村（居）法律顾问制度是实现基层公共法律服务体系建设的重要方式和重要支撑。如何建立健全村（居）法律顾问的体制机制，明确其功能定位、价值目标及概念内涵，找准村（居）法律顾问的角色定位，解决村（居）法律顾问制度运行中存在的东西部差异大、城乡差别大、资源分配不均、供给保障不足、服务质量参差不齐、服务效率有待提升等问题，以解除制约村（居）法律顾问作用发挥的体制机制障碍，实现村（居）法律顾问从“有形覆盖”到“有效覆盖”的良性转变，以更好地发挥“法治固根本、稳预期、利长远”的保障作用，是当前面临的重大理论与实践课题。本文以贵州省作为研究的区域范围，以村（居）法律顾问作用发挥为研究对象，以如何巩固和提升村（居）法律顾问作用为问题导向，通过分析村（居）法律顾问制度的基础理论和贵州省村（居）法律顾问制度的实践成效，在归纳、概括和总结制约贵州省村（居）法律顾问制度发展的因素基础上，提出巩固和提升贵州省村（居）法律顾问制度发展的路径，以期作用于贵州省乡村振兴和法治乡村建设，助力巩固脱贫成果，为贵州省经济社会高质量发展提供法治保障。

关键词：公共法律服务体系　基层公共法律服务体系　村（居）法律顾问制度

---

*　本文系贵州省司法厅2023年度法治理论与实践研究课题“贵州省村（居）法律顾问作用发挥调查研究”（fzkt202314）结项成果。

**　秦开洪，北京浩天律师事务所合规与政府监管专业委员会政府事务组牵头合伙人，北京浩天（贵阳）律师事务所高级合伙人。

一、村（居）法律顾问制度的概念

随着国家治理模式和政府职能的转变，村（居）法律顾问制度相伴于我国社会主要矛盾的转化而逐渐发展并日趋成熟。[①]起初，村（居）法律顾问制度仅是作为公共法律服务的一项具体工作开展，以完成一村（居）一法律顾问的配置目标为导向，由村（居）法律顾问为村（居）自治组织、村（居）民提供便利法律服务，促进基层自治法治化建设，满足村（居）居民日益增长的法律服务需求。随着公共法律服务体系建设和村（居）法律顾问工作的深入开展，村（居）法律顾问在增强基层法治意识和治理能力、化解基层矛盾纠纷、维护基层群众合法权益和基层社会和谐稳定、助力基层社会治理法治化方面显示出强大的生命力和巨大的社会价值，因而越来越受党委政府的重视，并逐渐被人民群众所接纳。

结合司法部印发的《关于推进公共法律服务体系建设的意见》及《公共法律服务事项清单》[②]内容，本文探索提出村（居）法律顾问制度的概念，是指在党委政府的统一领导下，以司法行政机关为组织协调主体，立法机关、司法机关、人民团体及政府各部门协同，社会公众积极参与，以财政专项补助资金为主要经济来源，以专业法律人员为主要服务提供者，以村（居）自治组织、村集体经济组织和村（居）民为服务对象，以基层群众在社会公共生活领域的法律服务需求为落脚点，以法治宣传教育、法律咨询解答、非诉基本法律服务、法律援助、矛盾纠纷化解、公共法律服务产品供给、村（居）依法治理、法律服务指引为主要服务内容，以提升村（居）干部和村（居）民的法律素养与法治意识、有效化解基层社会矛盾纠纷、维护基层群众合法权益，推进基层治理法治化、实现基层社会和谐稳定为目标的公益法律服务制度。

---

① 参见习近平总书记在中国共产党第十九次全国代表大会上的报告《决胜全面建成小康社会夺取新时代中国特色社会主义伟大胜利》，社会主要矛盾由人民日益增长的物质文化需要同落后的社会生产之间的矛盾转化为人民日益增长的美好生活需要和不平衡不充分的发展之间的矛盾。

② 司法部《关于印发〈公共法律服务事项清单〉的通知》（司发通〔2019〕97号）。

二、村（居）法律顾问制度的建设实践

根据民政部和司法部的统计数据，结合图 1—5 的分析，对比 2017—2022 年全国村（居）数量以及全国律师及基层法律服务工作者担任村（居）法律顾问的数量，可以看出，全国 60 余万个村（居）已经实现了村（居）法律顾问的全覆盖。

图 1 充分反映全国村（居）的数量变化情况，村民委员会始终占据全国村（居）的绝对数量，虽然其占比已由 2017 年的 83.94% 减少到了 2022 年的 80.56%，但其绝对数量并未发生明显变化，因而村（居）法律顾问服务的主流人群和对象还是村民委员会及农村居民。此外，图 1 还反映出我国社区居民委员会的数量在逐年增长，说明了我国城市化进程仍然在加快进行中。

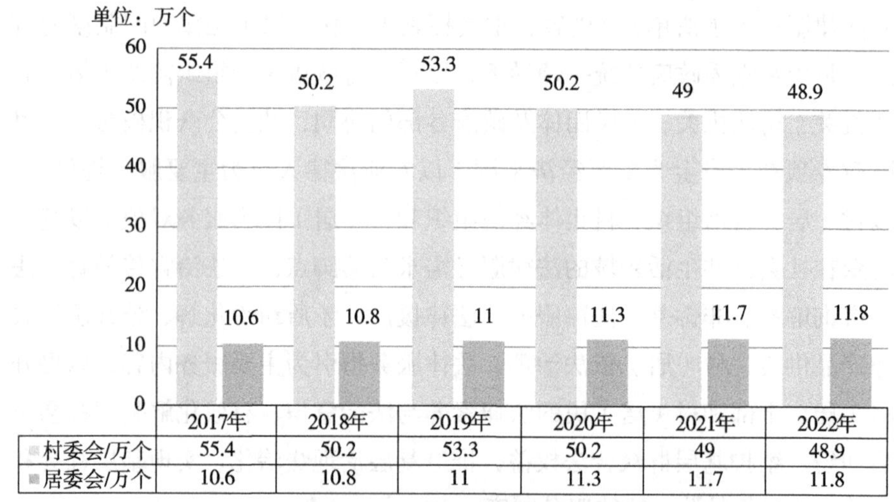

	2017年	2018年	2019年	2020年	2021年	2022年
村委会/万个	55.4	50.2	53.3	50.2	49	48.9
居委会/万个	10.6	10.8	11	11.3	11.7	11.8

图 1　2017—2022 年全国村（居）数量统计[①]

图 2 反映出，近年来我国执业律师人数急剧增长，由 2017 年的 36.5

① 统计数据来源于民政部 2022 年 8 月 26 日发布的《2021 年民政事业发展统计公报》，以及 2023 年 6 月 9 日发布的《2022 年 4 季度民政统计数据》。

万人增长到2022年的65.16万人，增长了78.49%。说明我国专业法律服务力量得到了很大的提高。在执业律师人数大幅增长的情况下，律师事务所的增长比例仅为37.86%，其增速明显缓于前者，说明律师执业出现规模化聚集，律师专业力量的组合与专业化分工正在加速进行。这从全国规模律所数量的变化亦可以看出：2017年，30—50人的律师事务所1100多家，占总数的4.1%；50—100人的律师事务所500多家，占总数的1.8%；100人（含）以上的律师事务所200多家，占总数的0.8%。到2022年，21—50人（含）的律师事务所4037家，占总数的10.44%；50—100人（含）的律师事务所784家，占总数的2.03%；100人以上的律师事务所500家，占总数的1.29%。

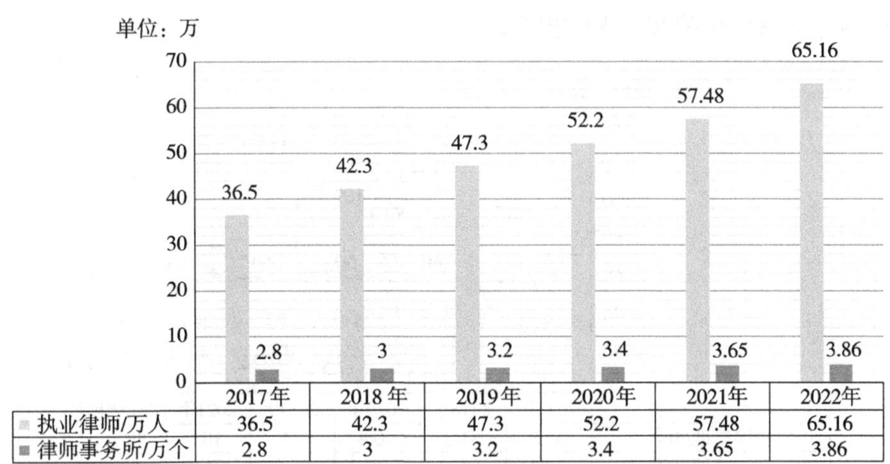

	2017年	2018年	2019年	2020年	2021年	2022年
执业律师/万人	36.5	42.3	47.3	52.2	57.48	65.16
律师事务所/万个	2.8	3	3.2	3.4	3.65	3.86

图2　2017—2022年全国律师及律师事务所数量统计[①]

图3反映出，从全国律师办理法律援助案件、参与接待和处理信访案

① 统计数据来源于司法部2018年3月14日发布的《律师、公证、基层法律服务最新数据出炉》，2019年3月7日发布的《2018年度律师、基层法律服务工作统计分析》，2020年6月22日发布的《2019年度律师、基层法律服务工作统计分析》，2021年6月11日发布的《2020年度律师、基层法律服务工作统计分析》，2022年8月15日发布的《2021年度律师、基层法律服务工作统计分析》，2023年6月14日发布的《2022年度律师、基层法律服务工作统计分析》。

件、开展律师调解工作、为弱势群体提供免费法律服务等案件的数量看，全国律师每年人均办理法律援助案件 1—3 件，参与接待和处理信访案件 1 件左右，开展律师调解工作 0.5 件左右，为弱势群体免费办理法律服务事项 2—3 件，至少担任 1—2 个村（居）的法律顾问，为村（居）民依法自治和村（居）矛盾纠纷化解、村（居）民合法权益保障提供免费法律服务。总体来看，一名律师一年至少办理了 5—6 件公益法律服务案件，并至少担任了一个村（居）的法律顾问，且此数据不包括律师参与“实体、热线、网络”三大公共法律服务平台提供的免费法律咨询案件数量，也不包括各地司法行政机关、律师协会及律师事务所等组织开展的法治宣传教育、法治体检、法治扶贫等公益法律服务事项，凸显了律师为人民的公益担当，同时也承受了较重的公益法律服务压力，这不利于村（居）法律顾问服务质量的保障和水平的提升。

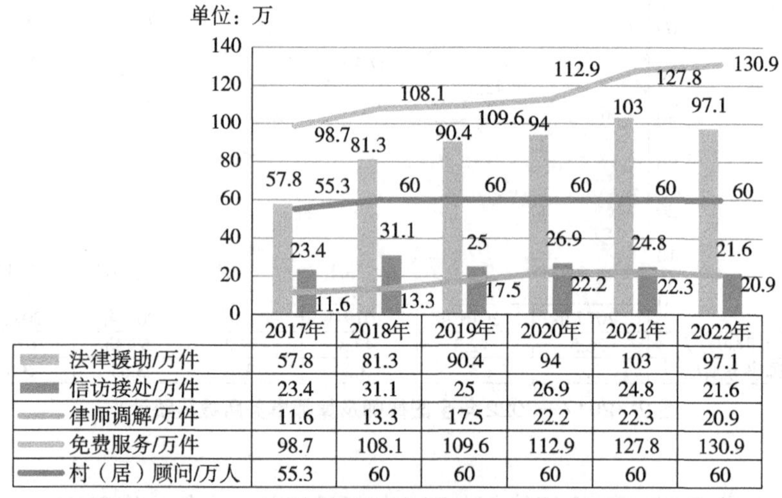

	2017年	2018年	2019年	2020年	2021年	2022年
法律援助/万件	57.8	81.3	90.4	94	103	97.1
信访接处/万件	23.4	31.1	25	26.9	24.8	21.6
律师调解/万件	11.6	13.3	17.5	22.2	22.3	20.9
免费服务/万件	98.7	108.1	109.6	112.9	127.8	130.9
村（居）顾问/万人	55.3	60	60	60	60	60

图 3　2017—2022 年全国律师提供各类公益法律服务统计[①]

① 统计数据来源于司法部 2018 年 3 月 14 日发布的《律师、公证、基层法律服务最新数据出炉》，2019 年 3 月 7 日发布的《2018 年度律师、基层法律服务工作统计分析》，2020 年 6 月 22 日发布的《2019 年度律师、基层法律服务工作统计分析》，2021 年 6 月 11 日发布的《2020 年度律师、基层法律服务工作统计分析》，2022 年 8 月 15 日发布的《2021 年度律师、基层法律服务工作统计分析》，2023 年 6 月 14 日发布的《2022 年度律师、基层法律服务工作统计分析》。

图 4 反映出，全国基层法律服务工作者和基层法律服务机构都出现了萎缩。但经对比图 5 发现，基层法律服务工作者承担了比律师更重的公益法律服务职责。2017 年，平均一名法律工作者需办理将近 3 件法律援助案件，接待和处理 1 件以上信访案件，调解 5 件以上纠纷案件，免费为弱势群体提供法律服务将近 8 年，担任至少 2 个村（居）的法律顾问。也即一人一年至少办理 17 件公益法律服务案件，担任不少于 3 个村（居）的法律顾问。到 2022 年，虽然基层法律服务工作者承担的公益法律服务数量有所减少，但总体压力仍然偏大，其中需要办理 2 件以上法律援助案件，接待和处理将近 1 件信访案件，调解 3 件纠纷案件，免费为弱势群体办理 8 件法律服务案件，担任不少于 2 个村（居）的法律顾问，即一人一年至少需要办理 14 件公益法律服务案件，并担任不少于 3 个村（居）的法律顾问。对法律知识和法律技能整体弱于律师的基层法律服务工作者而言，在承担如此大的公益法律服务压力的情况下，其法律服务质量必然受到影

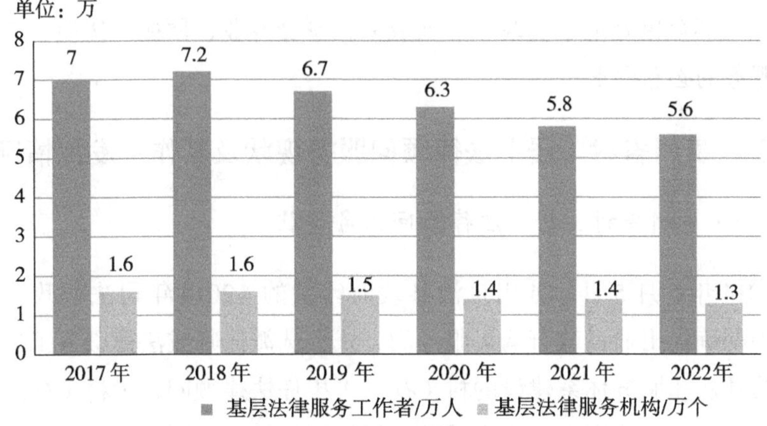

图 4　2017—2022 年全国基层法律服务工作者及机构数量统计[①]

① 统计数据来源于司法部 2018 年 3 月 14 日发布的《律师、公证、基层法律服务最新数据出炉》，2019 年 3 月 7 日发布的《2018 年度律师、基层法律服务工作统计分析》，2020 年 6 月 22 日发布的《2019 年度律师、基层法律服务工作统计分析》，2021 年 6 月 11 日发布的《2020 年度律师、基层法律服务工作统计分析》，2022 年 8 月 15 日发布的《2021 年度律师、基层法律服务工作统计分析》，2023 年 6 月 14 日发布的《2022 年度律师、基层法律服务工作统计分析》。

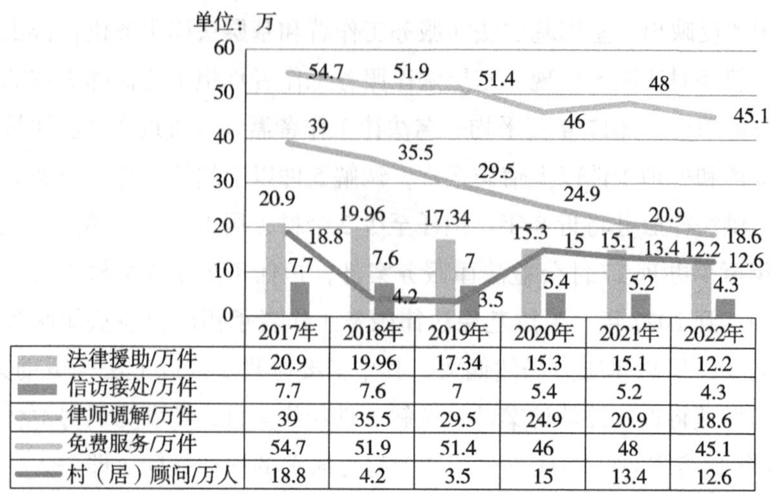

	2017年	2018年	2019年	2020年	2021年	2022年
法律援助/万件	20.9	19.96	17.34	15.3	15.1	12.2
信访接处/万件	7.7	7.6	7	5.4	5.2	4.3
律师调解/万件	39	35.5	29.5	24.9	20.9	18.6
免费服务/万件	54.7	51.9	51.4	46	48	45.1
村（居）顾问/万人	18.8	4.2	3.5	15	13.4	12.6

图 5　2017—2022 年全国法律服务工作者提供各类公益法律服务统计①

响。由此也看到，我国基层法律服务市场挖掘潜力大，是未来需要重点扶持和开发的方向。这也是拓宽法律服务领域，实现专业法律服务下沉，以保障人民群众更好地享受改革发展成果，享受专业、便捷、优质、高效的法律服务的必然要求。

三、贵州省村（居）法律顾问服务现状及其作用发挥情况

（一）贵州省村（居）法律顾问服务现状

2014 年 5 月 5 日，务川自治县政府印发的《2014 年司法行政工作要点》中明确提出通过政府购买服务的方式，选派律师或法律服务工作者为开展公共法律服务体系建设的村（社区）担任法律顾问，为村（社区）提供法治宣传、法律咨询、法律援助、纠纷调处等公共服务产品，为人民群

---

① 统计数据来源于司法部 2018 年 3 月 14 日发布的《律师、公证、基层法律服务最新数据出炉》，2019 年 3 月 7 日发布的《2018 年度律师、基层法律服务工作统计分析》，2020 年 6 月 22 日发布的《2019 年度律师、基层法律服务工作统计分析》，2021 年 6 月 11 日发布的《2020 年度律师、基层法律服务工作统计分析》，2022 年 8 月 15 日发布的《2021 年度律师、基层法律服务工作统计分析》，2023 年 6 月 14 日发布的《2022 年度律师、基层法律服务工作统计分析》。

众提供优质、高效、便捷的法律服务；明确各乡镇购买村（居）法律顾问服务的费用每年不少于1万元；同时提出，要创造条件建立和恢复基层法律服务机构，吸引和培养具备一定法律知识的人员进入基层法律服务工作队伍；2014年底，至少建立3个以上乡镇基层法律服务所[①]。由此开启了贵州村（居）法律顾问实践工作。2015年10月，贵阳市率先在全省范围内出台《关于全面推进公共法律服务体系建设的意见》，规划于2018年建成“政府主导、保障有力、管理规范、运行高效、覆盖城乡、惠及全民”的可持续公共法律服务体系，并于2016年4月全面启动“一村（居）一法律顾问”配置工作，将“一村（居）一法律顾问”配备工作列为市委、市政府2016年为民拟办的“十件实事”项目之一。配备工作通过政府购买服务的方式，由市、区两级财政按照每个村（居）不低于5000元/年的标准聘请律师、法律服务工作者担任村（居）法律顾问，由此开启了村（居）法律顾问服务的“贵阳模式”。[②]同时，贵阳市司法局与贵阳市律师协会会商制定律师资源分配方案，截至2016年底，共选派业务能力强、政治素质高的511名律师和180名基层法律服务工作者到村（居）担任法律顾问，实现贵阳市1461个村（居）法律顾问100%全覆盖。[③]之后，随着国家有关村（居）法律顾问政策的推进，在《贵州省法治乡村建设实施意见》和《关于加快推进公共法律服务体系建设的实施意见》的指导下，贵州省村（居）法律顾问工作得以在全省范围内铺开。

截至2017年1月，贵阳市村（居）法律顾问已接待法律咨询13763人次，修改完善村规民约78件，审查各类合同304件，化解矛盾纠纷715件，提供法律意见2568次，直接参与处理群体性、敏感性案件82件，开展法治宣传1340次，开展法治讲座227次，实现了政治效果、法律效果、

① 《自治县人民政府办公室关于印发务川自治县2014年司法行政工作要点的通知》（务府办发〔2014〕52号）。

② 《法律顾问年内成贵阳村（居）标配》，载微信公众号“贵阳市人民政府网”，2016年4月12日。

③ 李平：《公共法律服务体系建设面临的困境及对策分析——以贵州省贵阳市为例》，载《中国司法》2017年第7期。

社会效果的统一。[①] 贵州省其他地州市亦追随贵阳市的步伐，制定相关政策，督导村（居）法律顾问工作落实落地，开展类似的村（居）法律顾问服务工作。

2016 年，毕节市通过配齐乡镇政府法律顾问的方式，由乡镇政府法律顾问配合开展基层矛盾纠纷化解、接受群众法律咨询、指导签订合同等，并在黔西县谷里镇开展一村一法律顾问试点工作。[②] 2021 年，毕节市向 286 个村（居）派驻 100 余名法律工作者担任驻村法律顾问，为群众提供法律咨询、宣传法律、反映民意、调解纠纷、法律援助和代理诉讼等服务。[③] 2023 年，毕节市实现了 3716 个村（居）法律顾问全覆盖，提供民事案件咨询 1482 件次、刑事 151 件次，行政 147 件次，其他法律事务 1280 件次，开展普法宣传 582 次、法律援助 346 次、审查合同 278 次，参与调解 701 次，出具法律意见书 353 次。[④] 2018 年，安顺市司法局召开全市村（居）法律顾问推进会，并在之后共计选派 263 名律师、31 名基层法律服务工作者、76 名司法行政人员、2 名其他法律服务人员分别担任 748 个、121 个、296 个和 10 个村（居）的法律顾问，推进村（居）法律顾问全覆盖，让律师担当法律的宣传员、矛盾纠纷的调解员。[⑤] 2022 年，黔南州 79 家律所与黔南州所辖 1463 个村（居）全部签订了法律顾问协议，建立村微信群 1283 个，为村（居）群众提供法律服务活动 4611 次，协助村（居）委员会起草、审核、修订村规民约和其他管理规定 2581 件次，为村

① 《贵阳村居法律顾问全覆盖》，载微信公众号“黔微普法”，2017 年 1 月 5 日。“1+1+1”的模式是指由一名主管律师、一名协办律师加一名辅助（实习）律师组成专业顾问服务与指导团队。

② 《毕节市推行乡镇法律顾问制度全覆盖助推基层法治政府建设》，载微信公众号“毕节市人民政府网”，2017 年 10 月 24 日。

③ 《毕节市“五个坚持”推动法治乡村建设》，载微信公众号“毕节司法”，2021 年 7 月 27 日。

④ 《毕节市以党建引领，全面提高律师行业工作质效》，载微信公众号“平安毕节”，2023 年 4 月 20 日。

⑤ 《安顺市召开全市村居法律顾问推进会》，载微信公众号“安顺司法”，2018 年 9 月 30 日；《安顺村（居）法律顾问从“有形”覆盖迈向“有效”覆盖》，载微信公众号“安顺政法”，2022 年 10 月 27 日。

（居）民提供法律咨询、解答、引导等其他法律服务 2075 次，切实打通了法律服务群众的“最后一公里”，基层百姓获得感和幸福感明显提升。[①] 2022 年以来，贵州省律师担任村（居）法律顾问签约数 9654 人，司法行政工作人员担任村（居）法律顾问签约数 3549 人，基层法律服务工作者担任村（居）法律顾问签约数 2373 人，提供法律咨询 71053 次，提供法律服务 62570 次，参与调解 19204 次，出具法律意见书 2759 次。[②] 结合贵州省民政厅 2022 年 11 月 22 日公布的全省村居数据[③]，经对比，截至 2022 年，贵州省村（居）法律顾问覆盖率已达到 87%。

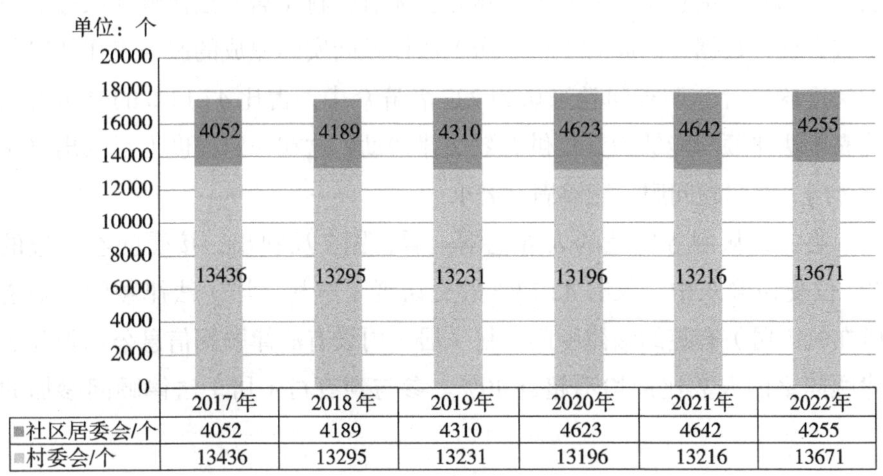

	2017年	2018年	2019年	2020年	2021年	2022年
■社区居委会/个	4052	4189	4310	4623	4642	4255
■村委会/个	13436	13295	13231	13196	13216	13671

图 6　2017—2022 年贵州省村（居）数量统计[④]

① 《2022 年黔南州律师行业十大事件》，载微信公众号“黔南州律师协会”，2023 年 1 月 21 日。

② 中共贵州省委全面深化改革委员会办公室 2023 年 2 月 20 日印发的《贵州改革工作动态》。

③ 贵州省民政厅：《贵州省 2022 年第三季度民政事业统计季报分析》。

④ 统计数据来源于贵州省民政厅 2022 年 11 月 16 日公布的《贵州省 2021 年民政事业发展统计分析》，以及 2022 年 11 月 22 日公布的《贵州省 2022 年第三季度民政事业统计季报分析》。

（二）贵州省村（居）法律顾问服务需求满足情况

第一，从服务数据上看，贵州省各地州市发布的有关村（居）法律顾问服务的数据以及贵州省律师协会发布的历年《贵州省律师行业社会责任报告》反映出，村（居）法律顾问为村（居）治理、基层矛盾纠纷化解和基层群众权益保障提供了大量法律服务，让相关矛盾纠纷有效化解在基层，实现了矛盾纠纷处置的有效前移，有利于维护基层社会和谐稳定；同时也有效帮助村（居）实现治理的规范化和法治化，提高了村（居）干部及村（居）民运用法律武器维护自身合法权益的信心，提升了基层群众的法律认知和法治意识。但限于贵州省暂无有关村（居）法律顾问服务的完整官方统计数据，因此对于村（居）法律顾问实际完成的服务工作情况尚无法准确统计。调查问卷采访的227名群众中，占比47.14%的受访者明确表示法律顾问能够为其提供有效法律帮助，这在一定程度上反映出贵州村（居）法律顾问服务能够满足需求。

第二，从服务覆盖的人群范围上看，图7反映出，接受问卷调查的227位受访群众中，仅有42.73%的受访者了解村（居）法律顾问，知道所在村（居）有签约法律顾问、村（居）内设有法律顾问信息公示牌和法律顾问室的人数比例均不超过40%。参与到有村（居）法律顾问参加的

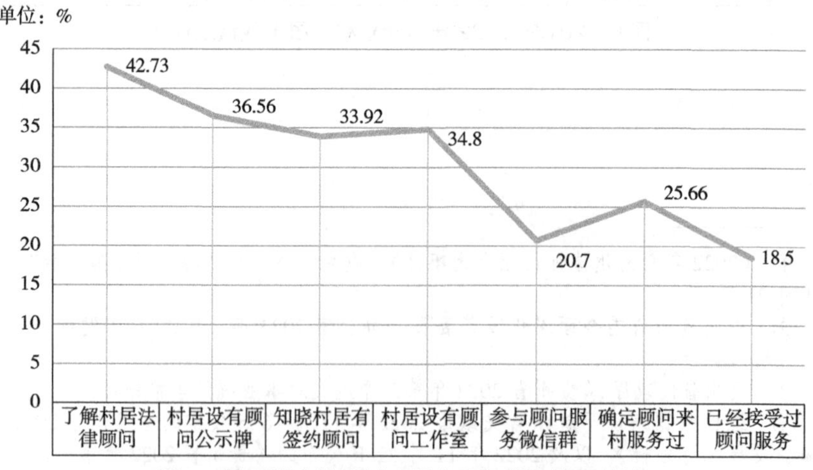

图7　基层群众接受村（居）顾问服务情况统计

法律服务微信群的受访人数比例仅占受访人数的20.7%，确定村（居）法律顾问到村（居）开展过法律服务的人数比例仅占到25.55%，接受过村（居）法律顾问提供的服务的仅有18.5%。该组数据表明，虽然贵州已基本实现了村（居）法律顾问全覆盖，但群众对村（居）法律顾问的了解和认知还远远不足，与村（居）法律顾问接触过的群众比例还很低，得到过村（居）法律顾问服务的人数占比还很小。因而，目前贵州村（居）法律顾问实际辐射到的群众范围还比较有限。村（居）法律顾问的全覆盖，目前还主要是“有形”层面的全覆盖，还未达到“有效”层面的全覆盖。

第三，从服务需求范围满足情况看，图8反映了受访的227名群众给出的服务需求占比和服务满足率占比情况，图9反映了受访的172名村（居）法律顾问实际提供的各类型法律服务占比情况。图8反映出，法律顾问提供的法律服务与村（居）民的需求相比还存在一定差距。其中满足群众法律咨询方面的差距最大，有21.58%，其次是法治宣传教育方面有18.94%的差距，即使是服务与需求比例差距最小的村居治理，差距比例也有9.69%。说明村（居）法律顾问作用还有较大的提升和发挥空间。图9反映出解答法律咨询、开展法治宣传教育、提供诉讼引导与咨询、参与矛盾纠纷调处、帮助申请和办理法律援助、参与人民调解、帮助代书法

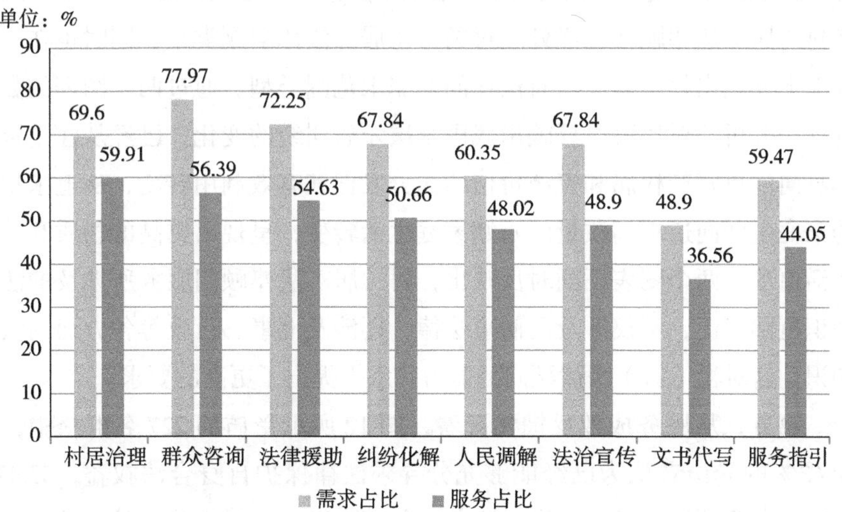

图8　群众法律服务需求与村居顾问服务占比统计

律文书是村（居）法律顾问的主要法律服务工作。其中除代书法律文书比例为 40.7% 外，其余服务类型占比均超过 50%，解答法律咨询的占比高达 95.35%。

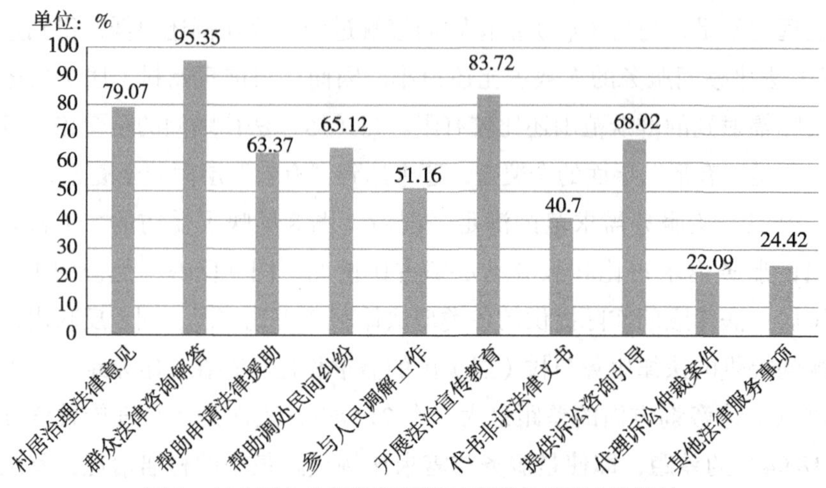

图 9　村（居）法律顾问提供过的服务类型占比统计

第四，从服务需求事项涉及的法律问题类型看，图 10 反映了受访的 227 名群众所接受的法治宣传教育法律问题类型，图 11 反映了受访的 172 名村（居）法律顾问已经处理过的村（居）法律问题类型，同时也在一定程度上反映出村（居）民对法律问题需求范围类型。通过两个图表的数据统计、分析与对比可以反映出我国基层矛盾纠纷的变化，已经从注重资产本身向注重资产权属和资源价值的充分发挥和有效利用转变，从追求稳固的家庭生活向追求高质量的婚姻家庭生活转变，呈现出更高的物质和精神生活追求。两个图表还同时反映出，村（居）法律顾问服务所涉及的法律知识范围广泛，不仅涉及民商事法律，还涉及刑事、行政等各方面的法律知识，这对村（居）法律顾问的能力和水平提出了更高的要求。

第五，从服务成效反馈情况看，图 12 所示受访的 227 名群众中，有 28.63% 的受访者认为已经能够充分寻求法律保护自身合法权益，52.42% 的受访者能够想到寻求法律保护自身合法权益，59.03% 的受访者认为其所

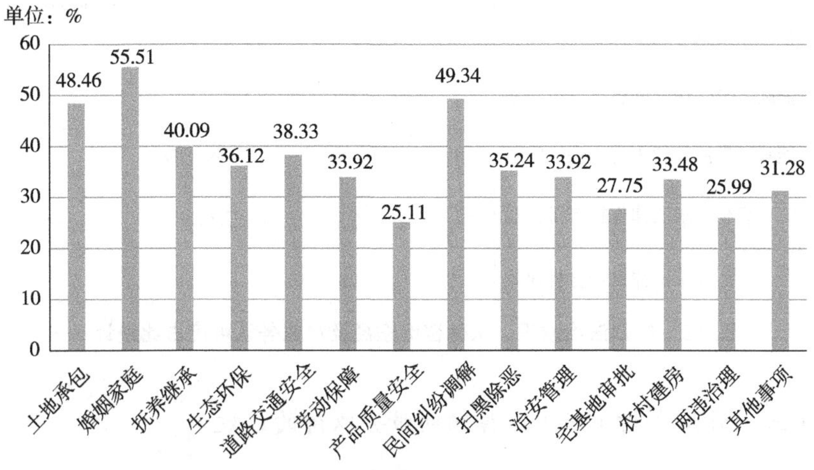

图 10　群众接受过的法治宣传教育内容占比统计

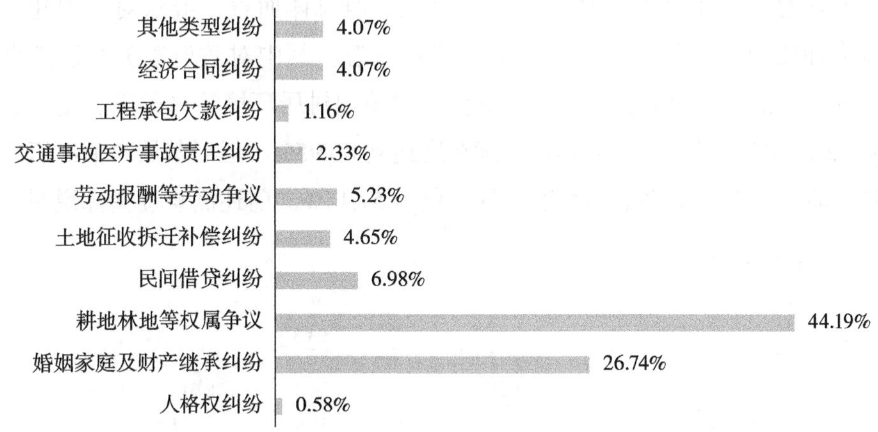

图 11　村（居）法律顾问服务过程中遇到的法律问题类型统计

在的村（居）能够找到懂法律的人咨询和解答法律问题，47.14% 的受访者确定能够及时联系上村（居）法律顾问并有效解答所咨询的法律问题，90.31% 的受访者信得过律师及基层法律服务工作者提供的法律咨询和解答。前述数据表明，群众知法守法用法的意识已逐步提高，遇到法律问题获得解答的有效途径逐步畅通，以及群众对律师及法律工作者的信任度和专业价值认可度极大提高。

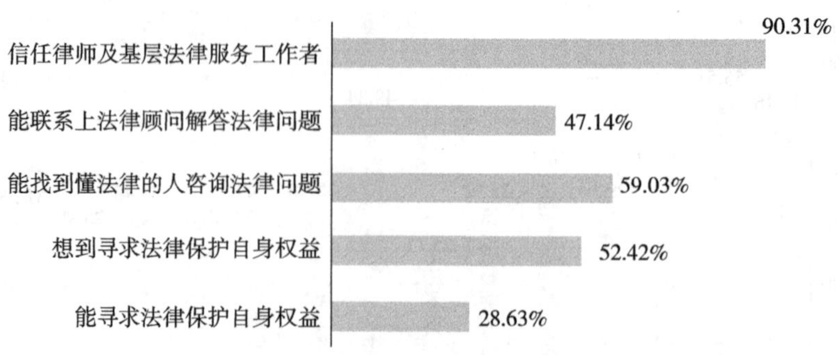

图 12　群众法治意识、法律咨询途径及对服务认可度占比统计

（三）贵州省村（居）法律顾问服务取得的成效

1. 基层治理能力和自治水平明显加强，治理的法治化水平显著提高

如图 13 可以看出，虽然基层治理体系和治理能力现代化建设距离人民群众对美好生活的向往还有一定差距，但总体而言，群众对各项建设能力和建设指标的满意度基本处于优良状态。其中对政府服务和法院诉讼等服务的满意度达到 93.3%，对村容村貌和村居环境治理的满意度达到 87.52%，对基层民主法治建设的满意度达到 80.95%。但对基层自治组织的自治能力和自治水平的满意度较低，仅为 57.14%。前述满意度指标说明了

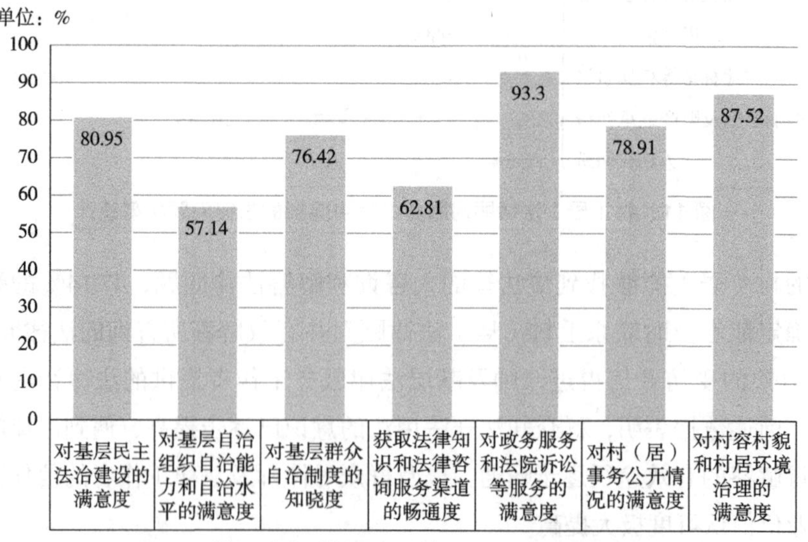

图 13　基层群众对村居各项事务建设的满意度比例

近年来贵州省在基层公共法律服务体系建设及村（居）法律顾问制度实施方面已经取得了明显的成效，村（居）治理的法治化水平得以明显提高，但同时也反映出法律服务建设中仍然还有很多不足，与人民日益增长的美好生活需要之间还存在一定差距，特别是在基层治理能力和治理水平建设方面，还有很大提升和改进空间。

2. 基层群众的法治意识和法律素养明显提高

通过基层公共法律服务建设和村（居）法律顾问服务，基层群众对法律有了更加直观的感知和深切体会，人民群众对公平正义价值的理解和追求也有了更强的信心。通过村（居）法律顾问等的直接参与，与基层群众进行面对面沟通，接受咨询与解答，能有效帮助群众了解法律知识，增强法律素养，培养法治意识，引导基层群众学会运用法律武器维护自身合法权益。如图 14 所示，在受访的 227 名基层群众中，对律师和基层法律服务工作者选择和信任度倾向达到 90.31%，从一定程度上反映了村（居）法律顾问制度所具有的价值、功能，有助于村（居）法律顾问制度的进一步深化实施，以真正实现基层社会治理的法治化、现代化。但也应当意识到，目前所显示的成效还远远不满足共建共治共享的社会治理目标，难以达到基层“自治、法治、德治”融合与协同共治的目标要求。

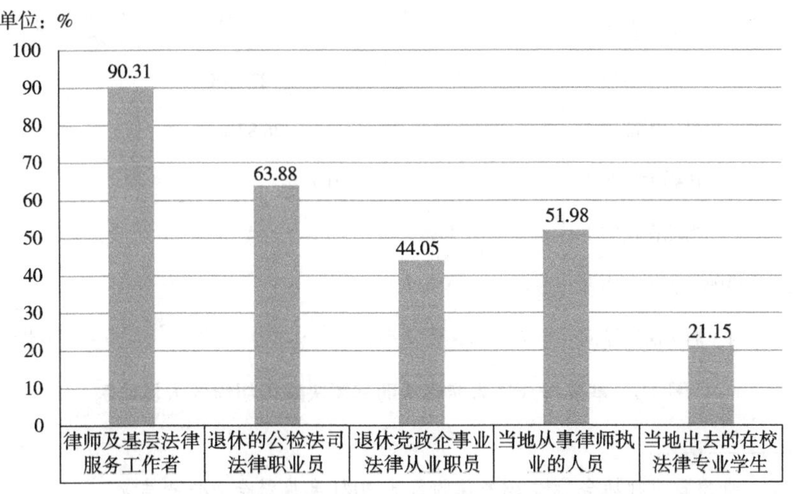

图 14 群众选择帮助其解决纠纷的人群的信任度倾向占比

3. 基层群众获取法律知识和解决权益纠纷的渠道更加畅通

根据贵州省律协统计，2021 年，全省有 2300 多名律师参加市县《民法典》宣讲团，开展线上线下宣讲 2440 余场，受众 1970 万余人次；67 名律师积极参加全省基层普法队伍“万人大培训”，到定向指导的县（市、区）开展普法培训工作，线下培训 80 余次，参与受众达 7000 余人。[①]在全省层面，已经完成了省、市、县、乡四级公共法律服务实体平台建设，建成公共法律服务中心 101 个、公共法律服务站 1511 个，易地扶贫搬迁公共法律服务工作站点 704 个，已在村（居）设立法律顾问室，便利群众进行现场法律咨询。[②]通过建立 12348 贵州法网咨询服务平台和电话热线咨询平台，实现全业务、全时空的公共法律服务。同时，加大民主法治示范村的建设力度，培养法律明白人，完善人民调解员的配置，使有形法律服务载体变成有效法律服务渠道。如图 15—图 17 所示，能够为基层群众提供法律服务的专业人员范围已得到较大拓宽，群众获取法律知识和获取法律服务信息的主渠道得以拓展，可选择的纠纷解决渠道更加多元，且法律途径已经成为基层矛盾纠纷化解的主渠道。图 15 说明受访的 227 名基层群众中，有 47.14% 的受访者系直接通过村（居）法律顾问获得服务。

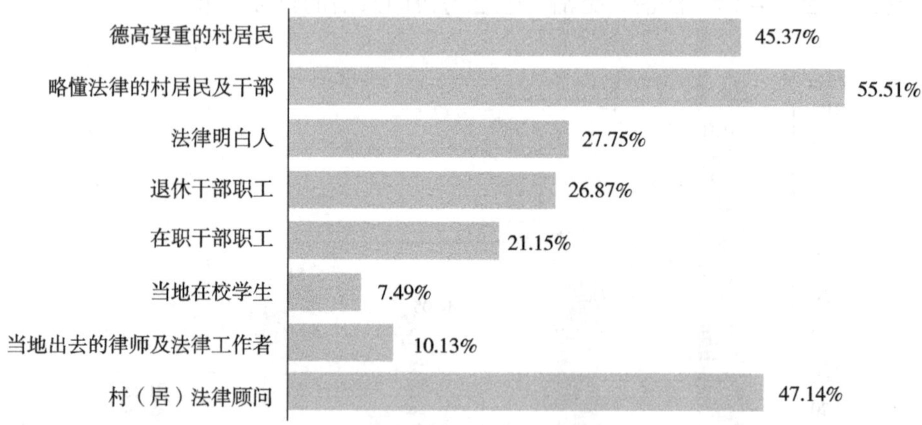

图 15　基层群众认为能够帮助其解决法律纠纷的人员比例

① 贵州省律师协会:《贵州省律师行业 2021 年度社会责任报告》。

② 参见《省司法厅 2022 年法治政府建设工作报告》。

图 16　基层群众了解法律知识渠道的选择倾向占比

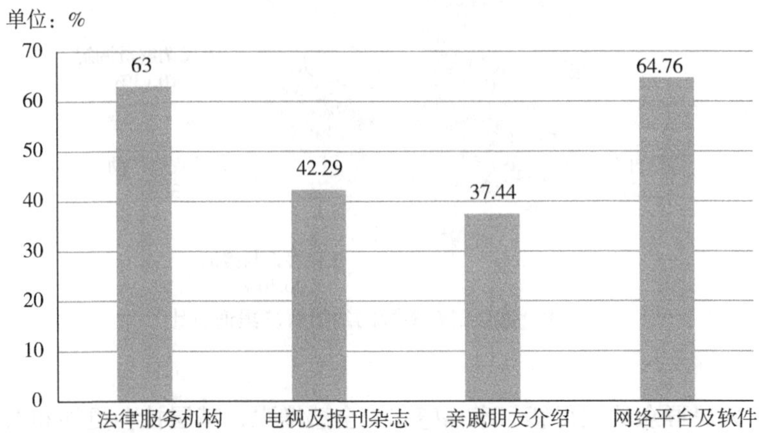

图 17　基层群众获取法律服务信息的选择渠道倾向比例

图 16 表明现场法治讲座、微信、微博、抖音、网站等已经成为群众了解法律知识的主渠道，群众可通过即时通讯终端获得相应法律知识。图 17 表明，直接到专业法律服务机构获取法律资讯、解答法律问题仍然是群众的主要信任和选择方式；同时，随着专业法律服务的大众化普及，大量专业人员开始通过微信公众号、抖音短视频、互联网在线直播等方式传播法律知识、提供法律资讯、解答法律问题，其信息的可信度、专业度和可用度亦有很大提高，这些方式已在很大程度上获得了大众的青睐，大众选择该渠道获取法律资讯的倾向已高达 64.76%。

4. 法律途径已经成为化解基层矛盾纠纷的有效方式

图 18 显示，受访的 227 名基层群众中，主要通过诉讼仲裁、法律咨询与法律援助、村居干部调解、人民调解员调解或政府帮助等途径化解矛盾纠纷占比达 81.05%，说明绝大多数的基层群众已经能够充分利用法律途径维护自身合法权益，且已经成为化解基层矛盾纠纷的主渠道。

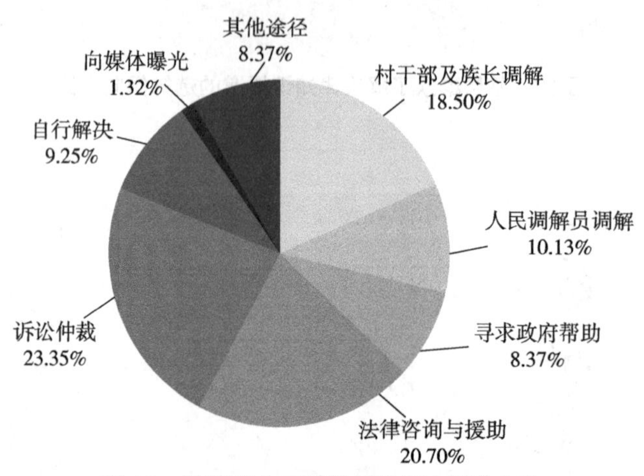

图 18　基层群众采取的纠纷解决渠道占比

5. 人民群众的获得感、幸福感和安全感增强，基层社会更加和谐稳定

2022 年以来，全省村（居）法律顾问提供法律咨询 71053 次，提供法律服务 62570 次，参与调解 19204 次，出具法律意见书 2759 次。① 2021 年，贵州律师驻点服务贵州 12348 热线，日均接话 1000 余次，刑事案件律师辩护实现全省覆盖，为维护农民工、妇女、未成年人、残疾人等弱势群体合法权益提供免费法律服务 22157 件，办理法律援助案件 32606 件，参与接待和处理信访案件 1942 件，律师调解案件 4100 件、参与处置城管执法案件 304 件，其他法律服务案件 4103 件。② 前述数据表明，村（居）

① 中共贵州省委全面深化改革委员会办公室 2023 年 2 月 20 日印发的《贵州改革工作动态》。

② 贵州省律师协会:《贵州省律师行业 2021 年度社会责任报告》。

法律顾问为基层矛盾纠纷的化解做了大量工作，及时帮助解决基础矛盾纠纷，有效将矛盾纠纷化解在基层，消除在萌芽状态，让人民群众的合法权益得以保障。同时也消除了基层群众“打不起官司、请不起律师”的顾虑和担忧，以及在合法权益受到侵害时“多一事不如少一事、忍气吞声、不敢发声”的悲观心态。让基层群众体验在家门口找律师和免费请律师。大量矛盾纠纷得以及时有效化解，也有效促进了邻里关系的改善和基层社会秩序的恢复，使得基层社会更加和谐稳定。

（四）贵州省村（居）法律顾问制度存在的问题

1. 未形成统一规范的村（居）法律顾问制度机制

根据司法部的要求，贵州省司法厅统领全省公共法律服务体系建设工作，组织落实公共法律服务“实体、热线、网络”三大平台建设作为全省公共法律服务的运行实体、网络和热线平台载体，建立完善全省法律援助体系、人民调解工作体系，试点律师调解工作室，设立多元化纠纷调解组织，为人民群众提供法律法规、案例、法律服务机构等查询，法律援助、公证和鉴定事项办理，以及日常法律咨询等服务。以全省各市州司法行政机关为主要组织、实施和监督主体，组织开展村（居）法律顾问工作。虽然省委、省政府高度重视公共法律服务体系建设和村（居）法律顾问工作，出台了相关政策措施，但并未就村（居）法律顾问工作作出细化规定，也未出台全省统一的村（居）法律顾问制度建设文件，导致全省村（居）法律顾问工作启动和建设进度不一，建设和落实标准差异大。村（居）法律顾问工作缺乏有效的组织、保障和落实机制，服务缺乏有效监督、督导和考核机制，服务质量和水平缺少有效提升保障机制，因而形成了全省差异化发展的状况，导致村（居）法律顾问服务与均等普惠的公共法律服务建设目标不相适应。如贵阳市早在2016年底实现村（居）法律顾问全覆盖，但部分市州于2022年左右才完成村（居）法律顾问全覆盖工作，这也导致至今无法就全省村（居）法律顾问工作形成完整准确的统计数据，难以实现村（居）法律服务成效与不足的客观评估、评价、考核、判断和改进。

2. 未建立村（居）法律顾问工作的协调运行机制

村（居）法律顾问制度机制的缺失，还造成了村（居）法律顾问服务与公共法律服务职能职责的错位，制度之间协调运行不畅。公共法律服务不仅是司法行政机关的职能职责，更应当是在党委领导下，以政府为主导，法院、检察院、监察委及各党群机关、各人民团体和社会各界共同参与实施的治国惠民良策，只有在各机关、团体及社会各界的广泛共同参与、统一协调运行下，才能有效整合服务资源，激活服务力量，共同为群众提供优质高效、均等普惠的基本公共法律服务。但现行村（居）法律顾问工作运行过程中，并未见有关机关、部门建立协调运行的制度机制和文件；实际执行过程中，也主要是政府的司法行政部门单独在负责该项工作。

具体而言，一是政府部门具有强大的公共服务资源和公共法律服务供给保障能力，也是充分履行职能职责之需要。如司法行政机关具有为群众提供法律服务指引、法律援助、人民调解保障、法治宣传教育、法律咨询服务等职责，具备协调各方建立实体、热线和网络等公共法律服务平台载体的天然优势，可以为村（居）法律顾问服务提供有效的载体和设施设备保障，但目前还未能在三大公共法律服务平台与村（居）法律顾问服务之间形成有效融合和衔接，导致资源闲置和服务力量分散，影响了公共法律服务和村（居）法律顾问服务作用的有效发挥。二是如公安、人社、住建、市场监管、自然资源、农业农村、信访等部门均是依法行政、执法为民的核心部门，具有提供其职能范围内业务所涉法律知识解答的良好基础，且相关业务引发的法律问题已有良好的实务基础和处理经验，也是需要保障村（居）民及法律顾问依法履职，接受法律监督的重点部门，亦应当对其参与村（居）法律顾问工作进行准确的定位。三是法院作为审判机关、检察院作为法律监督机关、监察委作为监察机关、公安部门作为社会治安管理与保障机关，都是重要的法治保障机关，自身有着丰富的法律人才资源优势，亦应当调动其丰富的法律专业人才资源和丰富的法律实务经验，参与到公共法律服务建设之中，支持村（居）法律顾问制度建设工作。四是妇联、残联、共青团、工商联、工会等组织本身是相关特殊群体、弱势群体合法权益的保障机构，应当整合其法律服务资源，履行对相应弱势群体合法权益的保障职能，实现法律服务联动。五是协调律师协会等法律服务专业组织，整合高校法学师生、法学研究机构、法律相关社会团体等法律服务资源，实现法律服务资源的有效整合与均衡调配。然而目前因缺乏统一协调的运行机制，导致上述力量和资源相对处于分散、割裂和闲置状态，未能得到很好的激发和调动。

3. 宣传和动员工作不到位，村（居）法律顾问服务知晓率、首选率不高，认可度有限

公共法律服务体系建设和村（居）法律顾问制度的宣传动员不到位、普及度不高、接受度和认可度有限，未形成全社会应有的制度认识和广泛共识，更多的是作为行政机关的一项职能职责在强力推动。经调查研究，仅有 42.73% 的基层群众了解村（居）法律顾问，33.92% 的基层群众知晓所在村（居）有签约村（居）法律顾问，36.56% 的基层群众知道所在村（居）挂有村（居）法律顾问信息公示牌，20.7% 的基层群众参与到有村（居）法律顾问参加的法律顾问服务工作群，25.55% 的基层群众知晓村（居）法律顾问到所在村（居）开展过服务，47.14% 的基层群众享受过村（居）法律顾问提供的免费咨询等法律服务。宣传动员不到位不仅导致社会公众特别是基层群众对村（居）法律顾问工作的知晓率低，还导致部分基层群众对村（居）法律顾问的不理解和不信任，误认为村（居）法律顾问是政府派来监督和防范其进行信访的人员，因而不愿接触和搭理村（居）法律顾问，造成了对村（居）法律顾问的首选率不高，制约了村（居）法律顾问作用的有效发挥。

4. 法律服务资源整合度有限服务及时有效性难以保障

从贵州公示的数据看，目前担任村（居）法律顾问的人员主要为律师、基层法律服务工作者和司法行政人员，而律师和基层法律服务工作者自身有繁重的签约法律服务工作，提供公益法律服务的时间和精力有限；而司法行政工作人员同样有本职工作，兼职开展村（居）法律顾问工作，会在一定程度上增加其工作负担，导致其工作积极性不高，服务热情度下降。

从受访群众反馈情况看，仅有47.14%的群众认为能够及时有效联系上村（居）法律顾问解答法律咨询，45.37%的群众得到过村（居）法律顾问的有效法律咨询和解答。受访的172名村（居）法律顾问中，仅有28.49%的村（居）法律顾问表示有时间和精力开展村（居）法律顾问工作，高达63.95%的村（居）法律顾问表示是尽量抽时间和精力开展村（居）法律顾问工作，且7.56%的村（居）法律顾问明确表示开展村（居）法律顾问工作的时间和精力严重不足。如图19所示，一月入村（居）开展法律顾问服务不到1次的村（居）法律顾问比例高达36%，仅开展一次的高达31%，开展一次（不含一次）以上的仅有33%。

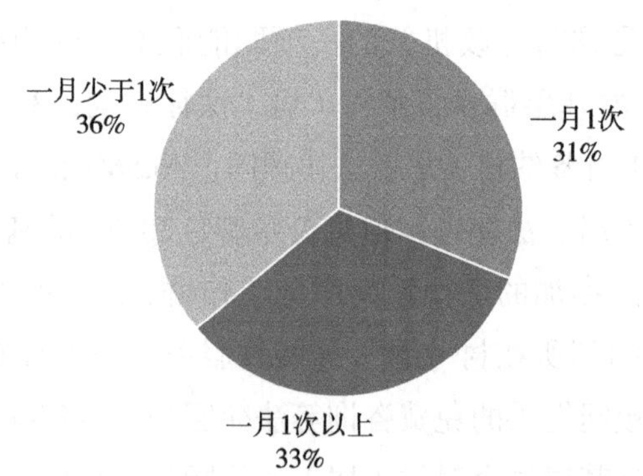

图19　受访村（居）法律顾问入村（居）的频次比例

此外，结合图1至图4有关全国律师和基层法律服务工作者开展村（居）法律顾问服务的平均统计数据，全国一名律师一年至少办理了5—6件公益法律服务案件，至少担任了一个村（居）的法律顾问，且此数据不包括律师参与“实体、热线、网络”三大公共法律服务平台提供免费法律咨询案件数量，也不包括各地司法行政机关、律师协会及律师所在的律师事务所等组织开展的法治宣传教育、法治体检、法治扶贫等公益法律服务事项。全国一名基层法律服务工作者一年需要办理2件以上法律援助案件，接待和处理约1件信访案件，调解3件纠纷案件，免费为弱势群体办理8件法律服务案件，担任不少于2个村（居）的法律顾问，即一人一年至少需要办理14件公益法律服务案件，担任不少于2个村（居）的法律顾问。从图20可以看出，并非所有律师均参与了村（居）法律顾问工作，其中2020年、2021年、2022年担任村（居）法律顾问的律师人数分别为2722人、3614人、3258人，仅占到当年度贵州律师总人数的26.2%、28.6%、21.6%，且绝大多数的律师资源分布在贵阳市，贵阳市历年律师总人数基本占到贵州律师总人数的一半左右，因而也可以推测其他市州村（居）法律顾问资源的严重不足。

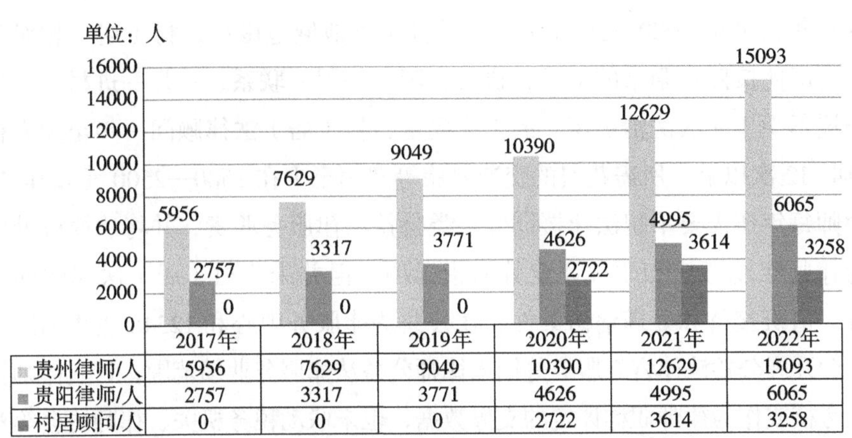

	2017年	2018年	2019年	2020年	2021年	2022年
贵州律师/人	5956	7629	9049	10390	12629	15093
贵阳律师/人	2757	3317	3771	4626	4995	6065
村居顾问/人	0	0	0	2722	3614	3258

图20　2017—2022年贵州律师担任村（居）顾问统计情况①

前述分析表明，在律师资源未完整激活以满足村（居）法律服务需求的情况下，单靠律师、基层法律服务工作者和司法行政机关人员来保障村（居）法律服务工作，必然导致服务的及时性难以跟上。因村（居）法律顾问的时间精力有限，在面对村（居）类型繁多，涉及众多领域法律问题

① 统计数据来源于贵州省律师协会发布的2020—2023年度《贵州省律师行业社会责任报告》，以及贵阳市律师协会发布的《2018—2021年度贵阳市律师行业社会责任报告》，以及智合研究院于2020年3月31日发布的《40年跃变与沧桑：贵阳律师业发展史》。其中未见2017—2019年度贵州省律师担任村（居）法律顾问的律师数据，因而未做统计；此外，贵阳市执业律师总人数中，2020年数据为截至2020年8月31日，2021年数据为截至2021年4月30日，2022年数据为截至2022年3月31日。2023年数据截至2023年3月31日，贵阳市执业律师总人数为7089人。

的服务需求，村（居）法律顾问很难在短时间内抽出时间进行专业法律问题研究，因而也会进一步影响村（居）法律顾问服务的及时性和有效性。

5. 服务保障和激励机制欠缺影响法律顾问作用的发挥

虽然省委、省政府已明确将村（居）法律顾问经费纳入政府购买服务范围，由市州和县区进行统筹配置，但因各市州财力状况各异，能够支付的服务费用也比较有限。其一，如果按照其他市州的经费保障标准，则村（居）法律顾问补助将难以覆盖村（居）法律顾问的交通差旅等实际支出。目前最高的为贵阳市，每年每个村（居）补助 5000 元，其余市州有的每年仅补助 1000—2000 元。但因贵州省地域范围广，村（居）相对分散，即使按照贵阳市的标准，执行贵阳“一周一联系、一月一进村、一年开展不少于一次法治讲座”的工作要求，村（居）法律顾问一年至少入村（居）12 次以上，所需花费的交通差旅等费用至少在 1500—2500 元。其二，律师每年还需要承担法律援助等各类公益法律服务职责，并将法律援助作为律师年度考核和职称评定等的指标项，但并未将村（居）法律顾问服务、值班接待和处理信访案件、在公共法律服务中心和 12348 热线和网络平台开展公益法律咨询服务等纳入律师公益法律服务业绩范围，计入律师执业考核或作为律师职称评定的支撑数据，也未联动税务机关、律师协会等对履行了大量公益法律服务职责的律师进行个人税费减免和会费减免，或者设置相应评奖评优制度，拓宽律师执业路径、提升律师执业能力的优待机制，因而导致村（居）法律顾问的价值感不强，工作积极性和热情度不高。

6. 服务质量与能力提升保障机制欠缺制约法律顾问作用的发挥

在现有宣传报道中，鲜有关于如何帮助村（居）法律顾问提升服务能力，在相关制度文件中亦没有明显体现。村（居）法律顾问的服务需求本身即是多元化专业性法律服务事项，看似零散杂碎、简单易处理，实则不然。村（居）法律顾问服务需求范围广，涉及的法律专业领域多，且很多矛盾纠纷多年未能化解，在基层法律服务市场还未有效开发的情况下，实务界对基层法律服务的研究还不够深入，相关实务经验难以跟上基层法律问题现状需要，再叠加我国固有的风土乡情、民风习俗等，真正解决村（居）法律顾问服务事项所需花费的时间精力较多，因而也导致浮于表层、浅层次的基础法律服务较多，真正有效满足基层群众深度法律服务需求的服务事项有限。因此，如不有效整合法律服务资源，对服务供给侧进行分层次的资源分配与调配，制定定期的村（居）法律顾问能力提升培训机制，完善基层专业法律服务培育和建设机制，有意识地培育市场化基层法律服务市场主体，引导法律服务资源向基层投入和延伸，实难激发法律服务资源向基层投入的热情和意愿，最终将影响到村（居）法律顾问制度的长久实施。

7. 服务的规范化标准化建设不够

虽然法律服务为非标业务，但对各项法律服务事项有着相对统一的行业服务规范流程和要求。但现有村（居）法律服务中，因服务规范化、标准化建设机制的欠缺，导致服务质量标准不一，服务效果参差不齐，进而影响到村（居）法律顾问作用的有效发挥。

8. 缺少服务需求层次定位和需求范围分类

村（居）法律顾问对基层自治和基层群众提供全方位法律服务，还提供与市场经济发展水平、政府公共法律服务职能职责及财政承受能力，以及社会化村（居）法律顾问服务资源相适应的有限法律服务，目前对此并无清晰定位，导致村（居）法律顾问难以把握服务的边界。在面对相关法律服务需求时，如不分层承接和处理，恐群众不满意，引发群众投诉，影响考评考核。因为在群众眼里，既然是免费为其提供法律服务，就应当帮助其处理所有法律服务事项，如此让村（居）法律顾问无所适从，服务负担过重。且部分服务事项本可转入法律援助、人民调解、多元化纠纷调解机制进行处理，但基于群众对村（居）法律顾问的信任和依赖，未能实现有效转化和衔接；部分法律服务本应通过适当付费来保障村（居）法律顾问的服务开支成本，但也因服务边界不清，导致村（居）法律顾问难以开口说服群众适当付费。因此，如不对村（居）法律顾问服务需求进行层次分类，划分清楚各类服务需求的满足渠道，以及村（居）法律顾问服务的范围边界，将难以区分基本法律服务、准基本法律服务和市场化法律服务的范围边界，也不利于基层法律服务市场的有效培育。

9. 服务评价及监督考核机制不健全

法律服务的质量和效果，依赖法律服务人员的专业能力和专业素养，所产出的是知识成果和智力成果，而非有形产品，很难让法律服务过程标准化，但可以使服务流程规范化、可视化。对于法律服务成果和效果，除了诉讼仲裁类法律服务可以以诉讼仲裁结果作为检验法律服务质量和效果的有效评价依据外，对于非诉讼仲裁类法律服务，很难建立客观的评价标准体系。即使是诉讼仲裁类服务，也存在不同能力水准、不同知识结构的人员对诉讼仲裁结果的不同评价和认知。因此，检验法律服务效果的手段主要依赖服务对象对服务满意度和服务价值感知度的评价，这是一项既客观又主观的评价指标，但也是最为有效的评价指标。在现有的评价体系建设中，存在服务评价机制不健全，“以考代评”的偏向，即以司法行政机关的年度考核代替群众对服务能力、服务水平、服务质量和服务成效的评价，因而难以真实、客观反映村（居）法律顾问的服务成效和服务价值。对于每次法律服务需求是否已经有效满足，如能够通过网络或其他即时通讯终端让村（居）法律顾问记录服务及时性、服务质量、服务效果等评价，并为基层群众提供便利的服务评价渠道，由服务对象就单次服务的及时性、有效性、满意度和价值感知度进行评价，不但能够充分反映服务对象对单次服务的需求预期，以及对法律服务的认知，还可以督促村（居）法律顾问充分履职担当。

10. 服务产品体系建设不到位

在村（居）法律顾问服务的规范化、标准化均尚未建立的情况下，因缺乏统一的服务流程、标准，产生服务质量参差不齐，难以保证服务的一致性和可靠性问题，因而也造成了法律服务产品化和产品体系建设的缺位。造成不同的服务提供者形成自身相对自由化的服务提供模式，形成不同地区、不同人群对服务的体验感、价值感和满意度的较大差异。服务产品体系建设的缺位，在客观上造成对村（居）法律顾问服务考评的主观性和随意性，难以有效测评村（居）法律顾问服务的实际效果。因此，虽然法律服务事项各有其独特性和差异性，但就同一类型的法律服务，其评判的标准是统一的，是对相同法律的统一应用。而服务产品体系是指诸如对不同类型的法律咨询事项制定统一的法律咨询手册，将实践中形成的各类咨询服务成果进行整理，形成日常法律咨询问题的解答手册，如此既便利服务对象直接通过手册获取有效服务，也可以帮助村（居）法律顾问节约服务时间成本。此外，还可以对诉讼流程、法律援助办理流程等制定服务指南，对各类日常合同制定统一合同模板，对各类型法治宣传教育制定统一的培训课件。如此，不但能够有效分解服务工作量，还可以有效提高服务能力和服务质量。

四、贵州省村（居）法律顾问作用发挥的路径构建

（一）建构规范的制度机制

1. 建立统一的组织领导机制

村（居）法律顾问制度应当坚持党的领导，纳入地方党委政府议事决策范围，由党委集体研究，进行统一规划和部署，由政府主导，司法行政机关牵头组织落实。将村（居）法律顾问制度上升为党委领导下的基层社会治理制度，是贯彻党的集中统一领导的内在要求，是实现党的方针、政策在基层有效落实的基本方法。只有坚持党的领导，才能保证制度建设不走样，有效协调各方积极参与。政府是社会建设的核心组织体，有强大的财力为后盾，这是制度落实的组织基础和经费保障基础。司法行政机关作为公共法律服务体系建设的核心部门，与政府各部门、立法机关、审判机关、检察机关、监察机关及群团组织间有着紧密联系，能够有效协调各方力量，组织、宣传、政法、社工委、民政、教育、财政、农业等相关部门积极配合，协调社会力量积极参与，保障制度落实。此外，应当立足司法行政机关的职能，从制度运行主导转变为宏观制度的设计与优化，注重宏观统筹、监督与检查，将村（居）法律顾问制度运行的部分权力交还给市场决定，充分尊重村（居）委和村（居）法律顾问之间的沟通和磋商，尊重双方互选意愿，允许村（居）委对不履职和履职不到位的法律顾问进行解约。[①]

① 刘鹏、崔彩贤：《一村一法律顾问制度问题反思与重塑》，载《西北农林科技大学学报（社会科学版）》2023年第3期。

2. 建立协同联动的工作机制

村（居）法律顾问工作还涉及政府各职能部门在其职责和权限范围内，对自身行政职权行使、行政职权发挥所引发的各类法律服务事项进行化解、协调和参与，同时也涉及立法机关引导法律正确实施，审判机关保障司法公正和引导诉讼服务，检察机关的法律监督和监察机关的监察职能，以及群团组织基于其各自职能职责需要对其服务范围内的群体提供法律服务。因此，只有建立和完善协同工作机制，才能有效整合各职权机关和职能部门发挥协同联动效应，保障村（居）法律顾问制度运行的最佳效果。

如司法行政机关作为公共法律服务的组织者和主要提供者，掌握着律师、基层法律服务工作者、公证、鉴定等村（居）法律顾问服务供给资源；教育行政机关作为高校教育行政主管部门，掌握着高校法学师生、法学科研院所等法律服务资源；民政部门作为社团组织的登记管理机关，掌握着法律类社会组织资源；法院作为司法审判机关，是矛盾纠纷的居中裁判者，是维护社会公平正义的最后一道防线，既服务于社会公众，引导公众依法规范开展诉讼服务活动，又掌握大量法律服务人才资源，如现行法官、法官助理、书记员，以及离退休法官职业群体；立法机关、检察院、监察委虽然与法院职能不同，但作为法律监督机关和监察机关，是保障法律正确实施，监督公正司法、规范执法、诚信守法和防止失职、渎职以及腐败的职权机关，与法院一道共同守护着社会公平正义和社会的和谐稳定；党群部门作为相应群体的服务职能部门，在其职责范围内遵法、执法、守法和用法，对社会矛盾纠纷的化解亦发挥着不可替代的作用。因此有必要建立和完善协同联动的工作机制，动员各方力量共同参与村（居）法律顾问工作，有效整合和分解各方职能，实现协同联动。

3. 提供必要物质保障

村（居）法律顾问服务保障的是基层群众的基本法律服务需求，是国家职能职责的一部分，应当由国家提供物质保障。在现行社会经济条件下，有必要明确将基本法律服务经费纳入财政预算体系，为村（居）法律顾问制度运行提供必要的经费保障。

如根据村（居）法律顾问服务需求层次分类，对于纳入基本法律服务范畴的、公益部分法律服务事项，属于政府应当履行的公共行政服务职能，应当纳入地区发展规划和财政预算，进行分类实施，清单式定价，并按照省、市、县（区）财政资金配比要求，分别纳入本级财政预算，为村（居）法律顾问服务提供必要的、稳定的经费支持，以保障工作落实和推动。

同时，应鼓励社会力量广泛参与，支持公益事业发展，为基本法律服务提供援助资金，作为基本法律服务的补充经费，以提高基本法律服务的经费保障能力和水平。如鼓励和支持社会力量通过投资或捐助设施设备、资助项目、赞助活动、提供智力成果或者服务等方式减轻基本法律服务的经费压力；鼓励通过慈善捐赠、设立公益法律服务基金等方式拓宽基本法律服务资金筹集渠道，引导社会资金支持基本法律服务工作。

此外，应在基本法律服务之外，就非基本法律服务制定优惠政策措施，引导法律服务资源向基层倾斜和投入。如将非基本法律服务划分为政府限价的非基本法律服务和市场化法律服务，并分别给予服务主体不同的税费优惠政策，提供相应办公条件支持，给予评奖评优等优待。政府限价的非基本法律服务事项，本身带有半公益化色彩，是对基层基本法律服务的有效延伸，因而有必要制定政府限价，引导法律服务机构增强社会责任感，积极履行公益法律服务职责，服务经济社会发展大局；同时鼓励和倡导有条件的村（居）自筹资金购买服务，将政府限价的非基本法律服务纳入村（居）基本法律服务范围，作为准基本法律服务事项，给予基层群众更多的实惠和优待。在制度运行过程中，还需根据经济社会发展状况，适时调整基本法律服务、政府限价的非基本法律服务和市场化法律服务范围，使之与不同阶段和不同社会经济发展条件相适应。此外，还可以鼓励法律服务市场主体通过公共法律服务平台无偿提供法律服务，鼓励其在提供有偿服务时，对经济困难的当事人和优抚对象减收、免收法律服务费。

4. 完善服务保障设施建设

在现有公共法律服务平台建设的基础上，探索打通公共法律服务与村（居）法律顾问服务之间的通道，建立制度平台衔接和转换机制，实现公共法律服务资源的有效利用。具体可借鉴济南市济阳区的做法，利用贵州省大数据发展优势，采用现代信息技术手段，实现村（居）法律顾问制度的“互联网+”，即在现有“实体、热线、网络”公共法律服务平台的基础上，通过开通村（居）法律顾问信息管理平台及服务端App等，实现服务方式可视化、服务质量可视化、服务监管精细化、日常办公无纸化、数据统计快速化、服务资源数字化、服务信息共享化，并通过信息技术对村（居）法律顾问进行考评、考核和监督。①

5. 明确民族地区差异化服务制度

贵州省作为少数民族聚居、多民族杂居的省份，目前全省共有3个少数民族自治州、11个自治县、193个民族乡，占市（州）、县（区、市）、乡镇街道的比例分别为33%、12.5%、13.8%。②据第七次全国人口普查数据显示，贵州省共有常住人口3856.21万人，少数民族占比为36.44%。③全省共有民族成分56个，其中世居民族有18个，人口超过10万的有汉族、苗族、布依族、侗族、土家族、彝族、仡佬族、水族、白族和回族10个民族。贵州少数民族文物、遗迹、民族文化及少数民族村落等民俗文化资源丰富，如何实现村（居）法律顾问服务与当地民风民俗的融入与融合，嵌入当地社会风土人情，是村（居）法律顾问制度建设过程中必须考虑的问题。因此，少数民族地区村（居）法律顾问的选择要体现地方现实需要，配备的法律顾问既要能够引导村（居）知法守法懂法和用法，也要能够充分尊重少数民族习俗和宗教信仰，在民族习惯和国家法律之间寻找结合点和平衡点，引导村（居）在遵守国家法律的前提下结合民族地区实际进行变通和适应。如民族地区的村（居）法律顾问配置应优先选用了解并尊重少数民族习俗、信仰，掌握少数民族语言的法律专业人员担任，避

---

① 黄庆红：《对推进一村一法律顾问制度建设的研究与思考》，载《新长征（党建版）》2021年第11期。

② “多彩贵州”的“区划”部分内容，载贵州省人民政府网，http://www.guizhou.gov.cn/dcgz/qh/，2023年7月28日访问。

③ 贵州省统计局：《贵州省第七次全国人口普查公报（第一号）》，载贵州省统计局官方网，http://stjj.guizhou.gov.cn/tjsj_35719/tjxx_35728/202105/t20210525_68266502.html，2021年5月25日访问。

免盲目选用，进而对法律服务质量产生不利影响。[①]

（二）进行需求层次的合理分类

设定法律服务需求类别，即基本法律服务、政府限价的非基本法律服务和市场化法律服务类别，具体设定与当前社会经济条件相适应的法律服务事项。

首先，明确基本法律服务范围，如法治宣传教育、基础法律问题咨询与解答、基本法律问题处理、诉讼仲裁工作指导、行政涉法涉诉事项引导、法律服务机构及案例查询、提供法律文书模板、法律援助、多元化纠纷调解制度建设（包括人民调解、司法调解、行政调解、律师调解及其他各类专业调解），以及村（居）自治建设等事项，提供制度、平台、设施设备、经费及人员等的保障，以充分满足基层群众的基本法律服务需求。其次，确定政府限价的非基本法律服务事项及其价格，如为村（居）集体经济组织提供常年法律顾问服务、为村（居）集体资产运营管理提供全程跟踪式管理法律服务、为村（居）集体资产处置分配等提供全程法律保障服务、为保障村（居）重大人身权益和财产权益提供非诉全程跟踪服务、为村（居）民基本人身权益和财产权益涉诉事项提供诉讼仲裁代理服务，将以上事项纳入政府限价的非基本法律服务范围，可以延伸基本法律服务范围，降低基层群众负担。

（三）进行供给资源的有效匹配

1. 完善现有服务资源匹配模式

鼓励人民群众参与是社会治理的根本途径，也是人民主体地位和社会主义民主政治的重要体现，公众参与的积极性、广泛性和有效性体现社会治理的基本属性和最终效果。[②] 对于同一需求层次范围内的法律顾问服务

---

① 温晓燕：《甘肃省乡村法律顾问制度研究》，载《社科纵横》2020 年第 12 期。

② 蔡宝刚：《聚焦社会：社会主体参与社会治理的法治观照》，载《求是学刊》2021 年第 6 期。

事项，可能因机构职能职责交叉和服务供给主体一致而导致供给主体的重复劳动和职责不清，进而影响供给效率和服务效果。如涉法涉诉信访事项的处理，既牵涉政府各职能部门，信访工作机构，也涉及法院、检察院和监察委等，可以考虑形成统一的信访接待和服务窗口，建立统一信访反馈机制，实施集中化解与信访事项分流处理，如此也可以集中信访接待和处理的法律服务资源，避免重复劳动。

同样地，针对法治宣传教育，可以通过制定统一的工作方案和法治宣传教育产品，组织法律服务群体开展统一宣传，避免各行其是和宣传教育内容差异化和宣传服务不均衡、不充分。对于常见法律问题的问答手册、服务咨询手册、服务指引指南、法律文书模板、顾问能力提升培训手册及课件、法律及政策宣传文件、法律及案例数据库等，亦可以采取同样的方式，进行统一研究、制定和提供。

此外，统一基本法律服务需求事项接入接口，其中线上基本法律服务接入接口可通过 12348 贵州法网、12348 公共法律服务热线、黔微普法微信公众号及微信小程序、村（居）法律顾问服务工作群、村（居）法律顾问 QQ 号或微信号、村（居）法律顾问电话等方式，实现基本法律服务需求的统一接入、分流和导入，并可以考虑将相关平台接入具备条件的专业化律师事务所，以方便服务机构和服务提供者，激发服务机构和服务提供者的参与热情，保障服务效率，同时也可有效避免服务资源的闲置和浪费。对于现场基本法律服务，除设置固定的村（居）法律顾问外，还可以根据服务机构和服务人员的专业能力、团队协作能力，以及科研院所等高知法律服务人群的情况，打通法律服务资源链，为村（居）法律顾问配置专家导师，协助村（居）法律顾问解决疑难、复杂法律服务事项，为村（居）法律顾问提供专业的服务能力提升培训，以提高村（居）法律顾问服务能力和服务水平，保障服务质量。此外，搭建好法律专业学生及教授、研究员下乡开展法律实践教学、实习实践活动的平台，在帮助法律专业学生提升动手能力和解决法律实践问题能力的同时，亦为法学教授、研究人员搭建开展基层法律实证研究的良好通道。前述人员可以通过假期实践、调研等方式，定期为基层群众提供基础法律服务，弥补村（居）法律顾问服务的不足；学生在校期间亦可以通过法律社团等组织，远程为基层群众提供基础法律服务。同类的，还可以为法律类社团组织、高校校友会等搭建同样的法律服务通道，为群众提供基本法律服务。如此形成多层次、多样态的基本法律服务格局，切实满足基层群众的公共法律服务需求。

2. 拓宽常态化服务供给人员范围

从贵州目前的村（居）法律服务提供人群范围看，主要是律师、基层法律服务工作者和司法行政机关工作人员。前述人员均有自身的主要工作事项需要处理，能够积极主动参与村（居）法律顾问服务，主要是基于该类人群的公益心和个人修养，也因此导致服务力量不足、服务及时性不够、服务效力不高、服务质量参差不齐等问题。除了上述已阐明的引入科研院所、社团组织、高校学生及教师参与非常态化服务作为补充外，还可以引入人大、公安、法院、检察院、监察委、企事业单位等离退休法律职业人群参与常态化村（居）法律顾问服务，由相关人群原所在单位开具离退休证明和原在职证明，由司法行政机关根据就近原则，引导该类人群与村（居）委签订村（居）法律顾问合同，与在职村（居）法律顾问享受同等待遇，为村（居）民提供基本法律服务，让该类人群充分发挥余热。但该类人群中未取得律师执业证书和基层法律服务工作者证的，不得为村（居）及村（居）居民提供诉讼仲裁代理服务。

此外，从司法部公布的统计数据看，基层法律服务所承接了大量的公益法律服务事项和村（居）法律顾问工作，其承担的公益法律服务职责甚至高过律所。因此基层法律服务所及其工作者是不可忽视的公益法律服务力量，其在基层矛盾纠纷化解方面发挥着重要作用。据此，建议恢复基层法律服务机构，扶持基层法律服务所在乡镇开办或设立分所，在村（居）委建立服务联络点，并就近派驻服务人员开展服务，形成与律师等法律职业群体分层次、常态化共同提供村（居）法律顾问服务的格局，并建立所与所之间的联动，实现律师事务所及律师对基层法律服务所及其工作者一对一或一对多的帮扶机制。

3. 积极培育和壮大基层法律服务市场主体

基层法律服务需求的有效满足和服务成本的有效降低，单靠政府免费提供是难以实现的，还需要积极推进基层法律服务的供给侧结构性改革，引导法律服务资源向基层涌入，发挥市场对资源的调配作用。因此，有必要出台相关政策措施，给予开办基层法律服务机构税费、办公等优惠。如可以通过开辟绿色通道、开发利用乡村闲置公共场所等方式，为基层法律服务机构提供便利，降低开办成本，增加基层法律服务供给，弥补基层公共法律服务资源的不足，打通基层法律服务的“最后一公里”，让法律服务更好地施惠于民、普惠于民，让人民群众切实共享到改革发展成果。

（四）建立利益诉求平衡与激励机制

根据不同服务人群的利益诉求，分别建立相应的利益平衡与激励机制。如对律师及律师事务所等市场化法律服务机构及人群，除前述已经提及的给予办公、设施设备支持外，还可以考虑将公共法律服务工作纳入税收优惠、税费减免、律师会费减免、评奖评优、职称评定等考量范围，以激励其参与公益法律服务的热情，激发更多人员参与到基本法律服务中。

具体而言，可以通过与税务部门的沟通衔接，确定哪些基本法律服务事项可以纳入减征、免征税费的范围；通过与律师协会沟通对接，对在基本法律服务过程中有良好个人业绩，或考核评定为优秀等次的人员给予会费减免，并将基本法律服务事项与办理法律援助案件同等对待，纳入律师公益法律服务业绩范围，作为其任职考核、执业考核、职称评定、评奖评优等的业绩；通过建立服务人员诚信档案，记录服务情况，将相应人员纳入国家志愿者服务信息系统，建立法律服务志愿者数据库。对于科研院所和高校法律专业学生，可以通过与教育主管部门和高校等的合作，开展服务基层的横向课题研究，为研究人员到基层开展调研活动和法律专业学生到基层开展实习实践活动搭建通道，并将研究人员的科研成果和学生的实习实践成果纳入高校及科研机构的评奖评优加分项，作为学生法律实践课程的一部分，赋予相应的课业加分，并鼓励党政机关、企事业单位和团体组织在招录法律专业人员时，同等条件下优先招录有良好公共法律服务记录的学生。

（五）完善服务质量提升与保障机制

一是根据服务人员专业能力、社会经验、有效服务时间等情况，确定不同类型服务提供者的职责范围，制定不同类别的服务职责清单，并分类制定服务规范流程、服务质量考核标准、工作指南等。具体可借鉴江苏省、广东省、江西省等的经验和做法，制定村（居）法律顾问服务地方标准，确定各项基本法律服务事项的具体范围、服务规范和服务标准。①

二是对不同类别服务人员进行岗前培训和任职培训。如充分利用党校等公共培训服务场所，为提供常态化村（居）法律顾问服务的人员提供统一的服务能力培训，对在校法律专业学生等提供入驻村（居）前的统一培训，并为他们做好入驻的基础保障工作；培训内容包括但不限于法律法规和政策文件、法律实务技能、省情乡情以及民风民俗等。其中政策培训重点为国家涉农政策及社情民情，让村（居）法律顾问对国家政策和服务对象有全面的了解，对乡土民情、村规民约有所熟悉。②

三是明确司法行政机关的组织培训职责。如地州市司法行政机关每年要通过集中培训、分散培训、网络培训等不同形式组织村（居）法律顾问开展国家政策、社情民意及相关法律业务的培训，增强村（居）法律顾问的大局意识、责任意识、服务意识，提高工作能力和水平；每年组织培训不少于 1 次，要将参加培训情况作为是否继续担任村（居）法律顾问的重要依据；省司法厅要加强对培训工作的指导和监督。③

四是制定不同类型法律服务的服务资料清单及文书模板，形成法律服务产品统一输出。

---

① 参见江苏省《村（社区）法律顾问服务指南》（DB32/T 3673—2019），及江苏省司法厅《关于进一步规范村（社区）法律顾问工作的意见》（苏司通〔2017〕48 号）；广东省律师协会《一村（社区）一法律顾问工作规范》（2019 年 8 月 14 日）；江西省司法厅《江西省村（居）法律顾问工作指引》（赣司律字〔2023〕1 号）。

② 温晓燕：《甘肃省乡村法律顾问制度研究》，载《社科纵横》2020 年第 12 期。

③ 中共广东省委办公厅、广东省人民政府办公厅：《关于开展一村（社区）一法律顾问工作的意见》（2014 年）。

五是组织收集分析优秀服务方法和案例，进行汇编学习。

六是实施服务类别的专业化分工，以形成村（居）法律顾问服务规范和标准。

（六）完善服务评价与监督考核机制

任何制度的实施均离不开考核评估机制，考核评估作为一种绩效动力机制，有利于促进制度落实，激发制度功效。[①]评估是衡量制度运行效果的有效手段，通过建立评估机制，及时发现问题，纠正偏差，发挥评估的“风向标”引领作用。从全国已有经验做法看，江苏省通过制定《村（社区）法律顾问服务标准（试行）》，明确法律服务具体范围、服务方式、行为标准和工作规范等事项；通过制定配套的《村（社区）法律顾问服务绩效考核评估办法（试行）》，明确评估主体、评估对象、评估标准和原则、考核评估方法等，邀请人大、政协、村（居）“两委”成员、村（居）民代表等参加满意度测评；通过《村（社区）法律顾问服务绩效评分表》确定具体考核内容、满意度情况及加分项；通过《村（社区）法律顾问服务满意度调查问卷（“两委”）》《村（社区）法律顾问服务满意度调查问卷村（居）民》考察服务对象对服务的满意度，并在相关制度中强调，司法行政机关要发挥宣传、指导、监督作用，在建立健全监督考察机制的同时，保障村（居）民和村（居）法律顾问的主体地位。为保障评估结果的客观公正，可以委托高校和科研院所等开展第三方中立评估，制定完善的评估指标体系，对村（居）法律顾问各参与主体分类设定评估指标、分类评估，设置科学合理、衔接顺畅的评估程序。[②]具体可以通过如下方式开展：

一是通过便利化的服务事项记录方式，要求村（居）法律顾问严格按照司法行政机关制定的统一规范模式，将提供法律服务的时间、内容、方法和结果详细记录到村（居）法律顾问工作登记台账，做到一村一台账、

---

① 张聪锐、黄丽军、谢慧玲等:《村居法律顾问制度考核评估机制建构的分析与建议》，载《广西质量监督导报》2020 年第 4 期。

② 参见江苏省司法厅《关于进一步规范村（社区）法律顾问工作的意见》（苏司通〔2017〕48 号）。

一事一记、一次一记。二是县（区、市）司法行政机构要依据全省统一制定的考核标准，结合县（区、市）实际，制定考核检查机制，严格考核、考评，适时对村（居）法律顾问工作情况进行抽查；各乡镇（社区）也要根据情况适时对辖区内村（居）法律顾问工作进行考评，考评情况送县（区、市）司法行政机关备案，作为年终考核的重要依据。三是设置便民服务评价系统，提高服务受众参与服务评价积极性。如可以从服务的知晓率、首选率、及时性、有效性、满意度和价值感知度等方面进行评估，由社会公众在接受每一次法律服务后，及时通过电话、网络等服务平台和系统对服务人员的服务情况进行评价，形成客观的服务数据。四是积极引入第三方评估机构，结合服务受众的服务评价数据、服务人员的服务记录以及行政机关的考评记录等，开展定期及不定期的现场与非现场评估，以综合检验服务效果。五是由作为服务组织考核机构的司法行政机关，建立常态化的服务监督机制和定期考核机制，以核定服务补贴；对服务成效显著的个人或机构，给予相应奖励，对失职、渎职人员给予必要的处罚。

（七）推进制度的有效宣传与推广

制度的宣传和推广是制度实施的必要条件，好的制度只有被基层群众所熟知，才能增强基层群众对制度的信心，增进基层群众对村（居）法律顾问的信任。因此，一是要通过村（居）宣传栏，加大对村（居）法律顾问制度及村（居）法律顾问工作的宣传，让村（居）民能够有效了解村（居）法律顾问的服务内容、服务联络方式、服务时间、入驻村（居）地点等具体信息，增加双方当面交流的机会，以有效提高村（居）民对村（居）法律顾问制度及村（居）法律顾问的认识。如村（居）干部可以与村（居）法律顾问做好入驻工作计划，提前将相关信息告知村（居）民，并及时提醒村（居）民法律顾问的值班时间，预留村（居）民咨询法律顾问的准备时间。[①]二是要充分利用媒体做好宣传工作，政府要通过广播电

---

① 郭剑平、韦刘欣:《“一村一法律顾问”制度适用成效与问题对策——以柳州市乡村治理为例》，载《广西政法管理干部学院学报》2022 年第 2 期。

视、融媒体、报刊杂志、网络媒体、视频号、微信公众号、法治园地、法治宣传栏等广泛宣传村（居）法律顾问制度及村（居）法律顾问工作，公布村（居）法律顾问信息，宣传村（居）法律顾问服务典型案例。三是要充分利用“实体、热线、网络”平台及村（居）法律顾问微信工作群，公布村（居）法律顾问入驻村（居）的工作安排、工作内容、服务时间和服务内容等，方便村（居）民定时定点面对面向村（居）法律顾问进行咨询和交流。[①] 四是应当统一制定有关村（居）法律顾问制度的宣传页面、宣传手册或短视频等，充分发挥官媒及网络自媒体的传播功能，积极宣传村（居）法律顾问制度。五是各县（区、市）司法行政机关和各乡镇（社区）应采取召开座谈会、培训会、入户走访、印发宣传资料等形式，强化村（居）两委对法律顾问工作的认识，进一步明晰职责、明确权利和义务，搭建好村（居）及村（居）居民与村（居）法律顾问之间的沟通、交流平台，提升村（居）法律顾问在基层群众中的知晓率，使村支两委、村民小组网格员、村（居）法律明白人、村（居）人民调解员、村（居）民代表等对村（居）法律顾问的知晓率达到100%，其他群众知晓率达80%以上。六是要加强与宣传部门及新闻媒体等的沟通协调，密切合作，创新宣传方式，充分运用广播电视、报纸和互联网等传媒，广泛深入宣传，及时总结工作推进中的创新经验做法和成果；组织开展“群众最满意村（居）法律顾问”“优秀村（居）法律顾问”等的评选工作，扩大“村（居）法律顾问”的社会知晓率和影响力。

（八）实现制度政策的法律化

公共法律服务作为公共服务的重要组成部分，是政府转变行政职能实现社会治理体系和治理能力现代化的重要衡量标准。村（居）法律顾问制度是公共法律服务体系建设的重要支撑性制度，是检验公共法律服务成效的重要标尺。但目前在国家层面除出台相关政策文件对前述制度机制进

---

① 孙伟峰、古钰钦：《乡村法律顾问制度的功能、问题与完善》，载《天中学刊》2021年第3期。

行规范外，尚未能形成稳定的长效治理机制，不利于相关制度的长效运行和良性发展。公共法律服务体系建设及村（居）法律顾问服务在我国已有十余年的发展历史和实践经验，各地在实施相关制度过程中亦形成了很好的实践经验和做法，因而有必要对现有制度成果和实践成果进行整合和转化，以实现将实践经验的法律化，形成公共法律服务和村（居）法律顾问制度的长效、稳定机制，以及有效的评价、激励和惩戒机制。

具体而言，可以采取自下而上的方式促进和助推立法调研，形成立法建议和立法规划。鉴于目前运行的相关制度较为分散，省内各地州市司法行政机关及有关公共法律服务参与部门，均根据自身职责职能需要，印发了相关的工作安排和工作要求，所开展的具体工作制度也存在一定差异，因而有必要形成工作联席机制，协同汇总、梳理、分析相关制度文件中的共性内容和差异化内容，并分析、统计、总结各地公共法律服务和村（居）法律顾问服务的实践做法，形成统一的经验总结。在此基础上，形成全省范围内有关公共法律服务和村（居）法律顾问服务的调研报告，再根据调查成果情况，分析判断立法时机是否成熟。在立法时机尚不成熟的情况下，则可结合本文建议及调研成果，先行出台全省范围的公共法律服务制度文件，设专章就村（居）法律顾问制度进行系统性规定，甚至可以考虑直接针对村（居）法律顾问制度制定全省性、系统性规范性文件。

根据课题组调研情况，目前全国范围内已有三省一市地方人大、一直辖市人民政府就公共法律服务进行立法或出台地方政府规章，从不同角度对公共法律事项作出规定。其中《湖北省公共法律服务条例》从管理职责、服务提供、服务保障、监督考核等方面做出规定。[①]《山东省公共法律服务条例》从公共法律服务主体、服务设施建设、服务需求类型提供、服务保障衔接和激励机制、监督管理等方面进行规定。[②]《江苏省公共法律服务条例》具体规定了公共法律服务的协调运行机制，服务范围及相关

---

① 详见湖北省十三届人大常委会 2020 年 11 月 27 日审议通过，2021 年 3 月 1 日施行的《湖北省公共法律服务条例》。

② 山东省十三届人大常委会 2020 年 9 月 25 日审议通过，2021 年 1 月 1 日施行的《山东省公共法律服务条例》。

部门、组织的职能职责，以及服务的保障和监督机制。①《厦门经济特区公共法律服务条例》则从公共法律服务协调运行机制、服务平台建设、服务需求分类与保障机制、服务供给多元化专业化推进机制、经费保障与服务人员激励机制，以及监督考核机制等方面做出规定。②《上海市公共法律服务办法》除作出与前述地方立法相类似的规定外，还在部分内容上进行了细化，并专章就高水平国际化法律服务建设事项进行规定。③有众多省、区、市通过制定统一的村（居）法律顾问制度文件的方式，助推和完善村（居）法律顾问制度建设，助力村（居）法律顾问作用发挥。从前述地方立法和地方规范性文件可以看出，在国家未出台全国性法律、行政法规的情况下，各地立法的差异化明显，且都仅是将村（居）法律顾问服务作为实现公共法律服务的一种方式，另行制定村（居）法律顾问制度政策文件，而未在地方性法规中进行专章规定。但前述立法可为国家层面的立法和贵州省推进地方立法提供有益的借鉴和参考，并有望推进全国范围内和贵州省内的《公共法律服务条例》或《村（居）法律顾问实施条例》出台。

【参考文献】

1. 杨凯:《公共法律服务学导论》，中国社会科学出版社 2020 年版。

2. 杨凯:《公共法律服务体系建构新视野》，中国社会科学出版社 2020 年版。

3. 杨凯:《公共法律服务元年新观察》，中国社会科学出版社 2020 年版。

4. 曹吉锋:《村（社区）法律顾问制度的实践与问题反思》，载《上海

---

① 详见江苏省人大十三届常委会 2022 年 9 月 29 审议通过，2022 年 12 月 1 日施行的《江苏省公共法律服务条例》。

② 详见厦门市十五届人大常委会 2021 年 8 月 26 日审议通过，2021 年 10 月 1 日施行的《厦门经济特区公共法律服务条例》。

③ 上海市人民政府 2022 年 1 月 24 日第 156 次常务会议通过，2022 年 3 月 1 日施行的《上海市公共法律服务办法》（沪府令〔2022〕63 号）。

政法学院学报（法治论丛）》2017 年第 1 期。

5. 杨凯：《论现代公共法律服务多元化规范体系建构》，载《法学》2022 年第 2 期。

6. 张炜达、李鑫、赵欣云：《乡村振兴视域下农村基层治理法治化研究》，载《西北农林科技大学学报（社会科学版）》2023 年第 3 期。

7. 梁平：《基层治理的践行困境及法治路径》，载《山东社会科学》2016 年第 10 期。

8. 陈泽宇、周模、吴传毅：《基层社会治理法治化的现实逻辑、实践路径和法治保障》，载《湖南省社会主义学报》2023 年第 3 期。

9. 上海市嘉定区司法局课题组：《村居法律顾问推进基层治理法治化建设路径研究》，载《中国司法》2019 年第 1 期。

10. 李平：《公共法律服务体系建设面临的困境及对策分析——以贵州省贵阳市为例》，载《中国司法》2017 年第 7 期。

11. 蔡宝刚：《聚焦社会：社会主体参与社会治理的法治观照》，载《求是学刊》2021 年第 6 期。

12. 彭澎：《农村基层治理法治化的制度内涵与发展目标研究》，载《湖北社会科学》2016 年第 12 期。

13. 王勇：《复合型法治：破解乡村治理难题的一种制度性框架》，载《法商研究》2022 年第 3 期。

14. 温晓燕：《甘肃省乡村法律顾问制度研究》，载《社科纵横》2020 年第 12 期。

15. 张聪锐、黄丽军、谢慧玲等：《村居法律顾问制度考核评估机制建构的分析与建议》，载《广西质量监督导报》2020 年第 4 期。

16. 黄庆红：《对推进一村一法律顾问制度建设的研究与思考》，载《新长征（党建版）》2021 年第 11 期。

17. 郭剑平、韦刘欣：《“一村一法律顾问”制度适用成效与问题对策——以柳州市乡村治理为例》，载《广西政法管理干部学院学报》2022 年第 2 期。

18. 张紧跟、胡特妮：《“角色混乱”：村（居）法律顾问制度的运行困境——以广东省G市为例》，载《中国农业大学学报（社会科学版）》2023年第2期。

19. 刘鹏、崔彩贤:《一村一法律顾问制度问题反思与重塑》，载《西北农林科技大学学报（社会科学版）》2023年第3期。

20. 汪如坤:《实施一村一法律顾问制度 推进法治宁波建设》，载《宁波通讯》2008年第4期。

21. 孙伟峰、古钰钦:《乡村法律顾问制度的功能、问题与完善》，载《天中学刊》2021年第3期。

22. 陈寒非:《"送法进村"与基层治理能力的法治建构——基于皖西华县农村法律顾问制度运行实践的分析》，载《甘肃政法大学学报》2022年第6期。

23. 夏云娇、谢雄峰:《基于社会治理现代化的社区法律顾问制度优化路径研究》，载《湖北警官学院学报》2023年第1期。

24. 杜承秀、张聪锐:《村居法律顾问制度及其配套制度构建研究》，载《郑州航空工业管理学院学报（社会科学版）》2019年第6期。

25. 陈柏峰:《促进乡村振兴的基层法治框架和维度》，载《法律科学（西北政法大学学报）》2022年第1期。

26. 陈柏峰:《送法下乡与现代国家建构》，载《求索》2022年第1期。

27. 高其才、张华:《乡村法治建设的两元进路及其融合》，载《清华法学》2022年第6期。

28. 李炳烁:《转型农村社会的纠纷解决与法律治理》，载《江苏大学学报（社会科学版）》2018年第6期。

29. 杨凯:《习近平法治思想中的公共法律服务理论》，载《东方法学》2022年第6期。

30. 张紧跟、胡特妮:《论基本公共服务均等化中的"村（居）法律顾问"制度——以广东为例》，载《学术研究》2019年第10期。

31. 杜承秀:《村居法律顾问制度与少数民族地区村寨非正式制度的融合》，载《广西民族研究》2021年第1期。

32. 唐欣瑜:《自贸港建设背景下海南村居法律顾问制度的实践成效与

优化路径》，载《南海法学》2022 年第 4 期。

33. 李公田、高鹏:《健全完善北京市村居法律顾问制度研究》，载《中国司法》2015 年第 6 期。

34. 周喜梅、黄恒林:《民族地区村居法律顾问制度的理论阐释及实现路径——基于 G 自治区 H 市的调研与思考》，载《湖北民族学院学报（哲学社会科学版）》2019 年第 6 期。

35. 田晓余:《村居法律顾问推进基层治理法治化建设路径研究》，载《中国司法》2019 年第 1 期。

36. 陈天祥、王群:《党政统合动员：基层社会动员的组织联结与机制整合——以新时期村居法律顾问政策为例（2009—2021）》，载《中共中央党校（国家行政学院）学报》2021 年第 6 期。

37. 胡婷、许俊:《村（居）法律顾问制度在基层治理中的优势》，载《武汉工程职业技术学院学报》2022 年第 4 期。

38. 陈寒非:《“送法进村”与基层治理能力的法治建构——基于皖西华县农村法律顾问制度运行实践的分析》，载《甘肃政法大学学报》2022 年第 6 期。

39. 熊选国:《深入开展“乡村振兴 法治同行”活动 为全面推进乡村振兴提供有力法律服务和法治保障》，载《人民论坛》2022 年第 17 期。

40. 许思坚:《政府购买服务视角下惠州市村（居）法律顾问制度研究》，华南理工大学 2020 年硕士学位论文。

41. 张诒雁:《福州市公共法律服务供给存在的问题与优化路径研究》，福建师范大学 2019 年度硕士学位论文。

42. 郑赛赛:《公共法律服务质量评鉴体系建构研究——以武汉市江汉区改革实践为实证样本》，华中师范大学 2019 年硕士学位论文。

43. 朱宁:《杭州市政府购买公共法律服务研究》，厦门大学 2014 年硕士学位论文。

44. 王妍:《基层法律服务所改革研究》，吉林大学 2017 年硕士学位论文。

45. 韩秋林:《基层公共法律服务体系构建研究——以武汉市江汉区改

革实践为样本》，华中师范大学 2019 年硕士学位论文。

46. 刘建：《农村公共法律服务标准化研究》，华中师范大学 2016 年硕士学位论文。

47. 刘鑫：《司法行政机关购买公共法律服务的问题及对策研究——以济南市历城区为例》，山东师范大学 2021 年硕士学位论文。

48. 史春明：《苏州市政府购买公共法律服务规范化研究》，苏州大学 2018 年硕士学位论文。

49. 唐梦恬：《苏州市社会组织参与公共法律服务的研究》，苏州大学 2018 年硕士学位论文。

50. 周晓霞：《我国公益律师群体形成机制研究》，南开大学 2012 年博士学位论文。

51. 王永刚：《我国基层公共法律服务体系建设问题研究——以 M 县为例》，河南大学 2019 年硕士学位论文。

52. 陈悦琳：《我国农村基层公共法律服务建设机制研究——以镇江市为研究对象》，江苏大学 2020 年硕士学位论文。

53. 张萍萍：《现代公共法律服务体系建设平台架构及应用》，华中师范大学 2020 年硕士学位论文。

54. 王丽莎：《政府购买公共法律服务定价标准研究——以武汉市江汉区国家级服务业示范区体制机制改革中的公共法律服务定价标准改革实践为切入点》，华中师范大学 2019 年硕士学位论文。

55. 蔡磊落：《服务均等化视域下村（居）法律顾问制度建设——以宿迁市为例》，苏州大学 2022 年硕士学位论文。

56. 薛垚：《村（居）法律顾问制度的供给侧结构性改革》，西南政法大学 2020 年硕士学位论文。

57. 曾敏：《花溪区村（居）法律顾问服务运行机制优化研究》，贵州大学 2021 年硕士学位论文。

58. 马奇柯：《法治扶贫 我们在行动——关于深入推进法治扶贫的调研报告》，载《红旗文稿》2019 年第 22 期。

59. 江西省司法厅课题调研组：《江西省公共法律服务体系建设调研报

告》，载《中国司法》2019 年第 11 期。

60. 芦霞:《关于提升司法所公共法律服务供给力的调研报告》，载《中国司法》2019 年第 6 期。

61. 张焕彬:《公共法律服务驻在式调研报告——以云南省昆明市为例》，载《中国司法》2019 年第 5 期。

62. 河南省司法厅:《关于基层法治建设情况的调研报告》，载《中国司法》2019 年第 3 期。

63. 贵州省司法厅课题组:《贵州省公共法律服务体系建设调研报告》，载《中国司法》2016 年第 5 期。

64. 山东省潍坊市司法局:《公共法律服务体系建设调研报告》，载《中国司法》2016 年第 4 期。

贵州省生态保护补偿问题及对策研究 *

宋昭澜 **

摘　要：近年来，贵州省认真落实习近平生态文明思想和党中央关于生态文明建设的一系列工作部署，秉承着“绿水青山就是金山银山”“人与自然和谐共生”的绿色发展理念，实行最严格的生态环境保护制度，努力在生态环境保护和社会发展之间寻求平衡点，积极建设生态保护补偿制度。本文从贵州省生态保护补偿的实践历程出发，梳理了贵州近20年的生态保护补偿制度，总结出从单纯的政策主导到政策与法律相互衔接、生态保护补偿覆盖领域逐步全面化、生态保护补偿资金来源逐步扩大化，并以贵州生态保护补偿的两大模式——横向生态补偿和纵向生态补偿的实践样态为支点，总结出在生态保护补偿制度建设中所展现的贵州特色、贵州方案和贵州省生态保护补偿制度所面临的重难点问题。其问题主要呈现为横向生态保护补偿的推进机制不完善、纵向生态保护补偿的着力点未凸显、生态保护补偿的政策法规供给不足。作为国家生态文明试验区，探索更加行之有效的生态保护补偿机制是贵州省义不容辞的责任。坚持以问题为导向的宗旨探索贵州省生态保护补偿制度的可持续发展道路，以构建持续性的横向生态保护补偿机制、建立区别化的纵向生态保护补偿制度、完善生态保护补偿的政策法规体系以及注重生态保护补偿司法保障功能为四大抓手，完善生态保护补偿机制，实现人与自然和谐共生的中国式现代化。

关键词：生态保护补偿　政策脉络　制度研究　生态文明建设

---

*　本文系贵州省司法厅2023年度法治理论与实践研究课题（fzkt202310）成果。

**　宋昭澜，贵州财经大学法学院副院长、副教授、硕士生导师，主要研究方向：环境与资源保护法学。

为深入贯彻习近平生态文明思想，推进生态文明制度体系建设，落实生态保护责任，调动国家、社会、个人各主体参与生态保护积极性，生态保护补偿制度应运而生。目前学界对生态保护补偿相关问题达成了一定的共识，即生态保护补偿经由政府和市场两个抓手，通过采取一定的激励或补偿措施来解决生态环境保护与社会经济发展之间存在的矛盾[①]。生态保护补偿由横向生态保护补偿和纵向生态保护补偿两大模式组成。在补偿对象方面，横向生态补偿主客体之间无直接的行政从属关系，更强调彼此的经济利益与生态责任的联结[②]，而纵向生态补偿主客体之间存在直接的行政隶属关系，系由上级人民政府向下级人民政府拨款；在补偿方式方面，横向生态补偿不局限于财政转移支付手段，还注重发挥市场机制作用，探索多元化补偿途径，如吸纳社会资本参与生态环境建设，包括碳汇、碳票、门票等，而纵向生态补偿资金来源限于国家财政资金，主要表现为国家对生态建设给予的财政拨款和补贴、政策优惠、税收优惠等，是国家宏观调控在生态保护补偿的具体体现和实际运用。横向生态补偿协调了流域生态环境保护与经济发展之间的关系，也有效促进了区域间的协同发展，纵向生态补偿则保障了各大生态环境要素生态补偿办法的有序进行。

一、贵州省生态保护补偿的实践历程和特征

（一）贵州生态保护补偿的实践历程

1. 探索起步阶段

2005 年以前，我国的生态保护补偿政策相对分散，理论上相关概念也尚未统一[③]。这一时期，贵州省在环境资源领域出台的政策和法规碎片化的体现了生态补偿的理念。这些理念大都是围绕某一专项环境问题的保护目

① 徐素波、王耀东：《生态补偿问题国内外研究进展综述》，载《生态经济》2022 年第 2 期。

② 郭孟奇、徐广才：《横向生态补偿发展现状与对策》，载《北京农学院学报》2023 年第 2 期。

③ 刘桂环、王夏晖、文一惠等：《近 20 年我国生态补偿研究进展与实践模式》，载《中国环境管理》2021 年第 5 期。

标而设计的，如《贵州省排污费征收使用管理条例实施意见》（黔环发〔2003〕5号）主要针对污染排放，体现“以生态环境治理、恢复为目的”的价值理念。另外，贵州还积极探索特色生态补偿标准，2004年正式建立的森林生态效益补偿基金制度中提及森林植被恢复费、《贵州省征占用林地补偿费用管理办法》（2004年修订）涉及林地、林木补偿标准[①]。针对贵州特殊的地形地貌，还在海拔高度不同的地区设立不同的生态补偿标准。

2. 规范发展阶段

在2006—2014年，国家层面开始重点关注建立生态保护补偿制度，生态保护补偿这一概念逐渐明确并固化。贵州省积极响应国家“十一五”和“十二五”的规划，按照国家有关环境保护和生态脆弱区保护规划纲要等文件要求建立生态补偿机制，并出台了一系列政策文件。如2007年《中共贵州省委贵州省人民政府关于进一步加快林业改革发展的意见》表明贵州省正式建立健全地方公益林森林生态效益补偿制度。再如2012年《贵州省地方财政森林生态效益补偿基金管理办法》，明确了地方公益林补偿范围，由此贵州省森林领域的生态保护补偿制度初步形成。这一时期，

---

① 《贵州省征占用林地补偿费用管理办法》第7条规定：“林地补偿费标准：（一）征、占用苗圃地、果园及其他经济林地的为旱地年产值的6—8倍；（二）征、占用乔木林地、竹林地、疏林地、灌木林地、采伐迹地、火烧迹地的为旱地年产值的2—5倍；（三）征、占用宜林地的为旱地年产值的1倍。土地年产值，由县级人民政府土地行政主管部门会同有关部门根据被征（拨）耕地的前3年平均年产值及其类别、各类作物的主、副产品常年产量，参照国家收购牌价和市场价格综合拟定，报同级人民政府批准。”第8条规定：“林木补偿费标准：（一）用材林：1. 幼龄林（包括未成林地苗木）为上一年度单位面积工程造林所需费用及抚育、管护全部投资的2倍；2. 中龄林，近熟林为被征、占用林地上木材产值的1倍；成熟林为被征、占用林地上木材产值的0.5倍。木材产值按当地上一年度同类木材的平均销售价乘以林木蓄积量。（二）特种用途林、防护林为本条第（一）项第2目中龄林、近熟林补偿标准的2倍。（三）经济林：1. 尚无收益的经济林为实际造林、抚育、管护全部投资的2倍；2. 收益初期、衰退期的经济林为当地同类经济林收益盛期上一年度年产值的2倍；3. 收益盛期的经济林为上一年度年产值的4倍。（四）薪炭林、灌木林为本条第（一）项第1目幼龄林的全部投资。（五）苗圃地苗木为当地同树种上一年度市场单株平均销售价乘以株数总价值的2倍。（六）竹林（含笋用林）为被征、占用林地上竹（笋）林产值的2倍。竹林产值以当地上一年度的单株平均销售价乘以总株数；竹笋产值以当地上一年度平均亩产量乘以销售价。（七）零星树木为当地上一年度实际销售价。（八）其他附着物，按照有关法律、法规的规定补偿。”

贵州还开始了地区间横向生态补偿的实践。2009 年，贵州省政府在清水江流域上下游的黔南自治州和黔东南自治州间建立生态补偿机制，规定在两州交界断面水质实测值若超过可控制目标，则黔南自治州应向省级财政和黔东南州财政缴纳水污染补偿资金。补偿资金由省级财政和黔东南州财政按 3∶7 的比例进行分配，补偿因子及标准为：总磷 0.36 万元 / 吨，氟化物 0.6 万元 / 吨。

3. 加速发展阶段

2015 年伊始，生态保护补偿制度的重点领域得以明确，各个环境领域的生态文明建设路线日益明朗，主要呈现从分散、模糊到趋于统一的发展态势。2017 年随着国家《关于健全生态保护补偿机制的实施意见》的公布，贵州省森林、湿地、耕地、草原、水流、重点生态功能区等领域有序实施生态保护补偿制度，至此，各大生态环境要素的生态保护补偿制度发展脉络逐渐清晰。同时，贵州省开始探索建立符合与省情相适应的生态保护补偿制度。2017 年在国家统一部署下颁发《贵州省湿地保护修复制度实施方案》，探索建立湿地生态效益补偿制度，率先在国家级湿地类型自然保护区和国家重要湿地（含国际重要湿地）开展补偿试点。2020 年 12 月 24 日，贵州省人民政府印发《贵州省赤水河等流域生态保护补偿办法》[①] 为各市（州）流域生态保护补偿工作提供依据，成为贵州省生态保护补偿立法的先行实践探索。此外，2018 年公布的贵州省立法规划中将《贵州省生态补偿条例（草案）》作为地方性法规的重点调研项目，将本省生态保护补偿立法提上日程。

（二）贵州生态保护补偿呈现的主要特点

1. 从单纯的政策主导到政策与法律相互衔接

自 2005 年国家明确要尽快建立生态补偿机制以来，贵州省生态保护

---

① 《贵州省人民政府办公厅关于印发贵州省赤水河等流域生态保护补偿办法的通知》（黔府办发〔2020〕32 号），载贵州省人民政府网，http://www.guizhou.gov.cn，2023 年 9 月 10 日访问。

补偿建设从单纯、模糊的政策主导逐步过渡到“政策与法律相互衔接和支援”。实践中，先出台政策，而后推动法律法规制定，政策占主导地位。贵州积极响应国家 2005 年“十一五”规划提出的尽快建立“谁开发谁保护、谁受益谁补偿”的生态保护补偿机制的号召，各类生态环境要素的生态保护补偿相关政策陆续出台，补偿方式主要表现为对污染排放、生态破坏进行补偿性收费、提供资金和补助、减免增值税等。2006 年随着国家规划纲要、国务院工作要点、环境保护规划纲要等政策性文件的出台，贵州各级政府生态补偿制度的概念逐渐明晰并固化，在 2006—2014 年间呈现规范发展阶段性特点，但是该阶段仍然是以政策为导向，随着政策出台的速率加快，对各项环境要素所需生态补偿的认识更加深刻。

自 2015 年至今，贵州省生态保护补偿制度建设进展加快且持续优化创新。为进一步深化生态保护补偿制度改革，加快生态文明制度体系建设，贵州省委办公厅、贵州省人民政府办公厅于 2023 年 1 月份印发了《关于深化生态保护补偿制度改革的实施意见》，对完善分类补偿制度、健全综合补偿制度、推进多元补偿、发挥政策调节功能、增强改革协同、强化激励约束等作出明确规定。贵州省生态环境厅办公室于 2023 年 8 月 23 日印发了《贵州省危险废物跨省转入生态保护补偿机制试点方案》，两项政策的相继出台体现了地方政策与上位法相互印证，全面贯彻落实了习近平生态文明思想和习近平总书记对贵州工作重要指示批示精神，从政策主导到政策和法律的衔接，持续构建现代环境治理体系，强化地方性法规标准建设，贵州生态环境补偿制度的各项规定愈加完善。

2. 生态保护补偿覆盖领域逐步全面化

从全国来看，生态保护补偿制度经历了 1979—2000 年、2000—2005 年、2006—2014 年、2015 年至今的四个发展阶段。从我国生态补偿制度设计及探索的整体发展历程来看，起步发展阶段的政策和法律法规关注点在森林、矿产、大气、海洋、耕地等环境资源保护领域，高质量发展阶段的关注领域在水生生物资源、草原、重点生态功能保护区和生态脆弱区、湿地、流域等领域，平稳规范发展阶段的生态保护补偿领域更加细化，除了强调加快推进生态文明建设和实施生态文明体制改革外，更加注重长江、黄河流域经济带的横向、跨界生态补偿，探索建立市场化、多元化生态保护补偿机制。

从贵州省来看，从政策和立法上积极探索生态保护补偿制度展现了作为全国环境资源大省生态发展的最大优势和最大竞争力，覆盖领域全面化发展是顺应《关于支持贵州在新时代西部大开发上闯新路的意见》《关于深化生态保护补偿制度改革的意见》等的必然要求。贵州生态环境保护的覆盖领域从最初的森林、草地、矿产资源等延伸至危险废物、固废污染、碳汇、赤水河流域、耕地、松桃"锰三角"地区等生态功能保护区和脆弱区。在加快推进多元化补偿方面，强调加快自然资源统一确权登记，建立归属清晰、权责明确、保护严格、流转顺畅、监管有效的自然资源产权制度。在完善市场交易机制方面，探索水权初始分配和交易、排污权有偿使用，开展火电企业排放二氧化碳与森林碳汇生态补偿机制试点。贵州生态保护补偿制度的实践一直走在全国前列，覆盖领域愈加多元化、全面化，贵州生态保护补偿制度全面发展完善是实现"到2035年适应新时代生态文明建设要求的生态保护补偿制度基本定型"目标的关键所在。

3. 生态保护补偿资金来源扩大化

我国生态保护补偿的资金来源主要有7个方面[①]，即国家财政扶持、补偿基金、受益者生态建设费用、发行国债、捐助、全民义务绿化费、生态税等。贵州生态保护补偿的资金来源从最初主要依靠国家政府财政转移支付和国家拨付专项资金到后来通过生态补偿基金、设立绿色发展基金、"碳票"交易等方式多渠道吸纳社会资金，从制度、机制层面引导和鼓励社会资本参与生态保护补偿。如《百里杜鹃风景名胜区生态补偿办法》明确规定生态补偿资金来源除财政资金外还有社会资金，社会资金主要包括社会捐赠、援助生态环境建设资金以及门票提成；再如《贵阳市金钟河流域水环境质量考核暨奖惩办法（试行）》明确规定金钟河流域生态补偿专项资金的来源为跨界监测断面水质不达标的责任区政府（开发区管委会）

① 陈佐忠、汪诗平：《关于建立草原生态补偿机制的探讨》，载《草地学报》2006年第1期。

扣缴的生态补偿金，建立和完善省生态保护补偿资金投入机制，还要完善森林、草地、渔业、自然文化遗产等资源收费基金和各类资源有偿使用收入的征收管理办法，逐步扩大资源税征收范围，有关收入按规定用于开展相关领域生态保护补偿，完善生态保护成效与资金分配挂钩的激励约束机制，加强对生态保护补偿资金使用的监督管理。

从实践操作层面，以“碳票”汇集社会资金，截至2023年5月，全省已开发林业碳票13张，完成林业碳汇银行授信5.1亿元、放款1.86亿元，实现交易金额773.2万元①。贵阳市花溪区是贵阳市碳票交易的试点之一，2023年6月19日，花溪区孟关国有林场将0.2964吨碳汇量的“碳票”以1.1622万元的价格，交易给贵州嘉弘工业园区开发（集团）有限公司，顺利完成一宗森林碳票交易，至此，花溪区首批申报的35张碳票均交易完成，共完成108.68吨碳汇量交易，涉及新造林面积1100亩，交易资金达426.14万元②。

二、贵州省生态保护补偿的实践状况

（一）贵州生态保护补偿的实践样态

1. 贵州横向生态保护补偿的实践

《国务院关于支持贵州在新时代西部大开发上闯新路的意见》提出贵州要“探索与长江、珠江中下游地区建立健全横向生态保护补偿机制，推进市场化、多元化生态保护补偿机制建设，拓宽生态保护补偿资金渠道”。贵州横向生态保护补偿的实践正在朝着这一目标积极探索。

（1）流域横向生态补偿。贵州流域横向生态补偿的典型案例为赤水河流域，乌江、赤水河綦江、柳江、沅江、红水河、北盘江、南盘江、牛栏江横江八大流域的横向生态补偿以赤水河流域的横向生态补偿办法为实践

---

① 《绘生态底色　建绿色银行》，载天眼新闻网，https://baijiahao.baidu.com/s?id=1772121985208889801&wfr=spider&for=pc，2023年9月13日访问。

② 《森林“碳票”盘活生态资源》，载天眼新闻网，https://baijiahao.baidu.com/s?id=1770926639444538176&wfr=spider&for=pc，2023年9月13日访问。

经验。贵州省先后出台多项政策法规，以生态补偿为手段保护赤水河流域（详见表 1）。贵州先后在清水江、红枫湖、赤水河、乌江流域实施流域水污染防治生态补偿机制，截至 2015 年生态保护补偿资金达 2.5 亿元①，2021 年省财政厅合计安排赤水河流域、乌江流域、清水江三大流域横向生态保护补偿资金 1.06 亿元，在前期三大流域生态补偿试点基础上，贵州省财政厅牵头制定覆盖乌江、赤水河綦江、柳江、沅江、红水河、北盘江、南盘江、牛栏江横江八大流域的《贵州省赤水河等流域生态保护补偿办法》②，目前贵州省内流域共兑付横向生态补偿金 5.4 亿元③。如今，在清水江流域，除了发展乡村旅游，还依托丰富森林资源发展林下经济。2021 年，黔东南州林下经济利用林地面积达 705.39 万亩，产值完成 134.79 亿元④。在乌江流域，乌江整体水质达到Ⅲ类，水质优良率为 98.2%⑤。

建立流域横向生态补偿机制。一是建立全省流域横向生态补偿机制。2020 年 1 月 1 日施行的《黔中水利枢纽工程涉及流域生态补偿办法（试行）》，初步建立起黔中水利枢纽工程上下游流域政府之间，以财政转移支付为主要方式的横向补偿机制。二是建立跨省流域横向生态补偿机制。贵州省与云南省、四川省人民政府共同签署了《关于赤水河流域横向生态补偿协议》，明确三省 2018—2020 年每年共同出资 2 亿元设立赤水河流域横向生态补偿资金，率先在全国建立了首个多省间流域横向生态补偿机制。

---

①《探路生态文明建设，贵州初尝经济生态双赢》，载中华网，https://finance.china.com/news/11173316/20170705/30920949_all.html，2023 年 9 月 12 日访问。

②《省自然资源厅关于省政协十二届五次会议第 5032 号提案的答复》，载贵州省人民政府网，http://guizhou.gov.cn/ztzl/jyta/blfw/szxta/2022n/202210/t20221014_76733149.html?isMobile=true，2023 年 9 月 11 日访问。

③《贵州：奋力在生态文明建设上出新绩》，载光明网，https://baijiahao.baidu.com/s?id=1774329120576336068&wfr=spider&for=pc，2023 年 9 月 12 日访问。

④《聚焦沅江水系丨清水江一江碧水泽被两岸》，载台州县人民政府网，https://www.gztaijiang.gov.cn/ztzl/tjxhjbhj/hbdt/202208/t20220811_76069253.html，2023 年 9 月 12 日访问。

⑤《全省长江流域生态环境保护和修复情况调研报告——“守护母亲河”专题调研》，载搜狐网，https://www.sohu.com/a/507851224_121106902，2023 年 9 月 12 日访问。

表 1　有关赤水河流域的规范性文件

文件名称	具体内容
贵州省赤水河环境保护条例	赤水河成为贵州首个生态文明改革实践示范点，开展 12 项生态文明制度改革任务，其中之一就是建立流域生态保护补偿制度，通过改革的办法和举措，初步建立起流域上下游联防联控、共保共治、责权明晰、政企联动的长效机制
赤水河流域横向生态保护补偿协议	明确以构建长江上游重要生态屏障为共同目标，建立全国首个跨多省流域的横向生态保护补偿机制试点，加快全流域生态环境质量持续改善
贵州省赤水河等流域生态保护补偿办法	补偿标准为断面水质，补偿资金来源一部分为地方财政共同出资设立生态补偿基金，一部分为中央与流域上游的政府单向财政转移支付，补偿方式为以政府为主导的“输血式”经济补偿，具体涉及财政补贴等
贵州省赤水河等流域生态保护补偿办法	积极推进赤水河流域横向生态补偿，截至目前已累计向上游地区缴纳生态补偿资金 1000 多万元。实施地方公益林动态调整机制，将地方财政公益林补偿配套资金纳入财政预算，2021 年赤水市地方公益林补偿标准与国家级公益林补偿标准实现同步。严格执行生态护林员聘用制度，完成 1088 名生态护林员续聘，稳定公益林管护队伍。探索实施森林碳汇、林业碳票制度，率先签订《自愿减排项目技术开发服务战略合作协议》，加快启动首批 10 万亩竹林碳票开发上市。创新实施生态旅游保护补偿，制定印发《赤水市景区林地土地资源入股分红工作实施方案》，明确以景区年门票收入的 2.5% 作为景区内实行限采限伐的竹木资源补偿费用兑现给林场和农户，实现景区、林场、农户三方共赢

（2）区域横向生态补偿。实践中，我国区域横向生态补偿通常与国家扶贫、对口支援、经济发达地区带动经济落后地区联动。常用的做法是，经济发达地区帮助经济落后地区建立替代产业、在异地为落后地区提供发展空间等。有学者认为，这是中国区域生态补偿机制的创新。贵州主要采取以下两种做法：一是经济发达省份的具体城市直接对口帮扶贵州经济欠发达地区，如辽宁大连对口帮扶贵州六盘水、上海对口帮扶贵州遵义、浙

江慈溪帮扶贵州兴仁等，着眼生态保护，采取易地扶贫搬迁，给予相应补偿；二是在省内，实行生态保护与脱贫攻坚相结合，为防止贫困地区和贫困人口返贫，国家生态保护补偿资金、退耕还林还草、石漠化治理等生态工程项目和资金向贫困地区以及建档立卡贫困人口倾斜。

市场化是近年来横向生态补偿探索的方向之一，贵州环境能源交易所有限公司作为贵州省碳排放权交易服务平台，截至 2022 年 8 月底，贵州省单株碳汇项目已覆盖全省 9 个市（州）33 个县 724 个村 11793 户，累计开发 465 万余株，年可售碳汇量 4658 万千克，购碳资金总额达 1318 万余元，户均增收 1100 余元[①]。

2. 贵州纵向生态保护补偿的实践

（1）纵向生态保护补偿资金的分布情况。纵观贵州省纵向生态保护补偿实践，主要通过政府财政转移支付方式对森林领域、耕地领域、流域、重点生态功能区予以生态补偿，各级政府均有相应的财政预算用作生态补偿专项资金。

森林领域，2018 年至 2022 年，贵州省政府每年下拨生态效益补偿资金用于全省公益林保护和林权权利人的经济补偿（见图 1），至今累计拨付中央和省级森林生态效益补偿资金达到 113.35 亿元。2007 年，建立健全地方公益林森林生态效益补偿制度，并在全省范围内全面启动地方级公益林森林生态效益补偿，补偿标准为每亩每年 5 元，2014 年将地方级公益林补偿标准由每年每亩 5 元提高至 8 元，2018 年将地方级公益林补偿标准由每年每亩 8 元提高至 10 元，2019 年提高到 12 元，2020 年提高到 15 元，2021 年提高到 16 元。

耕地领域，2021 年，中央下达耕地轮作补助资金 1.5 亿元，按照 150 元 / 亩年进行补助，共补助 100 万亩。

生态流域，经核算近 5 年贵州省共收缴流域横向生态保护补偿资金约 2.23 亿元，省级财政每年安排的赤水河流域环保专项资金将由 1 亿元增加

---

① 《贵州省单株碳汇项目购碳资金超 1300 万元》，载贵州省人民政府网，http://www.guizhou.gov.cn/home/gzyw/202209/t20220921_76501600.html，2023 年 9 月 12 日访问。

至1.5亿元。

重点生态功能区，江口县、雷山县、荔波县、威宁县、赤水市5个国家生态综合补偿试点县（市）截至目前已争取到国家下达贵州省生态综合补偿试点专项资金4612万元。

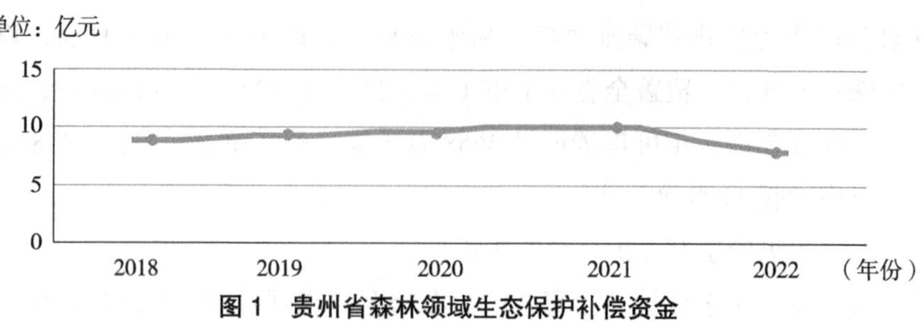

图1　贵州省森林领域生态保护补偿资金

（2）纵向生态保护补偿资金的监督方式。贵州省各级人民政府及其相关部门发布的涉及贵州省纵向生态保护补偿资金的部分规范性文件，对生态补偿资金的监督方式作出了一定的细则性规定（详见表2）。

《贵州省地方财政森林生态效益补偿基金管理办法》明确提出违反规定截留、挤占、挪用生态保护补偿资金会被依法追究有关单位及其责任人的法律责任。

《贵阳市生态公益林补偿办法》明确提出生态保护补偿资金的监督主体为县级以上人民政府财政、林业绿化行政主管部门、审计部门，并且明确了若有关责任人员侵占、挪用、截留资金会被予以追究行政处分。

《贵阳市生态建设补偿资金管理暂行办法》明确提出生态保护补偿资金的监督主体为各区、市、县人民政府和市审计、监察、环境保护、林业（园林）、城管等部门。

《贵阳市麦架河流域、猫跳河下游影响区水质断面考核及生态补偿办法》明确规定生态补偿资金的监督主体是贵阳市生态环境局。

《百里杜鹃风景名胜区生态补偿办法》明确规定生态保护补偿资金的监督主体为社会公众，监督方式为社会监督及舆论监督。

《贵阳市地表水环境质量生态补偿办法（征求意见稿）》明确规定生态

保护补偿资金的监督主体为市财政局会同市生态环境局，并且监督时间为两年一次，若违规使用生态补偿资金会受到通报，并且在通报之日起2年内不享受生态补偿资金。

《贵州省赤水河流域保护条例》虽然明确规定了赤水河流域保护的监督方式为人大监督，并鼓励社会监督，但是并未明确规定生态保护补偿资金的监督方式。

《贵州省城市环境空气质量生态补偿办法》虽然规定了生态保护补偿资金的使用限于城市环境空气质量相关的大气污染治理、噪声污染防治等生态环境保护项目以及生态环境监管、监测、执法能力建设，但是未对该笔资金的监督方式进行规范。

《贵州省赤水河等流域生态保护补偿办法》虽然明确提出由贵州省财政厅及贵州省生态环境厅对生态保护补偿资金进行绩效管理，但是未明确对生态保护资金的使用进行监督管理的主体。

表2 贵州省规范性文件有关生态保护补偿金的监督管理

发布时间	文件名称	具体内容
2008年	贵阳市生态公益林补偿办法	第五条规定：财政、审计等行政主管部门按照职责做好森林生态效益补偿基金的监督管理工作
2010年	贵阳市生态建设补偿资金管理暂行办法	第十四条规定：监察、财政等部门对生态建设补偿资金的使用情况实施监督
2011年	贵州省赤水河流域保护条例	第十条规定：省人民代表大会常务委员会、赤水河流域县级以上人民代表大会常务委员会应当定期组织赤水河流域保护情况的监督检查
2011年	贵州省地方财政森林生态效益补偿基金管理办法	第十七条规定：各级财政、林业主管部门及各经营单位应加强补偿基金的管理，接受上一级主管部门的监督检查
2018年	毕节市百里杜鹃风景名胜区条例	第六条规定：市、县级人民代表大会常务委员会应当对百里杜鹃风景名胜区保护管理情况开展视察、执法检查、专题询问等监督工作

续表

发布时间	文件名称	具体内容
2020 年	贵阳市麦架河流域、猫跳河下游影响区水质断面考核及生态补偿办法	第八条规定：市生态环境局负责对生态补偿资金支持项目实施情况进行监督检查，对未按时完成或未达到治理效果的，2 年内不得申请生态补偿金

（二）贵州生态保护补偿的经验总结

1. 生态保护补偿与脱贫攻坚相结合

因贵州脱贫人口众多，当下防止返贫任务重大以及贵州省纳入国家重点生态功能区范围有限，单纯的资金补助和劳动力就业不可避免地会出现生态保护补偿资金后劲不足、生态功能区转移支付分配模式单一、贫困人口覆盖不均的现象，易地扶贫搬迁后的持续性发展动力不足。例如，现行的公益林补偿较低，农民一亩林地所得补偿金额有限，目前补偿标准不超过 100 元，而部分农民的林木每亩价值甚至高达上万元，农民守着金山饿着肚子，就成了现行公益林补偿政策的真实写照。为此农民抵触情绪非常大，界定签字工作很难推进。因此在生态保护补偿与脱贫攻坚的结合上，亟须创新补偿方式，利用生态保护补偿和生态保护工程资金，引导贫困地区的人口开发富有竞争力的生产要素和生活要素，改善受补偿者的劳动技能，增强生产能力。

贵州省在生态保护补偿的设计中，尤其是与农民关系密切的公益林补偿和耕地补偿制度完善方面，结合基本省情，提出了完善以绿色生态和可持续为导向的农业生态治理补贴制度，建立完善耕地轮作休耕制度，统筹落实耕地占补平衡，大力推进产粮大县和乡村振兴重点帮扶县新增耕地指标流转，支持贵州的乡村振兴重点帮扶县开展增减挂钩节余指标跨省调剂，实行跨地区补充耕地的利益调节等多项制度和具体措施，极大地调动了耕地地区农民保护耕地的积极性，在生态补偿保护的同时赋能脱贫攻坚。

2. 流域补偿对地方产业集群的支持力度大

贵州流域补偿对地方产业集群的支持以赤水河流域最为典型。赤水河流域有着丰富的产业集群，主要为酱香型白酒的原产地和主产区，故政府尤其关注赤水河流域的环境保护。《贵州省赤水河流域保护条例》第8条规定了省人民政府和赤水河流域县级以上人民政府对该流域进行倾斜的保护专项资金，并鼓励单位和个人对赤水河流域保护进行投资和捐赠；第9条规定了该流域生态保护补偿的方式、范围和标准，还规定了市场化、多元化生态保护补偿制度。在赤水河流域保护工作取得长足进展后，为保障赤水河流域酱香型白酒生产空间的合理规划治理与环境保护，《贵州省赤水河流域酱香型白酒生产环境保护条例》第41条规定了省人民政府财政部门对赤水河干流及主要支流上游的水源涵养地等生态功能重要区域进行生态补偿所用的财政转移支付办法、上下游跨县域生态环境保护和生态建设补偿机制、纵横结合的综合补偿制度等，并提出鼓励白酒生产企业自愿协商的补偿方式。

贵州生态保护补偿制度在该方面的经验主要基于赤水河流域优质的水资源空间环境，加上贵州省人大及其常委会、政府部门对流域补偿工作的高度重视与政策支持，在保护流域生态环境的同时发挥赤水河流域酱香型白酒原产地和主产区优势，推进建设全国重要的白酒生产基地，促进酱香型白酒产业高质量发展。

3. 重点生态功能保护区生态综合补偿试点建设成效显著

贵州省遵义市赤水市、铜仁市江口县、黔南州荔波县、毕节市威宁县、黔东南州雷山县[①]被选为国家级生态综合补偿试点县后，认真研究生态保护补偿制度的创新思路和措施，确立了生态综合补偿试点的主要目标和重点工作，努力为全国综合性生态保护补偿提供可复制、可推广的经验借鉴（详见表3）。

① 国家发展和改革委员会：《贵州5县市入选国家生态综合补偿试点县名单》，载贵州政府网，http://fgw.guizhou.gov.cn/ztzl/dstzlxd/202003/t20200304_62053521.html，2023年9月13日访问。

表 3　贵州国家生态综合补偿试点先进经验

试点城市	探索路径
荔波县	1. 创新森林生态保护补偿制度。2020—2022 年荔波县完成营造林 5 万亩、森林蓄积量 1054 万立方米、森林保有量 262.5 万亩 2. 积极推进流域上下游生态环境的保护。2020—2022 年荔波县县级以上集中式饮用水水源地水质达标率和主要河流出境断面水质优良率均为 100%，连续 3 年水资源管理考核在全省同方阵排名第一 3. 推动生态优势特色产业发展。2020—2022 年，荔波县构建形成“两精一特”农业产业体系 4. 形成生态综合保护补偿“保护盾”。完成生态保护红线、永久基本农田、城镇开发边界三条控制线的划定和实施管理
雷山县	1. 严格实施生态政策补偿。建立公益林补偿标准动态调整机制，累计发放公益林补偿资金 6294.33 万元，惠及农户 1.77 万户 7.08 万人 2. 大力发展生态惠民产业。加快雷公山景区开发，积极发展观光农业、森林康养等旅游业态和产品，森林利用面积达 22 万亩，综合产值达 1.36 亿元 3. 积极开发生态就业岗位。因地制宜开发一批保护区巡护、生态护林等生态公益性岗位，帮助 2046 名贫困家庭人员实现就业
江口县	1. 建立三方主体联动建设机制：一是政府高位推动；二是企业实体运营；三是群众深度参与 2. 建立三种方式标准建设机制：一是点面结合；二是改育同步；三是管营一体 3. 建立三重效益持续建设机制：一是为国家储备森林；二是为大地增添绿色；三是为百姓增加收入
赤水市	1. 创新森林生态效益补偿制度。对集体和个人所有的国家级公益林和天然商品林，要引导和鼓励其经营主体编制森林经营方案，科学发展林下经济，实现保护和利用的协调统一 2. 推进建立流域上下游生态补偿制度。推进流域上下游横向生态保护补偿，加强省内流域横向生态保护补偿试点工作 3. 发展生态优势特色产业。按照空间管控规则和特许经营权制度，加快发展特色种养业、农产品加工业和以自然风光和民族风情为特色的文化产业和旅游业，实现生态产业化和产业生态化 4. 推动生态保护补偿工作制度化。出台健全生态保护补偿机制的规范性文件，明确总体思路和基本原则，规范生态补偿标准和补偿方式，明晰资金筹集渠道，为从国家层面出台生态补偿条例积累经验

续表

试点城市	探索路径
威宁县	1. 大力发展无公害农产品，"威宁蔬菜"在首届"中国地理标志产品活力指数发布颁奖盛典"中荣获"年度生态保护奖"和"年度营销创新奖" 2. 全面实施退城还湖、退村还湖、退耕还湖、治污净湖、造林涵湖"五大工程"，常态化开展破坏草海生态环境问题排查整治，统筹推进科研监测、污染防治、鱼虾种群调控、水生植被恢复、鸟类栖息地保护和水生态治理恢复项目建设等各项工作 3. 坚持资金整合、统筹推进系统治理，通过整合发改、自然资源、林业、水务、环保、农业农村、住建等部门资金，实现项目建设统一、资金使用统一，并结合草海综合治理需求，成立草海保护开发投资有限公司，按照"围绕草海抓保护、跳出草海抓发展"的理念，由公司统筹上级部门专项资金，整合地方资金和社会资本，按照自然保护区管理规定，充分利用城湖之间的废弃工矿用地、水土流失严重区域打造城湖生态隔离廊道，形成生态公园，为市民提供休闲空间，有效控制水土流失，真正实现生态产业化，产业生态化

贵州在探索重点生态功能保护区生态综合补偿方面取得丰富经验。其中，荔波县作为国家级生态综合补偿试点县，通过积极探索总结出了"四做法"生态综合补偿新路径。荔波县在该方面的经验主要是试点建设，在探索过程中出台的《贵州省荔波县创新生态护林员管理机制》被列入国家发改委"生态综合补偿试点地区典型案例"，小七孔景区"网格四机制"管理模式、景区预约管理模式获全国推广①。黔东南州雷山县也在积极抢抓列入国家生态综合补偿试点县机遇，将生态环保考核结果与补偿资金分配挂钩，推动生态优势转化为经济优势，逐步走出一条绿色发展新路子。

此外，贵州省在开展生态综合补偿试点工作中，积极促成并监督确定试点任务重点，研究提出创新生态补偿方式的主要思路和政策措施，明确开展生态综合补偿试点的主要目标和重点工作。目前试点建设已经取得阶段性成效，为全国综合性生态保护补偿提供了可复制、可推广的"贵州经验"。

---

① 金台资讯：《荔波县"四做法"探索生态综合补偿》，载百度网，https://baijiahao.baidu.com/s?id=1752155200631872450&wfr=spider&for=pc，2023年9月13日访问。

三、贵州省生态保护补偿面临的重难点问题

（一）横向生态保护补偿的推进机制不完善

1. 管理机制缺乏约束

在管理机构的建设上，贵州省横向生态保护补偿缺少相应的协同组织机构。实践中，横向生态保护补偿涉及财政部门、环保部门、资源管理等政府部门，这些部门之间各有一套运行规则和体系，难以形成政策合力。没有一个联络和沟通各部门的中间层组织，很难开展地区间的合作和资源共享。在资金管理方面，应该如何实行专款专用并不清楚。部门和地方出台了相应的政策和规定，但限于其权威性和约束力的问题，并没有做好资金使用的决策、协调和考核监督等工作，由此降低了横向生态保护补偿机制效能。同时，补偿资金兑现迟缓，亦反映了管理效能低下。以贵州省实施森林生态效益补偿金为例，2019 年补偿资金投入力度进一步加大，但支付权益人经济补偿金额却大幅下降，由此说明资金存在兑付进展缓慢，资金使用效率低的问题①。补偿区通常只负责将补偿款直接转移至受偿区，但并不关注受偿区资金使用的去向及效果，亦很少关注补偿协议落实的情况。另外，还缺乏基于横向生态补偿特点的事前信息沟通、事中及时监督、事后开展效果评估等全过程、全方位管理系统，地区间进行谈判时信息沟通不到位会导致双方协商成本居高不下。

2. 创新机制欠缺

首先，多元化资金来源渠道的创新方式不够。实践中，横向生态保护补偿的标准和成本逐年升高，对生态补偿金的数额提出更高要求，创新资金来源渠道是重要举措。如以“碳票”汇集社会资金的方式尽管在省内各地逐步展开，但多元化的资金来源渠道并未形成；又如，2020 年 12 月 24 日，贵州省人民政府办公厅按照“谁超标谁付费，谁保护谁受益”“市县

---

① 2019—2021 年森林生态效益补偿总体呈下降趋势，全省国家级公益林森林生态效益补偿 2019—2021 年资金兑现率分别为 81.80%、67.49% 和 34.17%；地方公益林森林生态效益补偿 2019—2021 年资金兑现率分别为 77%、63.29% 和 34.77%。

为主，省级奖补”原则，制定印发《贵州省赤水河等流域生态保护补偿办法》，该办法采取各市（州）横向补偿与省级奖补相结合的方式，确立了省内“统一方式、统一因子、统一标准”[①]，尝试拓宽资金来源渠道。

其次，补偿方式的创新不够。贵州喀斯特岩溶地貌分布广泛，石漠化严重，生态环境十分脆弱，进一步全面开展生态保护修复，推进国土绿化任务重，针对贵州特殊地貌特征，如何创新补偿方式是一大挑战。另外，从补偿范围来看，贵州横向生态补偿机制多停留在对流域、森林、湿地等地方经验总结和个案研究上，并未对囊括贵州特殊地形地貌在内的多种生态系统类型的补偿方式作出探索。

最后，地区间横向生态补偿制度未真正建立。2018 年，北京市发布《关于推动生态涵养区生态保护和绿色发展的实施意见》，该意见明确提出，考虑到各区的财政状况，结合各区的发展特征，开展平原区同生态涵养区进行结对帮扶。例如北京市西城区先行拨付 4 亿元，通过创新融资产品、发行绿色债券、推行环境污染责任保险产品等，加大对门头沟区绿色产业发展支持力度；朝阳区每年拨付 1 亿元，协助密云区构建浅山区生态屏障与开展深山区生态保育，在拓宽密云农产品销售渠道的同时满足朝阳区绿色农产品的需求[②]。北京市的特色横向生态补偿机制对实现全区域资源互补、共建共享具有深远意义，贵州可以学习借鉴，探索建立地区间的横向生态补偿制度。

（二）纵向生态保护补偿的着力点未凸显

1. 生态保护补偿资金的分配效力低

贵州生态保护补偿资金的分配效力低主要表现在以下几个方面：一是

---

① 建立健全“统一方式、统一因子、统一标准”的流域横向生态补偿长效机制：现行赤水河、清水江、乌江流域水污染防治生态补偿的方式、标准、污染因子不一致，通过深入调研测算，《贵州省赤水河等流域生态保护补偿办法》统一了全省流域污染防治生态补偿的方式、标准和主要污染因子。

② 郭孟奇、徐广才：《横向生态补偿发展现状与对策》，载《北京农学院学报》2023 年第 2 期。

纵向生态保护补偿资金的分配方案没有重点。贵州省近年来非常重视生态文明建设，致力于森林、草地、耕地、湿地、流域、重点生态功能区等生态环境要素的生态保护补偿，每年准备高额财政预算用于生态保护补偿。随着生态保护补偿制度的常态化建设，森林、流域领域的环境保护建设成果显著，但是目前政府财政资金仍继续对森林领域予以政策倾斜，如《支持毕节推动林业高质量发展的若干措施》明确提出对毕节市林业项目和资金给予倾斜支持，不断推动毕节林业生态建设工作高质量发展①；二是贵州纵向生态保护补偿资金的分配方法可操作性不强。如《贵州省农业资源及生态保护补助资金管理办法》提出农业资源及生态保护补助资金由省财政厅会同省农业农村厅按照“分配办法科学”的原则分配②，此谓通过原则性分配方法对生态保护补偿资金予以管理使用，但是何为科学分配办法没有具体的实施细则，不具有可操作性。再如贵州省明确提出将“生态红线面积”纳入重点生态功能区转移支付分配办法（权重占20%），确保生态保护红线面积较大的地区获得更多补偿③，但是目前仍在探索阶段，各市县生态保护红线面积仍未有效确定，也就不能为支撑重点生态功能区转移支付分配提供依据。

2. 生态保护补偿资金的监督管理弱

贵州省出台的涉及生态保护补偿资金的部分规范性文件针对生态保护补偿资金的监督主体、监督周期、法律责任作了不同程度的细则性规定，但是并非所有的环境领域均存在相应的监督管理细则对生态保护补偿资金的发放全过程予以规范，由于贵州纵向生态保护补偿资金的监督管理弱，在生态保护补偿资金的使用过程中引发了下列问题：一是纵向生态保护补

---

①《贵州省林业局关于支持毕节推动林业高质量发展的若干措施》，载贵州省林业局网，http://lyj.guizhou.gov.cn/lyjzz/gzsgyzzlc/zt_5901175/cyfz_5901177/202209/t20220914_76454869.html，2023年9月12日访问。

②《贵州省农业资源及生态保护补助资金管理办法、分配测算方法及标准》，载道客巴巴网，http://www.doc88.com/p-31573992897407.html，2023年9月13日访问。

③《省自然资源厅关于省政协十二届五次会议第5032号提案的答复》，载贵州省人民政府网，http://guizhou.gov.cn/ztzl/jyta/blfw/szxta/2022n/202210/t20221014_76733149.html?isMobile=true，2023年9月12日访问。

偿资金未能按时发放，实践中地方政府会因为地方财政压力大，存在拆东墙补西墙的现象，导致生态保护补偿资金推迟发放，这就违背了生态保护补偿资金应专项专用，及时发放的原则；二是纵向生态保护补偿资金未能有效发放，由于规范性文件对违规侵占、挪用、截留生态补偿资金的行为未作出惩罚性规定或者惩罚力度小，以至于经手生态保护补偿资金的相关责任人员肆意妄为，截留挪用、贪污私分生态保护补偿金。

（三）生态保护补偿的政策法规供给不足

1. 缺乏全面的法规制度和政策保障

目前，我国生态保护补偿制度在政策法规层面作了很多积极而有益的探索，但是仍旧缺乏全面的法规制度和政策保障，具体表现为以下几个方面：一是我国生态保护补偿制度在国家层面没有《生态保护补偿条例》这种行政法规级别提供法治保障，在地方层面也没有《贵州省生态补偿条例实施细则》这种地方性法规提供保障，因此贵州省国家生态保护补偿制度缺乏刚性约束；二是贵州省生态保护补偿已经涉及森林、草地、耕地、湿地、流域等各大环境领域，但是并非每个生态环境要素领域都有相应的生态保护补偿办法，如省内流域生态保护补偿有《贵州省赤水河等流域生态保护补偿办法》予以保障，森林生态保护补偿有《贵州省地方财政森林生态效益补偿基金管理办法》予以规范，但是以“草地、耕地、湿地、生态保护补偿办法”为关键词，并未检索到相应的规范性文件；三是贵州省部分县市及部分生态区制定了独立的生态保护补偿办法，使得贵州省各区域在生态保护补偿政策法规体系的完整性上存在差异，如《贵州省红枫湖流域水污染防治生态补偿办法（试行）》仅对红枫湖流域生态保护补偿予以规范，《百里杜鹃风景名胜区生态补偿办法》仅立足于百里杜鹃风景名胜区的可持续发展，由此可见，各个地区对于生态保护补偿的政策法规体系建设重视程度不够。

2. 缺乏统一的执行标准与实施细则

目前，贵州省积极探索生态保护补偿制度的完善方式，制定了众多规范性文件，但是仍旧缺乏统一的执行标准与实施细则，具体表现为以下几个方面：一是贵州省人民政府出台了《贵州省关于健全生态保护补偿机制的实施意见》[①]，该意见载明贵州省生态保护补偿制度建设目标是到2020年，实现全省森林、草地、湿地、水流、耕地等重点领域和禁止开发区域、重点生态功能区等重要区域生态保护补偿全覆盖，但是在任务安排里仅对各大环境领域如何做好生态保护补偿作了原则性、方向性规定，缺乏具体的实施细则；二是贵州省部分生态环境领域和部分地区为了促使贵州生态保护补偿制度日臻完善，积极探索生态保护补偿制度的补偿范围、补偿标准、补偿资金等内容，制定了相应的生态保护补偿办法，但是各地区实施的生态保护补偿制度立足点不一、涵盖内容不一、机制健全程度不一，如此一来就缺乏统一的执行标准；三是在省级政府层面制定了原则性的生态保护补偿办法，要求县市级政府根据该办法制定实施细则，由于各个县级市政府的生态文明建设程度、生态保护补偿理解程度、经济发展程度、执行力度存在差异，导致生态保护补偿制度缺乏统一的执行标准和实施细则，如《贵州省赤水河等流域生态保护补偿办法》规定各市（州）人民政府要根据本办法制定实施细则，经过检索，仅遵义市根据上述文件制定了《遵义市赤水河等流域生态保护补偿实施细则（试行）》。

（四）生态保护补偿的环境司法保障功能未发挥

1. 环境司法针对性特质未彰显

相较于其他环境纠纷，生态补偿纠纷有其特殊性，需要环境司法有针对性地发挥其功用来相应解决。从国家层面，生态补偿办法一直未正式出台，面对生态补偿的“为何补偿、谁来补偿、怎么补偿”的关键问题，制度没有给予规范，理论未完全形成共识。从司法层面，本课题在中国裁判文书网以“民事案件”“生态 + 补偿”“贵州”为检索要素，共检索到5份裁判文书，又以“行政案件”“生态 + 补偿”“贵州”为检索要件，共检索到19份裁判文书，经过筛选，仅有7个案例符合本课题的样本要求。如

① 《贵州省关于健全生态保护补偿机制的实施意见》（全文），载北极星环保网，https://huanbao.bjx.com.cn/news/20170228/810906.shtml，2023年9月13日访问。

“施崇伦诉汇川区人民政府不履行法定职责案”“肖某亮、宋某强等与肖某强不当得利纠纷”①等，法院裁判遵循“无依据，则无补偿”的裁判思路，致使生态补偿行政案件未支持原告的诉讼请求。当前，在实践中，如何处理好生态补偿中法律的价值判断和法律事实认定，让“依据”的政策、法律法规并行，处理好环境司法审判的专门化和其他普通化审判的衔接，不断地总结和创新针对生态补偿纠纷案件的司法规则和司法措施，包括生态补偿金发放方式、生态补偿执行的监督方式是生态补偿制度在环境司法领域尚需解决的问题。

2. 环境司法协同协作力度显不足

环境领域生态补偿往往涉及多方主体，多重利益，在长期、复杂、动态的博弈中，容易引发冲突和纠纷，有的甚至出现“公地悲剧”。如何调和各方主体所涉利益成为生态补偿的治理难点所在，司法协同理论使得生态补偿司法协同治理具有了理论上的基础、实践上的可能。以贵州流域生态补偿为例，2020 年 12 月 24 日，贵州省人民政府办公厅按照“谁超标谁付费，谁保护谁受益”“市县为主，省级奖补”原则，制定印发《贵州省赤水河等流域生态保护补偿办法》，该办法采取各市（州）横向补偿与省级奖补相结合的方式，确立了省内“统一方式、统一因子、统一标准”②的流域横向生态补偿机制，覆盖贵州省牛栏江横江水系、赤水河綦江水系、乌江水系、沅江水系、南盘江水系、北盘江水系、红水河水系及柳江水系

---

① 该案是由集体生态林补偿款发放纠纷引起的不当得利纠纷：沿河县黄土镇人民政府于 2016 年按照政策规定向黄土镇杨家村溪头坝二组发放了 2011 年至 2015 年五年的集体生态林补偿款共计 23000 元，溪头坝二组共有 8 户（含本案原、被告），集体生态林补偿款应由溪头坝二组的 8 户进行分配，该 8 户人以书面形式一致同意黄土政府将溪头坝二组的生态林补偿款打到被告肖某强的个人账户上。2018 年正月初一，溪头坝二组村民肖某生、肖某 1、肖某 2 三人将 23000 元补偿款从肖某强处领走，并出具了书面协议，协议载明肖某生分配 7000 元，肖某 2 分配 7000 元，肖某 1 分配 9000 元，今后有任何事情三人责任义务平等。该 23000 元至今在三人手里，未发放给其他同组村民。四原告因该补偿款的分配问题与其他同组村民发生纠纷，诉至本院。

② 建立健全“统一方式、统一因子、统一标准”的流域横向生态补偿长效机制：现行赤水河、清水江、乌江流域水污染防治生态补偿的方式、标准、污染因子不一致，通过深入调研测算，《贵州省赤水河等流域生态保护补偿办法》统一了全省流域污染防治生态补偿的方式、标准和主要污染因子。

等8大水系干流。但在生态补偿治理过程中，出现治理成本投入过高，政府的监管收益、生态补偿奖励和惩罚金额偏低等问题，冲突、纠纷纷至沓来。流域内不同地区的司法机关在面对生态补偿纠纷时，由于司法理念和认知的差异、常规沟通渠道和机制的缺失，审判操作规则在把握尺度上不统一，面临行政区划与生态系统割裂，难以对不同行政区域内的环境保护和生态补偿进行全面考量，致使类案裁判出现差异判决。

四、完善贵州省生态保护补偿制度的路径和措施

（一）构建持续性的横向生态保护补偿机制

构建持续性的横向生态保护补偿机制，最重要的是，在相应部门完善横向生态保护补偿的顶层设计基础上，制定年度生态保护补偿中长期发展、推进规划和计划，构建在政府引导下，着重市场运作的持续性横向生态保护补偿机制。当下，主要从以下两个方面推进：

1. 完善机构设置持续推进管理机制长效化

首先，建立跨区跨市的协调管理机构。为确保横向生态保护补偿有序推进和稳步进展，应该以各环境领域为基点，由省级相关部门牵头，组建跨区跨市的协调管理机构，内部机构设置应包括联络沟通部门、监督检查部门和评估评价部门，机构成员应包括政府部门人员、社会公益组织代表、相关企业代表、相关专家学者等。其次，进一步理顺生态保护补偿基金的运作管理机制，成立专门的基金管理委员会，全面负责基金运行过程中的决策、协调、考核监督和问责。决策上，应重点审查生态保护补偿项目是否符合使用该专项基金的条件。考核上，应利用权威监测机构的数据，促使独立的第三方单位作出专业的判断。问责上，应建立严格的责任追究制度，明确基金运作过程中的相关责任及惩治、追责措施，并严格执行。

2. 调动市场资源不断延伸补偿范围，创新补偿方式

首先，在总结生态保护补偿试点基础上，充分调动市场资源，根据贵州独有的地形地貌及生态功能区定位，将横向生态保护补偿范围有序向湿

地、矿产资源、森林等环境领域推进，立足于各环境领域需求，逐步建立类型化的横向生态保护补偿制度。其次，积极引导市场主体，利用市场资源和服务积极参与到横向生态保护补偿工作中，一方面，通过经济激励和税收减免，引导企业、社会组织等各方社会资本积极参与，以扩大横向生态补偿基础；另一方面，创新方式方法，如“碳票”交易等，探索实现地区生态服务有偿化、生态产品商品化。最后，充分考虑补偿主体、受偿主体的利益诉求、结合贵州地形地貌和自然资源禀赋，创新生态补偿方式。在现有实物补偿、劳务补偿和货币补偿形式的基础上，基于绿色发展和巩固脱贫攻坚成果，在贵州探索“智力”补偿方式，比如在相关地区开展专业培训以促进技术提升。

（二）建立区别化的纵向生态保护补偿制度

根据贵州资源的特点和实际利用情况，以不同自然资源的价值为标准建立区别化的纵向生态保护补偿制度。首先要对不同自然资源的价值进行核算，其次根据自然资源价值的分级和权重进行纵向生态保护补偿资金的倾斜，最后加强对纵向生态保护补偿资金的监督管理，从而促使贵州省纵向生态保护补偿制度掷地有声，确保中央及地方下拨的生态保护补偿资金使用科学合理。

1. 完善不同自然资源的价值核算体系

对不同自然资源的价值进行核算，建设制定生态服务产品价值核算体系是纵向精准补偿的基础。生态服务产品价值核算体系用于评估和衡量生态系统的服务价值以及生态保护的成本和效益，是促进生态、经济、社会的协调和可持续发展的系统的科学的方法。首先，开展全省范围内的生态资源调查和监测，对贵州各类生态资源的分布、特点及其利用情况进行全面勘探摸底，全面掌握不同地域的生态资源情况，为核算提供数据。其次，建立专门的生态服务价值评估机构，研究贵州生态环境功能区划和生态保护红线，明确各区域的主要生态功能和保护要求，以此确认生态服务对象，并确定不同区域的生态服务价值和保护重点，从而明确不同类型的生态服务价值。最后，依照《国家发展改革委、国家统计局关于印发〈生态产品总值核算规范（试行）〉的通知》，鼓励贵州先行开展以生态产品实物测量为重点的生态价值核算，再通过市场交易、经济补偿等方式，探索不同类型的生态产品经济价值核算，从而不断完善省级生态价值核算技术规范，推进全省生态价值核算统一化、标准化。

2. 凸显对纵向生态保护补偿资金的有效利用

为践行绿水青山就是金山银山的发展理念，中央和贵州省为贵州生态保护补偿制度投入了大量国家财政资金，为了实现纵向生态保护补偿资金的有效利用，让贵州生态保护补偿制度取得显著成果，有以下方式可予以推进：一是制定合理的纵向生态保护补偿资金分配方案。目前贵州省多数自然生态领域的生态保护补偿资金来源于财政资金，但财政转移支付的资金有限，因此应根据不同自然资源价值的分级和权重来分配纵向生态保护补偿资金。贵州省作为生态文明建设的先行区，有一定的政策优惠，因此可充分利用相应的政策补助来加快生态环境要素薄弱环节的建设，比如生态保护红线区、重点生态功能区。二是采用有效的纵向生态保护补偿资金分配标准。科学合理的纵向生态保护补偿资金分配标准可以促使各个生态环境要素得到应有的生态补偿资金，发挥利益最大化的效能，如可以根据地区财力情况、生态保护面积等具体的数据标准将国家及省市县各级政府的生态保护补偿资金予以合理分配。

3. 加强对纵向生态保护补偿资金的监督管理

生态保护补偿的全过程监督是确保生态补偿机制真正发挥作用的关键环节，有效的监督机制可以确保生态保护补偿资金发放到位，确保生态恢复和保护的目标得以实现。以下是生态保护补偿全过程监督的参与路径：一是明确监督主体，或是建立专门的生态保护补偿监督机构负责纵向生态保护补偿资金的专款专用，或是明确由某个专门机构作为监督主体负责纵向生态保护补偿资金的使用管理；二是扩大监督方式，除有专门的国家监督以外，可以吸纳社会监督，鼓励社会公众参与生态保护补偿的监督工作，例如建立公众举报机制、公开资金使用情况、组织公众听证会等；三是信息公开透明，所有与生态保护补偿相关的信息，包括资金的来源、使用情况、补偿的项目和效果等，都应当公开透明，让社会公众和其他利益主体都能够了解。

（三）完善生态保护补偿的政策法规体系

贵州生态保护补偿是一项庞大的系统工程，要建立一套全省统一的权威性政策法规体系需要经过长期的探索实践。2018 年贵州省人民政府将生态补偿有关条例纳入地方性法规的重点调研项目，将生态保护补偿立法提上日程，但时至今日立法的条件依旧不够成熟。随着理论研究和实践探索的不断深入，应以制定完备的生态保护补偿政策法规体系和建立统一的生态保护补偿执行细则为两大支点，发挥政策法规体系在贵州省生态保护补偿中的重要作用。

1. 制定完备的生态保护补偿政策法规体系

制定完备的生态保护补偿政策法规体系是实现贵州省生态保护补偿有序推进的客观要求，具体而言：一是制定贵州省生态保护补偿条例，为贵州省健全生态保护补偿机制提供法治保障。目前，已有其他省份结合省情制定并施行了生态保护补偿条例，如海南省于 2021 年 1 月 1 日施行《海南省生态保护补偿条例》[①]，为贵州省生态保护补偿条例的出台提供了有益借鉴。二是制定耕地、草地、湿地、重点生态功能区等其他环境领域的生态保护补偿办法，提供专门化的指导。如天津市制定《天津市湿地生态补偿办法（试行）》，于 2018 年 1 月 1 日起试行[②]，贵州可以参照制定。三是完善各市政府及生态环境保护区的生态保护补偿办法。尚未建立具有区域特色的生态保护补偿办法的地区要积极探索，并最终确立与本地区生态保护补偿制度建设实情相适应的生态保护补偿办法，以期贵州省生态保护补偿制度建设在整体发展上迎来质的飞跃。

---

① 《海南省生态保护补偿条例》，载海南省人民政府网，https://www.hainan.gov.cn/hainan/dfxfg/202012/23114d1093d9469b881acdd5cc0eb1dc.shtml，2023 年 9 月 14 日访问。

② 《〈天津市湿地生态补偿办法〉政策解读》，载天津市人民政府网，https://www.tj.gov.cn/zwgk/zcjd/202103/t20210309_5379371.html，2023 年 9 月 13 日访问。

2. 建立统一的生态保护补偿执行细则

建立统一的生态保护补偿执行细则是促进贵州省生态保护补偿制度日臻完善的题中应有之义，具体而言：一是制定森林、草地、湿地、水域、耕地等重点领域和禁止开发区域、重点生态功能区等重要区域生态保护补偿的实施细则，为如何做好上述区域的生态保护补偿工作提供具体的指导；二是明确生态保护补偿的补偿主客体、补偿标准、补偿范围、补偿资金等各项要素，并制定统一的执行标准，将其纳入规范化、法治化轨道；三是县市级政府需要探索建立与省级政府所出台的生态保护补偿办法相适应的实施细则，而后将其所制定的实施细则报由省级政府进行审批，由省级政府层面统一生态保护补偿执行细则。

（四）注重生态保护补偿的司法保障功能

中共中央、国务院办公厅《关于构建现代环境治理体系的指导意见》提出环境治理过程中既需要政府发挥主导性作用，也需要司法机关发挥作为最后一道防线的保障功能。生态保护补偿是环境治理的重要内容，随着我国环境司法的不断成长和壮大，亦需回应生态保护补偿在司法层面的需求。

1. 强化生态补偿环境司法专门化程度

生态保护补偿环境司法在审判机构的设置和审判管辖、审判理念和审判程序、审判人员构成和专业化建设方面存在的不足，直接影响了司法裁判的统一化，阻碍了环境司法对生态保护补偿保障功能的实现。首先，应优化贵州生态保护补偿环境专门机构的设置和管辖，在生态文明和环境正义日益成为老百姓核心诉求的时代背景下，[①] 以生态保护补偿各环境领域为出发点，在指定的基层人民法院和中级人民法院设置专门的生态保护补偿环境法庭，对指定区域内的各环境领域生态保护补偿案件进行集中管辖。另外，还要考虑到，各领域环境司法专门化的建设，仅仅依靠司法机构是难以提高的，还需在加强司法机构内部协作和沟通的基础上，不断增

① 王树义：《环境法前沿问题研究》，科学出版社 2012 年版，第 351 页。

强司法机关与行政机关、立法机关的协作。其次，提升生态保护补偿纠纷案件审判程序的专门化。目前，在贵州环境司法专门化的地方探索中，实行“三审合一”模式，但对适用特别程序等的实质内容较少涉及。在各环境领域生态保护补偿纠纷案件的审判程序的设计中，应从诉讼主体资格、证据质证规则、程序衔接等方面构建特殊的生态保护补偿环境诉讼特别程序。最后，加强审判人员的构成和专业化建设，审判人员专业化建设是生态保护补偿环境司法的重要环节，是否有专业人员、是否具备业务能力直接影响到生态保护补偿环境审判机构的运转，就司法机构内部而言，要对环境法庭的法官开展环境理论和各环境领域专门知识培训，可通过遴选科研院校和科研机构的专家和团队作为案件审判的合议庭成员，向专家咨询复杂疑难案件，与其进行案件研讨等路径提高司法人员的专业化水平。

2. 合理设计生态保护补偿环境司法行为方式

目前，生态保护补偿环境司法行为方式仍然以事后救济为主，无法适应生态保护补偿动态变化的需要，因此，需要尽快调整生态保护补偿环境司法行为方式，以实现风险防范和生态修复的目标[①]。首先，依据各环境领域的差异采取合理的司法行为方式。针对各环境领域生态修复的条件，可对生态保护补偿的方式作动态考量，面对实际损害后果较重和重要生态功能受损的案件，生态保护补偿可采取劳务补偿和货币补偿相结合的方式。面对生态保护补偿资金不确定或不足，可采取以劳务补偿为主、货币补偿为辅。其次，发挥环境公益诉讼的作用。一方面在生态保护补偿环境行政公益诉讼中设置“前置程序”。目前，依据法律规定，环境行政公益诉讼适格起诉主体仅有检察机关，那么，支持起诉的方式在检察机关提起“环境行政公益诉讼”之前就不适用。因此，基于督促行政机关履行职责、[②]及时低成本纠正违法行为的目的，在生态保护补偿环境行政公益诉讼中设置前置程序显得尤为必要，亦是2021年12月修正民事诉讼法的题中应有之

---

① 杜辉:《环境司法的公共治理面向——基于“环境司法中国模式”的建构》，载《法学评论》2015年第4期。

② 黄文艺:《权力监督哲学与执法司法制约监督体系建设》，载《法律科学（西北政法大学学报）》2021年第2期。

义。另一方面在生态保护补偿环境民事公益诉讼中强化检察院“公共利益代表”地位。2017年9月，第二十二届国际检察官联合会年会暨会员代表大会在北京召开，习近平总书记致信指出，“检察官作为公共利益代表，肩负着重要责任”，从而使得人民检察院代表国家和社会公共利益的“检察权”定位空前。①生态保护补偿所涉的生态环境通常具有典型的公共资源属性，在司法实践中，同步构建人民检察院对“环境刑事附带民事公益诉讼”的一体化审案、办案机制，尤其是建立一套相对统一的法律适用标准，既有利于实现提起环境刑事附带民事公益诉讼，也有利于对环境民事公益诉讼的风险进行甄别和防范。

【参考文献】

1. 潘佳:《生态保护补偿行为的法律属性研究》，首都经济贸易大学出版社2021年版。

2. 李永宁等:《生态保护与利益补偿法律机制问题研究》，中国政法大学出版社2018年版。

3. 任以胜、陆林:《尺度政治视角下新安江流域生态补偿机制研究》，中国财经出版传媒集团2023年版。

4. 王金南等:《流域生态补偿与污染赔偿机制研究》，中国环境出版社2014年版。

5. 秦玉才、汪劲:《中国生态补偿立法：路在前方》，北京大学出版社2013年版。

6. 刘桂环:《中国生态补偿政策发展报告（2019）》，中国环境出版社2020年版。

7. 李国平、张文彬等:《中国生态补偿的产权制度与体制机制研究》，经济科学出版社2020年版。

① 张文显:《习近平法治思想研究（下）：习近平全面依法治国的核心观点》，载《法制与社会发展》2016年第4期。

8. 王灿发:《论生态文明建设法律保障体系的构建》,载《中国法学》2014 年第 3 期。

9. 汪劲:《论生态补偿的概念——以〈生态补偿条例〉草案的立法解释为背景》,载《中国地质大学学报(社会科学版)》2014 年第 1 期。

10. 金凤君:《黄河流域生态保护与高质量发展的协调推进策略》,载《改革》2019 年第 11 期。

11. 彭建、胡晓旭、赵明月等:《生态系统服务权衡研究进展:从认知到决策》,载《地理学报》2017 年第 6 期。

12. 袁伟彦、周小柯:《生态补偿问题国外研究进展综述》,载《中国人口·资源与环境》2014 年第 11 期。

13. 韩洪云、喻永红:《退耕还林生态补偿研究——成本基础、接受意愿抑或生态价值标准》,载《农业经济问题》2014 年第 4 期。

14. 胡咏君、吴剑、胡瑞山:《生态文明建设"两山"理论的内在逻辑与发展路径》,载《中国工程科学》2019 年第 5 期。

15. 任俊霖、匡洋:《长江经济带流域横向生态补偿进展、困境与优化路径》,载《长江科学院院报》2023 年第 5 期。

16. 王怀毅、李忠魁、俞燕琴:《中国生态补偿:理论与研究述评》,载《生态经济》2022 年第 3 期。

17. 胡振通、王亚华:《中国生态扶贫的理论创新和实现机制》,载《清华大学学报(哲学社会科学版)》2021 年第 1 期。

18. 谢婧、文一惠、朱媛媛等:《我国流域生态补偿政策演进及发展建议》,载《环境保护》2021 年第 7 期。

19. 刘桂环、王夏晖、文一惠等:《近 20 年我国生态补偿研究进展与实践模式》,载《中国环境管理》2021 年第 5 期。

20. 李国平、刘生胜:《中国生态补偿 40 年:政策演进与理论逻辑》,载《西安交通大学学报(社会科学版)》2018 年第 6 期。

21. 张化楠、接玉梅、葛颜祥:《国家重点生态功能区生态补偿扶贫长效机制研究》,载《中国农业资源与区划》2018 年第 12 期。

22. 吴健、郭雅楠:《生态补偿:概念演进、辨析与几点思考》,载《环境保护》2018 年第 5 期。

23. 虞慧怡、张林波、李岱青等:《生态产品价值实现的国内外实践经验与启示》, 载《环境科学研究》2020 年第 3 期。

24. 马晓妍、何仁伟、洪军:《生态产品价值实现路径探析——基于马克思主义价值论的新时代拓展》, 载《学习与实践》2020 年第 3 期。

25. 梅冠群:《发达国家生态环保市场体系建设的经验与启示》, 载《宏观经济管理》2016 年第 10 期。

26. 王奕淇、李国平、延步青:《流域生态服务价值横向补偿分摊研究》, 载《资源科学》2019 年第 6 期。